OTROS LIBROS POR HILLARY RODHAM CLINTON

*Hard Choices (Decisiones difíciles)*

*Living History (Historia viva)*

*It Takes a Village*

*Dear Socks, Dear Buddy: Kids' Letters to the First Pets*

*An Invitation to the White House: At Home with History*

# Lo que pasó

## Hillary Rodham Clinton

SIMON & SCHUSTER PAPERBACKS

NUEVA YORK   LONDRES   TORONTO   SÍDNEY   NUEVA DELHI

Simon & Schuster
1230 Avenida de las Américas
Nueva York, NY 10020

Primera edición en rústica de Simon & Schuster, septiembre 2018
Publicado originalmente por Simon & Schuster, Inc. en inglés bajo el título *What Happened*

SIMON & SCHUSTER PAPERBACKS y colofón son sellos
editoriales registrados de Simon & Schuster, Inc.

Para obtener información respecto a descuentos especiales en ventas al por mayor,
diríjase al departamento de Ventas Especiales (Special Sales)
de Simon & Schuster al 1-866-506-1949 o a la siguiente dirección
de correo electrónico: business@simonandschuster.com.

La Oficina de Oradores (Speakers Bureau) de Simon & Schuster puede presentar
autores en cualquiera de sus eventos en vivo. Para obtener más información o para
hacer una reservación para un evento, llame al Speakers Bureau de Simon & Schuster,
1-866-248-3049 o visite nuestra página web en www.simonspeakers.com.

Diseño por Ruth Lee-Mui

Impreso en los Estados Unidos de América

1 3 5 7 9 10 8 6 4 2

Un registro de catálogo para este libro está disponible en la Biblioteca del Congreso.

ISBN 978-1-9821-0197-8
ISBN 978-1-9821-0202-9 (ebook)

*Para el equipo que me acompañó en 2016*
*y trabajó arduamente por un Estados Unidos mejor,*
*más fuerte, más justo. Ser su candidata ha sido*
*uno de los mayores honores de mi vida.*

# Contenido

*Si estás cansado, sigue andando.*

*Si tienes miedo, sigue andando.*

*Si tienes hambre, sigue andando.*

*Si quieres probar la libertad, sigue andando.*

—Harriet Tubman

# Nota de la autora

Este libro es una reflexión de cómo me sentía en la primavera y verano de 2017, pocos meses después de la elección de 2016. Como pueden ver, es a veces crudo, perplejo y está lleno de ira. Al final, sin embargo, pude encontrar alguna paz. Y sigo esperanzada de que nuestro país es suficientemente resistente para soportar incluso estos tiempos difíciles.

La recepción del libro fue más positiva y ferviente de lo que yo esperaba. En todo el país, muchas personas formaron filas para decirme —a veces con lágrimas— lo que el libro y nuestra campaña significó para ellas. Oír sus comentarios fue importante para mí. En muchos lugares en que firmé ejemplares la presentación fue en parte terapia de grupo y en parte reunión política. Me fascinaron las niñitas que asistieron a los eventos con sus padres, algunas vestidas de chaquetas y pantalones y perlas, radiantes y orgullosas, contándome de sus hermanos y hermanas, de sus maestros, y lo que querían ser cuando fueran grandes.

Desde que escribí este libro, algunas cosas han cambiado. Las heridas sanan. Las emociones se enfrían. La historia continúa su curso. A medida que avanza, se revela más plenamente. Hemos recibido mucha información sobre lo que pasó en 2016. Resulta que la campaña rusa de maniobras engañosas fue incluso más insidiosa… los trucos sucios que Cambridge Analytica y otros perpetraron en Facebook y otros sitios fueron más efectivos de lo que imaginamos. En un nuevo epílogo que escribí a principios del verano de 2018, incluido en esta edición, trato de hallarle sentido a estas nuevas revelaciones y lo que significan para nuestro país al marchar adelante.

Después de que han salido a relucir más hechos, he regresado a este libro con una mirada fresca. Creo que resiste la prueba del tiempo. Los argumentos que presenté entonces acerca de los factores que contribuyeron a la elección de Trump todavía siguen válidos un año después. Mientras tanto mis temores sobre el peligro que representa para nuestro país han aumentado. Y mientras Trump y sus aliados continúan atacándome en cada oportunidad, ninguno de ellos ha podido refutar o desacreditar lo dicho en este libro, incluido el tema de los correos electrónicos. Abrigo la esperanza de que esta lectura adicional los haga sentir más confiados y que *Lo que pasó* ayude a darles coraje para sumarse a la lucha que enfrentamos hoy. Espero además que lo encuentren tan catártico como lo encontré yo al escribirlo.

# *Prólogo*

Esta es mi historia de lo que pasó.

Es la historia de lo que vi, sentí y pensé durante los años más intensos que he vivido.

Es la historia de lo que me llevó a esta encrucijada de la historia americana y cómo seguí adelante después de una estremecedora derrota; cómo me reconecté con las cosas que más me importan y comencé a mirar adelante con esperanza, en lugar de atrás con remordimiento.

Es también la historia de lo que pasó en nuestro país, por qué estamos divididos y qué podemos hacer.

No tengo todas las respuestas, y este no es un recuento exhaustivo de la campaña de 2016. Eso no me corresponde a mí escribirlo. La distancia es demasiado poca, y hay demasiado en juego. En cambio, esta es *mi* historia. Quiero abrir el telón a una experiencia que fue emocionante, alegre, exasperante y simplemente desconcertante que me movió a la humildad.

No ha sido fácil escribir esto. Cada día de mi candidatura a la presidencia sabía que millones de personas contaban conmigo y no podía soportar la idea de decepcionarlos. Pero así fue. No pude completar la tarea y tendré que vivir con ese pesar el resto de mi vida.

En este libro escribo sobre momentos de la campaña a los que quisiera regresar y enfrentar otra vez. Si los rusos pudieran hackear mi subconsciente encontrarían una larga lista. También capto algunos momentos que quiero recordar siempre, como cuando mi nietecita entró corriendo en la habitación donde yo practicaba el discurso de la convención, y lo que significó horas más tarde salir al escenario para pronunciar un discurso como la primera mujer que un importante partido político haya nominado a la presidencia de Estados Unidos. Escribo sobre personas que me inspiraron, desde un pastor en Carolina del Sur que conversó conmigo sobre el amor y la bondad, residentes que se unieron en un pueblo envenenado con plomo, hasta infatigables voluntarios en mi campaña que dieron todo lo que tenían por un futuro mejor. Y comparto mis ideas sobre grandes desafíos que he enfrentado durante décadas que han adquirido nueva urgencia, como el papel del género, la raza y la clase en nuestra política, y la empatía en nuestra vida nacional.

He tratado de aprender de mis propios errores. Son muchos, como verán en este libro, y son míos y solamente míos.

Pero ahí no termina la historia. No podemos entender lo que pasó en 2016 sin confrontar la audaz guerra de información del Kremlin, la intervención sin precedentes del director del FBI en nuestra elección, una prensa política que dijo a los votantes que mis correos electrónicos eran la noticia más importante y profundas vertientes de ira y resentimiento a través de nuestra cultura.

Sé que hay personas que no quieren oír estas cosas, especialmente dichas por mí. Pero tenemos que hacer las cosas correctamente. Las lecciones de 2016 pueden ayudarnos a determinar si podemos sanar nuestra democracia y proteger el futuro, y si podemos como ciudadanos comenzar a tender un puente entre nuestras divisiones. Quiero que mis nietos y las futuras generaciones sepan lo que realmente pasó. Tenemos una responsabilidad ante la historia —y ante un mundo preocupado— de dejar las cosas bien claras y decir cómo ocurrieron realmente.

También comparto con ustedes los días dolorosos que siguieron a la elección. Muchas personas me han preguntado, "¿Cómo pudiste siquiera levantarte de la cama?". Leer las noticias cada día era como si me arrancaran la costra de una herida. Cada nueva revelación e indignación lo empeoraba todo. Ha sido irritante ver cómo el estatus de nuestro país se desploma y ver al pueblo americano vivir con miedo de que le arrebaten sus cuidados médicos para que los súper-ricos puedan recibir una reducción en sus impuestos. Hay momentos en que lo único que quiero hacer es gritar en una almohada.

Pero lentamente, en un plano personal, ha habido cierto alivio, o al menos no es tan terrible. He podido pensar un poco, escribir, orar, coser y, con el tiempo, reírme bastante. He salido a caminar por el bosque con mi esposo y nuestros perros, Tally y Maisie, que tomaron todo esto mucho mejor que nosotros. Me vi rodeada de amigos y vimos algunos de los *shows* en Broadway de los que la gente me ha estado hablando durante años, y series de televisión. Lo mejor de todo, dediqué tiempo a mis maravillosos nietos, recuperando todo lo que me perdí de los cuentos a la hora de dormir, y de canciones en la bañera en los largos meses de campaña. Creo que eso es lo que algunos llaman "cuidarse". Algo que resultó no estar nada mal.

Ahora cuando la gente me pregunta cómo estoy, respondo que como americana estoy más preocupada que nunca, pero como persona, estoy bien.

Este libro es el recuento de esa jornada. Escribirlo ha sido catártico. Me volví a sentir enojada y triste. A veces, he tenido que distanciarme, acostarme, cerrar los ojos y tratar de vaciar la mente. Este libro ha sido difícil de escribir por otra razón: he perdido la cuenta de las veces que me he sentado a trabajar en estas páginas y me han interrumpido con una noticia de última hora. He bajado la cabeza suspirando y he tomado una pluma roja para empezar a revisarlo.

He tratado de hacer las paces con mis dolorosos recuerdos y volver a captar parte de la diversión que llenó más días de campaña de lo que ustedes creerían. En el pasado, por razones que trato de explicar, a menudo he sentido que tenía que ser cautelosa en público, como si estuviera en una cuerda floja sin una red debajo. Ahora estoy bajando la guardia.

Cuando terminé finalmente de escribir, me sentí lista para enfrentar el futuro otra vez. Espero que cuando lleguen a la última página sientan lo mismo que yo.

Siempre estaré agradecida de haber sido la candidata nominada por el Partido Demócrata y haber recibido 65.844.610 votos de mis conciudadanos. Esa cifra —más votos que todos los anteriores candidatos a la presidencia excepto Barack Obama— es prueba de que la fealdad que enfrentamos en 2016 no define a nuestro país.

Quiero agradecer a todos los que me recibieron en sus hogares, negocios, escuelas e iglesias en esos dos años locos; a cada niñita y niñito que haya corrido a mis brazos o me haya dado una palmada de victoria con todas sus fuerzas; a la larga cadena de gente valiente y osada que a través de generaciones de afecto y fortaleza hizo posible que yo tuviera una vida tan bendecida en el país que amo. Gracias a ellos, a pesar de todo lo demás, tengo el corazón lleno.

Comencé este libro con algunas palabras atribuidas a una de esas pioneras, Harriet Tubman. Hace veinte años vi a un grupo de niños representar una obra de teatro acerca de su vida en su antigua casa en Auburn, Nueva York. Estaban tan emocionados por esta valiente y resuelta mujer que condujo esclavos a su libertad contra todo obstáculo. A pesar de todo lo que tuvo que enfrentar, nunca perdió la fe en una simple y poderosa consigna: sigue andando. Es lo que tenemos que hacer ahora también.

En 2016, el gobierno de Estados Unidos anunció que el rostro de Harriet Tubman adornaría el billete de $20. Si hace falta una prueba de que Estados Unidos todavía es capaz de hacer cosas bien hechas, ahí está.

# Lo que pasó

*Se supone que sea difícil. Si no fuera difícil, todos lo harían. Lo difícil es lo que lo hace grandioso.*

— *Un equipo muy especial (A League of Their Own)*

# Perseverancia

*Lo que no nos mata nos hace más fuertes.*

—Friedrich Nietzsche (y Kelly Clarkson)

# Estar presente

Respirar profundo. Llenar los pulmones de aire. Eso es lo que hay que hacer. El país necesita ver que nuestra democracia todavía funciona, no importa lo mucho que duela esto. Exhalar. Gritar más tarde.

Estoy de pie delante de la puerta en el más alto escalón de la escalera que conduce a la plataforma inaugural, esperando que nos llamen a Bill y a mí a ocupar nuestros asientos. Me imagino que estoy en cualquier otro lugar menos aquí. ¿En Bali tal vez? Sería bueno estar en Bali.

Es una tradición para Bill y para mí, como ex presidente y primera dama, asistir a la ceremonia de juramento del nuevo presidente. Había debatido conmigo misma si debía asistir o no. John Lewis no iba a asistir. El héroe de los derechos civiles y congresista había declarado que el presidente electo no era legítimo debido a la creciente evidencia de que había habido interferencia rusa en las elecciones. Otros miembros del Congreso se habían sumado al boicot de un presidente electo que consideraban divisivo. Muchos de mis simpatizantes y amigos cercanos también me urgían a quedarme en casa.

Mis amigos entendían lo doloroso que sería estar sentada en la plataforma y ver a Donald Trump jurar como nuestro próximo comandante en jefe. Yo había hecho campaña intensamente para asegurarme de que eso no sucediera nunca. Estaba convencida de que él representaba un peligro inminente para el país y el mundo. Ahora había ocurrido lo peor y él se disponía a jurar su nuevo cargo.

Además, después de la campaña tan cruel que él había conducido, era muy probable que me abuchearan o que gritaran "¡Enciérrenla!" si yo iba. Así y todo, sentí la responsabilidad de estar presente. La transferencia pacífica de poder es una de las tradiciones más importantes de nuestro país. Yo había promovido esa tradición en todo el mundo como secretaria de Estado con la esperanza de que más países siguieran nuestro ejemplo. Si verdaderamente creía en ese concepto, tenía que echar a un lado mis sentimientos y asistir.

Bill y yo hablamos con los Bush y los Carter para saber lo que ellos pensaban hacer. George W. y Jimmy habían sido los primeros en llamarme después de la elección, lo cual significó mucho para mí. George me llamó pocos minutos después de yo terminar mi discurso aceptando el resultado de la elección y tuvo además la gentileza de esperar en el teléfono a que yo terminara de abrazar una vez más a mi equipo y seguidores. Cuando hablamos sugirió que hiciéramos tiempo algún día para comernos unas hamburguesas. Creo que eso en Texas equivale a decir "Te acompaño en tu dolor". Tanto él como Jimmy sabían lo que significaba estar expuesto frente a todo el país, y Jimmy sabía lo que duele la espina del rechazo. Él y yo nos compadecimos un poco mutuamente. ("Jimmy, esto es lo peor". "Sí, Hillary, así es"). No era un secreto que estos ex presidentes no simpatizaban con Donald Trump. Él había sido absolutamente despiadado, particularmente con el hermano de George, Jeb. Pero ¿iban ellos a estar presentes en la inauguración? Sí.

Eso me dio el empujón que necesitaba. Bill y yo asistiríamos.

Fue así como llegué a la puerta del capitolio el 20 de enero, esperando que nos anunciaran. Había sido una jornada tan larga llegar hasta aquí. Ahora lo único que tenía que hacer era dar unos pocos pasos más. Le apreté el brazo a Bill, agradecida de tenerlo a mi lado. Respiré profundo y salí con la sonrisa más grande que pude exhibir.

En la plataforma nos sentamos junto a los Bush. Los cuatro nos habíamos encontrado adentro unos minutos antes, poniéndonos al día con noticias de nuestras hijas y nietos. Charlamos como si fuera un día cualquiera. George y Laura nos informaron del estado de salud de los padres de George, el ex presidente George H. W. y Barbara, que habían estado ambos hospitalizados recientemente, pero, felizmente, estaban recuperándose.

Mientras esperábamos sentados que el presidente electo llegara, mi mente deambuló hacia aquel día increíble veinticuatro años atrás cuando Bill hizo su juramento al cargo por primera vez. No puede haber sido fácil para George H. W. y Barbara observar la ceremonia, pero ellos habían sido muy gentiles con nosotros. El presidente saliente le dejó una carta a Bill en la Oficina Oval que es una de las cosas más decentes y patrióticas que he leído. "Tu éxito ahora es el éxito del país. Te estaré aplaudiendo fuertemente", decía en su carta. Hicimos lo posible por mostrar la misma gentileza hacia George y Laura ocho años más tarde. En este momento estaba tratando de asumir una actitud similar acerca del presidente entrante. Como dije en mi discurso de concesión, él merecía una mente abierta y la oportunidad de dirigir el país.

También pensé en Al Gore, quien en 2001 presenció estoicamente la inauguración de George W. a pesar de haber recibido más votos. Cinco miembros de la Corte Suprema decidieron esa elección, lo cual debe de haber sido algo horrible de soportar. Me di cuenta de que estaba inventando un nuevo pasatiempo: imaginar el dolor de las derrotas electorales anteriores. John Adams, nuestro segundo comandante en jefe, sufrió la indignidad de ser el primer presidente en ser rechazado por votación y perdió contra Thomas Jefferson en 1800, pero recibió una dosis de venganza veinticinco años después cuando su hijo John Quincy fue elegido presidente. En 1972, George McGovern perdió cuarenta y nueve de los cincuenta estados contra Richard Nixon. Bill y yo trabajamos duro en la campaña de McGovern y tenemos imborrables recuerdos de esa derrota. Y no olvidemos a William Howard Taft, a quien Teddy Roosevelt preparó para sucederlo. Cuatro años más tarde, en 1912, Teddy decidió que Taft no estaba haciendo un trabajo suficientemente bueno como presidente, por lo que se postuló por un tercer partido, dividió al electorado y ganó Woodrow Wilson. Eso tiene que haber dolido.

Bill me tocó el codo y regresé al presente.

Los Obama y los Biden estaban frente a nosotros. Imaginé al presidente Obama sentado en la limusina presidencial junto a un hombre que adquirió prominencia en parte por mentir acerca del lugar de nacimiento de Obama y acusarlo de no ser americano. En algún momento del evento Michelle y yo intercambiamos una mirada de tristeza que expresaba "Esto es increíble". Ocho años antes, aquel día de un frío terrible cuando Barack hizo su juramento al cargo, teníamos la cabeza llena de planes y posibilidades. Hoy apenas podíamos fingir neutralidad y salir de eso.

Finalmente llegó el presidente electo. Hacía años que conocía a Donald Trump, pero nunca imaginé que él estaría de pie en los escalones del capitolio jurando el cargo de presidente de Estados Unidos. Era un personaje recurrente dentro del ámbito neoyorquino cuando yo era senadora, al igual que muchos magnates de bienes raíces de la ciudad, pero más ostentoso e inclinado a la autoadulación. En 2005, nos invitó a su boda con Melania en Palm Beach, Florida. No éramos amigos, por lo que presumimos que él deseaba estar rodeado de la mayor representación de poder posible. Bill tenía un compromiso de dictar una conferencia por esa zona ese fin de semana y decidimos asistir. ¿Por qué no? Pensé que sería un espectáculo divertido, llamativo, extravagante, y así fue. Asistí a la ceremonia y luego me encontré con Bill para la recepción en Mar-a-Lago, propiedad de Trump. Nos fotografiaron con la novia y el novio y nos fuimos.

Al año siguiente, Trump se sumó a otros prominentes neoyorquinos en un video de broma preparado para la cena de la Asociación de Corresponsales Legislativos en Albany, que es la versión estatal de la cena más famosa de la Asociación de Corresponsales de la Casa Blanca. La idea surgió porque habían robado mi réplica de cera del museo Madame Tussauds en Times Square, por lo que tuve que estar de pie y simular que yo era una estatua de cera mientras personas famosas me pasaban por delante y me decían cosas. El alcalde de Nueva York, Michael Bloomberg, me dijo que yo estaba haciendo un buen trabajo como senadora, y entonces bromeó acerca de postularse para presidente en 2008 financiando él mismo su propia campaña. Cuando Trump apareció me dijo: "Luces fenomenal. Nunca he visto nada parecido. El pelo te quedó magnífico. La cara es bella. ¿Sabes qué? Pienso que la presidencia te quedaría bien. Nadie podría competir". La cámara se movió hacia atrás y reveló que después de todo no estaba hablando conmigo sino con su propia estatua de cera. En aquel momento fue cómico.

Cuando Trump anunció de verdad su candidatura en 2015, pensé que era otra broma, como lo pensaron muchas otras personas. Para entonces se había transformado de ser un canalla de la prensa amarilla a un tunante de derecha, con una larga obsesión ofensiva y quijotesca con el certificado de nacimiento del presidente Obama. Había coqueteado con la política durante décadas, pero era difícil tomarlo en serio. Me recordaba a uno de esos viejos despotricando sobre cómo el país se iba al infierno a menos que la gente comenzara a escucharlo.

Era imposible ignorar a Trump; la prensa le dio cobertura gratis de pared a pared. Me pareció importante señalar su intolerancia, lo cual hice desde un principio y a menudo, comenzando cuando dijo que los inmigrantes mexicanos eran violadores y narcotraficantes el día que anunció su candidatura. Pero no fue hasta que lo vi dominar un debate con un nutrido campo de talentosos candidatos republicanos —no con brillantes ideas o argumentos poderosos, sino con vulgares ataques que dejaron boquiabiertos a todos los presentes— que me di cuenta de que acaso fuera real.

Y aquí estaba ahora, con su mano en la Biblia, prometiendo preservar, proteger y defender la Constitución de Estados Unidos. Resultó que fuimos nosotros las verdaderas víctimas de la broma.

Comenzó a llover y la gente alrededor nuestro trató torpemente de ponerse unos ponchos plásticos que nos habían dado. Cuando estábamos adentro, antes de salir a la plataforma, le había insistido a Bill que se pusiera su gabardina. El día estaba inusualmente cálido y Bill no pensaba que la fuera a necesitar. Ahora se alegraba de habérsela puesto; una pequeña victoria conyugal en un día tortuoso. Los incómodos ponchos podían haber sido peores. Había oído que los primeros que habían repartido eran blancos con capuchas que desde ciertos ángulos parecían del Ku Klux Klan. Pero un organizador alerta los había remplazado rápidamente.

El discurso del nuevo presidente fue lúgubre y distópico. Me llegó como un aullido visceral del nacionalismo blanco. Su línea más memorable fue una referencia a la "carnicería americana", una frase alarmante más propia de una película de horror que de un discurso inaugural. Trump pintó un cuadro de un país amargado y destruido que no reconocí.

Yo sabía que todavía teníamos verdaderos desafíos, varios de los cuales había mencionado incesantemente en la campaña: la desigualdad salarial y la creciente concentración de poder corporativo, las continuas amenazas del terrorismo y el cambio climático, el aumento del costo de los cuidados de salud, la necesidad de crear más y mejores empleos frente a la acelerada automatización. La clase media americana había sido realmente arruinada. La crisis financiera de 2008–2009 le costó empleos y dañó la seguridad. Al parecer, nunca se responsabilizó a nadie. Muchos americanos dentro de un vasto espectro se sintieron alienados, desde votantes blancos culturalmente tradicionales que habían sido desestabilizados por el ritmo del cambio social, hasta hombres y mujeres de la raza negra que sintieron como si el país no valorara sus vidas, a *Dreamers* y patrióticos ciudadanos musulmanes a quienes hicieron sentir como intrusos en su propia tierra.

Trump era bueno frotando sal en las heridas. Pero estaba equivocado en muchas cosas. Habíamos tenido setenta y cinco meses consecutivos de crecimiento de empleos bajo el presidente Obama, y los ingresos del 80% de los que están más abajo habían finalmente comenzado a subir. Veinte millones más de personas tenían seguro médico gracias a la Ley de Cuidado de Salud Asequible (ACA, por sus siglas en inglés), el mayor logro legislativo de la saliente administración. Las cifras en materia de crimen seguían siendo históricamente bajas. Nuestras fuerzas armadas continuaban siendo, por un ancho margen, las más poderosas del mundo. Estos son datos conocidos y verificables. Trump se paró allí frente al mundo entero y dijo exactamente lo contrario, tal como lo hizo a lo largo de su campaña. Al parecer, no veía o valoraba la energía y optimismo que yo vi en mis viajes por todo el país.

Al oír a Trump, casi se sentía como que ya no existía la verdad. Todavía se siente así.

Mi predecesor en el Senado, Daniel Patrick Moynihan, solía decir: "Cada persona tiene el derecho a su propia opinión, pero no a sus propios hechos". Podemos estar en desacuerdo en las políticas y los valores, pero decir que 2 + 2 = 5 y tener millones de ciudadanos que se lo tragan es muy diferente. Cuando la persona más poderosa del país dice: "No les crean a sus ojos, no les crean a los expertos, no crean en los números, créanme solamente a mí", esto abre un gran agujero en una sociedad democrática libre como la nuestra. Como escribió Timothy Snyder, profesor de Historia en Yale, en su libro *On Tyranny: Twenty Lessons from the Twentieth Century (Acerca de la tiranía: Veinte lecciones del siglo veinte)*, "Abandonar los hechos es abandonar la libertad. Si nada es verdad, entonces nadie puede criticar el poder, porque no existe base para hacerlo. Si nada es verdad, entonces todo lo demás es un espectáculo".

Intentar definir la realidad es un elemento central del autoritarismo. Esto fue lo que hicieron los soviéticos cuando borraron a disidentes políticos de fotos históricas. Esto es lo que ocurre en la clásica novela de George Orwell, *Mil novecientos ochenta y cuatro*, cuando un torturador le muestra cuatro dedos y le aplica electrochoques al prisionero hasta que ve cinco dedos tal como se lo han ordenado. La meta es cuestionar la lógica y la razón y sembrar desconfianza precisamente en las personas en las que tendríamos que apoyarnos: nuestros líderes, la prensa, expertos que procuran guiar las políticas públicas basadas en evidencia, en nosotros mismos. Para Trump, y en mucho de lo que hace, se trata de simple dominio.

Esa tendencia no empezó con Trump. Al Gore escribió un libro en 2007 titulado *El asalto a la razón (The Assault on Reason)*. En 2005, Stephen Colbert inventó y acuñó la palabra "*truthiness*" (N. del T.: *truthiness* es una variante inexistente de la palabra *truth*, que significa verdad), inspirado en la manera en que Fox News estaba convirtiendo la política en una zona libre de evidencias de resentimientos furiosos. Y los políticos republicanos, a los que Fox propulsó hacia el poder, habían hecho su parte también. El estratega republicano Karl Rove añadió a su fama el haber desestimado a críticos que vivían en "la comunidad basada en la realidad" —palabras que llevan la intención de ofender— diciendo que ellos no habían logrado captar que "ahora somos un imperio y cuando actuamos creamos nuestra propia realidad".

Pero Trump ha llevado la guerra contra la verdad a un nuevo nivel. Si él mañana declara que la Tierra es plana, su consejera Kellyanne Conway aparecería en Fox News para defender lo que dijo como un "hecho alternativo" y muchas personas lo creerían. Recuerden lo que ocurrió varias semanas después de haber tomado posesión cuando

Trump falsamente acusó al presidente Obama de haberle colocado un micrófono para grabar sus conversaciones, lo cual fue rápidamente desacreditado y desmentido públicamente. Una encuesta posteriormente reveló que el 74% de los republicanos pensó no obstante que al menos era de alguna forma probable que fuera verdad.

El discurso inaugural de Trump estaba incuestionablemente dirigido a millones de americanos que se sentían inseguros y frustrados, y hasta sin esperanzas, en una economía y sociedad cambiantes. Muchas personas buscaban a alguien a quien culpar. Muchos vieron el mundo en términos de suma cero, creyendo que el progreso de americanos a quienes veían como "otros" —personas de color, inmigrantes, mujeres, miembros de nuestras comunidades lesbianas, gais, bisexuales y transexuales (LGBT), musulmanes— no era merecido y ocurría a costa de otras personas. El dolor económico y la desubicación eran reales, al igual que el dolor psíquico. Representaba una mezcla combustible tóxica.

Yo no había estado ciega ante el poder de esta ira. Durante la campaña, Bill y yo habíamos releído *El verdadero creyente*, la exploración en 1951 de Eric Hoffer sobre la psicología detrás del fanatismo y los movimientos de masas, y lo compartí con los de mayor jerarquía en mi equipo. En la campaña ofrecí ideas que yo creía que abordarían muchas de las causas subyacentes del descontento y ayudarían a mejorar la vida de todos los ciudadanos. Pero no quería —y tampoco lo haría— competir para avivar la ira y resentimiento de la gente. Considero que eso es peligroso. Ayuda a los líderes que quieren aprovecharse de esa ira para lastimar a la gente en lugar de ayudarla. Además, no es mi forma de actuar.

Tal vez por eso era Trump quien estaba pronunciando el discurso inaugural mientras yo estaba sentada como parte de la multitud.

¿Qué habría dicho yo si hubiera estado en su lugar? Habría sido intimidante encontrar las palabras apropiadas en ese momento. Probablemente habría escrito un millón de borradores. Mis pobres redactores de discursos habrían estado corriendo delante de mí llevando la memoria flash con el último borrador al operador del *teleprompter*. Pero yo habría disfrutado de la oportunidad de estar más allá del rencor de la campaña, de comunicarme con todos los ciudadanos sin importar por quién votaron, y de ofrecer una visión nacional de reconciliación, una oportunidad compartida y una prosperidad sin exclusiones. Habría sido un honor extraordinario ser la primera mujer que jurara el cargo. No voy a simular que no había soñado con ese momento, por mí, por mi madre, por mi hija, por su hija, las hijas de todos. Y por nuestros hijos.

En cambio, el mundo estaba escuchando la furia descontrolada del nuevo presidente. Recordé a la difunta Maya Angelou cuando leyó uno de sus poemas en la inauguración de Bill. "No permanezcan casados con el miedo para siempre, enyuntados eternamente a la brutalidad", nos urgió. ¿Qué diría ella si pudiera oír este discurso?

Trump terminó su discurso y ya era oficialmente nuestro presidente.

"Esto fue una mierda extraña", se reportó que dijo George W., con la franqueza característica de Texas. Yo no podía estar más de acuerdo.

Subimos la escalera para salir de la plataforma y entrar en el capitolio saludando y estrechando manos. Vi a un hombre que pensé era Reince Priebus, líder del Comité Nacional Republicano y entrante jefe de despacho de la Casa Blanca. Al pasar por su lado nos dimos la mano e intercambiamos algunas palabras sin importancia. Luego me di cuenta de que no era Priebus después de todo. Era Jason Chaffetz, entonces congresista de Utah y aspirante a ser el Javert que sacó interminable provecho político de mis correos electrónicos y de la tragedia de 2012 en Benghazi, Libia. Poco después, publicó una foto de nuestro estrechón de manos con un pie de foto que decía: "Contento de que ella no sea la presidente. Le di las gracias por su servicio y le deseé suerte. La investigación continúa". ¡Vaya cortesía! Me faltó así de poco para tuitearle de vuelta: "Para serle franca, pensé que usted era Reince".

El resto del día me resultó borroso, saludando a viejos amigos y tratando de evitar contacto visual con la gente que había dicho cosas terribles de mí durante la campaña.

Me encontré con la magistrada de la Corte Suprema Ruth Bader Ginsburg, caminando despacio pero con una determinación de acero. Si yo hubiera ganado, ella podría disfrutar ahora de un cómodo retiro. Mi esperanza ahora, en cambio, era que permaneciera en la corte el mayor tiempo humanamente posible.

En el almuerzo en el capitolio me senté en la mesa que se nos había asignado y nos compadecimos de la congresista Nancy Pelosi, la líder demócrata de la Cámara de Representantes, a quien considero entre los políticos más astutos y efectivos en Washington. Merece un crédito enorme por movilizar los votos en favor de la ACA en 2010 bajo circunstancias casi imposibles y por luchar por lo que es justo, aunque esté en la minoría o la mayoría. Los republicanos la han demonizado durante años porque saben que ella resuelve las cosas.

El senador John McCain se me acercó y me dio un abrazo.

Parecía estar casi tan consternado como yo.

La sobrina de un alto funcionario de la entrante administración de Trump vino a presentarse y me susurró al oído que había votado por mí, pero lo mantenía en secreto.

El congresista Ryan Zinke, que pronto se convertiría en el secretario del Interior de Trump, trajo a su esposa para saludarme. Esto me sorprendió un poco, considerando que en 2014 me había llamado el anticristo. Tal vez lo había olvidado porque no traía ajo ni estacas de madera, o lo que fuera que se usa para rechazar al anticristo. Pero yo no lo había olvidado. "¿Usted sabe, congresista?" le dije, "yo de verdad no soy el anticristo". Se quedó atónito y murmuró algo de que no lo había dicho en serio. Una cosa que he aprendido a través de los años es lo fácil que alguna gente habla cosas horribles de mí cuando no estoy presente, pero lo difícil que les resulta mirarme a los ojos y decírmelas en mi cara.

Conversé con Tiffany Trump sobre sus planes de estudiar leyes.

Bromeé con el senador John Cornyn sobre que mi votación había sido mejor que lo que se esperaba en su estado de Texas. En las palabras que pronunció el presidente en el almuerzo cuando estaba alejado de las miradas irritadas de sus seguidores, Trump nos dio las gracias a Bill y a mí por haber estado presentes. Entonces, finalmente, podíamos marcharnos.

No me había enterado aún de que la primera controversia de la nueva administración ya había comenzado sobre el tamaño de la multitud en la inauguración. Como de costumbre, el Servicio Nacional de Parques de Estados Unidos había rápidamente publicado fotos para marcar la ocasión. Esta vez el nuevo presidente refutó la evidencia fotográfica que mostraba solo una modesta multitud, y exigió que el Servicio de Parques dijera la mentira de que la multitud había sido "enorme". Esto contrastaba con lo que podíamos ver con nuestros propios ojos. Yo tenía la misma perspectiva que Trump desde la plataforma. Contrario a lo que él argumentaba, pude compararlo con las inauguraciones que había visto desde 1993. Comprendí por qué se había vuelto tan defensivo. Había realmente una diferencia.

Fue un episodio tonto, pero igual fue una primera alarma de que estábamos en un mundo nuevo y osado.

Si la inauguración del viernes marcaba el peor de los tiempos, el sábado resultó ser el mejor de los tiempos.

Decidí quedarme en casa en Chappaqua, Nueva York, en lugar de asistir a la Marcha de las Mujeres en protesta por el nuevo presidente. Fue otra decisión difícil. Deseaba intensamente sumarme a la multitud y corear a viva voz. Pero creí que era importante que se alzaran nuevas voces, especialmente ese día. Hay tantas jóvenes líderes apasionadas y listas para desempeñar papeles mayores en nuestra política. Lo último que yo deseaba era ser una distracción del genuino desbordamiento popular de energía. Si yo asistía, habría surgido inevitablemente política sucia.

Así que me senté en mi sofá y observé con deleite a las cadenas televisivas reportar enormes multitudes en docenas de ciudades en todo Estados Unidos y en todo el mundo. Amigos me enviaron emocionantes reportajes de trenes del metro y calles abarrotadas de mujeres y hombres de todas las edades. Me asomé a Twitter y envié mensajes de gratitud y buenos deseos.

La Marcha de las Mujeres fue la más grande protesta de la historia de Estados Unidos. Cientos de miles de personas se reunieron en ciudades como Nueva York, Los Ángeles y Chicago. Miles también marcharon en lugares como Wyoming y Alaska. En Washington, la marcha dejó pequeña a la multitud en la inauguración el día anterior. Y fue completamente pacífica. Tal vez es lo que sucede cuando las mujeres dirigen.

Distó mucho de lo que ocurrió cuando las mujeres marcharon por primera vez en Washington el día antes de la inauguración de Woodrow Wilson en 1913. Miles de sufragistas marcharon en la Avenida Pennsylvania demandando el derecho al voto, entre ellas, Alice Paul, Helen Keller y Nellie Bly. Los hombres hicieron filas en toda la calle boquiabiertos, burlándose y finalmente convirtiéndose en un populacho enardecido. La policía no hizo nada y veintenas de las que marchaban resultaron heridas. La violencia atrajo la atención a la causa sufragista. El superintendente de la policía fue despedido. El Congreso sostuvo audiencias. Y siete años más tarde, se ratificó la Decimonovena Enmienda de la Constitución, concediéndoles a las mujeres el derecho a votar.

Cerca de un siglo después, habíamos progresado mucho, pero nuestro nuevo presidente fue un doloroso recordatorio de lo mucho que teníamos que avanzar todavía. Esa es la razón por la que millones de mujeres (y muchos hombres que las apoyaban) se estaban lanzando a la calle.

Confieso que el día fue agridulce. Durante años en todo el mundo había visto a mujeres dirigiendo movimientos de base, asumiendo el poder para ellas y sus comunidades, obligando a ejércitos en guerra a negociar la paz, reescribiendo los destinos de las naciones. ¿Estábamos nosotros ahora presenciando los comienzos de algo similar en las calles de nuestro propio país? Era algo alucinante, como dije en Twitter al final del día.

Sin embargo, no podía evitar preguntarme dónde habían estado esos sentimientos de solidaridad, indignación y pasión durante las elecciones.

Desde noviembre, más de dos docenas de mujeres —de todas las edades, pero la mayoría de veintitantos años— se me habían acercado en restaurantes, teatros y tiendas para disculparse por no haber votado o por no haber hecho más para ayudar con mi campaña. Les respondía con sonrisas forzadas y gestos tensos. En una ocasión, una mujer mayor trajo a su hija adulta arrastrada por el brazo para hablar conmigo y le ordenó a la joven que se disculpara por no haber votado, lo cual hizo bajando la cabeza en un acto de contrición. Quería mirarla a los ojos y preguntarle: ¿No votaste? ¿Cómo es posible que no hayas votado? ¡Has abdicado de tu responsabilidad como ciudadana en el peor momento! ¿Y ahora quieres que *yo* te haga sentir mejor *a ti*? Por supuesto, no le dije nada de eso.

Esta gente estaba buscando absolución que yo simplemente no podía darle. Todos tenemos que vivir con las consecuencias de nuestras decisiones.

Había habido muchos días desde la elección en que mi ánimo no estaba muy indulgente hacia nadie, incluyéndome a mí misma. Estaba —y todavía estoy— preocupada por nuestro país. Algo no anda bien. ¿Cómo pueden sesenta y dos millones de personas votar por alguien a quien oyeron en una grabación alardear de cometer repetidos asaltos sexuales? ¿Cómo puede él atacar a mujeres, inmigrantes, musulmanes, mexicano-americanos, prisioneros de guerra y personas discapacitadas

—y como hombre de negocios, ser acusado de estafar a numerosos pequeños negocios, a contratistas, estudiantes y ancianos— y ser elegido a la posición más importante y poderosa del mundo? ¿Cómo podemos, como nación, permitir que un sinnúmero de ciudadanos sea privado de votar por leyes de supresión? ¿Por qué la prensa decidió presentar la controversia sobre mis correos electrónicos como una de las historias políticas más importantes desde el final de la Segunda Guerra Mundial? ¿Cómo dejé que eso ocurriera? ¿Cómo lo permitimos?

A pesar de todas mis preocupaciones, observando la Marcha de las Mujeres no pude evitar dejarme llevar por la alegría del momento y sentir cómo la inequívoca vitalidad de la democracia americana se reafirmaba a sí misma delante de mis propios ojos. Mis mensajes en Twitter se llenaron de fotos de los participantes en la marcha sosteniendo letreros cómicos, estremecedores, indignados:

"Tan mal estamos que hasta los introvertidos están aquí".

"¡Tengo Noventa, Soy Desagradable y No Me Doy Por Vencida!"

"La Ciencia No Es Una Conspiración Liberal"

Un niñito adorable tenía este mensaje en el cuello: "Yo ♥ las Siestas, Pero Me Mantengo Despierto".

También vi a chicas jóvenes sosteniendo citas de mis discursos a través de los años: "Los Derechos de la Mujer Son Derechos Humanos". "Soy Poderosa y Valiosa". En un fin de semana difícil, ver esas palabras me levantó el ánimo.

La gente en la calle nos estaba enviando un mensaje a mí y a todos nosotros: "No se den por vencidos. Vale la pena luchar por este país".

Por primera vez desde la elección, me sentí llena de esperanza.

*Simplemente sigue andando.*

*Ningún sentimiento es definitivo.*

—Rainer Maria Rilke

# Audacia y gratitud

El 9 de noviembre hacía frío y estaba lloviendo en la Ciudad de Nueva York. Multitudes en las aceras se volvieron hacia mi automóvil al pasar. Algunas personas estaban llorando. Algunos levantaban sus manos o puños en solidaridad. Había niños pequeños cargados por sus padres. Esta vez, al verlos se me hundió el corazón en lugar de elevarse.

Mi equipo se había apresurado para encontrar un salón para mi discurso de concesión. El Centro de Convenciones Jacob K. Javits, donde habíamos planeado celebrar la fiesta de la victoria, no era una opción. A las 3:30 a.m., después de explorar algunos locales, nuestro equipo de avance entró en el vestíbulo del Hotel New Yorker en Midtown Manhattan, cerca de donde mi familia y yo estábamos hospedados. Le pidieron al conserje que llamara y despertara al gerente en su casa. A las 4:30 a.m. comenzaron a preparar uno de los salones de banquetes para un evento que todos habíamos esperado que nunca tuviera lugar. Supe más tarde que el New Yorker fue donde Muhammad Alí se recuperó después de perder en lucha amarga de quince asaltos el campeonato de súper pesados en 1971 contra su rival Joe Frazier. "Nunca quise perder, nunca pensé que perdería, pero lo que importa es cómo uno pierde", dijo Alí al día siguiente. "No estoy llorando. Mis amigos no deben llorar". Si se hubiera escrito para una película, nadie lo habría creído.

Esa mañana, Bill y yo nos vestimos de morado. Era una señal de bipartidismo (azul con rojo es morado). La noche anterior había tenido la esperanza de darle gracias al país vestida de blanco —el color de las sufragistas— de pie en un escenario cortado en la forma de Estados Unidos bajo un vasto techo de cristal. (Habíamos realmente ido hasta el final con el simbolismo). Pero el traje blanco se quedó empacado en una maleta. El que salió fue el gris y morado que yo iba a ponerme en mi primer viaje a Washington como presidente electa.

Cuando terminé de hablar abracé al mayor número posible de personas en el salón. Había muchos viejos amigos y devotos trabajadores de la campaña con rostros bañados en lágrimas. Mis ojos estaban secos y me sentí calmada y clara. Mi tarea era pasar esta mañana, sonreír, estar fuerte para todos y mostrarle a Estados Unidos que la vida sigue y nuestra república sobreviviría. Toda una vida en el ámbito público me ha dado mucha práctica en esto. Llevo mi compostura como una armadura, para bien o para mal. En alguna forma, sentí que había estado entrenando para esta hazaña de autocontrol durante décadas. Así y todo, cada vez que abrazaba a amigas llorando —o conteniendo lágrimas estoicamente, que era peor— tenía yo que resistir una ola de tristeza que amenazaba con tragarme completa. En cada momento, me sentía que los había decepcionado a todos. Porque así fue.

Bill, Chelsea y su esposo, Marc, estaban a mi lado, como lo habían estado siempre. También Tim Kaine y su esposa, Anne Holton, que fueron extraordinariamente amables y fuertes bajo estas dolorosas circunstancias. Escogí a Tim como compañero de campaña entre un magnífico grupo de candidatos porque tenía experiencia ejecutiva, un récord estelar como alcalde, gobernador y senador, una bien merecida reputación de decencia y buen juicio, además de hablar perfectamente el español por el tiempo que fue misionero. Él habría sido un compañero efectivo y veraz como vicepresidente. Además, me agradaba mucho.

Después de repartir abrazos y de sonreír durante tanto tiempo y tan fuerte que me dolía la cara, le pedí a los principales miembros de mi equipo que regresaran a nuestra sede en Brooklyn y se cercioraran de que todos estaban bien. Un último saludo a la multitud, decirle gracias a Tim y Anne por última vez, un abrazo y beso rápido a Chelsea y Marc —ambos sabían bien como me sentía sin tener que pronunciar palabra— y Bill y yo nos sentamos en el asiento trasero de una furgoneta del Servicio Secreto que nos sacó de allí. Pude finalmente dejar que mi sonrisa desapareciera. Guardamos silencio la mayor parte del tiempo. Después de pocos minutos, Bill repetía lo que había estado diciendo toda la mañana: "Estoy muy orgulloso de ti". Esta vez añadió: "Un magnífico discurso. La historia lo recordará".

Me encantaba que lo dijera, pero no había mucho que le pudiera responder. Me sentía completamente agotada. Y sabía que todo iba a sentirse peor antes de que empezara a sentirse mejor.

Toma aproximadamente una hora el viaje de Manhattan a nuestra casa en Chappaqua. Vivimos al final de una calle tranquila, llena de árboles, y cualquiera sea el estrés que traigo, a menudo desaparece cuando entramos a la calle sin salida. Adoro nuestra vieja casa, y siempre me siento feliz de llegar allí. Es acogedora, de colores vivos, llena de arte, y todas las superficies están cubiertas de fotos de la gente que más quiero en el mundo. Ese día, al ver la verja del frente sentí puro alivio. Lo único que quería era entrar, cambiarme a una ropa cómoda y tal vez nunca más contestar el teléfono.

Confieso que no recuerdo mucho del resto de ese día. Me puse pantalones de yoga y me abrigué con algo de lana casi inmediatamente. Nuestros dos dulces perros me seguían de una habitación a otra, y en un momento los saqué y aspiré aire frío y lluvioso. A cada rato ponía las noticias, pero las apagaba casi inmediatamente. La pregunta que me barrenaba la mente era: ¿Cómo ocurrió esto? Afortunadamente, tuve la sensatez de darme cuenta de que sumergirme en un análisis *a posteriori* en ese preciso momento era lo peor que podía hacer contra mí misma.

Perder es algo difícil para cualquiera, pero perder una campaña que una pensó que ganaría es devastador. Recuerdo cuando Bill perdió su reelección como gobernador de Arkansas en 1980. Estaba tan desconsolado por el resultado, que yo tuve que ir al hotel donde iba a celebrarse la fiesta de la elección para hablarle a sus seguidores en representación suya. Durante bastante tiempo después permaneció tan deprimido que prácticamente no podía levantarse. Yo no soy así. Yo sigo andando. También me da por sumergirme en mi malestar y rumiar. Veo la cinta grabada una y otra vez, identificando cada error, especialmente los que cometí yo. Cuando a mí me hacen algo malo, me enojo y pienso en cómo contraatacar.

Ese primer día, simplemente me sentía cansada y vacía. La evaluación de todo vendría después.

En algún momento, cenamos. Nos comunicamos por FaceTime con nuestros nietos, Charlotte, de dos años, y su hermanito, Aidan, que nació en junio de 2016. Me tranquilizó ver a su mamá. Sé que Chelsea estaba triste por mí, lo cual también me entristecía, pero esos niños son capaces de levantarnos el ánimo instantáneamente. Tranquilamente los disfrutamos ese día y todos los días que siguieron.

Acaso lo más importante fue que, después de casi no dormir la noche anterior, me metí en la cama al mediodía y dormí una siesta larga y plácida. También me acosté temprano esa noche y dormí hasta tarde al día siguiente. Por fin podía hacer eso.

Evité llamadas y correos electrónicos ese primer día. Sospeché, acertadamente, que estaba recibiendo una virtual avalancha de mensajes y yo no podía con ellos, no podía con las bondades y la tristeza de todos, su desconcierto y sus teorías sobre dónde y por qué nos habíamos quedado cortos. En su momento, me sumergiría en todo aquello yo también. Por ahora, Bill y yo nos distanciamos del resto del mundo. Me sentí agradecida por la milmillonésima vez de tener un marido que era buena compañía no solamente en los tiempos felices sino en los tristes también.

Dudo que muchos de los que están leyendo esto pierdan alguna vez una elección presidencial. (Aunque tal vez algunos sí: Hola Al, hola John, hola Mitt, espero que estén bien). Pero todos enfrentamos alguna derrota en algún momento. Enfrentamos decepciones profundas. Les cuento lo que me ayudó a mí durante uno de los períodos más difíciles de mi vida. A lo mejor los ayuda a ustedes también.

Después de ese día aislada de todo, comencé a conectarme con la gente. Contesté un montón de correos electrónicos; devolví llamadas telefónicas. Fue doloroso. Hay una razón por la que la gente se aísla cuando está sufriendo. Puede ser doloroso hablar del tema, doloroso oír la preocupación en la voz de amigos. También, en mi caso, todos estábamos sufriendo. Todos estaban tan enojados, por mí, por ellos mismos, por nuestro país. A menudo, tuve que consolar en lugar de ser consolada. Así y todo, fue bueno conectarme. Sabía que el aislamiento no era saludable y que ahora más que nunca necesitaría de mis amigos. Sabía que posponer esas conversaciones solo haría más difícil tenerlas después. Y estaba ansiosa de expresar mi gratitud a todos los que ayudaron con mi campaña y asegurarme de que estaban bien dadas las circunstancias.

Lo que más ayudó fue cuando alguien decía: "Esto me ha hecho sentir más dedicado aún a luchar". "Estoy aumentando mis donaciones". "Ya empecé a trabajar como voluntario". "Estoy publicando más en Facebook. Ya no me voy a quedar callado". Y el mejor de todos: "Estoy pensando en postularme para algún cargo".

Una joven llamada Hannah, una de mis organizadoras en Wisconsin, me envió esta nota unos días después de mi derrota:

*Los últimos dos días han sido muy difíciles. Pero cuando pienso en cómo me sentía el martes por la mañana, cuando lloré una hora*

*seguida pensando que estábamos a punto de elegir a nuestra primera*
*mujer presidente, sé que no podemos darnos por vencidos. Aunque*
*estos últimos días he estado llorando un tipo diferente de llanto, su*
*entereza y su gracia me han inspirado a mantenerme fuerte. Sé que*
*aun cuando estamos caídos por haber recibido este golpe tan fuerte,*
*nos levantaremos. Y en los próximos años, seremos más fuertes, y*
*unidos continuaremos luchando por lo que es justo. De una mujer*
*"desagradable" a otra, gracias.*

Debido a que pasé tanto tiempo preocupándome de que mi derrota desalentaría permanentemente a los jóvenes que trabajaron en mi campaña, saber que mi derrota no los había derrotado a ellos me trajo un alivio enorme. También me animó. Si ellos pueden seguir adelante, yo también podría. Y si a lo mejor yo demostrara que no estaba dándome por vencida, otras personas se entusiasmarían y seguirían luchando también.

Fue especialmente importante para mí que todas las personas que trabajaron en mi campaña supieran cuán agradecida y orgullosa yo estaba de ellos. Ellos se habían sacrificado mucho en los últimos dos años, en algunos casos habían puesto en suspenso sus propias vidas, mudándose de un extremo a otro del país, y trabajando largas horas sin recibir mucho dinero. Nunca dejaron de creer en mí, ni unos en los otros, ni en la visión del país que estábamos trabajando tan duro para avanzar. Ahora muchos de ellos no sabían de dónde iba a venir su próximo ingreso.

Hice dos cosas inmediatamente. Primero, decidí escribir y firmar cartas dirigidas a los 4.400 miembros del personal de mi campaña. Afortunadamente, Rob Russo, que ha estado manejando mi correspondencia durante años, estuvo de acuerdo en supervisar todo el proyecto. También me aseguré de que podíamos pagarles a todos hasta el 22 de noviembre y darles seguro médico hasta el final del año. El viernes después de la elección celebramos una fiesta en un hotel de Brooklyn cerca de nuestra sede. Dadas las circunstancias, resultó sorpresivamente fenomenal. Tuvimos una banda magnífica —algunos de los mismos músicos que tocaron en la boda de Chelsea y Marc en 2010— y el salón de baile estuvo repleto. Parecía un funeral irlandés: celebrando en medio de la tristeza. Que no se diga nunca que el personal de Hillary por América no permaneció unido cuando más importaba. Para ayudar lo más posible había un bar abierto.

Cuando todos estaban bien sudados, tomé el micrófono para darles las gracias. Todos me gritaron, "¡Gracias a *ti*!". Realmente, no podía haber tenido un equipo más noble y trabajador. Les dije lo importante que era que no dejaran que esta derrota los desalentara del servicio público o de lanzarse en futuras campañas con el mismo coraje y dedicación que le habían dado a la mía.

Les recordé anteriores campañas perdedoras en las que yo había trabajado a los veintitantos años, incluyendo la de Gene McCarthy en las primarias demócratas de 1968 y la de George McGovern en 1972, y la paliza que recibieron los demócratas hasta que todo cambió en 1992. Habíamos persistido. Ahora yo contaba con ellos para que siguieran adelante también.

También les dije que les había traído un regalo. Un grupo de apoyo integrado por mujeres llamado UltraViolet había enviado 1.200 rosas rojas a mi casa ese día, y yo las había empacado y traído a la fiesta. Estaban amontonadas cerca de las puertas de salida. "Por favor, llévense algunas a sus casas esta noche", les dije a todos. "Piensen en la esperanza que estas rosas representan y el amor y gratitud que muchas personas en todo el país sienten por todos ustedes".

Fue como el eco de un momento anterior. El equipo había estado el miércoles y el jueves recogiendo y empacando nuestras oficinas de campaña en Brooklyn, alimentado por pizzas enviadas por gente de todo el país que les deseaba lo mejor. Nuestros vecinos del edificio habían pegado letreros en las puertas de los elevadores que decían: "Gracias por lo que hicieron". Cuando los miembros del equipo sacaban las últimas cajas de nuestras oficinas principales, fueron recibidos por una multitud de niños con sus padres. Los niños habían cubierto la acera con letreros escritos con tiza: "¡Poder femenino!", "¡Más fuertes juntos!", "¡El amor supera el odio!", "¡Por favor, no se den por vencidos!". Cuando los desaliñados miembros del equipo salieron por última vez, los niños les entregaron flores. Un último acto de bondad de un barrio que había sido bueno con nosotros repetidamente.

Durante las siguientes semanas abandoné la pretensión de buen ánimo. Estaba tan disgustada y preocupada por el país. Sabía que lo apropiado y respetable era quedarme callada y aceptarlo todo con gracia, pero estaba furiosa por dentro. El comentarista Peter Daou, que trabajó en mi campaña en 2008, captó mis sentimientos cuando tuiteó, "Si Trump hubiera ganado por 3 millones de votos y perdido el voto electoral por 80 mil, y Rusia hubiera pirateado el Comité Nacional Republicano, los republicanos *habrían paralizado el país*". No obstante, no hice públicos mis sentimientos. Los comenté en privado. Cuando me enteré de que Donald Trump había acordado resolver una demanda de fraude contra su Universidad Trump por $25 millones, le grité al televisor. Cuando leí que había llenado su equipo con banqueros de Wall Street después de acusarme incesantemente de ser el títere de ellos, casi tiré el control remoto a la pared. Y cuando oí que había nombrado a Steve Bannon, un líder promotor de la Derecha Alternativa (*Alt-Right*), la derecha alternativa que muchos han dicho que incluye a blancos nacionalistas, como su jefe estratega en la Casa Blanca, sentí un nuevo bajón en la larga lista de bajones.

La Casa Blanca es terreno sagrado. Franklin D. Roosevelt colgó una placa encima de la chimenea del comedor de cenas de estado que incluía una línea de una carta que John Adams le había enviado a su esposa la segunda noche después de mudarse a la recién construida Casa Blanca: "Ruego al cielo que conceda las mejores bendiciones a esta casa y a todos los que la habiten de aquí en adelante. Que solo hombres honestos y sabios gobiernen siempre bajo este techo". Confío en que Adams habría aceptado a una mujer sabia. No puedo imaginar lo que diría si pudiera ver quién está caminando por esos salones.

Empezaron a llover cartas de todo el país, muchas tan conmovedoras que después de leer algunas, tuve que guardarlas y salir a caminar. Una estudiante llamada Rauvin, que cursaba el tercer año de Leyes en Massachusetts, escribió sobre cómo ella imaginaba que sus amigas y compañeras recordarían estos tiempos:

*El 8 de noviembre de 2016 tuvimos una sensación de devastación, impotencia y decepción que nunca antes habíamos sentido. Así que lloramos. Y entonces enderezamos los hombros, nos levantamos unas a otras y nos pusimos a trabajar. Avanzamos y avanzamos, con la mente fija en nunca más permitir sentirnos como ese día. Y aunque nuestra ira y decepción fueron nuestro combustible, no nos consumieron ni nos volvieron cínicas o crueles. Nos hicieron fuertes. Y algún día, una de nosotras quebrará el más alto y duro techo de cristal. Y será por nuestro buen trabajo, nuestra determinación y nuestra capacidad de sobreponernos. Pero también será por usted. Ya verá.*

En una postdata, añadió: "Si me permite recomendarle algunos bálsamos: tiempo con amigos y familia, desde luego, pero también la primera temporada de *Friday Night Lights*, la nueva temporada de *Gilmore Girls*, el álbum del reparto de *Hamilton*, los macarrones con queso de Martha Stewart, un buen libro, una copa de vino tinto". ¡Buen consejo!

Una mujer llamada Holly, de Maryland, escribió con una sugerencia adicional:

*Espero que duerma hasta la hora que quiera y que use sus zapatos tenis todo el día. Que le den un masaje y se ponga al sol. Duerma en su propia cama y tenga largas caminatas con su esposo. Ríase con su nieta y juegue con su nieto… Respire. Piense nada más acerca de si*

*quiere fresas o arándanos con su desayuno, acerca de qué libro de Dr.*
*Seuss le leerá a sus nietos. Escuche el viento o a Chopin.*

Mi amiga Debbie de Texas me envió un poema para alegrarme. Su padre le contó que un amigo suyo lo escribió después de que trabajaron para Adlai Stevenson, dos veces candidato a la presidencia, en una de sus derrotas a manos de Dwight Eisenhower en la década de 1950. Tengo que admitir que me hizo reír:

> *La elección terminó.*
> *El resultado ya se sabe.*
> *La voluntad del pueblo*
> *se demostró claramente.*
> *Reunámonos todos; que cese*
> *la amargura.*
> *Yo abrazo a tu elefante; y tú me besas el burro.\**

Pam, de Colorado, me envió una caja con mil grullas de origami hechas a mano y atadas juntas con cuerdas. Explicó que en Japón mil grullas dobladas son un poderoso símbolo de esperanza y se considera que colgarlas en la casa trae mucha suerte. Las colgué en el portal. Quiero tener toda la suerte y esperanza que pueda.

Traté de soltar la carga de mostrar una cara feliz o asegurarles a todos que me sentía totalmente bien. Sabía que llegaría el momento en que me sentiría bien, pero durante esas primeras semanas y meses no me sentía nada bien. Y aunque no lloraba en el hombro de todo el que se cruzara en mi camino, cuando me preguntaban, sí respondía honestamente cómo estaba: "Todo va a estar bien", decía yo, "pero ahora es realmente difícil". Si me sentía desafiante, respondía, "Sangrando,

---

\* N. del T.: El elefante es el símbolo del Partido Republicano y el burro es el del Partido Demócrata.

pero indomable", una frase de "Invictus", el poema favorito de Nelson Mandela. Si deseaban compadecerse sobre las últimas noticias de Washington, a veces confesaba lo irritada que me ponían. Otras veces decía, "No me siento con ánimo de hablar de eso". Todos entendían.

También dejaba que la gente hiciera cosas por mí, lo cual no es fácil para mí. Pero Chelsea me decía, "Mamá, la gente quiere hacer algo útil, y quiere que se lo permitas". Así que cuando un amigo decía que me estaba enviando una caja llena de sus libros favoritos… y otro me decía que venía durante el fin de semana, aunque sea sólo para caminar juntos… y otra me decía que me iba a llevar a ver una obra de teatro, aunque no quisiera ir… no protestaba o discutía. Por primera vez en años no tenía que consultar una agenda complicada. Podía simplemente decir "¡Sí!", sin pensarlo dos veces.

Pensaba mucho en mi madre. Una parte de mí se alegraba de que ella no estaba para ser testigo de otra amarga decepción. Cuando perdí por estrecho margen la nominación demócrata contra Barack Obama en 2008, había sido difícil para ella, aunque trataba de que yo no me diera cuenta. Más que nada, simplemente la extrañaba. Quería sentarme con ella, tomarle la mano y compartir mis problemas.

Algunos amigos me aconsejaban sobre el poder del Xanax y hablaban maravillas de sus increíbles terapeutas. Los médicos me decían que nunca habían recetado tantos antidepresivos en sus carreras. Pero no estaba interesada en nada de eso. Nunca lo había estado.

En cambio, practiqué yoga con mi instructora, Marianne Letizia, especialmente "ejercicios de respiración". Si nunca han hecho respiración alternativa de los dos lados de la nariz, vale la pena intentarlo. Se sientan con las piernas cruzadas, la mano izquierda sobre el muslo y la otra sobre la nariz. Respirando profundamente desde el diafragma, colocan su pulgar derecho en el orificio derecho de la nariz y el dedo anular y el meñique en el izquierdo. Cierran los ojos y cierran el orificio derecho, respirando despacio y profundamente por el izquierdo. Ahora cierran ambos lados y contienen la respiración. Exhalan a través del orificio derecho. Luego háganlo en reverso: inhalan a través del derecho, lo cierran y exhalan por el izquierdo. De la manera que me lo han explicado, esta práctica permite que el oxígeno active tanto el lado derecho del cerebro, que es la fuente de la creatividad e imaginación, como el lado izquierdo, que controla la razón y la lógica. Respiren hacia dentro y hacia fuera y completen el ciclo varias veces. Se sentirán más calmados y más concentrados. Puede parecer tonto, pero funciona para mí.

Todo no era yoga y respiración: También bebí mi dosis de *chardonnay*.

Le dediqué tiempo a la naturaleza. El día después de mi concesión, Bill y yo estuvimos en un arboreto cerca de nuestra casa. Era el tiempo perfecto del año para deambular, fresco, pero no helado, con el olor a otoño en el aire. Íbamos pensativos cuando nos encontramos a una joven de excursión con su hija de tres meses sujetada en la espalda y su perro entre sus pies. Parecía un poco apenada de detenerse y saludarnos, pero dijo que no podía controlarse, necesitaba darme un abrazo. Resultó que yo también lo necesitaba. Más tarde ese mismo día, publicó una foto de nosotros en Facebook, que enseguida circuló de forma viral. Nació así el meme de "HRC en el bosque".

Durante noviembre y diciembre, Bill y yo nos poníamos los zapatos y nos lanzábamos al camino una y otra vez, analizando por qué había perdido, qué podía haber hecho mejor, qué le iba a ocurrir a Estados Unidos ahora. También le dedicábamos bastante tiempo a discutir lo que íbamos a cenar esa noche o cuál era la próxima película que íbamos a ver.

Me hice cargo de proyectos. En agosto de 2016, habíamos comprado la casa de al lado: un clásico rancho que siempre nos había gustado, con un traspatio que conectaba con el nuestro. La idea era tener suficiente espacio para Chelsea, Marc, sus hijos, nuestros hermanos y sus familias y nuestros amigos. Además, me había estado adelantando un poco pensando cómo acomodar al equipo grande que viaja con un presidente. En todo septiembre y octubre, habíamos estado remodelándola discretamente, aunque con la campaña a toda velocidad no había habido mucho tiempo para pensar en nada de eso. Ahora lo que me sobraba era tiempo. Pasaba horas revisando los planos con el contratista y mi decoradora de interiores y amiga Rosemarie Howe: muestras de pintura, muebles, un juego de columpios para el traspatio. Sobre la chimenea colgué un clásico estandarte del sufragismo que Marc me había regalado que declaraba "Votos para las Mujeres". En el cuarto de estar, colgamos un cuadro a todo color del momento en que sueltan los globos en la Convención Nacional Demócrata. A Bill y a mí nos habían divertido esos globos, especialmente a Bill. Un recuerdo de tiempos más felices.

Cuando llegó el Día de Acción de Gracias, el trabajo de la casa estaba terminado. Esa mañana hice una inspección para cerciorarme de que todo estaba perfecto antes de que nuestros amigos y la familia llegaran a cenar. En algún momento, salí al portal delantero y vi a algunas personas reunidas en la esquina de nuestra calle rodeando un montón de letreros en colores hechos a mano clavados en la tierra que decían "Gracias". Chicos del vecindario los habían hecho para mí por el Día de Acción de Gracias, cubiertos de corazones, arco iris y banderas americanas. Era uno más de los muchos gestos amables —no solo de amigos y seres queridos sino también de totales extraños— que habían hecho que ese primer mes fuera más tolerable.

Cada Día de Acción de Gracias se ha convertido en nuestra tradición desde que salimos de la Casa Blanca, recibir a amigos de Chelsea que no viajan a sus casas para la fiesta o que son de otros países y quieren tener la experiencia de celebrar el Día de Acción de Gracias americano en toda su gloria. Siempre somos veinte o treinta sentados alrededor de largas mesas portátiles decoradas con hojas, frutas y velas votivas, nada que bloquee la vista de la gente, de manera que la conversación vaya y venga y se mueva con facilidad. Comenzamos la cena con una oración por Bill dando gracias, y entonces se sigue alrededor de la mesa para que cada persona diga su principal motivo de gratitud durante el año. Cuando me llegó el turno, dije que estaba agradecida por el honor de haberme postulado a la presidencia y por mi familia y amigos que me apoyaron.

De regreso a nuestra vieja casa, organicé todos los clósets en un impulso de concentrada energía que envió a los perros escurriéndose de cada habitación en la que yo entraba. Llamé a amigas e insistí en que se llevaran un par de zapatos que una vez dijeron que les gustaban o una blusa que sospechaba que les iría bien de talla. A menudo he sido esa amiga insistente, así que la mayoría sabía qué esperar. También coloqué fotos dispersas en álbumes, boté pilas de revistas viejas y recortes de periódicos desintegrándose, y revisé probablemente un millón de tarjetas de presentación que la gente me había dado a través de los años. Con cada gaveta y cada objeto colocado en su lugar, me sentí satisfecha de que mi mundo había quedado más ordenado.

Algunas de mis amigas me animaban a tomar unas vacaciones, y nos escapamos con Chelsea, Marc y los nietos por unos días a Mohonk Mountain House, uno de mis sitios favoritos en el estado de Nueva York. Pero después de veinte meses viajando sin parar en la campaña —encima de cuatro años de trotamundos como secretaria de Estado— lo único que quería era sentarme en mi casa tranquila y quedarme quieta.

Trato de perderme en libros. Nuestra casa está repleta de ellos y seguimos añadiendo más. Al igual que mi madre, me encantan las novelas de misterio y puedo devorarme una en una sentada. Algunos de mis autores favoritos son Louise Penny, Jacqueline Winspear, Donna Leon y Charles Todd. Terminé de leer cuatro novelas napolitanas de Elena Ferrante y me deleité con las historias que cuentan sobre la amistad entre mujeres. Nuestros estantes están abarrotados de volúmenes sobre historia y política, especialmente biografías de presidentes, pero en esos primeros meses no me interesaban para nada. Regresé a cosas que me han dado alegría y solaz, como la poesía de Maya Angelou:

> *Puedes abandonarme en la historia*
> *con tus mentiras torcidas y amargas*
> *Puedes pisotearme en la tierra,*
> *pero me elevaré como el polvo…*

*Puedes dispararme con tu voz*
*Apuñalarme con tus ojos*
*Matarme con tu odio.*
*Pero igual me elevo como el aire.*

En los días crudos de diciembre, con el corazón aún herido, esos versos me ayudaron. Recitarlos en voz alta me daba fuerza. Pensaba en Maya y su voz rica y poderosa. Ella no se habría doblegado por esto, ni una pulgada.

Fui a espectáculos en Broadway. Nada como el teatro para olvidar penas por unas horas. En mi experiencia, aun una obra mediocre puede transportarte. Y la música del *show* te puede servir de música de fondo en tiempos difíciles. ¿Piensas que estás triste? ¡Vamos a ver qué opina de eso Fantine de *Los Miserables*!

Por amplio margen, la actuación favorita mía en la Ciudad de Nueva York no fue en Broadway: fue el recital de danza de Charlotte. Fue fascinante ver a un montón de niños de dos años riéndose inquietos tratando de bailar al unísono. Algunos estaban intensamente concentrados (como mi nieta), otros trataban de hablar con los padres en el público y una niña se sentó y se quitó los zapatos en medio de todo. Fue un maravilloso caos. Viendo a Charlotte y sus amiguitos riéndose y cayéndose y levantándose otra vez, sentí algo que no pude situar exactamente. Entonces me di cuenta de lo que era: alivio. Había estado lista para dedicarme completamente a servir a mi país los próximos cuatro u ocho años. Pero eso habría tenido un precio. Me habría perdido muchos recitales de baile y lecturas de cuentos a la hora de acostarse y viajes al parque infantil. Ahora había recuperado todo eso. Eso es mucho más que una luz al final del túnel. Eso es una mina de oro.

De regreso en la casa, me puse al día con las series de televisión que Bill había estado guardando. Vimos episodios viejos de *The Good Wife*, *Madam Secretary*, *Blue Bloods* y *NCIS: Los Angeles*, el cual Bill insiste es el mejor de esa franquicia. También vi finalmente la última temporada de *Downton Abbey*. Esa serie siempre me recuerda la noche que pasé en el Palacio de Buckingham en 2011 en la visita de estado del presidente Obama, en una habitación que estaba muy cerca del balcón donde la Reina saluda a la multitud. Fue como entrar en un cuento de hadas.

El sábado después de la elección vi *Saturday Night Live* y vi a Kate McKinnon abrir el *show* con una imitación de mí una vez más. Se sentó en un piano de cola y tocó "Hallelujah", la conmovedora y bella canción de Leonard Cohen, que había muerto unos días antes. Cuando cantaba parecía que estaba conteniendo las lágrimas. Igual que yo mientras la escuchaba.

> *Hice lo que pude, no fue mucho,*
> *No podía sentir, y traté de tocar*
> *He dicho la verdad, no vine a engañarte,*
> *Y aunque todo salió mal*
> *Me pondré de pie ante el Señor de la canción*
> *Sin nada en la lengua excepto un aleluya.*

Al final, Kate-en-el-papel-de-Hillary miró a la cámara y dijo: "No me voy a dar por vencida, ni ustedes tampoco".

Oré mucho. Casi puedo ver a los cínicos poniendo los ojos en blanco. Pero sí oré, tan fervientemente como no recuerdo haberlo hecho antes. La novelista Anne Lamott una vez escribió que las tres oraciones esenciales que ella conoce son "Ayúdame", "Gracias" y "Caramba". Puedes imaginar a cuál de ellas recurrí el otoño pasado. Oré pidiendo ayuda para dejar bien atrás mi tristeza y decepción por mi derrota; mantenerme esperanzada y abierta de corazón en lugar de volverme cínica y amargada; encontrar un nuevo propósito y comenzar un nuevo capítulo, de manera que el resto de mi vida no sea malgastado como el caso de Miss Havisham en *Grandes esperanzas* de Charles Dickens, o dando vueltas en la casa obsesionada sobre lo que pudo haber sido.

Oré por que mis peores temores acerca de Donald Trump no se hicieran realidad y por que la vida de la gente en el futuro de Estados Unidos mejorara y no empeorara durante su presidencia. Todavía estoy orando por eso, y puedo utilizar todo el respaldo que puedan ofrecerme.

También oré por sabiduría. Recibí ayuda de Bill Shillady, el ministro de la Iglesia Metodista Unida que cooficó en la boda de Chelsea y Marc y dirigió los servicios conmemorativos de mi madre. Durante la campaña, me mandaba devocionales todos los días. El 9 de noviembre me envió un comentario que había aparecido originalmente en un blog del pastor Matt Deuel. Lo leí muchas veces antes de que terminara la semana. Este pasaje en particular realmente me conmovió:

*Es viernes, pero el domingo se acerca.*

*Este no es el devocional que yo había esperado escribir. Este no es el devocional que usted desea recibir este día.*

*Aunque el Viernes Santo puede ser la representación más cruda que tenemos de un viernes, la vida está llena de muchos viernes.*

*Para los discípulos y seguidores de Cristo en el primer siglo, el Viernes Santo representó el día en que todo se derrumbó. Todo estaba perdido. Y aun cuando Jesús les dijo a sus seguidores que tres días después el templo sería restaurado... traicionaron, negaron, guardaron luto, huyeron y se escondieron. Hicieron prácticamente todo menos sentirse bien acerca del viernes y sus circunstancias.*

*Estás viviendo un viernes. ¡Pero el domingo se acerca! La muerte será destruida. La esperanza será restaurada. Pero primero, debemos vivir en la oscuridad y la aparente desesperanza del viernes.*

Llamé al reverendo Bill y hablamos mucho tiempo.

Releí uno de mis libros favoritos, *El regreso del hijo pródigo* por el sacerdote holandés Henri Nouwen. Es algo a lo que he regresado repetidamente durante tiempos difíciles en mi vida. Es posible que ustedes conozcan la parábola acerca del menor de dos hijos que se desvía y peca, pero finalmente regresa a la casa. El padre lo recibe cariñosamente pero es resentido por su hermano mayor, que se había quedado y servido a su padre con honores mientras el hermano menor hacía lo que quería. Tal vez sea porque soy la mayor en mi familia y tengo un poco de *Girl Scout*, pero siempre me he identificado con el hermano mayor de la parábola. Qué irritante debe de haber sido ver que su hermano errante era bienvenido de regreso como si nada hubiera pasado. Debe de haber sentido como si todos sus años de trabajo duro y haber cumplido con su deber no hubieran significado nada. Pero el padre le dice al hijo mayor, "¿Acaso no te he cuidado bien? ¿No has estado cerca de mí? ¿No has estado a mi lado aprendiendo y trabajando?". Esas cosas tienen su propia recompensa.

Es una historia de amor incondicional, el amor de un padre y también de *El* Padre, que está siempre listo para amarnos, no importa cuánto tropecemos y nos caigamos. Me recuerda a mi padre, un hombre callado y severo que no obstante siempre se aseguraba de que yo supiera lo que yo significaba para él. "No siempre me gustará lo que haces", solía decirme, "pero siempre te amaré". De niña, yo me aparecía con hipótesis elaboradas para probarlo. "¿Qué pasaría si yo robara una tienda o asesinara a alguien? ¿Me amarías entonces todavía?". Y él me decía, "¡Absolutamente! Estaría desencantado y triste, pero te voy a querer siempre". Una o dos veces el pasado noviembre pensé para mí misma, "Entonces, Papá, ¿qué pasaría si pierdo una elección que yo debí haber ganado y dejo que un charlatán inepto sea el presidente de Estados Unidos? ¿Todavía me amarías entonces?". El amor incondicional es el mejor regalo que me dio, y he tratado de dárselo a Chelsea y ahora a Charlotte y Aidan.

Nouwen ve otra lección en la parábola del hijo pródigo: una lección sobre la gratitud. "Puedo optar por sentir gratitud aun cuando mis emociones y sentimientos estén todavía llenos de dolor y resentimiento", escribe. "Puedo optar por hablar de bondad y belleza aun cuando mi ojo interior todavía busca a alguien a quien acusar o algo que pueda describir como feo. Puedo optar por escuchar voces que perdonan y mirar a rostros que sonríen aun cuando todavía oigo palabras de venganza y veo muecas de odio".

Somos nosotros quienes tenemos que optar por estar agradecidos aun cuando las cosas no van bien. Nouwen llama a eso la "disciplina de la gratitud". Para mí no se trata de estar agradecidos por las cosas buenas, porque eso es fácil, sino estar también agradecidos por las cosas difíciles. Estar agradecidos incluso por nuestros defectos porque, al fin y al cabo, nos hacen más fuertes al darnos la oportunidad de alcanzar más allá de donde podemos asir algo.

Mi tarea era estar agradecida por la humilde experiencia de perder una elección presidencial. La humildad puede ser una virtud dolorosa. En la Biblia, San Pablo nos recuerda que todos vemos oscuramente a través de un cristal por nuestras humildes limitaciones. Es por eso que la fe —la certeza de las cosas que uno espera y la convicción de las cosas que no se ven— requiere de un salto. Es por nuestras limitaciones e imperfecciones que debemos tratar de alcanzar más allá de nosotros mismos, a Dios y unos a otros.

Según avanzaban los días, noviembre se convertía en diciembre y ese horrible tiempo negativo y muy malo llegaba a su fin, comencé a redescubrir mi gratitud. Sentí los efectos positivos de todo ese caminar y dormir; me estaba sintiendo más calmada y más fuerte. Me encontré pensando en nuevos proyectos que quería realizar. Comencé a aceptar invitaciones a eventos que me llegaban al corazón: una cena de Planned Parenthood, la cumbre de Women in the World y la gala de Vital Voices celebrando a mujeres líderes y activistas de todo el mundo, y reuniones con estudiantes de Harvard, Wellesley y Georgetown. Esos salones estaban repletos de una energía colmada de propósito. Lo absorbí todo y me encontré pensando más en el futuro que en el pasado.

*Haz lo que tu corazón siente que sea lo correcto, pues te van a criticar de todas maneras. Te "condenarán si lo haces, y te condenarán si no lo haces".*

—Eleanor Roosevelt

# Competencia

*Para nosotros, solo existe el intento. El resto no es asunto nuestro.*

—T. S. Eliot

# Que te sorprendan intentando

Me postulé a la presidencia porque pensé que sería buena en ese trabajo. Pensé que de todas las personas que podían postularse yo tenía la experiencia más relevante, logros significativos y propuestas ambiciosas pero alcanzables, además del temperamento para hacer cosas en Washington.

Estados Unidos funcionaba mejor que cualquier otro país importante, pero aún había demasiada desigualdad y muy poco crecimiento. Nuestra diversidad era una ventaja que incitaba a la creatividad y la vitalidad, pero el rápido cambio social alienaba a la gente que pensaba que estaba ocurriendo mucho demasiado rápido y se sentía marginada. Nuestra posición en el mundo era fuerte, pero teníamos que lidiar con una combustible mezcla de terrorismo, globalización y avances tecnológicos que impulsaban a ambos.

Creía que mis experiencias en la Casa Blanca, el Senado y el Departamento de Estado me habían equipado para asumir estos desafíos.

Estaba tan preparada como se podía estar. Tenía ideas que harían a nuestro país más fuerte y la vida mejor para millones de americanos.

En resumen, creía que sería una extraordinaria presidente.

Aun así, nunca dejaban de preguntarme, "¿Por qué quieres ser presidente? ¿Por qué? No, en serio, ¿por qué?". La implicación era que debía haber estado ocurriendo algo más, alguna oscura ambición y añoranza por tener poder. Nadie psicoanalizó a Marco Rubio, Ted Cruz o Bernie Sanders acerca de por qué se postulaban. Simplemente se acepta como algo normal. Pero en mi caso, se consideraba inevitable —la gente presumía que yo me postularía de cualquier forma— y, sin embargo, de una manera un poco anormal, demandaba una profunda explicación.

Después de la elección, pensé mucho sobre esto. Tal vez haya sido porque soy una mujer, y no estamos acostumbrados a que las mujeres se postulen para presidente. Tal vez sea porque mi estilo de liderazgo no se ajusta a los tiempos. Tal vez sea porque nunca me expliqué tan francamente como ahora.

Así que déjenme empezar por el principio y decir cómo y por qué tomé la decisión de postularme.

"Podrías perder", me dijo Bill. "Lo sé", dije yo. "Podría perder".

El problema comenzó con la historia. Era extremadamente difícil para cualquiera de los partidos mantenerse en la Casa Blanca durante más de ocho años consecutivos. En la era moderna, había ocurrido una sola vez, cuando George H. W. Bush sucedió a Reagan en 1989. Ningún candidato demócrata que no estuviera ocupando el cargo había ganado para suceder a otro que haya estado en el cargo dos términos desde que el vicepresidente Martin Van Buren ganó en 1836, y sucedió a Andrew Jackson.

Todavía había mucha ira y resentimiento acumulados desde la

crisis financiera de 2008-2009, y aunque había ocurrido bajo una administración republicana, los demócratas habían presidido durante la recuperación que había sido muy lenta.

Había también que considerar la saturación del apellido Clinton. Los analistas estaban ya quejándose de que la elección sería un concurso aburrido entre dos conocidas dinastías: los Clinton y los Bush.

Y también estaba el asunto de mi género. Ninguna mujer había ganado la nominación de un partido principal en la historia de nuestro país, mucho menos la presidencia. Y resulta fácil perder de vista lo trascendental que es eso, y aunque uno deje de considerar lo que significa y las posibles razones detrás de ese hecho, resulta profundamente aleccionador.

Era un día fresco en el otoño de 2014 y Bill y yo habíamos estado teniendo la misma conversación durante meses. ¿Debo postularme para presidente por segunda vez? Mucha gente talentosa estaba lista para lanzarse a trabajar en mi campaña si yo me postulaba. La prensa y la mayor parte de la clase política presumía que ya yo estaba en campaña. Algunos estaban tan convencidos por la caricatura mía como una mujer hambrienta de poder que no podían imaginarme haciendo otra cosa. Y, en cambio, yo podía imaginar muchos caminos diferentes para mí.

Yo ya sabía cómo iba a sentirme si perdía. Hasta que uno lo vive, es difícil entender el dolor en la boca del estómago cuando las cosas van mal y uno no sabe cómo arreglarlas; el golpetazo cuando los resultados finalmente llegan; el desencanto escrito en los rostros de amigos y seguidores. Las campañas políticas son empresas masivas con miles de personas trabajando juntas hacia una meta común, pero al final, todo es intensamente personal, incluso desolador. Es solo tu nombre en la boleta. Te acogen o te repudian solamente a ti.

La campaña contra Obama en 2008 fue reñida y bien peleada. Al final, él estaba delante en el importante conteo de votos de delegados, pero nuestros totales de votos populares tenían una diferencia de menos de una décima del 1%. Eso hizo más doloroso aceptar y acopiar el entusiasmo para hacer campaña por él vigorosamente. Lo que salvó el momento fue el respeto que yo sentía por Barack y mi creencia de que sería un buen presidente que haría todo lo posible por avanzar los valores que ambos compartíamos. Eso lo hizo más fácil.

¿Estaba yo dispuesta a someterme a todo el rigor de una campaña otra vez?

Mi vida después de dejar la política había resultado bastante fenomenal. Me había sumado a Bill y Chelsea como nuevo miembro de la junta de la Fundación Clinton, que Bill había convertido en una importante filantropía global después de dejar la presidencia. Esto permitió moverme hacia mis propias pasiones y tener un impacto sin toda la burocracia y las banales riñas de Washington. Admiraba lo que Bill había creado, y me encantaba que Chelsea había decidido traer su conocimiento de salud pública y su experiencia del sector privado a la Fundación para mejorar su administración, su transparencia y su eficiencia después de un período de rápido crecimiento.

En la Conferencia Internacional sobre SIDA de 2002 en Barcelona, Bill tuvo una conversación con Nelson Mandela sobre la urgente necesidad de disminuir el precio de los medicamentos contra VIH/SIDA en África y alrededor del mundo. Bill concluyó que estaba en una buena posición para ayudar, por lo que comenzó a negociar acuerdos con fabricantes de medicamentos y gobiernos para rebajar drásticamente los precios de las medicinas y aumentar la recaudación de dinero para pagarlas. Funcionó. Más de 11,5 millones de personas en más de setenta países ahora tienen acceso a tratamientos más económicos. En estos momentos, de todos los que permanecen vivos por medicinas en países en desarrollo alrededor del mundo, más de la mitad de los adultos y 75% de los niños se están beneficiando por el trabajo de la Fundación Clinton.

Después de recuperarse de su cirugía del corazón en 2004, Bill se asoció a la Asociación Americana del Corazón para lanzar la Alianza por una Generación Más Saludable, la cual ha ayudado a más de veinte millones de estudiantes en más de treinta y cinco mil escuelas en Estados Unidos a disfrutar de alimentación más saludable y más actividad física. La Alianza llegó a acuerdos con las principales compañías de refrescos para reducir en 90% las calorías en refrescos disponibles en las escuelas, y también se asoció a la iniciativa de Michelle Obama llamada ¡A moverse!

La fundación también está luchando contra la epidemia de opioide en Estados Unidos, está ayudando a más de 150.000 pequeñas granjas en África a elevar sus ingresos y está llevando energía limpia a islas en el Caribe y el Pacífico.

En 2005, Bill lanzó la Iniciativa Global Clinton (CGI, por sus siglas en inglés), un nuevo modelo de filantropía para el siglo veintiuno que reunió a líderes de negocios, de gobierno y del sector sin fines de lucro para comprometerse concretamente a tomar acción en todo, desde distribuir agua limpia, hasta mejorar la eficiencia de energía, a proveer audífonos a niños sordos. Las conferencias anuales destacaron los compromisos más emocionantes y sus resultados. Nadie podía simplemente aparecer y hablar; tenía que realmente hacer algo. Después de doce años, los miembros de la CGI y sus afiliados en la CGI de Estados Unidos y la CGI internacional, habían hecho más de 3.600 compromisos, los cuales han mejorado las vidas de más de 435 millones de personas en más de 180 países.

Entre los mayores logros de la CGI estaba enviar 500 toneladas de suministros y equipos médicos a África Occidental para los que luchaban contra la epidemia de ébola y ayudar a recaudar $500 millones para apoyar a pequeños negocios, granjas, escuelas y cuidados médicos en Haití. En Estados Unidos, sin gasto alguno para los contribuyentes, CGI ayudó a lanzar una increíble asociación encabezada por la Corporación Carnegie de Nueva York para cumplir con la meta del presidente Obama de 100.000 nuevos maestros de Ciencia, Tecnología, Ingeniería y Matemáticas (STEM, por sus siglas en inglés). Y apoyó la creación del mayor fondo privado de infraestructura en Estados Unidos —$16,5 mil millones invertidos por los fondos de pensión de empleados públicos, encabezados por la Federación Americana de Maestros (AFT, por sus siglas en inglés) y los Sindicatos de Oficios de Construcción de Norteamérica (NABTU, por sus siglas en inglés)— que ha creado 100.000 empleos y dado entrenamiento profesional a un cuarto de millón de trabajadores cada año.

Cuando yo me sumé a la fundación en 2013, formé un equipo con Melinda Gates y la Fundación Gates para lanzar una iniciativa llamada Sin Techo: El Proyecto de Participación Plena (*No Ceilings: The Full Participation Project*) para avanzar los derechos y oportunidades de mujeres y niñas alrededor del mundo. También creé un programa llamado Demasiado pequeño para fracasar (*Too Small to Fail*) para estimular a infantes y pequeños a leer, hablar y cantar a fin de ayudar a desarrollar sus cerebros y crear vocabularios. Y Chelsea y yo comenzamos una cadena para dirigir organizaciones de conservación de vida silvestre para proteger elefantes africanos en peligro de extinción de los cazadores furtivos. Ninguno de estos programas tenía que lucir bien en encuestas o calcomanías en los parachoques de los automóviles. Solo tenían que representar una diferencia positiva y mensurable en el mundo. Después de años en las trincheras políticas, esto era refrescante y gratificante.

Sabía por experiencia que, si me postulaba a la presidencia otra vez, todo lo que Bill y yo habíamos tocado alguna vez estaría sujeto a escrutinio y ataques, incluyendo la fundación. Eso nos preocupaba, pero nunca imaginé que esta obra de caridad global ampliamente respetada sería tan brutalmente calumniada y atacada como lo fue. Durante años, la fundación y la CGI habían tenido el apoyo tanto de republicanos como de demócratas. Las organizaciones monitoras independientes de filantropía —CharityWatch, GuideStar y Charity Navigator— le habían dado a la Fundación Clinton calificaciones máximas por reducir los gastos generales y tener un impacto positivo mensurable. CharityWatch le dio una A, Charity Navigator le dio cuatro estrellas, y GuideStar le dio un nivel de platino. Pero nada de eso impidió que llovieran los brutales ataques partidistas durante la campaña.

He escrito bastante extensamente sobre la fundación aquí porque un análisis reciente publicado en la revista *Columbia Journalism Review* demostró que durante la campaña se escribió el doble acerca de la Fundación Clinton de lo que se escribió de los escándalos de Trump, y casi todo era negativo. Eso me molesta. Como lo expresó Daniel Borochoff, fundador de CharityWatch, "Si Hillary Clinton no fuera candidata a la presidencia, la Fundación Clinton se vería como una de las grandes obras de caridad humanitarias de nuestra generación". Creo que eso es exactamente lo que es y lo que continuará siendo, y estoy orgullosa de ser parte de ella.

Más allá de mi trabajo con la Fundación, también dediqué tiempo en 2013 y 2014 a escribir un libro titulado *Decisiones difíciles* acerca de mis experiencias como secretaria de Estado. El libro fue largo —¡más de seiscientas páginas sobre política exterior!— pero todavía me quedaron más historias por contar y muchas más cosas que quería decir. Si no me postulaba a la presidencia, habría más libros que escribir. A lo mejor podía dedicarme a enseñar y pasar tiempo con mis estudiantes.

Es más, como muchos ex funcionarios de gobierno, encontré que organizaciones y compañías querían que yo fuera a hablarles sobre mis experiencias y compartir mis ideas sobre el mundo, y me pagarían una buena suma por hacerlo. Continué pronunciando muchos discursos gratis, pero me gustaba que hubiera una manera en que yo pudiera ganarme la vida sin tener que trabajar en ninguna compañía o ser parte de juntas de directores. Era también una oportunidad para conocer a gente interesante.

Le hablé a una amplia gama de públicos de diversas áreas: agentes de viaje y vendedores de autos, médicos y empresarios tecnológicos, vendedores de víveres y consejeros de campamentos de verano. También les hablé a banqueros. Usualmente contaba historias de mi tiempo como secretaria de Estado y respondía a preguntas sobre zonas globales conflictivas. Debo de haber hecho el recuento al menos cien veces de los detalles entre bambalinas de la redada que llevó a Osama bin Laden a la justicia. A veces hablaba de la importancia de crear más oportunidades para las mujeres, tanto alrededor del mundo como en el sector corporativo de Estados Unidos. Raras veces era partidista. Lo que tenía que decir era interesante para mis públicos, pero no especialmente noticioso. Muchas de las organizaciones querían que los discursos fueran privados, y yo respetaba eso: pagaban por una experiencia única. Eso me permitía ser cándida acerca de mis impresiones de los líderes mundiales que podrían haberse ofendido de haberlo oído. (Estoy hablando de ti, Vladimir.)

Después, mis opositores hilvanaban cuentos locos acerca de las cosas terribles que yo debía de haber dicho a puertas cerradas y de cómo mi presidencia estaría siempre en el bolsillo de sombríos banqueros que habían pagado mis honorarios de conferenciante. Debía haberlo visto venir. Dados mis antecedentes de independencia en el Senado —especialmente mis tempranas alarmas sobre la crisis de hipotecas, mis votos contra las reducciones de impuestos de Bush y mis posiciones en favor de las regulaciones financieras, incluyendo la eliminación de las lagunas fiscales para fondos de cobertura conocidos como intereses devengados— este no parecía ser un ataque creíble. No pensaba que muchos americanos creerían que yo iba a vender toda una vida de principios y defensa de derechos por un precio. Cuando uno sabe por qué está haciendo algo y sabe que eso es todo lo que hay y que claramente no hay nada siniestro, es fácil presumir que otros lo verán de la misma manera. Eso fue un error. Simplemente porque muchos ex funcionarios de gobierno habían recibido altos honorarios por hacer discursos, yo no debí presumir que estaría bien hacerlo. Especialmente después de la crisis financiera de 2008–2009, debí haberme dado cuenta de que eso sería mala "óptica" y debí distanciarme de todo lo que tuviera que ver con Wall Street. No lo hice. Fue culpa mía.

Este es uno de los errores que cometí acerca del cual van a leer en este libro. He tratado de ofrecer un honesto recuento de cuando estuve equivocada, de dónde me quedé corta y de lo que querría poder volver atrás y hacer de un modo diferente. Esto no es ni fácil ni divertido. Mis errores me queman por dentro. Pero, como dijo una de mis poetas favoritas, Mary Oliver, aunque nuestros errores nos den ganas de llorar, el mundo no necesita más de eso.

La verdad es que todos tenemos faltas. Es la naturaleza humana. Pero no deben nuestros errores ser lo único que nos define. Debemos ser juzgados por la totalidad de nuestro trabajo y de nuestra vida. Muchos problemas no tienen solución y una buena decisión hoy acaso no se vea tan bien diez o veinte años más tarde a través del lente de nuevas condiciones. Cuando uno está en la política, es más complicado. Todos queremos —y la prensa política así lo demanda— una "trama", la cual tiende a dar a sus personajes papeles de santos o pecadores. O somos venerados o denigrados. Y no hay historia política más jugosa que la del santo desenmascarado como pecador. Una caricatura bidimensional es más fácil de digerir que una persona completamente formada.

Para un candidato, un líder o cualquiera, la pregunta realmente no es: "¿Tienes faltas?". La pregunta es: "¿Qué haces acerca de tus faltas?". ¿Aprendes de tus errores para hacer las cosas mejor en el futuro? ¿O rechazas trabajar duro por mejorarte y lo que haces es destruir a otros para afirmar que son tan malos o peores que tú?

Siempre he tratado de hacer lo primero. Y en muchos sentidos así lo ha hecho también nuestro país con nuestra larga marcha hacia una unión más perfecta.

Pero Donald Trump hace lo segundo. En lugar de admitir errores, ataca, degrada e insulta a los demás, a menudo acusando a otros de también haber hecho lo que él hizo o está a punto de hacer. De manera que, si él sabe que la Fundación Donald J. Trump es poco más que una alcancía personal, se vuelve y acusa de corrupción, sin ninguna evidencia, a la bien respetada Fundación Clinton. Tiene un método esa locura. Para Trump, si todos están en el fango con él, entonces él no está más sucio que nadie. Él no tiene que ser mejor, si todos los demás son peores. Pienso que esa es, al parecer, la razón por la que humilla a la gente que lo rodea. Y es también la razón por la que debe de haberse deleitado cuando Marco Rubio trató de igualarlo lanzando crudos insultos personales durante las primarias. Claro, esto dañó a Rubio más que a Trump. Como a Bill le gusta decir, nunca luches con un puerco en el fango. Tienen pezuñas hendidas que les dan más tracción y les encanta embarrarse. Lamentablemente, la estrategia de Trump funciona. Cuando la gente comienza a creer que todos los políticos son unos mentirosos y bandidos, el más corrupto evade el escrutinio y el cinismo crece.

Pero me estoy adelantando a los hechos. Regresemos a 2014 y a la decisión de postularme a la presidencia.

Hemos hablado de mi trabajo en la fundación, de mi libro y de mis discursos, pero por amplio margen la mejor parte de mi vida después del gobierno —y probablemente la razón más convincente para *no* postularme— era ser abuela. Me encanta más de lo que esperaba. Bill y yo nos sorprendíamos buscando cualquier excusa para ir a Manhattan a visitar a Chelsea y Marc y ver a la pequeña Charlotte, que nació ese septiembre. Nos convertimos en los más entusiastas niñeros, lectores de libros y compañeros de juegos del mundo. Esa bendición se duplicó cuando Aidan llegó en junio de 2016.

Postularme a la presidencia otra vez significaría que tenía que poner todo eso —mi maravillosa nueva vida— en suspenso para trepar a la cuerda floja de la política nacional. No estaba segura de estar lista para hacerlo.

Mi familia me dio un apoyo increíble. Si yo quería postularme, ellos tendrían que estar a mi lado 100%. Chelsea había hecho campaña incansablemente en 2008, convirtiéndose en una magnífica suplente y consejera para mí. Bill sabe mejor que casi ninguna persona viva lo que se necesita para ser presidente. Él estaba convencido de que yo era la mejor persona para el cargo y me negó enérgicamente que ese comentario fuera simplemente el manifiesto de su amor de esposo.

Aun así, los obstáculos eran intimidantes. Sí, yo había salido del Departamento de Estado con los porcentajes más altos de aprobación que nadie en la vida pública haya tenido jamás: una encuesta del *Wall Street Journal* y de la división de Noticias de la cadena NBC en enero de 2013 me situaba en un 69%. También era la mujer más admirada del mundo, según una encuesta anual de Gallup. Ay, aquellos buenos tiempos.

Pero sabía que mi alto porcentaje de aprobación era en parte porque los republicanos estaban dispuestos a trabajar conmigo cuando yo era secretaria de Estado y elogiaban mi servicio. Habían enfocado su fuego contra el presidente Obama y mayormente me dejaron tranquila. Además, los corresponsales de prensa que cubrían mi trabajo en esos años estaban genuinamente interesados en el trabajo de diplomacia y los temas que yo manejaba, lo cual significaba que la cobertura de mi trabajo era sustancial y en su mayor parte acertada. Sabía que sería diferente si yo me postulaba a la presidencia otra vez. Y como dijo Bill —y la historia lo corroboró— el perenne deseo de cambio del país haría difícil que cualquier demócrata ganara, especialmente alguien como yo que estaba estrechamente vinculada a la actual administración.

En 2014 el porcentaje de aprobación del presidente Obama estaba
estancado en un bajo 40%. A pesar de los mejores esfuerzos de la administración, la recuperación económica aún era anémica, con los jornales y los ingresos reales estancados para la mayoría de los americanos.
El lanzamiento de los nuevos mercados de salud, núcleo central de la
ACA y principal logro legislativo del presidente, había sido un desastre.
Un nuevo grupo terrorista, ISIS, estaba ocupando territorio en Irak y
Siria y decapitando a civiles en vivo por internet. Había además una
aterradora epidemia de ébola en África que muchos americanos temían
que llegara a Estados Unidos. Afortunadamente, la administración de
Obama reaccionó rápidamente para apuntalar nuestras defensas de
salud pública y apoyar los esfuerzos para responder al ébola en África
Occidental. A pesar de los hechos, los partidistas conservadores nos
advertían sin aliento —y sin ninguna evidencia— que los terroristas de
ISIS cruzarían nuestra frontera del sur, trayendo el ébola con ellos. Era
una trifecta de la teoría conspirativa derechista.

En vísperas de las elecciones de medio término en 2014, Bill y yo
hicimos campaña intensamente por todo el país por congresistas demócratas vulnerables y retadores competitivos. Por la noche, comparába-
mos notas acerca de la ira, el resentimiento y el cinismo que veíamos y la
fiereza de los ataques republicanos que alimentaban esos sentimientos.

Durante años, los líderes republicanos habían avivado los temores
y decepciones del público. Estaban dispuestos a sabotear al gobierno
con el fin de bloquear la agenda del presidente Obama. Para ellos, la
disfunción no era un virus, sino una característica. Sabían que cuando
Washington lucía peor, eran más los votantes que rechazaban la idea
de que el gobierno pudiera alguna vez ser una fuerza efectiva de progreso. Podían evitar que ocurrieran cosas buenas y luego ser premiados
porque no sucedía nada bueno. Cuando algo bueno ocurría, como la
expansión de los cuidados de salud, se concentraban en destruirlo en
lugar de mejorarlo. Debido a que muchos de sus votantes recibían las

noticias de fuentes partidistas, habían encontrado una manera de ser consistentemente premiados por crear el embotellamiento que los votantes dicen que odian.

El éxito de esta estrategia se hacía evidente. En 2014, en Georgia y Carolina del Norte, hice campaña por dos candidatas inteligentes, talentosas y de mentes independientes que deberían haber tenido una buena oportunidad de ganar: Michelle Nunn y la senadora Kay Hagan. Ambas campañas estuvieron reñidas hasta el final. Pero días antes de la elección, un observador político familiarizado con la política de Georgia me confió que había visto encuestas privadas que mostraban que Nunn y otros demócratas colapsaban. Los republicanos estaban usando el miedo acerca de ISIS y el ébola para atemorizar a la gente y cuestionar si una demócrata, especialmente una mujer, podría ser suficientemente fuerte en seguridad nacional.

En algunos estados, los republicanos publicaron un aviso mezclando imágenes de empleados de servicios de primera respuesta a casos de ébola vistiendo trajes de protección de material peligroso, con fotos del presidente Obama jugando al golf. Es irónico recordarlo ahora que Donald Trump pasa alrededor del 20% de su nueva presidencia en sus propios lujosos clubs de golf. Me pregunto a veces: si uno suma todo el tiempo que le dedica al golf, a Twitter y a las noticias por cable, ¿qué queda?

Bill me recontó una conversación particularmente preocupante que tuvo con un viejo amigo que vive en las montañas Ozark en el norte de Arkansas. Se había convertido en una especie en vías de extinción: un demócrata aún leal y progresista. Bill lo llamó y le preguntó a nuestro amigo si él pensaba que el senador Mark Prior podría ser reelegido. Mark era un demócrata moderado con un nombre de oro. (Su padre, David, era una leyenda en Arkansas que había sido congresista, gobernador y senador). Mark había votado por Obamacare porque creía que cada persona merecía el cuidado de salud de alta calidad que él recibió cuando se enfermó de cáncer en su juventud. Nuestro amigo dijo que no sabía, y Bill y él acordaron que la mejor manera de averiguarlo era visitar cierta tienda rural en lo profundo de los Ozark, donde unas doscientas personas salían regularmente del bosque a comprar víveres y hablar de política.

Cuando nuestro amigo regresó, llamó a Bill y le dijo lo que el dueño de la tienda había dicho: "Tú sabes, yo siempre apoyé a Clinton y me gusta mucho Mark Pryor. Es un buen hombre y justo con todos. Pero les vamos a dar el Congreso a los republicanos". El dueño de la tienda no era tonto. Sabía que los republicanos no iban a hacer nada *por* él ni por sus vecinos. Pero consideraba que los demócratas tampoco habían hecho nada. "Y al menos los republicanos no nos van a hacer nada *a* nosotros", dijo. "Los demócratas nos quieren quitar las armas y hacernos ir a una boda gay".

Efectivamente, Mark perdió en grande el día de la elección contra Tom Cotton, uno de los miembros más derechistas del Congreso. No era que los votantes se estuvieran alejando de las políticas que Mark y otros demócratas habían apoyado. Es más, en esa misma elección aprobaron un aumento del salario mínimo del estado. Pero la política de identidad cultural y el resentimiento constituían abrumadora evidencia, razón y experiencia personal. Al parecer, "Brexit" había llegado a Estados Unidos antes del voto en el Reino Unido, y no era un buen presagio para 2016. Nuestro partido puede haber ganado el voto popular en cinco de las últimas seis elecciones presidenciales pero el escenario político de la campaña de 2016 estaba tomando una forma extremadamente desafiante.

Como si nada de esto fuera suficiente, estaba el simple e inescapable hecho de que yo estaba llegando a los sesenta y ocho años. Si me postulaba y ganaba, sería la presidenta de mayor edad desde Reagan. Sospechaba que habría olas de rumores acerca de mi salud y de todo lo demás en mi vida. Sería invasivo, burdo e insidioso. Pero contrario a los persistentes rumores inventados y circulados por la prensa derechista, mi salud era excelente. Me había recuperado completamente de la contusión que sufrí a finales de 2012. Y el mundo entero podía ver que no tenía problemas manteniendo un itinerario de viaje intenso. Admiraba a personas como Diana Nyad, que a la edad de sesenta y cuatro se convirtió en la primera persona en nadar de Cuba a Florida sin una jaula contra tiburones. Cuando finalmente llegó a tierra firme, ofreció tres consejos: nunca jamás te des por vencido; nunca eres demasiado viejo para perseguir tus sueños; y aunque algo parezca un deporte solitario, es un esfuerzo de equipo. ¡Palabras por las que vivir!

Así y todo, ¿era en esto en lo que quería pasar mi tiempo? ¿Quería yo realmente regresar y colocarme frente al pelotón de fusilamiento de la política nacional durante años sin fin, primero en campaña y luego, con suerte, en la Casa Blanca? Algunos de mis amigos más queridos —incluyendo mis consejeras de mucho tiempo y ex jefas de despacho en la Casa Blanca y en el Departamento de Estado, Maggie Williams y Cheryl Mills— me dijeron que sería una locura. Muchas otras personas en mi posición habían dejado pasar la oportunidad de postularse: todos desde el general Colin Powell, hasta Mike Bloomberg, al gobernador de Nueva York Mario Cuomo, quien estuvo tan cerca de postularse que tenía un avión esperándolo en la pista para llevarlo a Nuevo Hampshire cuando finalmente decidió que "no".

Entonces, ¿por qué lo hice?

Lo hice porque cuando uno descarta todas las razones insignificantes y no tan insignificantes para no postularse —todos los dolores de cabeza, todos los obstáculos— lo que quedaba era algo demasiado importante para pasar por alto. Era una oportunidad para hacer el mayor bien que yo podría nunca llegar a realizar. En un solo día en la Casa Blanca, puede uno hacer más por más gente que durante meses en cualquier otro lugar. Teníamos que construir una economía que funcionara para todos y una sociedad inclusiva que respetara a todos. Teníamos que enfrentar serias amenazas de seguridad nacional. Ya tenía cosas en la mente todo el tiempo, y requerirían de un presidente fuerte y calificado. Yo sabía que aprovecharía al máximo cada minuto. Una vez que comencé a pensar de esa manera, no pude parar.

Ocurrió que la persona que me dio la oportunidad de servir como secretaria de Estado jugaría un papel decisivo una vez más.

Un mes después de salir del Departamento de Estado en 2013, Barack y Michelle nos invitaron a Bill y a mí a una cena privada con ellos en la residencia de la Casa Blanca. Los cuatro hablamos de nuestras hijas y la experiencia de haberlas criado en la pecera que era la Casa Blanca. Hablamos de la vida después de la Oficina Oval. Barack y Michelle reflexionaron sobre algún día mudarse a Nueva York, como lo habíamos hecho nosotros. Esa posibilidad estaba aún lejos. Todos teníamos grandes esperanzas para el segundo mandato de Barack. Había muchas cosas por terminar, tanto aquí como alrededor del mundo. Terminamos quedándonos durante horas, hablando hasta altas horas de la noche. Si alguno de nosotros hubiera ido atrás a los acalorados días de 2008 y hubiera echado un vistazo a esa noche, no lo habría creído.

Durante el siguiente año, el presidente y yo nos mantuvimos en contacto regularmente. Me invitó a almorzar en el verano y los dos nos sentamos en la terraza afuera de la Oficina Oval a comer paella de Luisiana. Creo que él estaba un poco celoso de mi recién encontrada libertad, que era un buen recordatorio de lo exhaustivo que era el cargo. Almorzamos otra vez la siguiente primavera. Parte del tiempo el presidente y yo hablamos de trabajo, especialmente de los desafíos de la política exterior que él estaba enfrentando durante su segundo mandato. Pero gradualmente, según 2013 avanzaba hacia 2014, nuestras conversaciones giraban con mayor frecuencia hacia la política.

El presidente Obama conocía los desafíos que enfrentaban los demócratas. Él nunca dio por segura su reelección, y a pesar de la contundente victoria de 2012 (un tipo de victoria legítimamente resonante) él sabía que su legado dependía en gran medida de una victoria demócrata en 2016. Fue bien claro al decir que creía que yo era la mejor chance que tenía nuestro partido de retener la Casa Blanca y continuar con nuestro progreso, y quería que yo me preparara rápido para postularme. Yo sabía que el presidente Obama tenía a su vicepresidente Joe Biden en la más alta estima y que estaba también cercano a otros candidatos potenciales, por lo que su voto de confianza significó mucho para mí. Teníamos nuestras diferencias tanto en estilo como en sustancia, pero compartíamos de manera abrumadora los mismos valores y metas políticas. Ambos nos veíamos como progresistas pragmáticos tratando de hacer avanzar al país frente a la implacable oposición de un Partido Republicano que había sido tomado por el movimiento radical-conservador denominado Tea Party y estaba embelesado con sus donantes multimillonarios. Yo compartía el sentido de urgencia del presidente en cuanto a lo mucho que estaría en juego en 2016, pero todavía no estaba totalmente convencida de que postularme era la decisión acertada para mí.

Tal como noté cuando insistió en nombrarme secretaria de Estado y literalmente no aceptó un no como respuesta, el presidente Obama es una persona persuasiva y persistente. En el verano de 2013, David Plouffe, ex director de la campaña de Obama que resultó ser el arquitecto de mi derrota en 2008, ofreció darme toda la ayuda y los consejos que pudiera cuando yo planeaba mis próximos pasos después de salir del Departamento de Estado. Lo invité a mi casa en Washington y rápidamente vi por qué el presidente había dependido tanto de él. Realmente sabía muy bien de lo que hablaba. Nos volvimos a reunir en septiembre de 2014 cuando visitó mi casa una vez más para darme una presentación de lo que haría falta para crear una campaña presidencial ganadora. Habló en detalle acerca de estrategia, datos, personal y sentido de la oportunidad. Escuché atentamente, resuelta a que, si me lanzaba en la campaña, evitaría los errores que me habían atormentado la vez anterior. Plouffe enfatizó que el tiempo era esencial, por más difícil que eso sea de creer más de dos años antes de la elección. Es más, dijo que ya yo estaba tarde y me urgió a empezar. Tenía razón.

Para mí, las campañas políticas siempre han sido algo que hacer para poder gobernar, que es el verdadero premio. No soy la política más natural. Soy mucho mejor que el crédito que me dan generalmente, pero es cierto que siempre he estado más cómoda hablando de otros que de mí. Eso me hizo una efectiva esposa política, suplente y funcionaria, pero tuve que adaptarme cuando yo misma me convertí en candidata. Al principio, tenía que activamente tratar de usar más la palabra *yo*. Por suerte, me encanta conocer gente, escuchar, aprender, crear relaciones, trabajar en políticas y tratar de ayudar a resolver problemas. Me habría encantado conocer a todos los 320 millones de americanos uno por uno. Pero no es así como funcionan las campañas.

Al final, regresé a la parte que es más importante para mí. Los metodistas estamos entrenados para "hacer el mayor bien posible". Sabía que, si me postulaba y ganaba, podría hacer un mundo de bien y ayudar a una gran cantidad de personas.

¿Me hace eso ambiciosa? Imagino que sí. Pero no en la manera siniestra en la que la gente lo interpreta. No quería ser presidente por desear el poder en sí. Quería tener poder para poder ayudar a resolver problemas y preparar al país para el futuro. Es audaz para cualquiera creer que puede llegar a la presidencia, pero yo me lo creí.

Empecé a llamar a expertos en políticas, a leer gruesas carpetas de memos y hacer listas de problemas que necesitaban pensarse más. Me entusiasmé pensando en todas las maneras de poder hacer la economía más fuerte y más justa, mejorar el cuidado de la salud y expandir su cobertura, hacer que los estudios universitarios fueran más asequibles y los entrenamientos de trabajo más efectivos, y abordar los grandes desafíos, como el cambio climático y el terrorismo. Era honestamente muy divertido.

Hablé con John Podesta, un viejo amigo que había sido jefe de despacho de Bill en la Casa Blanca y uno de los consejeros de más alto nivel de Obama. Si yo iba a hacer esto otra vez, necesitaría la ayuda de John. Me prometió que, si yo me postulaba, él dejaría la Casa Blanca para ser jefe de mi campaña. Él pensaba que podríamos crear un equipo fantástico muy rápidamente. Un enérgico grupo de base popular llamado Listos para Hillary estaba ya suscitando apoyo. Todo eso era muy prometedor.

Recordé lo que me hizo postularme para el Senado la primera vez. Fue a fines de los años noventa y los demócratas de Nueva York me estaban urgiendo a que me postulara, pero yo me seguía negando. Ninguna primera dama había hecho algo parecido antes. Y yo no me había postulado para un cargo desde que había sido presidente de las estudiantes en Wellesley College.

Un día visité una escuela en Nueva York con la estrella de tenis Billy Jean King en un evento de promoción para un especial de HBO sobre mujeres en deportes. Colgado encima de nuestras cabezas había un letrero grande proclamando el título de la película: *Atrévete a competir*. Antes de mi discurso, la capitana de diecisiete años del equipo de baloncesto me presentó. Su nombre era Sofia Totti. Cuando nos estrechamos la mano, se inclinó y me susurró al oído: "Atrévase a competir, señora Clinton, atrévase a competir". Algo resonó dentro de mí. Durante años había estado diciéndoles a mujeres jóvenes que dieran un paso al frente, que participaran, que fueran en busca de aquello en lo que creían. ¿Cómo no iba a estar dispuesta a hacer lo mismo? Quince años más tarde, me estaba haciendo la misma pregunta.

No hubo un momento dramático en que declaré, "¡Lo voy a hacer!". Bill y yo terminamos 2014 con un viaje a la hermosa casa de nuestros amigos Oscar y Annette de la Renta en la República Dominicana. Nadamos, comimos bien, jugamos a las cartas y pensamos en el futuro. Cuando regresamos, estaba lista para postularme.

El argumento más convincente es el más difícil de decir en voz alta:

estaba convencida de que Bill y Barack tenían razón cuando decían que yo sería una mejor presidente que cualquier otra persona.

También pensaba que ganaría. Sabía que los republicanos se habían alejado mucho más del centro vital de la política americana que los demócratas, como lo han documentado científicos políticos no-partidistas. Pero yo todavía creía que Estados Unidos era un país bastante sensato. Generaciones anteriores enfrentaron crisis peores que las que hemos visto nosotros —de la Guerra Civil a la Gran Depresión, de la Segunda Guerra Mundial a la Guerra Fría— y habían respondido eligiendo líderes sabios y de talento. Raramente los americanos se habían dejado llevar por extremos o se habían dejado cautivar por ideologías, y nunca por mucho tiempo. Ambos principales partidos políticos, a pesar de la locura de sus respectivos procesos de nominación, casi siempre se las han arreglado para eliminar los candidatos más extremistas. Antes de 2016, nunca habíamos elegido un presidente que flagrantemente se negara a cumplir con normas básica de la democracia y la decencia. Si era la candidata mejor calificada, con buenas ideas acerca del futuro y funcionaba bien en campaña y en los debates, además de demostrar una capacidad para realizar cosas tanto con republicanos como con demócratas, era razonable creer que yo podía ser elegida y ser capaz de gobernar con efectividad.

Por eso me postulé.

Hay cosas que lamento de la campaña de 2016, pero la decisión de postularme no es una de ellas.

Comencé este capítulo con algunos versos del poema de T. S. Eliot "East Coker" que siempre me ha gustado:

*Solo existe la lucha por recuperar lo que se ha perdido*
*Y se ha encontrado y perdido una y otra vez: y ahora, bajo condiciones*
*al parecer no propicias. Aunque acaso sin ganar ni perder.*
*Para nosotros, solo existe el intento. El resto no es asunto nuestro.*

Cuando leí por primera vez ese poema en mi adolescencia en Park Ridge, Illinois, me tocó una fibra profunda, tal vez allí donde las apagadas memorias ancestrales de indomables mineros de carbón galeses e ingleses se escondían junto a cuentos semientendidos de la infancia de mi madre de privación y abandono. "Solo existe el intento".

Regresé a ese poema unos años más tarde, en 1969, cuando mis compañeras de estudios en Wellesley me pidieron que hablara en nuestra graduación. Muchas de nosotras nos sentíamos consternadas y desilusionadas por la guerra en Vietnam y la injusticia racial en Estados Unidos, los asesinatos del Dr. Martin Luther King Jr. y de Robert F. Kennedy y nuestra aparente inhabilidad de cambiar el curso de nuestro país. Mi manera de parafrasear les dio a los versos de Eliot una renovación del Medio Oeste. "Solo existe el intento", les dije a mis compañeras, "una y otra y otra vez, para volver a ganar lo que hemos perdido antes".

En los casi cincuenta años que han pasado, se ha convertido en un mantra para mí y nuestra familia que, ganemos o perdamos, es importante "ser sorprendidos intentando". Sea que estén intentando de ganar una elección o de obtener la aprobación de una legislación que ayudará a millones de personas, sea crear una amistad o salvar un matrimonio, nunca está garantizado el éxito. Pero uno está obligado a intentar. Una vez, y otra vez y otra.

*Quiero cuando muera haber sido minuciosamente útil, pues mientras más duro trabajo, más vivo. Para mí, la vida no es una "breve vela". Es una suerte de espléndida antorcha que tengo en mi poder por ahora; y quiero hacerla arder lo más brillantemente posible antes de entregársela a futuras generaciones.*

—George Bernard Shaw

# El comienzo

Se podría decir que mi campaña presidencial comenzó con un conciso video de internet filmado en abril de 2015 afuera de mi casa en Chappaqua. O se podría señalar que fue con mi discurso anunciándolo formalmente ese mes de junio en la Isla Roosevelt en Nueva York. Pero creo que comenzó con algo un poco más común: un tazón de burrito de Chipotle.

Si se están preguntando de qué estoy hablando, probablemente no pasan mucho tiempo en el carnaval de diversiones de noticias de cable e internet. Corría el 13 de abril de 2015, en Maumee, Ohio. Chipotle era una escala en mi viaje por carretera de Nueva York a Iowa, sede de la primera reunión electoral de la nación. Era deliberadamente un viaje discreto. Sin prensa ni multitudes. Solamente yo, acompañada de algunos miembros de mi personal y agentes del Servicio Secreto. Nos apiñamos en una furgoneta negra grande que yo llamo "Scooby" porque me recuerda la Máquina de Misterio de *Scooby-Doo* (la nuestra tiene menos encanto psicodélico, pero le tenemos cariño de todos modos) y empezamos nuestra jornada de mil millas. Yo llevaba un montón de memos que leer y una larga lista de llamadas que hacer. También había buscado en Google todas las estaciones de radio de la Radio Pública Nacional (NPR, por sus siglas en inglés) desde Westchester a Des Moines. Lista para un largo viaje.

En Maumee, nos estacionamos en un centro comercial junto a la carretera para almorzar. Ordené un tazón de burrito de pollo con una porción aparte de guacamole. Nick Merrill, mi secretario de prensa de viajes, se rio de mí por comérmelo con cuchara en el pequeño recipiente obviando los *chips*. Nadie en el restaurante consideró extraordinario que yo estuviera allí. Es más, nadie me reconoció. ¡Qué maravilla!

Pero cuando los miembros de la prensa se enteraron, reaccionaron como si un OVNI hubiera aterrizado en Ohio y un extraterrestre hubiera entrado en un Chipotle. La cadena CNN transmitió un video borroso tomado de la cámara de seguridad del restaurante, que parecía un poco como si estuviéramos robando un banco. El *New York Times* hizo un análisis que concluyó que lo que yo comí era más saludable que lo que come el consumidor promedio de Chipotle, con menos calorías, grasa saturada y sodio. (Buen detalle del *Times*; realmente le ganaron a CNN). Todo el asunto resultó bien tonto. Para parafrasear un viejo dicho, a veces un tazón de burrito no es más que un tazón de burrito.


Llegamos pronto a Iowa, el estado que me dio un humilde tercer lugar en 2008. Al igual que el viaje en carretera, quería que esta primera visita fuera simple. Iba a escuchar más que hablar, tal como lo había hecho en mi primera campaña por el Senado en Nueva York. Mi nuevo director estatal, Matt Paul, que conocía Iowa del derecho y del revés después de trabajar durante años para el gobernador Tom Balzac y el senador Tom

Harbin, estuvo de acuerdo. La gente de Iowa quería conocer a sus candidatos, no simplemente escuchar sus discursos. Eso era exactamente lo que yo quería hacer también.

Cuando Donald Trump comenzó su campaña, parecía estar confiado de tener todas las respuestas. Él no tenía un núcleo ideológico aparte de su enorme autoestima, que eliminaba toda esperanza de aprender o crecer. De ahí que no tenía que escuchar a nadie más que a sí mismo.

Yo abordaba las cosas de manera diferente. Después de cuatro años de viajar por el mundo como secretaria de Estado, quería reconectar con los problemas que mantenían desveladas a las familias americanas y escucharlas directamente acerca de sus esperanzas del futuro. Tenía una base de ideas y principios, pero quería oír a los votantes para informar nuevos planes que correspondan con lo que estaba ocurriendo en sus vidas y en el país.

Una de las primeras personas que conocí en Nuevo Hampshire, otro estado que celebra elecciones estatales temprano, corroboraba este punto. Pam era una abuela de cincuenta y tantos años con el pelo gris y el aire de alguien que lleva una gran responsabilidad sobre los hombros. Era empleada de una mueblería de ciento once años de antigüedad, fundada por una familia que visité en Keene. Hablábamos de ayudar a los pequeños negocios a crecer, pero Pam tenía en mente un desafío diferente. Su hija se había convertido en una adicta a medicinas para el dolor después de haber dado a luz a un hijo varón, lo cual la llevó a una larga lucha con la adicción. Finalmente, los Servicios para la Familia y el Niño empezaron a llamar a Pam, advirtiéndole que su nieto iba a terminar en un sistema de cuidado de hogar temporal. De modo que su esposo, John, y ella acogieron al niño, y Pam se vio de regreso en el papel de cuidadora primaria que pensó que había terminado años atrás.

Pam no es el tipo de persona que se queja todo el tiempo. Esta era una obra de amor y con gusto tomaba las riendas, especialmente ahora que su hija estaba bajo tratamiento. Pero estaba preocupada. Muchas familias en su pueblo enfrentaban dificultades similares. En Nuevo Hampshire más personas se morían de sobredosis de drogas que de accidentes automovilísticos. El número de personas que procuraban tratamiento para curar la adicción a la heroína había subido un 90% durante la última década. Para las medicinas por receta, la cifra había subido 500%.

Sabía un poco de esto. En aquel momento Bill y yo éramos amigos de tres familias que habían perdido a sus hijos jóvenes adultos por causa de los opioides. (Lamentablemente, esa cifra ahora ha subido a cinco). Uno era un joven carismático que trabajaba en el Departamento de Estado mientras estudiaba para ser abogado. Un amigo le ofreció algunas pastillas, él se las tomó, se fue a dormir esa noche y nunca se despertó. Otros tomaron drogas después de ingerir bebidas alcohólicas y tuvieron paros cardíacos. Después de estas tragedias, la Fundación Clinton se asoció con Adapt Pharma para proveer dosis gratuitas del antídoto al opioide naloxone (Narcan), el cual puede salvar vidas ayudando a prevenir sobredosis en todas las escuelas secundarias y universidades de Estados Unidos.

En aquella primera visita a Nuevo Hampshire, en una tienda de café en el centro de Keene, un médico retirado se me acercó y preguntó: "¿Qué puede usted hacer acerca de la epidemia de opioides y de heroína?". Era escalofriante oír esa palabra, *epidemia*, pero era la palabra acertada. En 2015, más de 33.000 personas murieron de sobredosis de opioides. Si se le suma la cifra de 2014, son más americanos que los que murieron en la guerra de Vietnam. Los recursos para tratamientos no pudieron igualar la cantidad. Los padres liquidaban sus ahorros para pagar por el tratamiento de sus hijos. Algunos llamaban a la policía para sus propios hijos porque habían intentado todo lo demás.

Sin embargo, a pesar de todo esto, el abuso de sustancias no recibía mucha atención nacional, ni en Washington ni en la prensa. No pensaba en eso como un tema de campaña hasta que empecé a oír historias como las de Pam en Iowa y Nuevo Hampshire.

Reuní a mi equipo de políticas y les dije que teníamos que comenzar a trabajar inmediatamente en una estrategia. Mis consejeros se dispersaron. Celebramos algunas reuniones comunitarias y oímos más historias. En una sesión en Nuevo Hampshire, un consejero de abuso de sustancias químicas pidió a los presentes que levantaran la mano si habían sido impactados por la epidemia. Casi todas las manos se alzaron. Una mujer bajo tratamiento me dijo: "No somos malas personas tratando de ser buenas. Somos enfermos tratando de curarnos".

Para ayudarla a ella y a millones de otras personas a lograrlo, creamos un plan para expandir el acceso a tratamientos, mejorar el entrenamiento de médicos y farmacéuticos que recetan medicamentos, reformar el sistema de justicia criminal a fin de que más infractores no violentos se envíen a centros de rehabilitación y no a la cárcel y asegurarnos de que cada primer asistente médico de servicios que responda a una emergencia en el país lleve siempre consigo naloxone, que viene a ser un medicamento milagroso.

Este se convirtió en el modelo de cómo mi campaña operaría en esos meses iniciales. La gente me contaba historia tras historia acerca de los desafíos que enfrentaban sus familias: deuda estudiantil, el alto costo de los medicamentos por receta y las primas de seguros de salud, y los ingresos demasiado bajos para mantener una familia de clase media. Yo utilizaba esas conversaciones para guiar las políticas que se estaban formulando en nuestra sede en Brooklyn. Quería que mi taller de políticas fuera agresivo, laborioso, innovador y, más importante aún, receptivo a las necesidades reales de la gente. Jake Sullivan, mi director de planeación de política en el Departamento de Estado; Ann O'Leary, una consejera mía de mucho tiempo que compartía mi pasión por los niños y la política de cuidados de salud; y Maya Harris, una veterana defensora de derechos civiles, formaron y dirigieron un equipo extraordinario.

Uno puede comparar esto con la manera en que Trump operaba. Cuando la epidemia de opioide finalmente empezó a atraer la atención de la prensa, se aferró del tema como una manera de hacerle creer a la gente que Estados Unidos estaba derrumbándose. Pero una vez que llegó a la presidencia, le dio la espalda a todos los que necesitaban ayuda buscando la manera de quitarle fondos a los tratamientos.

La prensa a menudo parecía aburrirse de las mesas redondas donde tenían lugar las conversaciones. Los críticos las descartaban como escenificadas o cuidadosamente controladas. Pero a mí no me aburrían. Quería hablar con la gente, no hablarles a ellos. También aprendí mucho. Para mí, esto era una gran parte de lo que significaba postularse a la presidencia.

Durante los largos meses que estuve ponderando postularme por segunda vez, pensé mucho acerca del tipo de campaña que quería hacer. Lo que yo de veras quería era una campaña diferente de la de mi derrota contra Barack Obama en las primarias de 2008. Estudié lo que había hecho bien y lo que había hecho mal. Hubo más que aprender después de 2012, cuando el presidente organizó otra campaña fuerte que lo ayudó a ganar la reelección contra Mitt Romney por un margen saludable a pesar de una economía descolorida. Sus operaciones fueron dos de las mejores de la historia. Les puse atención.

Mi primer viaje discreto a Iowa reflejó algunas de las lecciones que mantuve en mente al echar a andar mi propia organización. En 2008 me habían criticado por llegar a Iowa como una reina, celebrando grandes mítines electorales y actuando como si la victoria fuera inevitable. Nunca creí que esa fuera una justa descripción de mi persona o de nuestra campaña; creímos que yo podría prevalecer en un espacio colmado de gente y de talento, pero de veras no dimos por sentado a Iowa. Es más, reconocimos que no fue una primera reunión electoral ideal para mí y pasé mucho tiempo en 2007 tratando de averiguar cómo sacarle el máximo provecho. Así y todo, las críticas prevalecieron y yo las tomé en serio. Esta vez estaba resuelta a hacer campaña como si llevara las de perder y evitar cualquier asomo de privilegio.

También quería desarrollar las mejores partes de mi esfuerzo de 2008, especialmente el espíritu de lucha de nuestras campañas en Ohio y Pensilvania, donde tuve éxito creando lazos con votantes de la clase trabajadora que se sentían invisibles en el país de George W. Bush. Había dedicado mi victoria en la primaria de Ohio, "a todo el que hubiera sido excluido pero que se negaba a ser expulsado, a todo el que había tropezado pero se levantaba, a todo el que trabajaba duro y nunca se daba por vencido". Quería traer de vuelta ese espíritu a la campaña de 2016 junto con las mejores lecciones de las victorias de Obama.

Procuramos lograr el tono adecuado en mi video de anuncio, que mostraba una serie de ciudadanos hablando sobre nuevos desafíos que estábamos abordando: dos hermanos lanzando un nuevo negocio, una mamá preparando a la hija para el primer día de kindergarten, un estudiante universitario solicitando su primer empleo, una pareja casándose. Entonces yo aparecía brevemente para decir que me estaba postulando a la presidencia para ayudar al pueblo americano a avanzar y permanecer adelante y que yo iba a luchar duro para ganar cada voto. Esta campaña no iba a ser acerca de mí y mis ambiciones. Sería acerca de ustedes y los suyos.

Hubo otras lecciones que poner en marcha. En 2008, la campaña de Obama había estado mucho más adelantada que nosotros en la utilización de análisis avanzado de datos para usar el electorado como modelo, apuntarles a los votantes y probar mensajes. Se enfocó incesantemente en organizar la base y aumentar los delegados que finalmente decidirían la nominación. También construyó una campaña de organización "sin drama" que mayormente evitaría nocivas riñas internas y escapes de noticias.

John Podesta y yo hablamos con el presidente Obama y con David Plouffe acerca de cómo crear un equipo que pudiera replicar esos éxitos. Plouffe era un gran admirador de Robby Mook, a quien finalmente escogí como director de campaña. Robby había impresionado a David ayudándome a ganar, contra viento y marea —y contra él— en Nevada, Ohio e Indiana en 2008. En estos tres estados armó agresivos programas rurales y compitió con fuerza por cada uno de los votos. Luego manejó la exitosa e improbable campaña de mi amigo Terry McAuliffe para gobernador de Virginia. Robby estaba en una muy buena racha; joven, pero, como Plouffe, altamente disciplinado y sensato, con una gran pasión por los datos y talento para organizar.

Huma Abedin, mi asesora en quien confiaba y a quien valoraba desde hacía años, sería vicepresidente de la campaña. El presidente Obama elogió a sus encuestadores Joel Benenson, John Anzalone, y el experto en grupos de enfoque David Binder, y los contraté a los tres, así como al veterano del equipo analítico de datos de Obama, Elan Kriegel. Navin Nayak vino a bordo a coordinar todos estos diferentes elementos de investigación de opiniones. He aquí cómo mantenerlo todo en orden: los encuestadores llaman al azar a una muestra de personas y les preguntan sus opiniones acerca de los candidatos y los temas; los grupos de sondeo reúnen a un puñado de gente en una habitación para discutir a fondo, lo cual puede durar algunas horas; y los equipos de análisis de datos hacen muchas llamadas con encuestas, acumulan una enorme cantidad adicional de datos demográficos, de consumo y de sondeo, y alimentan toda esa información a modelos complejos que tratan de pronosticar cómo votará la gente. Estos son todos elementos básicos de las campañas modernas.

Para ayudar a guiar los mensajes y crear avisos contraté a Jim Margolis, un respetado veterano de Obama, y a Mandy Grunwald, que había estado conmigo y con Bill desde nuestra primera campaña nacional en 1992. Ellos trabajaron con Oren Shur, mi director de prensa pagada y de algunas agencias de publicidad de talento y creatividad. Yo pensaba que la sociedad de Jim y Mandy representaría el mejor de los dos mundos. Eso era lo que yo buscaba con todas mis decisiones de contratación de personal: una mezcla del mejor talento disponible de las campañas de Obama y los profesionales del más alto nivel que yo ya conocía. La última categoría incluía a Dennis Cheng, quien había recaudado cientos de millones de dólares para mi campaña de reelección al Senado en 2006 y la campaña presidencial de 2008, y más tarde trabajó para la Fundación Clinton; Minyon Moore, una de las operativas políticas de mayor experiencia en política democrática y una veterana de la Casa Blanca de mi esposo; y José Villarreal, un líder de negocios que había trabajado conmigo en el Departamento de Estado y que se había incorporado para servir como mi tesorero de campaña.

Al crear mi equipo, me enfoqué en dos áreas espinosas: cómo mantener el balance acertado con el presidente Obama y su Casa Blanca, y —redoble de tambor— cómo mejorar mi relación con la prensa.

El desafío del balance con el presidente Obama no era en ninguna manera de tipo personal. Después de cuatro años en su gabinete, simpatizábamos mutuamente y nos teníamos confianza. No hay mucha gente en el mundo que sepa lo que significa postularse a la presidencia o vivir en la Casa Blanca, pero nosotros teníamos eso en común, y nos dio un vínculo especial. Cuando finalmente instituyó la reforma de los cuidados de salud, algo por lo que yo había luchado intensamente durante largo tiempo, yo me puse muy contenta y le di un gran abrazo antes de una reunión en el Salón de Estrategia de la Casa Blanca. Después de su difícil primer debate presidencial con Mitt Romney en 2012, traté de alegrarlo con una imagen trucada de Big Bird amarrado al automóvil de familia de Mitt. (Romney había prometido reducir los fondos a la cadena de televisión pública —PBS, por sus siglas en inglés— y además había viajado por carretera con su perro amarrado al techo de su automóvil).

"Por favor, échale un vistazo a esta imagen, sonríe y luego mantén esa sonrisa a mano", le dije al presidente.

"Vamos a lograrlo", me respondió. "Solo mantén el mundo de una pieza para mí cinco semanas más".

Ahora que habíamos cambiado de lugar y yo era la candidata y él era quien me animaba desde las gradas, el desafío para mí era navegar la tensión entre la continuidad y el cambio. Por una parte, yo creía profundamente en lo que él había logrado como presidente, y quería desesperadamente asegurarme de que un republicano no pudiera deshacerlo todo. Podíamos tener áreas de desacuerdo, como en el caso de Siria, el comercio y cómo lidiar con una Rusia agresiva, pero en líneas generales yo defendería su récord, trataría de continuar sus logros y escuchar sus consejos. Él llamaba de vez en cuando para compartir sus opiniones sobre la campaña. "No trates de estar en onda, eres una abuela", bromeaba conmigo. "Sé tu propia persona y sigue haciendo lo que estás haciendo". Estaba orgullosa del apoyo de Barack, y casi todos los días les decía a audiencias por todo el país que él no había recibido el crédito que merecía por poner el país en forma otra vez después de la peor crisis financiera desde la Gran Depresión.

Al mismo tiempo, había grandes problemas que necesitaban repararse en Estados Unidos, y parte de mi tarea como candidata era tener claro que los veía y estaba lista para enfrentarlos. Inevitablemente, eso significaba señalar áreas donde los esfuerzos de la administración de Obama se habían quedado cortos, aun cuando la culpa principal era la obstrucción republicana.

Era una línea fina la que había que caminar, igual que lo habría sido para el vicepresidente Biden o cualquiera que hubiera servido en la administración de Obama. Si yo no lograba el balance acertado, corría el riesgo de parecer desleal o de ser considerada la candidata del *statu quo*, ambas opciones dañinas.

En una de las primeras reuniones de nuestro nuevo equipo, en un salón de conferencias en el piso veintinueve de un edificio de oficinas en el Midtown de Manhattan, Joel Benenson presentó los resultados de su investigación de opiniones. Dijo que los americanos tenían dos "áreas de dolor" que probablemente darían forma a sus puntos de vista de la elección: presión económica y embotellamiento político. La economía estaba definitivamente en mejor forma que cuando había sucedido la crisis financiera, pero los ingresos no habían comenzado a aumentar para la mayoría de las familias, por lo que la gente todavía sentía que su progreso era frágil y podía desaparecer en cualquier momento. Y habían llegado a ver la disfunción en Washington como una gran parte del problema. Tenían razón. Yo había visto esa disfunción de cerca y sabía lo difícil que sería quebrarla, aunque pienso que sería justo decir que yo desestimé cómo mis opositores me acusarían erróneamente de ser la responsable de la descomposición del sistema. Yo tenía un récord exitoso de trabajar con republicanos a través de los años. Tenía planes de reformar agresivamente el financiamiento de campañas políticas, lo cual eliminaría parte de las ganancias detrás del embotellamiento. Y creía que teníamos una gran oportunidad de progresar en esta área. El problema permanecía: cómo encontrar una manera convincente de hablar de lo que los americanos sentían y su descontento con el curso de las cosas en el país, sin fortalecer las críticas republicanas a la administración de Obama, lo cual sería contraproducente y simplemente desacertado.

Joel dijo que yo comenzaba en una posición fuerte. Cincuenta y cinco por ciento de los votantes en estados indecisos tenían una opinión favorable de mí, comparado con solo 41% de opinión desfavorable. A los votantes les gustaba que yo había trabajado con Obama después de perder frente a él en 2008. Pensaban que demostraba lealtad y patriotismo. También pensaban que yo había hecho un buen trabajo como secretaria de Estado, y la mayoría creía que yo estaba lista para ser presidente. Pero a pesar de que yo había estado bajo la mirada del público durante décadas, sabían poco de lo que yo realmente había hecho, mucho menos por qué lo había hecho. Esto presentaba tanto un desafío como una oportunidad. A pesar de tener un reconocimiento casi universal, tendría que presentarme otra vez, no como una extensión de Bill Clinton o Barack Obama, sino como una líder independiente con mi propia historia, valores y visión.

Había también algunas preocupantes señales de advertencia. Aunque mi nivel de aprobación era alto, solo el 44% de los votantes dijo tener confianza en que yo fuera su voz en Washington. Eso nos indicaba que algunas personas me respetaban, pero no estaban seguras de que yo estuviera haciendo esto por ellas. Estaba resuelta a cambiar esa percepción. La razón por la que yo había entrado en el servicio público era para mejorar las vidas de niños y familias, y ahora era mi tarea asegurarme de que la gente lo entendía.

Había otra cosa que necesitábamos hacer: evitar repetir problemas anteriores con la prensa política. A través de los años, mi relación con la prensa política se había convertido en un círculo vicioso. Mientras más me atacaban, más me protegía, lo cual solo lograba que me criticaran más. Sabía que, si quería que 2016 fuera diferente, iba a tener que tratar de cambiar la dinámica y establecer un diálogo más abierto y constructivo. Había algún precedente. Como senadora, me llevaba sorprendentemente bien con los periodistas agresivos de Nueva York. Y llegué a tener genuino afecto por los corresponsales del Departamento de Estado, quienes eran mayormente periodistas que habían escrito sobre política exterior durante años. Hablábamos fácilmente, viajábamos juntos, fuimos de excursión a Angkor Wat en Camboya, cenamos en una carpa beduina en Arabia Saudita, bailamos en Sudáfrica y tuvimos aventuras alrededor de todo el mundo. En su mayor parte, la cobertura era justa, y cuando yo sentía que no lo era, se mostraban abiertos a mis críticas. Ahora yo trataba de establecer una buena relación con los reporteros políticos que cubrían la campaña. Sabía que estaban bajo una presión constante de escribir artículos que aumentaran los clics y los tuits, y que las historias negativas venden. Así que era escéptica. Pero valía la pena el intento.

Para ayudarme a hacerlo, contraté a Jennifer Palmieri, una profesional muy diestra con fuertes relaciones con la prensa. Jennifer había trabajado con John Podesta en la Casa Blanca de Bill y en el comité de expertos demócratas conocido como Centro para el Progreso Americano. Más recientemente, había sido directora de Comunicaciones del presidente Obama en la Casa Blanca. Al presidente le encantaba Jennifer y a mí también. Le pedí a Kristina Schake, una asistente principal de Michelle Obama, y después a Christina Reynolds, que había trabajado en las campañas de John Edwards y de Obama, que fueran sus directoras auxiliares. Se les sumó el secretario de prensa nacional Brian Fallon, graduado de la aclamada escuela de comunicaciones Chuck Schumer y ex vocero del Departamento de Justicia, y Karen Finney, la ex presentadora de MSNBC que había trabajado conmigo primero en la Casa Blanca. Cuando Jennifer, Kristina y yo nos sentamos juntas por primera vez, descargué dos décadas de frustraciones con la prensa. Abróchense los cinturones, dije, este va a ser un viaje movido. Pero estaba lista para tratar cualquiera cosa que ellas recomendaran para comenzar con el pie derecho esta vez.

Después de armar mi equipo principal, nos pusimos a trabajar para crear una organización capaz de llegar lejos. Las campañas presidenciales son como nuevos emprendimientos a la enésima potencia. Hay que recaudar una enorme cantidad de dinero muy rápidamente, contratar a un grupo grande de personas, desplegarlo por todo el país y crear una sofisticada operación de datos mayormente desde cero. Como candidata tenía que administrar todo eso y mantener una rigurosa agenda de trabajo que me mantenía a cientos de miles de millas de la oficina principal casi todos los días.

En 2008 tenía un buen equipo de trabajo. Pero permití que algunas rivalidades internas se inflamaran y no establecí una buena cadena de mando hasta que ya fue muy tarde. Aun así estuvimos a punto de ganar. Prometí que esta vez haríamos las cosas de manera diferente.

Estaba determinada a tener los mejores datos, los mejores organizadores de campo, la cadena más grande de recaudación de fondos y las más profundas relaciones políticas. Estaba encantada de que Beth Jones, una talentosa administradora en la Casa Blanca, estuvo de acuerdo en ser la jefa operativa de la campaña. Para dirigir nuestros esfuerzos de organización y de alcance, recurrí a tres profesionales políticos: Marlon Marshall, Brynne Craig y Amanda Rentería. También contraté a organizadores de experiencia para encaminar los tres primeros estados. Además de Matt Paul en Iowa, estaba Mike Vlacich, que ayudó a reelegir a mi amiga, la senadora Jeanne Shaheen en Nuevo Hampshire y dirigió los esfuerzos para ganarle a Trump allí en noviembre; Emmy Ruiz, que nos condujo a la victoria en el grupo electoral de Nevada antes de mudarse a Colorado para la elección general y ayudarnos a ganar allí también; y Clay Middleton, asistente del congresista Jim Clyburn, quien nos ayudó a ganar por un alto margen la primaria de Carolina del Sur.

Para inculcar en la campaña un espíritu de innovación, recibíamos consejos de Eric Schmidt, ex jefe ejecutivo de Google, y otros líderes de tecnología, y contratamos a otros líderes tecnológicos, además de ingenieros de Silicon Valley. Stephanie Hannon, una ingeniera con mucha experiencia, fue la primera mujer en servir como jefa directiva de tecnología en una importante campaña presidencial. Contraté a uno de los ex asistentes del presidente Obama, Teddy Goff, para hacerse cargo de todo lo digital, conjuntamente con mi asesora de mucho tiempo Katie Dowd y Jenna Lowenstein de la Lista de EMILY. Ellas tenían una tarea difícil en sus manos con una candidata que apenas sabía de tecnología, pero prometí estar bien predispuesta para cada uno de los chats en Facebook, en Twitter y la entrevista en Snapchat que recomendaron.

Para asegurarnos de crear el equipo más diverso que jamás haya tenido una campaña presidencial, traje a Bernard Coleman como el primer jefe de diversidad que haya habido, me aseguré de que la mitad fueran mujeres y contraté a cientos de personas de color, incluyendo en tareas de alto liderazgo.

Instalamos nuestra sede en Brooklyn y la oficina pronto se llenó de jóvenes de veintitantos años, idealistas y carentes de horas de sueño. Nos parecía estar en una suerte de cruce entre un nuevo emprendimiento tecnológico y un dormitorio universitario. He sido parte de muchas campañas, comenzando en 1968 y, de todas, esta era la más colegial y la más inclinada a la colaboración.

¿Qué tal nos fue?

Pues, no ganamos.

Pero puedo decir sin equivocarme que mi equipo me hizo sentir enormemente orgullosa. Crearon una fantástica organización en los estados de primarias tempranas y me ayudaron a ganar el grupo electoral de Iowa, a pesar de la demografía, así como el grupo electoral de Nevada y la primaria de Carolina del Sur. En la elección general reclutaron a cincuenta mil voluntarios más que la campaña de Obama en 2012 y contactaron a los votantes cinco millones de veces más. Mi equipo absorbió un golpe tras otro y nunca se dio por vencido, sus miembros nunca se enemistaron unos con otros y nunca dejaron de creer en nuestra causa. Esto no quiere decir que nunca hubo desacuerdos y debates sobre una amplia variedad de temas. Claro que los hubo —¡por Dios, era una campaña!—. Pero aun en la noche de nuestra abrumadora derrota en la primaria de Nuevo Hampshire, o durante los peores días de la controversia de los correos electrónicos, nadie se rindió.

Y vale decir que ganamos el voto popular por casi tres millones de votos.

Era un fantástico grupo de personas. Y no hablo solo de los líderes. Todos los jóvenes, hombres y mujeres se apiñaban alrededor de los escritorios de la oficina principal en Brooklyn, trabajando horas imposibles… todos los organizadores de campo que eran el corazón y el alma de la campaña… todo el personal de avance que vivió desde sus maletas durante dos años, organizando y montando eventos en todo el país… voluntarios de todas las edades y procedencias, más americanos voluntarios durante más tiempo en la campaña de 2016 que en todas las campañas anteriores en la historia de Estados Unidos. Mi equipo estaba lleno de gente dedicada que dejó a sus familias y amigos para mudarse a un sitio nuevo, ir de puerta en puerta, hacer llamadas telefónicas, reclutar voluntarios y persuadir a votantes. Trabajaban intensamente mientras barajaban relaciones, tenían nuevos bebés y atendían todas sus obligaciones familiares. Dos de mis jóvenes asistentes, Jesse Ferguson y Tyrone Gayle, siguieron trabajando durante tratamientos de cáncer, sin perder su devoción a la campaña ni su sentido del humor.

Uno de mis momentos favoritos durante la campaña era cuando algún voluntario se me acercaba y me estrechaba la mano sobre el cordón que separa al público después de un evento electoral. Me susurraban al oído el buen trabajo que había hecho nuestro organizador local o cuán amable era nuestro personal hacia la gente que querían ayudar y cómo su entusiasmo era contagioso. Eso siempre me alegraba el día. El hecho de que tantos de estos jóvenes decidieran quedarse en la política y seguir luchando a pesar de nuestra derrota me hacía muy feliz y orgullosa.

Dicho todo esto, *claro* que la campaña no resultó como estaba planeada. Terminé cayendo en muchas de las fallas que me habían preocupado y había tratado de evitar desde el principio. Algunas de ellas eran de mi propia creación, pero gran parte de ellas se debían a fuerzas más allá de mi control.

A pesar de mi intención de hacer campaña como una retadora que viene a dar pelea, asumí una ventaja inevitable antes del primer estrechón de manos o del primer discurso, simplemente en virtud de las grandísimas expectativas.

La controversia sobre mis correos electrónicos rápidamente hizo sombra sobre nuestros esfuerzos y nos lanzó a una posición defensiva de la que nunca nos recuperamos. Pueden leer bastante sobre eso más adelante en este libro, pero baste decir que un tonto error se convirtió en un escándalo definitorio y destructivo de la campaña, gracias a una mezcla tóxica de oportunismo partidista, pugnas territoriales entre agencias, un impulsivo director del FBI, mi propia inhabilidad de explicar todo este lío de manera que la gente lo pudiera entender y cuya cobertura de prensa, debido a su propio volumen, le decía a los votantes que era por gran margen el tema más importante de la campaña. La mayoría de la gente no podía explicar de qué se trataba todo esto, o cómo las alegaciones de que yo era una amenaza para la seguridad nacional cuadraban con el apoyo que yo tenía de los respetados expertos en seguridad nacional militares y civiles, incluidos republicanos e independientes, pero comprensiblemente se quedaba con la impresión de que yo había hecho algo muy grande y muy malo.

Uno de los resultados fue que, inmediatamente, regresé a mi usual relación hostil con la prensa, manteniéndome en silencio y tratando de evitar entrevistas capciosas en un momento en que necesitaba reconectar con el país. Vi mis porcentajes de aprobación disminuir, y elevarse las cifras de desaprobación y de desconfianza en mí, mientras el mensaje de todas las cosas que quería hacer como presidente se bloqueaba o se oscurecía.

Hubo otras instancias de decepción. En 2008 los críticos me habían atacado por no ser accesible a los votantes y por evitar el tradicional estilo de campaña de sonreír políticamente a la cámara. Esta vez había sido lo contrario y me ridiculizaban por mis íntimas sesiones para escuchar. "¿Dónde está el público de sus eventos? ¿Por qué no puede atraer multitudes?" preguntaban. Esa pregunta sobre el "entusiasmo" nunca desaparecía, aun cuando atraíamos grandes multitudes.

Excepto en Iowa y Nevada, donde creamos extensas organizaciones, no me iba bien en las reuniones de votación tal como me había ocurrido la vez anterior. Debido a su estructura y sus reglas, las reuniones de votación favorecen a los activistas más comprometidos que están dispuestos a pasar largas horas esperando que los cuenten. Eso le dio la ventaja a la candidatura insurgente izquierdista de Bernie Sanders. Mi ventaja venía en las primarias, donde se marcan boletas secretas y se vota todo el día, como sucede en una elección típica y con una asistencia mucho más alta. La diferencia fue mucho más clara en el estado de Washington, que tenía tanto reunión electoral como primaria. Bernie ganó el mitin de votación en marzo, y yo gané la primaria en mayo, en la cual votaron tres veces más personas. Desafortunadamente, la mayoría de los delegados se adjudicó basándose en los mítines de votación.

Finalmente, nada de esto importó mucho después de que en marzo logré una ventaja grande en el número de delegados. Lo que sí importó y tuvo un impacto duradero fue que la presencia de Bernie en la contienda significó que yo tendría menos espacio y credibilidad para dirigir el tipo de campaña enérgica progresista que me había ayudado a ganar en Ohio y Pensilvania en 2008.

Un consejo que el presidente Obama me dio a lo largo de la campaña fue que necesitábamos más disciplina en los mensajes, y tenía razón. En 1992 Bill dependió de James Carville y Paul Begala para que lo ayudaran a dar forma a su mensaje ganador, y ellos se aseguraron de que todos en la campaña —incluyendo el candidato— se ajustaran a él día tras día tras día. En 2016, mi campaña se vio bendecida con muchos estrategas brillantes que me ayudaron a desarrollar un mensaje, Más Fuertes Juntos, que reflejaba mis valores y mi visión y era un claro contraste con Trump. Puede que no haya sido lo suficientemente pegadizo para superar el muro de la cobertura negativa sobre mis correos electrónicos —tal vez nada lo sería— pero era el caso que yo quería establecer. Y cuando los votantes tuvieron la oportunidad de escucharlo directamente de mí, en la convención y en los debates, las encuestas demostraban que les gustaba lo que oían.

Pero es cierto que tuvimos dificultades para mantenernos firmes en el mensaje. Mis consejeros tuvieron que lidiar con una candidata —yo— que a menudo quería decir algo nuevo en lugar de repetir lo mismo una y otra vez. Además, más que en cualquier contienda que yo recuerde, estábamos constantemente golpeados por sucesos: la controversia de los correos electrónicos, WikiLeaks, tiroteos masivos, ataques terroristas. No había nada que pareciera un "día normal", y la prensa no cubría discursos de campaña "normales". Lo que les interesaba a ellos era una dieta constante de conflicto y escándalo. Como resultado, cuando había que difundir un mensaje consistente, era una ardua batalla cuesta arriba.

Cuando uno suma todo esto, puede tener una idea de la campaña que tenía sus elementos fuertes, sus fortalezas, sus debilidades, como toda campaña en la historia. Hay lecciones que aprender de lo que hicimos bien y de lo que hicimos mal. Pero rechazo totalmente la noción de que fue una campaña inusualmente fracasada o disfuncional. Eso es un error. Mi equipo batalló contra viento y marea para ganar el voto popular y, de no haber sido por la dramática intervención del director del FBI en los días finales, creo que, a pesar de todo, habríamos ganado la Casa Blanca. Algunos analistas políticos me han criticado severamente por decir eso y uno de los que me apoya ha dicho que está de acuerdo conmigo pero que no debo decirlo. Si ustedes lo sienten así, espero que sigan adelante y le den a mi respuesta una lectura imparcial.

Desde la elección, me he preguntado muchas veces si aprendí las lecciones erróneas de 2008. ¿Estaba yo peleando en la guerra anterior cuando debí haber estado enfocada en lo mucho que nuestra política ha cambiado?

Mucho se ha hablado de la supuesta dependencia desmesurada de mi campaña en los macrodatos al estilo Obama, a expensas del instinto de una política más tradicional y de confiar en la gente que está sobre el terreno. Esa es otra crítica que rechazo. Es cierto que algunos de nuestros modelos estaban equivocados como los de todos, incluyendo la prensa, la campaña de Trump, todos, probablemente porque algunos seguidores de Trump rehusaban hablar con encuestadores o no eran honestos acerca de sus preferencias o porque la gente cambiaba de opinión. También es cierto que, como cualquier organización grande, podíamos haber hecho un mejor trabajo escuchando los hechos anecdóticos que recibíamos de las personas en el campo. No es que no hubiésemos tratado. Mi equipo estaba constantemente en contacto con líderes locales y yo tenía amigos en quienes confiaba que me reportaban de todas partes del país, incluyendo un grupo grande de Arkansas —los Viajeros de Arkansas— que se diseminó en casi todos los estados. Creo que ayudaron a ganar la reñida primaria de Misuri, y eran una fuente constante de información y perspectiva para mí. Pero cada jefe de precinto y presidente del partido del país quiere más atención y recursos. A veces tienen razón, pero a veces están equivocados. No se pueden tomar esas decisiones a la ciega. Hay que guiarse por los mejores datos disponibles. Esto no es una cuestión de opciones. Hacen falta tanto los datos *como* el instinto político de la vieja guardia. Estoy convencida de que la respuesta para los demócratas en adelante no es abandonar los datos sino obtener *mejores* datos, utilizarlos con mayor efectividad, cuestionar cada conjetura y continuar adaptándose. Y necesitamos escuchar atentamente lo que la gente está diciendo y tratar de evaluar eso también.

Aun así, en términos de estar luchando en la guerra anterior, pienso que es justo decir que no me percaté de la prontitud con que el suelo se estaba moviendo bajo nuestros pies. Esta era la primera elección en que

la desastrosa decisión de *Citizens United* de 2010, que permite donaciones políticas ilimitadas, estaba en plena vigencia, pero la Ley de Derecho al Voto de 1965 no lo estaba por otra terrible decisión de la corte
en 2013. Yo estaba conduciendo una campaña presidencial tradicional
con políticas cuidadosamente pensadas y coaliciones dolorosamente
formadas, mientras Trump conducía un *reality* que de forma experta e
implacable provocaba la ira y el resentimiento de los americanos. Yo estaba haciendo discursos sentando las bases para resolver los problemas
del país. Él estaba despotricando por Twitter. Los demócratas hacían
lo suyo bajo la ley, tratando a la vez de no ofender a la prensa política.
Los republicanos tiraban el libro de reglas por la ventana y manejaban
a los réferis lo más posible. Puede que yo haya ganado millones más de
votos, pero él es el que está sentado en la Oficina Oval.

Tanto las promesas como los peligros de mi campaña se fundieron un
cálido y brillante día soleado de junio en 2015, cuando anuncié formalmente mi candidatura en un discurso a miles de seguidores en la Isla
Roosevelt en el río Este de Nueva York. Mirando atrás, ahora el evento
parece casi pintoresco, propio de una era política anterior. No obstante,
ese día alegre y esperanzador en la Isla Roosevelt siempre estará entre
mis favoritos.

Semanas antes del discurso, debatí con mi equipo acerca de qué
decir y cómo decirlo. Nunca he sido muy diestra en resumir la historia
de mi vida, mi visión del mundo y mi agenda en concisos bocadillos
de prensa. También estaba marcadamente consciente de que, como
la primera mujer candidata a la presidencia, lucía y sonaba diferente
que cualquier otro aspirante presidencial en la historia de nuestro país.
No tenía precedente que seguir y los votantes no tenían un marco de
referencia o histórico. Resultaba vivificante entrar en territorio inexplorado. Pero *inexplorado*, por definición, significa incierto. Si yo me

sentía así, estaba segura de que muchos votantes estarían más preocupados aún.

También sabía que, a pesar de ser la primera mujer con una oportunidad seria de llegar a la Casa Blanca, era improbable que se me viera como una figura transformativa y revolucionaria. Había estado en la escena nacional demasiado tiempo como para eso, y mi temperamento era demasiado equilibrado. En lugar de ello, tenía la esperanza de que mi candidatura —y si las cosas funcionaban, mi presidencia— sería vista como el próximo capítulo en la larga lucha progresista por hacer que nuestro país sea más justo, más libre y más fuerte, y derrotar una agenda derechista seriamente siniestra. Este marco me llevó directamente al territorio políticamente peligroso de buscar un llamado tercer término de Obama y ser considerada como la candidata de la continuidad y no del cambio, pero era honesto. Y pensé que, si colocaba mi candidatura dentro de la gran tradición de mis antecesores progresistas, ayudaría a los votantes a aceptar y acoger la naturaleza sin precedentes de mi campaña.

Por eso, cuando Huma sugirió lanzar la campaña en la Isla Roosevelt, nombrada en memoria de Franklin Delano, supe que era la opción acertada. Soy una aficionada a los Roosevelt. Primera en la lista estaría siempre Eleanor. Era una primera dama luchadora y una activista progresista que nunca cesó de decir lo que tenía en la mente y le importaba un comino lo que pensara la gente. Regreso a sus aforismos una y otra vez: "Si me siento deprimida, me pongo a trabajar". "Una mujer es como una bolsita de té: nunca se sabe cuán fuerte es hasta que se mete en aguas calientes". Hubo una tempestad menor en Washington en los años noventa cuando un periódico alegó que yo estaba teniendo sesiones espiritistas en la Casa Blanca para conversar con el espíritu de Eleanor. (No era cierto, pero habría sido agradable hablar con ella de vez en cuando).

También me siento fascinada por el esposo de Eleanor, Franklin, y su tío Teddy. Me cautivó el documental de siete partes de Ken Burns acerca de los tres Roosevelt que transmitió PBS en 2014. Me impactaron particularmente los paralelos entre lo que Teddy enfrentó como presidente en los primeros años del siglo veinte, cuando la revolución industrial cambió drásticamente la sociedad americana, y lo que enfrentamos nosotros en los primeros años del siglo veintiuno. En ambas eras, el entorpecedor cambio tecnológico, la desigualdad masiva de ingreso y el excesivo poder corporativo crearon una crisis social y política. Teddy respondió dividiendo los poderosos monopolios, aprobando leyes para proteger a los trabajadores y salvaguardando el medioambiente. Puede haber sido republicano, pero puso la *P* mayúscula en la palabra *Progresista*. Era también un político astuto que se las arregló para rehusar las demandas de los enojados populistas a su izquierda, que querían avanzar más lejos todavía hacia el socialismo, y la de los conservadores a su derecha, que habrían dejado a los barones ladrones amasar aún más riquezas y poder.

Teddy encontró el balance acertado y lo llamó el "Trato Justo". Me encantaba esa frase, y mientras más pensaba en los desafíos que Estados Unidos enfrentó en los años que siguieron a la crisis financiera de 2008–2009, más sentía que necesitábamos otro Trato Justo. Necesitábamos recuperar nuestro balance, dominar las fuerzas que causaron la caída financiera y proteger a las familias trabajadoras afectadas por la automatización, la globalización y la desigualdad. Necesitábamos la habilidad política para restringir la desenfrenada avaricia a la vez que apaciguábamos los impulsos más destructivos del resurgente populismo.

En los arduos días de campaña, cuando leer noticias era como si te patearan los dientes, recordaba lo que Teddy decía acerca de aquellos de nosotros que salimos a la arena. "No es el crítico el que cuenta", decía, sino el contendiente "que se esfuerza valientemente; que se equivoca, que falla una y otra vez, porque no hay esfuerzo sin error y fallas; pero que se esfuerza por realizar acciones… que en su mejor momento conoce al final el triunfo del más alto logro, y que, en su peor momento, si fracasa, al menos fracasa mientras realiza su más intrépido esfuerzo".

También me inspiró el programa del Nuevo Trato de Franklin Roosevelt de los años treinta, que salvó al capitalismo de sí mismo después de la Gran Depresión, y por su visión de un Estados Unidos humano, progresista, internacionalista. El Parque Four Freedoms (Cuatro Libertades) en la punta bordeada por árboles de la Isla Roosevelt, conmemora las libertades universales que FDR proclamó durante la Segunda Guerra Mundial: la libertad de expresión y religión, la libertad de carencia y miedo. Es un sitio pintoresco con una impactante vista de la silueta de rascacielos de Nueva York. Anunciar mi candidatura allí fue acertado.

Los días finales fueron un ajetreo de escribir borradores y reescribirlos con Dan Schwerin, mi escritor de discursos de muchos años, que había estado conmigo desde los días del Senado. Según avanzaba la campaña, se le sumó Megan Rooney, una magnífica escritora que estuvo años viajando por el mundo conmigo en el Departamento de Estado y luego pasó a la Casa Blanca para escribir para el presidente Obama. A pesar de nuestros esfuerzos, cuando amaneció el 13 de junio yo todavía no estaba satisfecha. Busqué la página 4, el momento clave del discurso, cuando se suponía que diría, "Esa es la razón por la que estoy postulándome a la presidencia". Lo que seguía, "para hacer que la economía funcione para ustedes y para cada uno de los americanos" era cierto e importante. Era el resultado de mis deliberaciones y debates con mis principales consejeros que culminaron pocos días antes alrededor de la mesa del comedor de mi casa en Washington. Frustrada, había descartado un último borrador, declaré terminada mi tarea de consignas y bocadillos de prensa y dije que yo realmente estaba postulándome a la presidencia para hacer que la economía funcione para todos, y que acabáramos de decirlo y terminar de una vez.

Pero faltaba algo. Un empujón emocional, un sentido de que estábamos planteándonos una misión común para asegurar nuestro destino compartido. Recordé una nota que Dan y yo habíamos recibido unos días antes de Jim Kennedy, un gran amigo que tenía cierta magia con las palabras. Él reflexionó sobre una línea del discurso de Roosevelt sobre "Las cuatro libertades": "Nuestra fuerza es nuestra unidad de propósito". Estados Unidos es una familia, Jim apuntó, y debemos apoyarnos unos a otros. En ese momento, yo no tenía idea de que la elección se volvería una competencia entre el divisionismo de Donald Trump y mi visión de Estados Unidos "más fuertes juntos". Y era lo correcto hacer un llamado por un propósito compartido, y recordarles a los americanos que es mucho más lo que nos une que lo que nos divide.

Tomé mi bolígrafo y, jugando con el lenguaje de Jim, escribí: "Nosotros, los americanos, podemos discrepar, reñir, tropezar y caernos; pero nuestro mejor momento es cuando nos levantamos mutuamente, cuando nos apoyamos unos a otros. Como toda familia, nuestra familia americana es más fuerte cuando apreciamos lo que tenemos en común y luchamos contra los que nos quieren dividir".

Pocas horas después, estaba de pie en el podio bajo el sol que ciega en junio, mirando los rostros emocionados de seguidores vitoreándonos. Vi a niños pequeños encaramados en los hombros de sus padres. Amigos nos sonreían desde la primera fila. Bill, Chelsea y Marc brillaban de orgullo y amor. El escenario tenía la forma de nuestro logo de campaña: una gran *H* azul con una flecha roja atravesándole el centro. Alrededor, un mar de personas aplaudía, gritaba y agitaba banderas americanas.

Me permití un momento para pensar, "Esto está ocurriendo de verdad. Voy a postularme a la presidencia y voy a ganar". Entonces empecé a hablar. Era difícil leer el *teleprompter* con el sol en los ojos, pero ya me sabía el texto de memoria. Era un discurso largo, lleno de políticas y perspicacias desarrolladas durante meses escuchando a gente como Pam en Nuevo Hampshire. No sería del gusto de todos. Pero pensé que era el tipo de discurso que un candidato al cargo más importante del mundo debía pronunciar: serio, sustantivo, honesto acerca de los desafíos que había por delante y lleno de esperanza sobre nuestra capacidad para enfrentarlos.

Dije un par de chistes. "Puede que yo no sea la candidata más joven en esta contienda", dije, "pero seré la presidente mujer más joven en la historia de Estados Unidos". No me percataba en ese momento de que *era* la candidata más joven, contra los septuagenarios Bernie Sanders y Donald Trump.

Estaba satisfecha con la acogida que tuvo el discurso. El periodista Jon Allen, que ha seguido mi carrera durante años, declaró: "Clinton dio en el clavo con el tema de la visión". Jared Bernstein, el ex asesor económico de Joe Biden, lo describió inteligentemente como una "agenda de *reconexión*" (me encantó eso) que buscaba "reunir el crecimiento económico con la prosperidad de familias de medio y bajo ingreso".

Pero fue E. J. Dionne, uno de mis comentaristas políticos favoritos, quien tuvo la reacción que más hacía pensar —y en retrospectiva la más inquietante—. "Hillary Clinton está haciendo una apuesta y presentando un desafío. La apuesta es que los votantes prestarán más atención a lo que ella puede hacer por ellos que a lo que sus opositores dirán de ella", escribió E. J. "El desafío es para sus adversarios republicanos: ¿Pueden ellos ir más allá de bajos impuestos, obviedades antigubernamentales, y presentar contraofertas creíbles a enfermeras, camioneros, trabajadores de fábricas y servidores de alimentos a los que Clinton convirtió en héroes de su narrativa en la Isla Roosevelt acerca de la gracia bajo presión?".

Sabemos ahora que perdí esa apuesta, no porque un republicano vino y presentó contraofertas más creíbles a votantes de la clase media, sino porque Donald Trump hizo algo más: apeló a los más feos impulsos de nuestro carácter nacional. También hizo falsas promesas de estar con la clase trabajadora. Como lo dijo más tarde Michael Bloomberg en la Convención Nacional Demócrata: "Soy un neoyorquino y conozco a un estafador cuando lo veo". Yo también.

Como yo haría a menudo en grandes momentos durante el transcurso de la campaña, terminé el discurso hablando de mi madre, Dorothy, que había fallecido en 2011. Vivió hasta la edad de noventa y dos años y a menudo pensaba en todo el progreso de que ella fue testigo durante el curso de su larga vida, progreso logrado porque generaciones de americanos continuaron luchando por lo que ellos creían era lo justo. "Yo quisiera que mi madre hubiera estado con nosotros más tiempo", dije yo. "Quisiera que hubiera visto a Chelsea convertirse en madre. Quisiera que hubiera conocido a Charlotte. Quisiera que hubiera visto el Estados Unidos que íbamos a construir juntas". Miré a la multitud y a la silueta de Nueva York al otro lado del agua, sonreí y dije: "Un Estados Unidos donde un padre puede decirle a su hija, sí, puedes llegar a ser lo que quieras ser. Incluso presidente de Estados Unidos".

*El tiempo es el dinero de tu vida. Gástalo tú. No dejes que otros lo gasten por ti.*

—Carl Sandburg

# Un día en la vida

Una campaña presidencial es un maratón que se corre a toda velocidad. Cada día, cada hora, cada momento cuenta. Pero hay tantos días —casi seiscientos en el caso de la campaña de 2015–2016— que uno tiene que tener cuidado de no agotarse antes de llegar a la meta final.

El presidente Obama insistió en este punto cuando yo me preparaba para postularme. Me recordó que cuando nos enfrentamos en 2008, a menudo nos quedábamos en el mismo hotel en Iowa o Nuevo Hampshire. Me dijo que su equipo ya había terminado de cenar y se preparaba para irse a la cama cuando nosotros recién llegábamos completamente exhaustos. Cuando se levantaban a la mañana siguiente, nosotros hacía rato que nos habíamos ido. En resumen, él pensaba que nosotros nos sobrepasábamos. "Hillary", me decía, "tienes que encontrar un ritmo esta vez. Trabaja con inteligencia no con intensidad". Cada vez que nos veíamos, lo decía otra vez, y les decía a John y a Huma que me lo recordaran.

Traté de seguir su consejo. Después de todo, había ganado dos veces. Mi estrategia se reducía a dos palabras: rutina y alegría. Al principio establecí algunas rutinas para mantenernos a mi equipo de viaje y a mí tan saludables y productivos como fuera posible a través de una de las cosas más difíciles que haríamos jamás. Todos hicimos nuestro mejor esfuerzo por saborear cada momento: encontrar alegría y significado en la tormentosa cotidianidad de la campaña. No hubo un solo día en que no lo lográramos.

Desde la elección, mi vida y mi rutina han cambiado significativamente. Pero aún atesoro muchos momentos de ese largo y a veces extraño viaje. Muchas instantáneas mentales que tomé en el camino están en este capítulo. Como lo están también muchos detalles de un día típico en la jornada: lo que comí, quién me arregló el pelo y me maquilló, cómo eran mis mañanas.

Puede parecer extraño, pero me preguntan sobre estas cosas constantemente. Philippe Reines, mi asesor de muchos años, que hizo el papel de Trump en nuestras sesiones preparatorias para el debate, tiene mi explicación favorita. Él la llama el "Principio Panda". Los pandas simplemente viven sus vidas. Comen bambú. Juegan con sus hijos. Pero por alguna razón, a la gente le gusta observar a los pandas con la esperanza de que algo —cualquier cosa— ocurra. Cuando ese único bebé panda estornudaba, el video alcanzaba una circulación viral.

Según la teoría de Philippe, yo soy como un panda. Mucha gente quiere saber simplemente cómo vivo. Y a mí me encanta pasar tiempo con mi familia y solearme, como un panda, y aunque no estoy interesada en el bambú, me gusta comer.

Entiendo. Queremos conocer a nuestros líderes y parte de eso es oír hablar del hábito de comer gominolas de Ronald Reagan y de la colección de broches de Madeleine Albright.

En ese espíritu, si alguna vez ustedes se han preguntado cómo es un día en la vida de un candidato presidencial —o si alguna vez se han preguntado, "¿Almuerza Hillary Clinton... como una persona normal?"— esto es para ustedes.

Seis a.m.: Me despierto, a veces aprieto el botón de pausa en el despertador para robarme unos minutos más. Esa pausa lo deja a uno más cansada —hay estudios sobre esto— pero en ese momento, parece una magnífica idea.

Adaptamos nuestro itinerario lo más posible para poder dormir en mi propia cama en Chappaqua. Muchas noches esto no es posible y me despierto en la habitación de un hotel en algún lugar. Eso está bien; puedo dormir dondequiera. No es inusual para mí permanecer dormida mientras un avión aterriza encima de baches. Pero despertarme en mi casa es mejor.

Bill y yo compramos la casa en 1999 porque nos encanta nuestra habitación. Su altura equivale a un piso y medio con un techo de bóveda y ventanas en las tres paredes. Cuando la vimos por primera vez como compradores potenciales, Bill dijo que siempre se levantaría contento aquí, con la luz natural entrando por las ventanas y la vista del jardín alrededor nuestro. Tenía razón.

Hay un retrato en colores de Chelsea en los últimos años de su adolescencia en una de las paredes de nuestra habitación, y fotos de la familia y amigos dondequiera. Nos encantaba el empapelado de nuestra habitación en la Casa Blanca —amarillo con flores color pastel— así que lo busqué para ponerlo en esta habitación también. Hay montones de libros en nuestras mesas de noche que estamos leyendo o esperando leer pronto. Durante años, hemos estado dejando constancia de cada libro que leemos. Además, Bill siendo Bill, tiene un sistema para clasificarlos. Los mejores libros reciben tres estrellas.

Después de despertarme, reviso mis correos electrónicos y leo mi devocional de la mañana del reverendo Bill Shillady, que está usualmente esperando en mi bandeja de entrada. Paso algunos minutos en contemplación organizando mis pensamientos y fijando mis prioridades del día.

Entonces es hora del desayuno. Cuando estoy en casa, bajo las escaleras. Cuando estoy viajando, ordeno servicio a la habitación. Es difícil planear exactamente lo que comeremos y cuándo en el curso del día porque siempre estamos en marcha, por lo que el desayuno es clave. Usualmente como revoltillo de claras de huevo con vegetales. Cuando hay, le añado jalapeños frescos. De lo contrario, es salsa y picante. Soy una persona tomadora de café negro y té negro y fuerte, y me tomo un vaso grande de agua por la mañana y sigo tomando todo el día porque viajo mucho en avión, lo que puede ser deshidratante.

Mientras desayuno, comienzo a leer el montón de recortes de periódicos y reportes breves que mi equipo me ha enviado de la noche a la mañana. Si estoy en casa, Oscar Flores, un veterano de la Marina que había trabajado en la Casa Blanca y ahora es administrador de la residencia, me los imprime todos. También le doy un vistazo a la agenda del día, que es una obra maestra de logística. Mi equipo —Lona Valmoro, mi invaluable organizadora desde mis días del Senado, quien también trabajó conmigo en el Departamento de Estado; Alex Hornbrook, director de programación, quien anteriormente había hecho ese mismo trabajo para el vicepresidente Biden; y Jason Chung, director de avance— son milagrosos trabajadores. Hacen malabares con fechas y sitios con gracia y crean eventos perfectos de la nada. No es inusual llamarlos desde el avión aterrizando por la noche para decirles, "Necesitamos rehacer completamente la agenda de mañana para añadir al menos un estado más y dos eventos más". Su respuesta es siempre, "No hay problema".

Si Bill está en casa, probablemente está todavía durmiendo. Él es una lechuza; yo soy madrugadora. Pero a veces se levanta conmigo y leemos los periódicos (recibimos cuatro: el *New York Times*, el *New York*

*Daily News*, el *New York Post* y nuestro periódico local el *Journal News*) y tomamos café y conversamos sobre lo que tenemos ese día. Probablemente tiene que ver con lo que está ocurriendo en ese momento en las casas de nuestros vecinos, excepto que, en nuestro caso, uno de nosotros está aspirando a la presidencia y el otro fue presidente.

Trato de encontrar tiempo para hacer yoga o para hacer ejercicios de fuerza y aeróbicos. En la casa, hago mi sesión de ejercicios en un viejo granero en el traspatio que convertimos en gimnasio y en una oficina para Bill, con espacio también para el Servicio Secreto. No puedo competir con Ruth Bader Ginsburg, sin embargo, que hace pesas y flexiones de pecho y repeticiones de planchas dos veces a la semana. Su régimen es intimidante; el mío es más indulgente. Pero si ella puede encontrar el tiempo y la energía para hacer ejercicio regularmente, yo también puedo (¡y ustedes!). Cuando estoy en campaña, tengo una rutina de mini ejercicio que he hecho en habitaciones de hotel en todo Estados Unidos.

Y también están las rutinas del pelo y el maquillaje. Hace mucho tiempo, en una lejana galaxia, arreglarme el pelo y maquillarme era algo especial de vez en cuando. Pero tener que hacerlo todos los días le quita la diversión.

Por suerte tengo una brigada de glamur que lo hace más fácil. Dos estilistas de pelo se han hecho cargo de mí en Nueva York durante años: John Barrett, que tiene su salón de servicios completos en Manhattan, y Santa Nikkels, cuyo acogedor salón está a pocos minutos de mi casa en Chappaqua. Ambos son fenomenales, aunque mucha gente se asombró al descubrir, cuando mis correos electrónicos se hicieron públicos, que yo tenía "citas con Santa" regularmente.

Cuando estoy en Nueva York y necesito ayuda con mi maquillaje, veo a Melissa Silver (recomendada por Anna Wintour de *Vogue* cuando me vio en un evento y vio que necesitaba ayuda).

En campaña, tengo un equipo de viaje: Isabelle Goetz y Barbara

Lacy. Isabelle es francesa y está llena de positivismo; camina con ritmo y energía. Ella me ha estado arreglando intermitentemente desde mediados de los años noventa, lo que quiere decir que hemos estado juntas a través de muchos estilos de peinados. Barbara, como Isabelle, es perpetuamente alegre. Además de maquillarme en campaña, también hace maquillajes para el cine y programas de televisión como *Veep*. Yo por supuesto no quiero en manera alguna compararme con Selina Meyer, pero no puede negarse que Julia Louis-Dreyfus luce fenomenal.

Mientras ellas me arreglan, suelo estar hablando por teléfono o leyendo mis breves informativos del día. Esa hora es valiosa, por lo que ocasionalmente hago citas para llamadas con mi equipo para discutir estrategias electorales o alguna nueva política. A ellas no les importa que yo hable por encima del secador de pelo. Isabelle y Barbara hacen su mayor esfuerzo por trabajar alrededor de lo que estoy haciendo, hasta que me dicen que tengo que estar quieta, *s'il vous plaît*.

Al principio de la campaña, Isabelle y Barbara me preparaban para el día por lo general una vez a la semana, así como para grandes eventos como los debates. El resto del tiempo, yo trataba de ocuparme de mi propio pelo y maquillaje. Pero las fotos no mienten, y como yo lucía mejor cuando ellas estaban conmigo, se convirtió en algo diario. Cuando ellas viajan conmigo, Isabelle y Barbara siempre están cerca, listas para retocarme antes de entrevistas o debates. Cada vez que nuestro avión aterriza, Isabelle se apresura a rociarme fijador de pelo y Barbara me rocía la cara con un vaporizador lleno de agua mineral. "¡El aire en los aviones es tan seco!", se lamenta. Entonces rocía a los demás que estén cerca, incluyendo a veces el Servicio Secreto.

Aprecio verdaderamente sus talentos y me gusta cómo me hacen lucir. Pero nunca me he acostumbrado a la cantidad de esfuerzo que requiere simplemente ser una mujer en la esfera pública. Una vez calculé el número de horas que toma arreglarme el pelo y hacerme el maquillaje durante la campaña. El resultado fue alrededor de seiscientas horas, ¡o veinticinco días! Me impactó tanto que revisé los cálculos dos veces.

No siento celos de mis colegas masculinos a menudo, excepto cuando se trata de la manera en que pueden ducharse, afeitarse, ponerse un traje, y estar listos para salir. Las pocas veces que he enfrentado al público sin maquillaje, ha salido en las noticias. Así que suspiro y sigo sentándome en esa silla y sueño con un futuro en que las mujeres en público no tengan necesidad de usar maquillaje si no quieren y que a nadie le importe.

Después del pelo y el maquillaje, es hora de vestirse. Cuando me postulé al Senado en 2000 y a la presidencia en 2008, básicamente tenía un uniforme: un simple traje de chaqueta y pantalón, a menudo negro, con una blusa de colores debajo. Hacía eso porque me gustaban los trajes de chaqueta y pantalón. Me hacen sentir profesional y lista. Además, me ayudan a evitar el peligro de que me fotografíen debajo de la falda cuando estoy sentada en el escenario o subiendo escaleras, lo cual me ocurría como primera dama. (Después de eso, seguí una pista de una de mis heroínas de la infancia, Nancy Drew, que hacía su trabajo de detective en pantalones sensatos. "¡Me alegro de estar usando pantalones!" dijo en *The Clue of the Tapping Heels* después de encaramarse en el techo de un edificio persiguiendo a un raro gato). También pensé que sería bueno hacer lo que los políticos masculinos hacen y usar más o menos lo mismo todos los días. Como mujer postulándome para presidente, me gustaba la señal visual de ser diferente que los hombres, pero también familiar. Un uniforme era también una técnica contra la distracción: como no había mucho que decir o reportar sobre lo que llevaba puesto, tal vez la gente prestaría más atención a lo que decía.

En 2016, quería vestirme igual que lo hacía cuando no estaba postulándome a la presidencia y no pensar mucho en ello. Tenía la suerte de tener algo que los demás no tenían: relaciones con diseñadores americanos que me ayudaban a encontrar atuendos que podía usar de un lugar a otro, en todos los climas. El equipo de Ralph Lauren hizo el traje blanco que usé cuando acepté la nominación y los trajes rojo, blanco y azul que usé para debatir a Trump tres veces. Más de una docena de diseñadores americanos hicieron camisetas de apoyo a mi campaña e incluso celebraron un evento durante la Semana de la Moda de Nueva York para mostrarlas.

A algunas personas les gustaba mi ropa y a otras no. Son gajes del oficio. No se puede complacer a todos, por lo que es mejor vestir lo que funciona. Esa es mi teoría.

Cuando salgo por varios días de campaña, trato de ser súper organizada pero inevitablemente empaco excesivamente. Incluyo más atuendos de los que necesito, por si acaso cambia el tiempo o me cae algo en la ropa o alguna entusiasta admiradora me deja un poco de maquillaje en el hombro después de un abrazo exuberante. Huma, alguien que sabe un par de cosas acerca de mantenerse en estilo mientras trabaja días de veinte horas, trata de aconsejarme. Ella es la que me dice cuándo tengo dos aretes diferentes, lo cual ha ocurrido algunas veces. Yo a veces también exagero con mi material de lectura; durante un tiempo llenaba una maleta de ruedas entera con breves informes y documentos de políticas. Oscar me ayuda a meter todo en los automóviles. A veces Bill, maravillado de todo lo que llevo, me pregunta, "¿Te vas para siempre?".

Cuando los vehículos están cargados, el marido ha recibido un abrazo y los perros han sido acurrucados, partimos.

Nuestros vuelos entran y salen del Aeropuerto del Condado de Westchester, un corto viaje en auto desde nuestra casa. Me he propuesto tratar de no levantar vuelo antes de las 8:30 a.m. en las noches en que duermo en mi casa. Todos en mi equipo tienen que manejar al menos una hora a sus casas después de aterrizar en Westchester, y es frecuente que aterricemos tarde. Comenzar a las 8:30 a.m. quiere decir que todos al menos duermen algo.

Para las primarias y el inicio de la elección general mi equipo de viaje era pequeño. Consistía en Huma; Nick Merrill; la directora de viajes, Connolly Keigher; Sierra Kos, Julie Zuckerbrod, y Barbara Kinney, quienes filmaban y fotografiaban la vida en campaña; y los miembros de mi Servicio Secreto, que usualmente eran dos agentes, a veces tres. Un elenco rotativo de personal adicional se sumaba dependiendo de lo que estaría ocurriendo ese día: escritores de discursos, miembros del equipo de políticas, organizadores del estado. Al llegar al final de la campaña, el equipo era mucho más grande y el avión también.

Una nota sobre el Servicio Secreto. Bill y yo hemos estado bajo la protección del Servicio Secreto desde 1992, inmediatamente después de asegurar la nominación demócrata para presidente. Tomó tiempo acostumbrarnos, pero después de veinticinco años, es normal, y para su gran crédito, los agentes hacen su mayor esfuerzo por obstaculizar lo menos posible. Son de cierta manera a la vez discretos y ferozmente vigilantes. Los agentes están con nosotros en nuestra casa todo el día todos los días. Cuando salgo de la casa a hacer algo casual en el pueblo —como ir al mercado o caminar un poco— los agentes me acompañan. Ellos mantienen su distancia y me dan espacio para hacer lo que necesito hacer. A veces me olvido de que están ahí, lo cual es exactamente lo que ellos quieren. Estoy agradecida por las relaciones que hemos creado con muchos de estos dedicados hombres y mujeres a través de los años. También hemos podido pasar tiempo con sus cónyuges e hijos en las fiestas de celebraciones de días feriados que Bill y yo organizamos para nuestros agentes y sus familias todos los años, y he conocido algunos de sus parientes lejanos en los viajes de campaña también.

Cuando Bill y yo viajamos, sea a Manhattan a ver una obra de teatro o a Nevada para eventos de campaña, el Servicio Secreto intensifica su labor. Coordinan por adelantado para asegurarse de conocer todos los detalles de cada sitio que visitamos: todas las entradas y salidas, las

rutas más rápidas y, en caso necesario, rutas de emergencia y los hospitales más cercanos. Organizan una caravana, revisan antecedentes y
trabajan con la policía local en cada parada. Es una tarea enorme, y ellos
la realizan impecablemente.

La única parte de todo esto con la que tengo problemas es con
el tamaño de la caravana. Entiendo por qué es necesario, pero me
vuelve loca ver a la gente en medio de un embotellamiento de tráfico
que yo he causado. Esto es especialmente problemático cuando estoy
en campaña. Clausurar carreteras parecía ser la forma más rápida de
causar resentimiento hacia mí, lo cual era exactamente lo contrario de
lo que quería hacer. Siempre le pido al principal agente que evite usar
luces y sirenas cuando sea posible. Me da pena además admitir que
yo incurro en una buena cantidad de lo que llaman conducir desde
el asiento trasero. Es bastante osado, viniendo de alguien que no ha
conducido un automóvil regularmente en veinticinco años. Afortunadamente, los agentes son demasiado corteses como para decirme que
me calle.

En un día típico de campaña, después de salir de la casa, nuestra
caravana de dos o tres vehículos se dirige hasta el avión en la pista. El
servicio puerta-a-puerta es a la vez una obligación de seguridad como
un privilegio extremadamente cómodo. Para las primarias y en el inicio
de la elección general, volamos en aviones de nueve o diez asientos. La
prensa tenía su propio avión, lo cual requiere coordinación extra. Finalmente, fletamos un Boeing 737 para la elección general, lo suficientemente grande para todos, con la frase "Más fuertes juntos" pintada en
un costado y logos de *H* pintados en la punta de cada ala.

El avión fue nuestro hogar lejos de nuestras casas durante meses.
En su mayor parte, nos sirvió bien. Claro, hubo en ocasiones pequeñas dificultades. Un día estábamos en Little Rock y teníamos que ir
a Dallas. El avión tenía un problema mecánico, y nos enviaron otro.
Mientras esperábamos en la pista, mi equipo bajó del avión para estirar

las piernas. Yo decidí cerrar los ojos después de varios días agotadores. Desperté unas horas más tarde y pregunté "¿Ya llegamos?". No nos habíamos movido. Llega un punto en una larga campaña en que todo sentido del tiempo y espacio desaparece.

En el curso de la campaña se nos sumaron algunos asistentes de vuelo. Todos eran excelentes, pero mi favorita era Elizabeth Rivalsi. Es una nutricionista entrenada y nos hacía comidas frescas y deliciosas en su cocina en Queens, las empacaba en recipientes y las traía al avión; ensalada de salmón, trozos de pollo rebozados con harina de almendra, sopa de pimiento poblano. Su éxito sorpresa fueron los bizcochos de chocolate hechos de harina de garbanzos. Tenía además una gran canasta llena de meriendas que regularmente remplazaba con diferentes opciones. Era una aventura cada vez que embarcábamos y revisábamos lo que había. Yo tengo una debilidad por las pequeñas galletas con forma de pescado Goldfish de Pepperidge Farm, y fue una delicia saber que cincuenta y cinco pececitos sumaban tan solo ciento cincuenta calorías. ¡Fenomenal! Una vez, Liz trajo algo que yo no había probado antes: Flavor Blasted Goldfish. Pasamos la bolsa y discutimos si era mejor que el original. Algunos pensaron que sí, pero no lo era.

Como se puede ver, tomamos lo de comer muy en serio. Alguien preguntó una vez de qué hablábamos en viajes largos. "¡De comida!", dijimos todos a coro. Es cómico cómo uno piensa en la próxima comida cuando vive de viaje. En 2008, dependíamos frecuentemente de comida chatarra para seguir adelante; recuerdo mucha pizza con rebanadas de jalapeños llevadas directamente al avión. Esta vez yo estaba resuelta a que todos nos mantuviéramos más saludables. Pedí a amigos recomendaciones de meriendas para llevar. Unos días más tarde llegaron a mi casa embarques de salmón en lata, así como barras de proteína Quest y Kind y las llevamos al avión en bolsas de lona. Cuando las barras Quest se enfriaron, se pusieron demasiado duras para comer, por lo que nos sentamos sobre ellas para calentarlas un poco con la mayor dignidad que uno puede acopiar en un momento como ese.

De vez en cuando yo también despilfarro en hamburguesas y papas fritas y disfruto de cada bocado.

Algunos de nosotros añadimos salsa picante a todo. He sido una fanática desde 1992, cuando me convencí de que eleva el sistema inmunológico, tal como lo confirman ahora las investigaciones. Siempre estábamos buscando nuevos mejunjes. Uno de mis favoritos se llama Ninja Squirrel Sriracha. Nuestra videógrafa, Julie, regresó de vacaciones en Belice con cuatro botellitas de Marie Sharp's, la mejor salsa picante que cualquiera de nosotros había probado. Nos encantó inmediatamente el sabor a pimiento habanero más que cualquier otro. Todos corrimos silenciosamente hacia aquella botella, y entonces la pasábamos apenados cuando otro nos confrontaba. Finalmente, nos dimos cuenta de que solo teníamos que pedir más y volvió la paz.

Y también estaban los platos que comíamos en todo el país. Teníamos algunos sitios favoritos: un sitio de comida para llevar del Medio Oriente en Detroit; un restaurante cubano cerca del aeropuerto en Miami; *lattes* de café hechos con miel y lavanda en una panadería en Des Moines. En la Feria Estatal de Iowa, bajo un calor de treinta y ocho grados centígrados en agosto, me tomé casi un galón de limonada. Nick me pasó una chuleta de puerco y la devoré. Cuando regresamos al avión, le dije, "Quiero que sepas que no me comí esa chuleta de puerco porque era políticamente necesario. Me la comí porque estaba deliciosa". Asintió sin hablar y siguió comiéndose su propio descubrimiento de la feria: un pastel de embudo, o *funnel cake*, de terciopelo rojo.

Una noche de calor en Omaha, Nebraska, me consumía un deseo intenso de comerme una barra de helado —de las simples, de vainilla cubiertas de chocolate. Connolly llamó a uno del grupo, que fue tan amable de buscar unas cuantas y se reunió con nosotros en el avión a la salida de la ciudad. Le dimos las gracias y nos las devoramos antes de que se derritieran.

Uno de mis sitios favoritos para comer y beber está en el hotel del Centro Kirkwood en Cedar Rapids, Iowa. Lo administran estudiantes de arte culinario y hotelero del Colegio Universitario de Kirkwood y hacen un gran trabajo. En una de nuestras primeras visitas ordené un martini de vodka con aceitunas, lo más frío que lo pudieran hacer. Cecile Richards, la indomable líder de Planned Parenthood y una tejana estaba conmigo y me insistió que lo probara con Tito's Handmade Vodka, el orgullo de Austin. Un trago excelente. Desde ese día, cada vez que me quedo en Kirkwood, el camarero me envía un martini de Tito casi congelado con aceitunas, sin yo tener que ordenarlo.

En nuestros viajes de campaña tomamos muy en serio los cumpleaños y los días de fiesta. Decoramos el avión para Halloween y Navidad y siempre tenemos a mano varios pasteles. No podemos encender velas —no se permiten fuegos en el avión— pero le decimos al chico o chica que cumple años que simule que están prendidas y que pida un deseo. Incluso encontramos una aplicación de iPhone que simula un encendedor, para completar el juego, y también lo usamos para "prender" la *menorah* que teníamos a bordo durante Hanukkah.

Tengo fama de ser difícil de sorprender en mi cumpleaños, pero en 2016, mi equipo se las arregló para meter silenciosamente un pastel en mi suite del hotel en Miami y esperarme reunidos en la sala mientras yo estaba al teléfono en la habitación. Cuando salí, me sorprendieron y me deleitaron con una entusiasta interpretación de "Feliz cumpleaños" y un pastel de chocolate cubierto con un glaseado color turquesa. Como todavía era temprano en la mañana, llevamos el pastel al avión para comerlo más tarde. La noche antes, habíamos celebrado todos juntos con un concierto de Adele. Perfecto.

Mi equipo y yo disfrutamos mucha vida juntos durante nuestro año y medio viajando. Las familias cambiaron. Nacieron bebés.

Fallecieron amigos queridos y familiares. Algunos se comprometieron para casarse; otros se separaron. Alzamos una copa cuando Lorella Praeli, nuestra directora de conexión latina, hizo su juramento para convertirse en ciudadana americana. Algunos de nosotros viajamos a Nuevo Haven, Connecticut, unas semanas después de la campaña para bailar en la boda de Jake Sullivan y Maggie Goodlander. A menudo estábamos lejos de nuestros hogares, bajo presión, esforzándonos al máximo para ganar. Como resultado, dependíamos los unos de los otros. Llegamos a conocer los hábitos de los demás y sus preferencias. A menudo nos reuníamos en mi habitación por las noches para ordenar servicio a la habitación y hablar de la cobertura noticiosa del día y revisar la agenda del día siguiente. Vimos las Olimpiadas juntos, y los debates republicanos. Ambos eventos inspiraron gritos, aunque de diferente tipo.

Podíamos impacientarnos unos con otros —frustrados, exhaustos, desmoralizados— pero nos hacíamos reír, anunciábamos noticias de última hora con gentileza, nos manteníamos alertas y siempre enfocados en el camino delante.

Era agotador. A veces no era para nada divertido. Pero también era magnífico.


Cada día de campaña estaba lleno de eventos: reuniones masivas con votantes, mesas redondas, entrevistas, recaudación de fondos, conversaciones extraoficiales con la prensa o visitas no anunciadas a las tiendas, parques, bibliotecas, escuelas, hospitales, dondequiera.

Cuando aterrizábamos en una ciudad, saltábamos de un evento a otro. A veces el tiempo que nos tomaba transportarnos de un lugar a otro se extendía a una hora o más. Para aprovecharlo al máximo, programábamos entrevistas radiales consecutivas. Yo también hablaba por FaceTime con Charlotte, que ya tenía suficiente edad para tener una conversación conmigo. La animaba cuando daba vueltas en su tutú. Cantábamos juntas. Luego le soplaba un beso, colgábamos y me iba a otro evento.

Los mítines con los votantes eran un mundo diferente. Es emocionante escuchar a una multitud dándote vivas. Es emocionante oírlos aplaudir ideas. Pero admito que no importa cuántas veces me he parado frente a grandes multitudes, siempre es un poco intimidante. Nuestros mítines eran diversos, ruidosos y alegres: el tipo de lugar donde se podía traer a la madre de cien años o al hijito de un año. Me encantaba ver las pancartas hechas en casa que los niños agitaban sonriendo de oreja a oreja. Una de las mejores cosas de nuestro logo de campaña (la *H* con la flecha) era que cualquiera podía pintarlo, hasta los niños pequeños. Queríamos que los niños abrieran sus cartulinas en la mesa de sus cocinas, agarraran marcadores y bolígrafos de gel con brillantina y salieran a la ciudad. Enviaron muchas pinturas de *H*s hechas en casa a nuestra sede de campaña. Cubrimos la pared con ellas.

Para la música de nuestros actos, escogimos a muchas mujeres artistas: Sara Bareilles, Andra Day, Jennifer Lopez, Katy Perry y Rachel Platten —así como canciones de Marc Anthony, Stevie Wonder, Pharrell Williams y John Legend y The Roots. Nos encantaba ver a nuestras multitudes cantando junto con la música. Hasta el día de hoy no puedo oír "Fight Song", "Roar" o "Rise Up" sin emocionarme.

Algunas personas venían a nuestros mítines repetidas veces. Llegué a conocer a algunas de ellas. Una mujer llamada Janelle vino a un mitin con su esposo y su hija en Iowa con la actuación de Katy Perry, el primero de varios que ella hizo para mí. Janelle traía una pancarta hecha en casa que decía: "La decimotercera quimioterapia ayer. Tres más. ¡Óyeme rugir!". Estaba en pleno proceso de lucha contra su cáncer de seno. Yo estaba con Bill y nos acercamos para presentarnos. Tuvimos una larga y agradable conversación. En los siguientes once meses, la vi muchas veces. Me visitaba en mis escalas del camino y me actualizaba acerca de su salud, y su hija me decía cómo iba su segunda etapa. Janelle continuaba prometiéndome que me vería en mi inauguración. Yo le decía que yo esperaba verla allí y que mejor era que fuera. La invité a que me acompañara como mi invitada a mi segundo debate contra Trump en San Luis.

Mi equipo traía grupos de personas detrás del escenario para conocerme antes de yo hablar, y esas breves conversaciones a menudo eran muy significativas. Conocí a muchas mujeres en sus ochenta y noventa años de edad que contaban lo emocionadas que estaban de que al fin votarían por una mujer para presidente. Muchas vestían traje de chaqueta y pantalones y perlas. Me imaginé a mí misma en treinta años, vistiendo buena ropa y yendo a escuchar a mi candidata hablar. Una de ellas, Ruline Steininger, incluso votó por mí en su mítin de votantes en Iowa cuando tenía 102 años de edad. Aclaró enfáticamente que viviría suficiente para votar por mí el día de la elección, y así fue.

En un evento en un coliseo grande en Nuevo Hampshire, fui a un salón adjunto antes de hablar y conocí a un grupo de empleados de escuelas públicas. Uno de ellos, un hombre llamado Keith, que trabajaba en la biblioteca de una escuela, me contó su historia. Keith cuidaba a su madre que padecía de Alzheimer. No podía costear un centro de día para adultos o una asistente de servicios de salud en el hogar, por lo que Keith tenía que llevarla al trabajo con él todos los días. Eso me dejó perpleja. Él se emocionó un poco hablando conmigo, y yo me emocioné un poco oyéndolo. Le di las gracias por compartir su historia. Luego, le dije a mi personal de formulación de políticas, que estaba ya trabajando en planes para investigación de Alzheimer y cuidados a personas mayores, que pensaran incluso en más grande todavía.

En las cuerdas que contienen a las multitudes en los mítines, descubrí un elemento moderno de hacer campaña que se ha vuelto mucho más prevalente desde 2008: el selfi. No hay manera de detener el selfi. Es así como marcamos un momento juntos. Y para estar claros, si me ven en el mundo y desean un selfi y no estoy en el teléfono o de prisa para llegar a un lugar, será un placer. Pero creo que los selfis tienen su costo ¿Por qué no hablamos, mejor? ¿Tiene algo que compartir? Quiero oírlo (siempre y cuando no sea algo profundamente ofensivo: tengo límites). Me encantaría saber su nombre y de dónde es y cómo van las cosas con usted. Eso lo siento como algo real. Un selfi es impersonal, aunque les da una pausa a los autógrafos, ahora obsoletos.

Los eventos de mesa redonda eran especiales. Como mencioné antes, me dieron una oportunidad de escuchar directamente a las personas en un marco en que ellas se sentían cómodas. A veces esas conversaciones eran ardientes. Conocí a una niña de diez años en Las Vegas que respiró profundamente y describió en una voz temblorosa cuán horrorizada estaba porque sus padres estaban siendo deportados por ser indocumentados. Todos en ese salón querían abrazarla, pero fui yo quien tuvo la suerte de hacerlo. Se acercó y se sentó en mi regazo mientras yo le decía lo que solía decirle a Chelsea cuando se sentía ansiosa en su infancia: No te preocupes. Deja que sea yo quien se preocupe en tu lugar. Y también, eres muy valiente.

Tratamos de hacer tiempo para actividades extraoficiales, viendo sitios locales y visitando negocios locales cada vez que teníamos la oportunidad. Si estábamos tarde, esto era lo primero que desaparecía de la agenda, razón por la cual no lo anunciábamos para no decepcionar a la gente cuando no podíamos cumplir con la visita. Mi preferencia personal para una actividad extraoficial era ir a un lugar donde vendieran juguetes, ropa o libros de niños. Me llenaba de cosas para mis nietos y los nuevos bebés de amigos y personal del equipo. También compraba pequeños regalos para Bill en el camino: corbatas, camisas, gemelos, un reloj. No hay nada que le guste más que recibir algo de calidad hecho por algún artesano de algún lugar de Estados Unidos. Es su cosa favorita.

Para mí, las recaudaciones de fondos eran un poco más complicadas que otros eventos de campaña. Aun después de todos estos años, es difícil para mí pedirle dinero a la gente. Es difícil pedirle a alguien que haga un evento de este tipo en su casa o en su negocio. Pero hasta que llegue el día en que la reforma de campañas se firme y se convierta en ley y sea confirmada por la Corte Suprema, si uno quiere lanzar una campaña nacional que sea viable, no hay otra manera; hay que seriamente recaudar fondos en internet, por teléfono y en persona. Rechazo la idea de que es imposible hacerlo manteniendo la integridad e independencia. Bernie Sanders me atacó por recaudar dinero de personas que trabajan en finanzas. Pero le recordé que el presidente Obama había recaudado más dinero de Wall Street que ningún otro candidato en la historia, y eso no le impidió imponer nuevas regulaciones para disminuir riesgos y prevenir futuras crisis financieras. Yo habría hecho lo mismo, y mis donantes lo saben.

Estaba agradecida de todo el que donó dinero a nuestra campaña o había ayudado a recaudarlo. Tratamos muy duro de usar cada centavo sabiamente. El personal de campaña puede atestiguar que Robby Mook en particular fue extremadamente tacaño en todo lo que tenía que ver con gastos de viaje y suministros de oficina. ¿Presupuesto para meriendas? Absolutamente no. Cada cual compraba lo suyo. ¿Habitación de hotel individual? Nada de eso. Búsquese un compañero o compañera de habitación. Y viaje por autobús en lugar de por tren. Todos estábamos en esto juntos: nuestro equipo de recaudación de fondos trabajaba noche y día; nuestro equipo de campaña nacional vivía y trabajaba con un presupuesto apretadísimo; yo, viajaba por todo el país asistiendo a eventos de recaudación de fondos, y nuestros donantes abrían sus billeteras para expresar su solidaridad y apoyo. Nuestra campaña tenía más de tres millones de donantes. La donación promedio era de menos de $100. Y la nuestra fue la primera campaña en la historia en la que la mayoría de los donantes fueron mujeres. Eso significaba mucho para todos nosotros.

A veces necesitábamos divertirnos. Una hermosa noche de verano, Jimmy y Jane Buffett sirvieron de anfitriones de un concierto para nosotros en su propia casa en los Hamptons en Long Island. Yo fui la primera persona aspirante a la presidencia que Jimmy apoyó oficialmente, y quería hacer algo especial para mí. Así que él, Jon Bon Jovi y Paul McCartney tocaron en una carpa llena de luces resplandecientes y todos bailaron en el césped bajo las estrellas. Fue algo mágico.

Pero mis eventos favoritos eran con niños. Se sentaban con las piernas cruzadas frente a mí en el piso, o me acompañaban en un sofá o se acomodaban en sillas y yo les contestaba preguntas. "¿Cuál es la mejor parte de aspirar a ser presidente?". Reunirme con niños como ustedes. "¿Quién es su presidente favorito?". Con mucho amor para Bill y el presidente Obama, es Abraham Lincoln. "¿Qué va a hacer para proteger el planeta?". Reducir la huella de carbón, invertir en energía limpia, proteger la vida silvestre y luchar contra la contaminación. Los niños escuchaban con gran seriedad y hacían preguntas de seguimiento. Eran el tipo de audiencia que me gusta a mí. También a veces me decían lo que les preocupaba: por ejemplo, la muerte de un animal doméstico o la enfermedad de un abuelo. Muchos niños preguntaban lo que yo iba a hacer acerca del acoso (*bullying*), lo cual me hizo desear mucho más ser presidente. Tenía una iniciativa llamada *Better Than Bullying* (Mejor que el acoso) lista para ser implementada.

Sentía mucho respeto hacia los corresponsales que viajaban con nosotros. Principalmente eran periodistas permanentemente "integrados" con nosotros desde el principio de la campaña hasta su final. Eso significó que llegaron a conocernos a nosotros y nosotros a ellos. Muchos de los integrados eran jóvenes periodistas de entre unos veinticinco y treinta y cinco años, por lo cual esta asignación era una gran oportunidad para ellos. Trabajaban tanto y durante tanto tiempo como nosotros. Algunos reporteros veteranos también se nos unían por ciertos períodos. Los presentadores de cadenas de televisión y columnistas de gran vuelo en ocasiones nos caían de paracaídas para entrevistas y saborear el trabajo en el camino, pero nunca se quedaban por mucho tiempo.

Los corresponsales de prensa que viajaban y seguían nuestra campaña hacían preguntas difíciles. Tenían hambre. Eso merecía mi admiración. Con raras excepciones, también eran muy profesionales. Aunque no puedo decir que estábamos completamente cómodos los unos con los otros. Como escribo en otra parte de este libro, tengo la tendencia a tratar a los periodistas con cautela, y a menudo siento como que les gusta concentrarse mucho en las cosas equivocadas. Entiendo que la cobertura política tiene que ser acerca de la carrera de caballos, pero se ha convertido casi totalmente en la cobertura de eso, y no de los temas que más importan a la mayoría de nuestro país y a las vidas de la gente. Es algo que ha empeorado crecientemente a través de los años. No es enteramente culpa de la prensa: la manera en que consumimos las noticias ha cambiado, lo cual le da más importancia a los clics que se reciben y a su vez estimula el sensacionalismo. Aun así, ellos tienen parte de la responsabilidad.

Dicho esto, yo los respetaba. De vez en cuando salíamos juntos a tomarnos unos tragos o a cenar como grupo y teníamos amplias conversaciones extraoficiales. Yo les llevaba dulces de Halloween y pasteles de cumpleaños a su cabina en el avión. A veces echaban a rodar en el pasillo naranjas con preguntas escritas que trataban de hacer llegar a mi asiento en el frente. A veces, en vuelos de noche, poníamos música y abríamos vino y cerveza. Cuando alguno de ellos se enfermaba o tenía problemas familiares —lo que ocurre durante campañas largas— le pedía a Nick que me mantuviera informada. Algunos de los periodistas comenzaron a salir en citas —lo cual también ocurre en campañas largas— y como nada me hace más feliz que actuar de casamentera, siempre estaba alerta para la primicia. También me agradaba que muchos de los periodistas asignados a nuestra campaña eran mujeres. Durante la campaña presidencial de 1972, a los reporteros que viajaban con los candidatos se los llamaba los muchachos en el ómnibus. En 2016, eran las chicas en el avión.

Muchos de los días y las noches viajando en campaña se desdibujan. Es sorprendente el número de veces que teníamos que preguntarnos, "¿Estábamos en Florida o en Carolina del Norte ayer?". No era inusual que dos personas respondieran al mismo tiempo con estados diferentes. Pero algunos días sobresalían, para bien o para mal.

Uno de los mejores días fue el 2 de noviembre de 2016: el séptimo juego de la Serie Mundial de Béisbol, la noche que los Cachorros de Chicago hicieron historia. Estábamos en Arizona para uno de nuestros últimos mítines. Era uno grande: asistieron más de veinticinco mil personas. Antes de salir al escenario, le pedí a alguien que me actualizara el estado del juego. Estaba en la primera mitad de la sexta entrada. Los Cachorros estaban derrotando a los Indios de Cleveland 5–3. Ay.

Como todos en la Nación de los Cachorros, yo había estado siguiendo los juegos de eliminación y las series con los dedos cruzados. Comencé a ver juegos de los Cachorros con mi papá cuando era una niñita, sentada en su regazo o en el piso cerca de su butacón en la sala de estar. Los vitoreábamos y nos quejábamos, y al final de la temporada, nos decíamos: "¡El año próximo, ganaremos la Serie!". (Para aplacar mi desencanto, me convertí también en una seguidora de los Yankees, lo cual no se sentía como una deslealtad, pues estaban en diferentes ligas).

Algunos en mi equipo eran también seguidores de los Cachorros. Nadie más que Connolly, quien, como yo, creció en las afueras de Chicago. Ella llevaba una enorme bandera con una *W* y cada vez que los Cachorros ganaban, acercándolos más a su primer campeonato mundial en 108 años, ella la colgaba en una mampara del avión o se la ponía como una capa. Cada vez que podíamos, veíamos el juego juntas, aguantando la respiración.

Esa noche en Arizona, cuando se terminó el mitin, lo primero que pregunté fue, "¿Quién ganó?". Nadie todavía. El juego se había empatado 6–6 en la novena entrada. El regreso al hotel nos tomaba como quince minutos. Pero eso significaba quizás que nos perderíamos el final del juego. No podíamos arriesgarnos. Lo que hicimos fue que Philippe, que viajaba con nosotros en la recta final, buscó el juego en su iPad, y todos lo rodeamos de pie en una sección de césped en el estacionamiento. Capricia Marshall, una de mis amigas cercanas y ex jefa de protocolo del Departamento de Estado, también estaba allí. Ella es de Cleveland y es una gran seguidora de los Indios, por lo que empezó a hablar tonterías.

Después de una demora por lluvia que causó mucha ansiedad, el juego se fue a entradas extra. Nos quedamos en el estacionamiento. Cuando Chicago realizó el último *out* en la salida de la décima entrada para ganarle a los Indios 8–7, Connolly estaba más feliz que nunca. Agarré la bandera con la *W* y la estiré entre nosotras dos y tomamos un millón de fotos. Luego regresamos al hotel, ordenamos un montón de comida a mi suite y vimos los mejores momentos del juego, especialmente al lanzador relevo Mike Montgomery anotándose el triunfo como cerrador, con una sonrisa gigantesca por haber estado lleno de toda la confianza del mundo y por estar a punto de hacer realidad nuestros sueños.

Un día mucho menos divertido fue el 11 de septiembre de 2016, el día que me sentí enferma en el Museo y Memorial Nacional del 11 de Septiembre. Rememorar ese día solemne significa mucho para mí, y faltar a ese evento no era una opción. Pero me sentía malísimamente. Había estado por lo menos un mes combatiendo una tos que yo creía era causada por alergias y fui a ver a mi internista, la Dra. Lisa Bardack, el 9 de septiembre. Me dijo que la tos era en realidad neumonía y que debía tomarme unos días de descanso. Le dije que no podía. Me dio fuertes dosis de antibióticos y seguí con mi agenda, incluyendo filmar el programa *Between Two Ferns* con el cómico Zach Galifianakis esa tarde. Al día siguiente, cumplí con una sesión de preparación de debate que estaba en la agenda. El domingo, cuando llegué al memorial, el sol estaba ardiendo. Me dolía la cabeza. Ustedes saben el resto.

En un giro cómico, cuando llegué, una de las primeras personas que vi fue al senador Chuck Schumer, mi amigo y ex colega. "¡Hillary!", me dijo. "¿Cómo estás? ¡Yo tuve neumonía!". En este punto, el hecho de que yo tenía neumonía no era público así que esto me llegaba de sorpresa. La diferencia entre nosotros era que Chuck no tenía que salir al público como candidato cuando estaba enfermo. Me contó que había seguido las instrucciones del médico y se había quedado en su casa durante una semana. Mirando atrás, yo debí haber hecho lo mismo. Pero lo que hice fue desfilar por frente a las cámaras cuando salí del apartamento de mi hija —donde había ido a descansar— para asegurarle al mundo que yo estaba bien.

Por suerte, la mayoría de mis recuerdos de Nueva York durante la campaña es mucho mejor.

Hice campaña en toda la ciudad para la primaria de Nueva York, yendo a los cinco distritos. Jugué dominó en Harlem, tomé té de *boba* en Queens, hablé en el histórico Snug Harbor de Staten Island, comí tarta de queso en Junior's en Brooklyn, monté en el Metro en el Bronx (luchando con el aparato que lee la tarjeta de metro como un pasajero típico) y comí helado en una tienda llamada A Mikey le gusta en el Lower East Side (*Mikey Likes It on the Lower East Side*). Cuando me estaba comiendo el helado, un reportero inglés que era parte del grupo de corresponsales ese día, gritó, "¿Cuántas calorías tiene eso?". Todos nosotros, incluyendo el resto de la prensa, respondimos abucheando, yo más alto que los demás. Al final, ganamos la primaria de Nueva York por dieciséis puntos.

Fui a *Saturday Night Live* y grabé ese episodio de Funny or Die *Between Two Ferns*, que fue ciertamente una de las experiencias más surrealistas de mi vida. Es raro ser un político en un *show* cómico. La tarea no es ser cómica, lo cual no soy, especialmente comparada con los verdaderos comediantes, así que ni lo intento. La tarea es ser una persona normal. Eso es bastante fácil, especialmente para mí, cuya vida entera es básicamente aceptar todo lo que me lancen. Lo más importante es tener disposición. Por suerte, tengo disposición para muchas cosas. *SNL* me pidió que interpretara el personaje llamado Val the Bartender, que le sirve tragos a Kate McKinnon, quien a su vez hizo el papel mío. "¿Cantarían 'Lean On Me' juntas?", preguntaron. Dije que sí, aunque tengo una terrible voz para cantar. (Dos semanas después, la gente me gritaba, "¡Oye, Val!" en el camino). En el programa *Between Two Ferns*, cuando Galifianakis me preguntó, "Voy a sorprenderte con una máscara de gorila, ¿está bien?", yo dije, seguro. ¿Por qué no? Una vive una sola vez.

Marché en el Desfile de Orgullo Gay de la Ciudad de Nueva York en 2016. Mucho antes, en 2000, fui la primera primera dama en la historia que marchó en un Desfile de Orgullo Gay. Esta vez teníamos un contingente de Hillary por América marchando juntos detrás de una pancarta que decía "El amor supera el odio". La Ciudad de Nueva York nos ovacionó con gusto.

Más importante que todo, Bill y yo le dimos la bienvenida a nuestro nieto, Aidan, el 18 de junio de 2016 en el Hospital Lenox Hill en el Upper East Side de Manhattan. Era un día soleado casi sin nubes en el cielo, acaso una predicción de su personalidad. Es el niño más feliz que hay.

Es difícil pedirle más a una ciudad.

Hay otro grupo de días que quiero describir, porque no son como otros días: los de preparación para los debates.

Es la tarea del equipo de preparación de debates entrenarme para no oír nada por primera vez durante el verdadero debate. Mi equipo, dirigido por Ron Klain, Karen Dunn y Jake, me ayudó a prepararme para los doce debates. Ron es abogado y un veterano estratega político que sirvió en la Casa Blanca durante las administraciones de Clinton y Obama. Karen, también abogada, trabajó para mí en el Senado y más tarde para el presidente Obama. Y Jake, que conocía cada palabra de cada una de nuestras políticas, fue campeón de debate en la universidad y en la escuela de graduados. Los tres habían ayudado a preparar al presidente Obama para sus debates también. Trabajaban con los infatigables trabajadores de campaña, Sara Solow y Kristina Costa, para producir gruesas carpetas informativas para mí sobre todos los temas. Como una fanática de toda la vida de artículos para la escuela, me preocupaba por las etiquetas y separadores y me armé de un ramo de marcadores de todos los colores. Me pasé las noches estudiando en habitaciones de hotel en todo Estados Unidos y en la mesa de mi cocina. Al final, conocía las posiciones de mis opositores del derecho y del revés, en algunos casos mejor que ellos mismos.

Tuvimos nuestras sesiones de preparación para los debates en Doral Arrowwood, un hotel cerca de mi casa en el condado de Westchester. Se nos sumaron más miembros de mi equipo: los consultores de campañas Joel Benenson, Mandy Grunwald y Jim Margolis; Tony Carrk, nuestro jefe de investigaciones y veterano en preparación de debate para Obama; y Bob Barnett, que había ayudado a preparar a candidatos demócratas desde la época de Walter Mondale. Nos reuníamos al mediodía y trabajábamos hasta tarde. Practicábamos intercambios específicos, afinábamos las respuestas y tratábamos de planear "momentos" dramáticos que nos ayudaran a darle forma a la cobertura del debate, aunque a menudo los más importantes enfrentamientos son los más difíciles de predecir. El hotel nos servía un bufé que mantenían abastecido durante todo el día: sándwiches, ensaladas, frutas, panecillos y sopa de pollo. También tenían un congelador lleno de barras de helado de Oreo que continuábamos vaciando y ellos rellenaban. Cada vez que uno miraba alrededor del salón, veía a alguien comiéndose una o tenía la paleta y la envoltura delante en la mesa.

La preparación para los debates me ayudaba a estar lista emocionalmente para algunos de los momentos más significativos de la campaña. Un debate presidencial es teatro. Es una pelea de boxeo. Es cirugía de alto riesgo. Escojan su metáfora. Una movida equivocada —un gesto con los ojos o un desliz de la lengua— puede significar una derrota. En la preparación de los debates practiqué mantenerme calmada mientras mi equipo me disparaba preguntas. Tergiversaban mi trayectoria. Impugnaban mi carácter. A veces yo reaccionaba bruscamente y me sentía mejor por sacarme lo que fuera del pecho. Y pensaba para mí, "Ahora que lo he hecho aquí, no tengo que hacerlo por televisión en vivo". Funcionó.

Recuerdo un momento en que me frustré con el consejo de mi equipo. No podía entender bien cómo me estaban recomendando que manejara un intercambio con Bernie potencialmente contencioso. Finalmente le dije a Jake, que me había estado acribillando con preguntas y poniéndole mala cara a mis respuestas, "¡Muéstrame! ¡Hazlo tú!". Entonces se convirtió en mí y yo asumí el papel de perro de ataque contra mí misma. Fue una experiencia verdaderamente surrealista. Finalmente, él, recurriendo a un gesto de chanza pidió misericordia: "Tiene razón, tiene razón. Hágalo a su manera".

Philippe asumió el papel de Trump. Un espectáculo digno de verse. La primera vez que entré en el salón para una preparación de debate, ya él estaba en el podio, mirando a la pared distante rehusando hacer contacto visual conmigo. "Ay Dios, está listo para ser repulsivo", dije yo. Ninguno de nosotros tenía idea.

Philippe tomó su estudio de carácter con mucha seriedad, incluyendo la parte física. Trump se aproxima y acecha en un escenario de debate, y así lo hizo Philippe, siempre rondando el borde de mi visión periférica. Se puso un traje como el de Trump (un poco holgado), una corbata como la de Trump (larguísima), unos gemelos de la marca Trump y un reloj de la marca también que encontró en eBay. Le puso elevadores a los zapatos de tres-y-media pulgadas. Agitaba los brazos como Trump, se encogía de hombros y hacía las muecas de Trump. Yo no sabía si aplaudirlo o despedirlo.

Las semanas que Philippe pasó estudiando videos de Trump en los debates republicanos dieron resultado. Él sabía cómo funcionaba la mente de Trump: cómo una pregunta acerca de Seguro Social embarcaría a Trump en una torcida trayectoria hacia el desperdicio del gobierno, inmigrantes indocumentados y terrorismo, siempre terrorismo. Decía las cosas más locas, las cuales yo sé que Philippe es capaz de decir por su cuenta, pero él nos aclaró desde el primer día que 90% de lo que diría venía directamente de la boca de Trump, y el 10% que quedaba era su mejor especulación de lo que Trump diría. Yo nunca sabía cuál era cuál. Al final, Trump apenas dijo algo en cualquiera de los tres debates que yo estuviera oyendo por primera vez.

Resultó rápidamente evidente que la preparación normal para los debates no funcionaría esta vez. Trump no contestaría ninguna pregunta directamente. Rara vez su manera de pensar o hablar era lineal. Divagaba en boberías y luego divagaba aún más. No tenía sentido refutar sus argumentos como si fuera un debate normal. Era casi imposible identificar cuáles eran sus argumentos, especialmente porque cambiaban de minuto a minuto. Nos percatamos de que ganar significaba pegar duro (porque él no podía soportarlo), mantener la calma (porque él siempre recurría a la perversidad cuando se lo arrinconaba), lanzarle de vuelta sus propias palabras (porque no podía soportar oírlas) y presentar mis argumentos con claridad y precisión (pues él no podía hacer lo mismo).

En nuestra última práctica antes del primer debate, entré en el momento en que Philippe-haciendo-de-Trump y Ron-haciendo-de-mí practicaban estrecharse la mano al principio. Estaban un poco bromeando, pero Philippe había llamado la atención al hecho de que, a diferencia de dos hombres debatiendo que simplemente se encontraban en el centro para darse la mano, surgía la cuestión de si Trump trataría de abrazarme o —peor todavía— besarme. No por afinidad o caballerosidad, sino más bien para crear un momento en que su estatura se destacaría sobre mí, dejando bien claro que él era un tipo y yo una chica. Está bien, dije yo, practiquemos. Philippe vino hacia mí con sus brazos abiertos. Traté de detenerlo y escapar. La escena terminó con Philippe persiguiéndome a través del salón, abrazándome como un oso y besándome la parte de atrás de la cabeza. ¿Qué puedo decir? Si no lo han visto, vale la pena buscarlo en YouTube.

Todo esto dejó de ser cómico cuando vimos el video de *Access Hollywood*. Yo no le iba a dar la mano a ese hombre. Cuando llegamos al escenario en el verdadero debate, creo que mi lenguaje corporal dejó bien claro que él debía mantener su distancia. Y así lo hizo. Pero durante todo ese debate, que era del estilo de una reunión comunitaria —lo cual quería decir que no estábamos confinados y podíamos caminar alrededor del escenario— Trump se me acercaba y me acechaba. Philippe había hecho lo mismo en las sesiones de preparación.

Varias veces en cada sesión —y tuvimos veintiuna de ellas en la general— tal como lo había advertido, Philippe-haciendo-de-Trump decía algo tan grotesco que ninguno de nosotros podía creerlo. Entonces nos decía que había sido dicho casi textualmente por Trump en un mitin, una entrevista o un debate en las primarias. Un día Philippe-haciendo-de-Trump comenzó a quejarse de que "el tipo del Mike" se había equivocado y que "al tipo del Mike" no debía pagársele. Estábamos totalmente confundidos, pero seguimos. Cuando terminó la sesión de noventa minutos, pregunté, "¿Quién es Mike?". Estaba hablando del "tipo del mic", del micrófono. Philippe explicó que, en dos ocasiones, Trump había culpado al micrófono por el mal audio y dijo que al contratista no debía pagársele. Después de su funesta actuación en el primer debate, Trump efectivamente dijo que había sido porque su micrófono había sido saboteado. Philippe lo había anticipado.

Al final, gracias a nuestras sesiones de práctica, sentí una profunda sensación de confianza que viene con una preparación rigurosa. Al igual que aceptar la nominación, estos eran los primeros debates presidenciales para mí. La presión que se siente cuando una está a punto de entrar en el escenario es casi insoportable, casi pero no del todo. Se soporta si se trabaja duro para prepararse. Se soporta teniendo buenas personas alrededor. Se soporta no solamente con esperanza sino *sabiendo* que se pueden manejar muchas cosas, porque ya se ha hecho.

Al menos, eso es lo que siempre ha funcionado para mí.


No importa cómo pasaba el día o en qué parte del país estaba, siempre llamaba a Bill antes de dormirme. Nos poníamos al día con las últimas noticias sobre las elecciones o sobre lo que estaba ocurriendo en nuestra familia y con los amigos. A veces descargábamos nuestras frustraciones sobre el curso de la campaña. Entonces tomábamos un momento para dilucidar cuándo nos veríamos la próxima vez y nos dábamos las buenas noches. Me dormía sintiéndome mucho más calmada y me levantaba por la mañana con nueva energía y una lista de nuevas ideas para poner en práctica. Aun en los días más difíciles, esas conversaciones me mantenían equilibrada y en paz.

*Es* difícil *ser una mujer.*

*Debes pensar como un hombre,*

*Actuar como una dama,*

*Lucir como una chica,*

*Y trabajar como un caballo.*

—Un letrero que cuelga en mi casa

# Hermandad

*Por encima de todo, sé la heroína de tu vida, no la víctima.*

—Nora Ephron

# Una mujer en política

En estas páginas, pongo en papel años de frustración por la cuerda floja que muchas otras mujeres y yo hemos tenido que caminar a fin de participar en la política americana. Tengo mucho que decir —podría llenar un libro entero— y no todo es optimista o calmado. Pero hay alegría y orgullo en este capítulo también. Mis experiencias como mujer en la política han sido complejas y decepcionantes a veces, pero a la larga gratificantes de manera inconmensurable.

En política, la narrativa personal es vital.

Mi esposo tiene una historia poderosa que contar: vivió por un tiempo en una finca sin plomería dentro de la casa, su padre murió antes de que él naciera, le impidió a su padrastro continuar pegándole a su madre, fue el primero en su familia en estudiar en una universidad.

Barack Obama tiene una poderosa historia que contar: lo criaron su madre adolescente y sus abuelos, su padre era de Kenia, vivió parte de su infancia en Indonesia y creció para ser un organizador comunitario y un profesor de Derecho cuya historia pudo haberse escrito solo en Estados Unidos.

Pocas personas dirían que mi historia haya sido tan deslumbrante.

Crecí en una familia blanca de clase media en Park Ridge, un vecindario en los suburbios de Chicago. Mi padre sirvió durante la Segunda Guerra Mundial y salía cada mañana hacia su pequeño negocio en la ciudad junto con los otros padres de mi vecindario que iban a sus trabajos. Mi madre se quedaba en casa para cuidar a mis hermanos, Hugh y Tony, y a mí, igual que todas las madres de mi vecindario. Mi vida se parecía a las vidas de todas las chicas que conocía. Estudiamos en excelentes escuelas públicas o parroquiales, donde maestras de primera categoría tenían grandes expectativas de nosotras. Iba a los servicios dominicales de nuestra Iglesia Metodista local y a las actividades para jóvenes toda la semana. Fui una exploradora *Brownie*, y luego una *Girl Scout*. Tuve mi primer trabajo de verano cuando tenía trece años, trabajando en un parque tres mañanas a la semana. Mis lugares de diversión eran los de todos: la biblioteca pública, el cine local, las piscinas, las pistas de hielo. Mi familia se reunía a ver televisión por la noche. Cuando los Beatles cantaron por primera vez en *El Show de Ed Sullivan* en 1964, mis amigas y yo nos reunimos alrededor de la pantalla, alternando entre silenciosamente fascinadas y chillando de alegría.

Es una historia que muchos considerarían perfectamente común y corriente. No me tomen a mal: me encantaba mi niñez, y cada día que pasa agradezco más lo duro que mis padres trabajaron para proporcionármela. Pero mi historia —o al menos como siempre la he contado— nunca fue el tipo de narrativa que hacía que la gente se impresionara y prestara atención. Añoramos esas historias fascinantes, esa frase que capta algo mágico acerca de Estados Unidos; que te atrapa y no te deja ir. La mía no fue así.

Sin embargo, hay otra historia sobre mi vida; una que creo es tan inspiradora como cualquier otra. Quisiera haberla proclamado más públicamente y haberla contado con mayor orgullo. Es la historia de una revolución.

Nací en el preciso momento en que todo estaba cambiando para las mujeres. Las familias estaban cambiando. Los empleos estaban cambiando. Las leyes estaban cambiando. Las opiniones que habían gobernado nuestras vidas durante milenios sobre las mujeres estaban cambiando, ¡al fin! Yo llegué precisamente en el momento exacto, como una surfista que captura la ola perfecta. Todo lo que soy, todo lo que he hecho, muchos de mis principios, fluyen de ese feliz accidente del destino.

El hecho de que el movimiento femenino tuviera lugar a la par que el movimiento de derechos civiles —efectivamente, estaban vinculados de muchas maneras, obligando a Estados Unidos a asumir arraigadas nociones de valor humano y a abrir puertas de oportunidad que habían sido cerradas y selladas para millones— lo hizo mucho más emocionante y significativo.

Sé que para muchas personas, incluyendo a muchas mujeres, el movimiento de igualdad de las mujeres existe mayormente en el pasado. Están equivocadas en eso. Todavía está sucediendo, tan urgente y vital como siempre.

Y era y es la historia de mi vida —la mía y la de millones de otras mujeres—. La compartimos. La escribimos juntas. Todavía la estamos escribiendo. Y aunque esto suene estar cargado de alarde y el alarde no es algo que se supone que las mujeres hagan, no he sido una simple participante en esta revolución. He ayudado a dirigirla.

Fui una de solo 27 mujeres entre 235 estudiantes en mi clase de la Escuela de Leyes en Yale. La primera mujer nombrada socia en la firma de leyes más antigua de Arkansas. La primera mujer que presidió la junta nacional de la Corporación de Servicios Legales. La persona que declaró en el escenario mundial que "los derechos humanos son derechos de las mujeres y que los derechos de las mujeres son derechos humanos". La primera primera dama elegida para un cargo público. La primera mujer senadora de Nueva York. Es más, durante algunas semanas ocupé ambos cargos. Debido a una peculiaridad del calendario, juré mi cargo al Senado antes de que Bill dejara la presidencia.

Y fui la primera mujer nominada para presidente por un importante partido político en ganar el voto nacional popular.

Nunca he sabido cómo contar esta historia correctamente. En parte porque no soy buena hablando de mí misma. Además, no quería que la gente me viera como "la mujer candidata", lo cual encuentro limitante, sino más bien como la mejor candidata cuya experiencia como mujer en una cultura dominada por hombres la hizo más afilada, más fuerte y más competente. Esa es una distinción difícil de trazar, y no me sentía confiada de tener la destreza para realizarla.

Pero la mayor razón por la que me distancié de aceptar esta narrativa es que contar historias requiere de una audiencia receptiva, y nunca he sentido que el electorado americano fuera receptivo a esta. Deseo tanto vivir en un país donde si un candidato dice, "Mi historia es la historia de una vida formada y dedicada al movimiento de la liberación de la mujer", sea vitoreado y no abucheado. Pero eso no es lo que somos. No todavía.

Tal vez sea porque tomamos esta historia por sentada: Sí, sí, el movimiento de mujeres ocurrió, ¿por qué estamos hablando de eso? Tal vez porque es demasiado femenino. Tal vez porque es a la vez demasiado grande (un cambio histórico de gran envergadura) y demasiado pequeño (apenas otra chica de clase media del Medio Oeste buscando su sitio en el mundo).

Pero yo creo que es especial.

No es una típica narrativa política, pero es la mía.

Esto tiene que decirse: el sexismo y la misoginia jugaron un papel en la elección presidencial de 2016. La prueba A es que ganó el candidato flagrantemente sexista. Muchísimas personas que oyeron la grabación en la que Donald Trump alardea de atacar mujeres sexualmente, se encogieron de hombros y dijeron, "Así y todo voy a votar por él".

Pero Trump no inventó el sexismo, y su impacto en nuestra política va mucho más allá de esta elección. Es como un planeta que los astrónomos no han localizado con precisión todavía pero que saben que existe porque pueden ver su impacto en las órbitas y gravedades de otros planetas. El sexismo ejerce su llamado en nuestra política y nuestra sociedad todos los días, en maneras tanto sutiles como claras como el agua.

Una nota aquí sobre terminología. Puede que otros tengan una opinión diferente, pero he aquí cómo yo veo la distinción entre el sexismo y la misoginia. Cuando un esposo le dice a su esposa, "No puedo explicar exactamente por qué y no me gusta siquiera admitir esto, pero no quiero que ganes más dinero que yo, así que no aceptes esa increíble oferta de empleo", eso es sexismo. Él puede todavía quererla profundamente y ser en numerosas maneras un compañero fenomenal. Pero se aferra a una idea que él mismo sabe que no es justa respecto a cuán exitosa puede permitírsele ser a una mujer. El sexismo abarca las grandes y pequeñas maneras en que la sociedad dibuja una caja alrededor de las mujeres y les dice, "Ustedes se quedan ahí dentro". No te quejes, porque las mujeres buenas no se quejan. No trates de ser algo que las mujeres no deben ser. No te pongas esa ropa, no vayas a ese sitio, no pienses eso, no ganes tanto dinero. De cierta manera no es justo, pero no podemos explicar por qué, no sigas preguntando.

Todas podemos caer en el sexismo de vez en cuando, a menudo sin darnos cuenta. La mayoría de nosotras trata de observar esos momentos para evitarlos o, cuando fallamos en algo, disculparnos, y hacerlo mejor la próxima vez.

La misoginia es algo más sombrío. Es ira. Disgusto. Odio. Es lo que ocurre cuando una mujer rechaza a un tipo en un bar que pasa de ser encantador a provocar miedo. O cuando una mujer consigue un empleo que un hombre quería y, en lugar de estrecharle la mano y desearle buena suerte, la llama perra y la amenaza con hacer todo lo que pueda para asegurarse de que fracase.

Tanto el sexismo como la misoginia son endémicos en Estados Unidos. Si necesitan que los convenzan, simplemente lean los comentarios en YouTube o las respuestas en Twitter cuando una mujer se atreve a expresar una opinión política o siquiera compartir una anécdota de su propia experiencia. Gente escondida en las sombras sale a la luz lo justo y necesario para hacerla trizas.

El sexismo en particular puede ser tan generalizado que dejamos de notarlo. Me recuerda la anécdota con la que el autor David Foster Wallace abrió su discurso a los graduados de Kenyon College en 2005. Dos peces jóvenes iban nadando juntos. Se encuentran con un pez mayor nadando en dirección contraria que los saluda y les pregunta, "Buenos días, chicos, ¿cómo está el agua?". Los dos peces jóvenes avanzan nadando un ratito hasta que uno mira al otro y le pregunta, "¿Qué cosa es agua?".

"En otras palabras", dijo Wallace, "las realidades más obvias son a menudo las más difíciles de ver y discutir".

Yo diría que eso resume bastante bien el problema de reconocer el sexismo, especialmente cuando se trata de política.

No es fácil ser una mujer en la política. Esa afirmación se queda corta. Puede llegar a ser horrible y humillante. El momento en que una mujer da un paso al frente y dice, "Voy a postularme para un cargo", comienza el análisis de su cara, su cuerpo, su voz, su semblante; su estatura, sus ideas, sus logros, su integridad. Puede ser increíblemente cruel.

Vacilo al escribir esto, porque sé que las mujeres que deben postularse a un cargo pueden leerlo y decir, "No, gracias", y creo apasionadamente que la única manera en que vamos a poder sacar el sexismo de la política es que más mujeres participen en la política.

Aun así, no puedo pensar en una sola mujer en política que no tenga historias que contar. Ni una sola.

Que quede claro, es muy doloroso ser destrozada. Puede parecer que no me molesta que me llamen nombres horribles o que se burlen cruelmente de mi apariencia, pero sí me molesta. Estoy acostumbrada. He desarrollado lo que Eleanor Roosevelt decía que las mujeres necesitaban: una piel tan gruesa como la de los rinocerontes. Además, siempre he tenido una autoestima saludable, sin duda gracias a mis padres, que nunca me dijeron, ni una sola vez, que tenía que preocuparme por ser más bonita y más delgada. Para ellos, yo era fenomenal exactamente como era. No sé qué magia utilizaron para grabarme eso en la cabeza todos esos años. Ojalá lo supiera, para que los padres dondequiera aprendieran el truco. Lo único que sé es que yo he estado mucho menos plagada de dudas sobre mí misma que muchas mujeres que conozco.

Y, sin embargo… duele que a una la hagan pedazos.

No empezó cuando me postulé a un cargo. Cuando comencé a usar anteojos en cuarto grado —muchos más pequeños que los fondos de botellas de Coca-Cola que usé después— me llamaban "cuatro-ojos". No era la más original de las burlas, pero dolía igual. En tercer año de secundaria, unos cuántos desagradables compañeros notaron la ausencia de tobillos en mis fuertes piernas e hicieron su mejor esfuerzo para avergonzarme. Hablé con mi mamá sobre eso. Me dijo que lo ignorara, que me elevara por encima de todo eso, que fuera mejor. Ese consejo me preparó bien para la lluvia de insultos más adelante.

En el colegio universitario evité un poco la hostilidad que sufren muchas mujeres porque estudié en Wellesley. El hecho de ser una universidad de mujeres ofrecía la libertad de tomar riesgos, cometer errores e incluso fallar académicamente sin hacerme cuestionar mi valor fundamental. También me dio oportunidades de dirigir que no habría tenido en una universidad mixta en aquel entonces. Pero una vez que salí de Wellesley, las cosas cambiaron.

Cuando mi amiga y yo fuimos a tomar el examen para entrar en la escuela de Derecho en 1968, estábamos entre las únicas mujeres en el salón. Estábamos esperando que el examen comenzara cuando un grupo de jóvenes empezó a acosarnos. "No tienen por qué estar aquí". "¿Por qué no se van a sus casas y se casan?". Uno dijo, "Si tomas mi lugar en la escuela de Derecho, me van a reclutar para el ejército, iré a Vietnam y me voy a morir". Era intenso y personal. Yo bajaba la vista con la esperanza de que el supervisor comenzara el examen, haciendo mi mejor esfuerzo por no dejarlos que me pusieran nerviosa.

Había un profesor de la Escuela de Leyes de Harvard que me miró —una estudiante brillante y ávida de último año del colegio universitario a quien le habían ofrecido recientemente admisión— y dijo, "No necesitamos más mujeres en Harvard". Esa es parte de la razón por la que estudié en Yale.

Cuando comencé a ejercer como abogada, trabajaba en casos en pequeñas cortes rurales en Arkansas, y la gente venía a ver a la "dama abogada". Era una novedad. Podía oír los comentarios de la galería sobre la ropa que llevaba puesta y cómo lucía mi pelo. Una vez, a principios de los ochenta, estaba trabajando en un caso en Batesville, Arkansas, y en el medio del juicio entraron seis hombres vestidos de completo camuflaje. Se sentaron detrás de los abogados y comenzaron a mirarme con intensidad. Como cualquier mujer que haya tenido la experiencia de ese tipo de mirada sabe, es verdaderamente desconcertante. Después el alguacil explicó que era la temporada de venados y que estos cazadores habían venido al pueblo a comprar suministros. Cuando oyeron que una mujer estaba procesando un caso en la corte, tuvieron que venir a verlo personalmente.

Pensé en eso pocos años después, cuando una doctora vino a Arkansas de California para servir de experta para mi firma en un juicio. Tenía el pelo corto y de puntas. Mi jefe, el abogado principal del caso, le dijo que fuera a comprarse una peluca. De lo contrario, dijo, los jurados no podrían oír lo que decía. Estarían demasiado enfocados en que no parecía una mujer "normal". Recuerdo lo impactada que estaba ella por esa solicitud. Yo también lo habría estado no hacía tanto tiempo, pero ya no lo estaba. Eso me entristeció. Me había acostumbrado a expectativas más estrechas.

Una vez que Bill entró en política, el foco de atención sobre mí fue resplandeciente y a menudo desagradable. He escrito antes sobre esto, pero vale la pena decirlo otra vez: una de las razones por las que perdió la elección en 1980 fue porque yo todavía usaba mi apellido de soltera. Piénsenlo un momento y por favor imaginen cómo yo me sentía. Era ingenua. No pensé que a alguien le importara. Tal vez la gente respetaría lo que eso decía de nuestro matrimonio: que yo quería preservar lo que era mi identidad anterior a Bill, que estaba orgullosa de mis padres y quería honrarlos, que Bill apoyaba mis decisiones. Cuando perdimos y oí repetidamente que mi apellido —¡mi apellido!— había jugado un papel, me sentí desconsolada de haber podido dañar inadvertidamente a mi esposo y decepcionado a su campaña. Y cuestioné si en la vida pública había un lugar para mí, una persona que podría parecer ligeramente poco convencional pero que tenía mucho que ofrecer.

Le agregué "Clinton" a Hillary Rodham. Les pedí a mis amigas consejos sobre peinados, maquillaje y ropas. Eso nunca me ha sido fácil, y hasta ese día, no me importaba. Pero si usar lentes de contacto o cambiar mi vestuario haría que la gente se sintiera más cómoda alrededor de mí, lo intentaría.

Más adelante, cuando Bill se postuló a la presidencia por primera vez, otra vez tropecé. Ahora tenía el nombre correcto, el pelo arreglado, usaba maquillaje. Pero no había domado mi lengua. Uno de los opositores de Bill en la primaria atacó mi trabajo en una firma legal de Little Rock para agredir a Bill. Esto realmente me molestó profundamente. "Supongo que podría haberme quedado en casa horneando galleticas y tomando té", dije a la prensa en un estado de exasperación, "pero lo que decidí hacer fue seguir mi profesión". Eso fue suficiente. Súbitamente me vi en el centro de un incendio político de grandes proporciones, con mojigatos moralistas diciendo que había insultado a las madres americanas. Como alguien que cree en apoyar a madres, padres, familias de todo tipo, esto me dolió. Y una vez más sentí temor de que perseguir mis sueños individuales —en este caso, mi carrera, que significaba tanto para mí— terminara dañando a mi esposo.

Ninguna de estas experiencias me hizo abandonar mis creencias. Pero nunca he vuelto a ser ingenua. No hay mucho que me sorprenda ya. A lo largo de la campaña de 2016, mi equipo venía a mí con ojos de asombro: "No vas a creer lo que Trump dijo hoy, algo infame". Siempre lo creía. No solo por el tipo de persona que Trump es, sino por lo que podemos llegar a ser en nuestro peor momento. Lo hemos visto demasiadas veces para sorprendernos.


En mi experiencia, los malabares que las mujeres deben hacer en la política son un desafío en todos los niveles, pero empeoran a medida que uno asciende. Si somos muy fuertes, nadie simpatiza con nosotras. Si somos dóciles, no estamos hechas para las ligas mayores. Si trabajamos duro, somos negligentes con nuestras familias. Si ponemos la familia primero, no tomamos el trabajo en serio. Si tenemos una carrera, pero no tenemos hijos, hay algo que no está bien y viceversa. Si queremos competir por un ascenso, somos ambiciosas. ¿Por qué no podemos ser felices con lo que tenemos? ¿Por qué no dejamos que los hombres ocupen los más altos peldaños de la escalera?

Piensen con cuánta frecuencia han oído las siguientes palabras acerca de las mujeres en posiciones de liderazgo: airada, estridente, peleona, difícil, irritable, mandona, chillona, emocional, ríspida, demandante, ambiciosa (una palabra que yo considero neutral, incluso admirable, pero sin duda no lo es para muchas personas).

El lingüista George Lakoff identificó este problema y quiso personificarlo cuando dijo que "Elizabeth Warren tiene un problema. Es chillona, y existe un prejuicio contra las mujeres chillonas". ¿Por qué no dejamos de criticar *cómo* habla la senadora —que me parece bien, por cierto— y comenzamos a prestar atención a *lo que* dice acerca de las familias y la economía?

También nos llaman divisivas, no confiables, desagradables e inauténticas. Esas palabras tienen un sonido poderoso para mí. Según avanzaba la campaña, las encuestas mostraban que un número significativo de americanos cuestionaba mi autenticidad y confiabilidad. Muchas personas decían que simplemente yo no les agradaba. Escribo eso con la mayor naturalidad, pero créanme, es devastador.

Parte de todo esto es un resultado directo de mis acciones: he cometido errores, he actuado defensivamente acerca de ellos, he resistido obstinadamente disculparme. Pero así lo han hecho también la mayoría de los hombres en política. (Por cierto, uno de ellos acaba de convertirse en presidente con la estrategia de "nunca disculparse cuando está equivocado, sino atacar con más fuerza").

He sido llamada divisiva más veces que las que puedo contar, y nunca ceso de preguntarme por qué. La política es un negocio divisivo, es cierto, y nuestro país se ha polarizado más con el transcurso de los años. ¿Pero qué fue específicamente lo que hice que resultó tan inaceptable? ¿Aspirar a un cargo público? Muchos hombres lo hacen también. ¿Trabajar en un plan de salud pública, uno de los temas más contenciosos en Estados Unidos? Igual. ¿Ejercer mi voto en el Senado? Igual lo hicieron mis noventa y nueve colegas. Cuando se trata de mis acciones más controversiales —como votar a favor de darle autoridad al presidente Bush para llevar la guerra a Irak— estaba lejos de estar sola. Eso no lo convierte en un acierto, pero tampoco explica el veneno dirigido a mí específicamente. ¿Por qué soy vista como una figura tan divisiva mientras, digamos, no lo son Joe Biden y John Kerry? Ambos han aspirado a la presidencia. Ambos han servido en altos niveles de gobierno. Han votado en el Senado de múltiples maneras, incluyendo algunas que ellos mismos lamentan, igual que yo. ¿Qué me hace a mí atraer tanta furia?

Es una pregunta legítima. No atino a encontrar la respuesta.

Sé que algunas personas no confían en mí porque me han visto caer en investigaciones partidistas a través de los años —Whitewater, Travelgate, correos electrónicos— cada una llevada a cabo a un costo significativo para los contribuyentes, cada una resultando exactamente en nada, pero todas dejando una marca imposible de borrar en mi reputación.

Pienso, sin embargo, que hay otra explicación para el escepticismo que he enfrentado en mi vida pública. Y creo que en parte se debe a que soy mujer.

Escúchenme por un momento.

Históricamente, no han sido las mujeres las que han escrito las leyes o comandado los ejércitos y las naves. No somos nosotras las que estamos allá arriba, detrás del podio, arengando a las masas, unificando el país. Son los hombres los que dirigen. Son los hombres los que hablan. Son los hombres los que nos representan ante el mundo y ante nosotros mismos.

Ha sido así durante tanto tiempo que se ha infiltrado en nuestros pensamientos más profundos. Sospecho que para muchos de nosotros —más de los que podríamos imaginar— resulta un poco *fuera de lugar* visualizar a una mujer presidente sentada en la Oficina Oval o en el Salón de Estrategia de la Casa Blanca. Es algo discordante mirar un mitin electoral y escuchar la voz de una mujer que retumba ("grita", "chilla"). Incluso el simple acto de una mujer ponerse de pie y hablarle a una multitud es algo relativamente nuevo. Piensen en ello: sabemos de apenas un puñado de discursos de mujeres antes de la segunda mitad del siglo veinte, y esos tienden a ser de mujeres en situaciones extremas y desesperantes. Juana de Arco dijo muchísimas cosas interesantes antes de que la quemaran en la hoguera.

Mientras tanto, cuando una mujer lanza y acierta a marcar un golpe político —ni siquiera uno particularmente fuerte— no se considera una pelea normal como la que los hombres tienen todo el tiempo en política. No. Una se convierte en una "mujer desagradable". A muchas mujeres les han escupido eso en la cara (y peor) por hacer menos que eso. Dios libre que dos mujeres tengan un desacuerdo en público. Entonces lo llaman "una riña de gatas".

En resumen, no se acostumbra a que las mujeres sean líderes o que incurran en escaramuzas políticas. No es normal. Todavía. Así que cuando ocurre, nos parece algo que no está bien. Eso puede sonar vago, pero es potente. La gente ejerce el voto basándose en sentimientos como esos todo el tiempo.

Creo que esta cuestión de "corrección" está conectada con otra poderosa pero indefinible fuerza en la política: la autenticidad. Reporteros y votantes escépticos me han preguntado una y otra vez, "¿Quién eres tú *realmente*?". Es una pregunta un poco cómica cuando uno lo piensa bien. Yo soy... Hillary. Ustedes me han visto en los periódicos y en sus pantallas durante más de veinticinco años. Apuesto a que saben más de mi vida privada que la de sus mejores amigos. Han leído mis correos electrónicos, por el amor de Dios. ¿Qué más necesitan? ¿Qué puedo hacer para ser "más real?". ¿Bailar en una mesa? ¿Decir malas palabras? ¿Echarme a llorar? Esa no soy yo. Y si *hubiera hecho* cualquiera de esas cosas, ¿qué habría pasado? Me habrían hecho pedazos.

En serio, me pregunto qué tengo yo que desconcierta a la gente, cuando hay tantos hombres en la política que son mucho menos conocidos, escudriñados, entrevistados, fotografiados y probados. Sin embargo, les piden con mucho menos frecuencia que sean más abiertos, que se revelen, que demuestren que son reales.

Parte de esto tiene que ver con mi compostura. La gente dice que soy muy cauta, y acaso tengan un poco de razón. Pienso antes de hablar. Simplemente no espeto lo que me venga a la mente. Es una combinación de mi inclinación natural, además de mi entrenamiento como abogada, décadas expuesta al público donde cada palabra que digo es escudriñada. ¿Pero por qué es eso algo malo? ¿No queremos que nuestros senadores y secretarios de estado —y especialmente nuestros presidentes— hablen después de pensar para respetar el impacto de nuestras palabras?

El presidente Obama es tan cauto como yo, y tal vez mucho más. Habla con gran detenimiento y cuidado; se toma su tiempo, mide sus palabras. Esto se toma, general y correctamente, como evidencia de su rigor y peso intelectual. Él es una persona seria que habla sobre cosas serias. Como yo. Y, sin embargo, en mí a menudo se considera algo negativo.

Hasta las personas justas que desean simpatizar conmigo sienten que hay algo demasiado controlado en la manera en que hablo. Con frecuencia, no es más que encontrar las palabras correctas. Y la palabra *impulsiva* no significa lo mismo que *veraz*. Miren a Donald Trump.

Aun así, es innegable que mi cautela ha tenido el efecto de que algunas personas sientan que no están recibiendo mi verdadera persona, lo cual a su vez genera la pregunta, "¿Qué está escondiendo?". Esto me frustraba muchísimo y nunca supe cómo resolverlo. No estoy segura de que haya una solución.

Es otra variante de los imposibles malabares. Si somos demasiado compuestas, somos frías o falsas. Pero si decimos lo que pensamos sin cautela, nos atacan por ello. ¿Es justo culparnos por sentir que no podemos ganar, no importa lo que hagamos?

Consideren otro acto emocional: llorar. Puedo pensar en muchos políticos hombres que han llorado de vez en cuando. Algunos han recibido burlas. La carrera política del senador Ed Muskie se vio casi terminada por las lágrimas que derramó en la primaria de Nuevo Hampshire en 1972, a pesar de que pueden haber sido causadas por nieve que le cayó en los ojos. Pero muchos hombres han sido tratados con compasión e incluso admiración por sus despliegues de emoción. Ronald Reagan, George H. W. Bush, Bob Dole, mi esposo, George W. Bush, Barack Obama, todos han llorado en momentos de altos sentimientos. Tiene sentido porque son humanos, y a veces los humanos lloran.

Pero cuando una mujer llora, puede verse mucho menos caritativamente. Recuerdo lo que le ocurrió a Pat Schroeder, la talentosa y divertida congresista de Colorado que consideró postularse a la presidencia en 1987. Finalmente decidió no hacerlo, y en una conferencia de prensa para anunciarlo, lloró por unos tres minutos. Hoy, cuando alguien escribe "Pat Schroeder" en Google, lo primerísimo que salta es "Pat Schroeder llorando". Veinte años después, *todavía* recibía correos y otras comunicaciones amenazantes y llenas de odio por esas lágrimas, la mayoría procedente de mujeres que sintieron que las había decepcionado.

Yo tuve mi famoso momento de lágrimas justamente antes de la primaria de Nuevo Hampshire en 2008. Ni siquiera lloré, de veras. Estaba hablando de cuán duro era postularse a un cargo (porque puede ser muy duro) y los ojos me brillaron por un momento y la voz me tembló durante algunas palabras. Eso fue todo. Se convirtió en la noticia más importante en Estados Unidos. No tengo duda de que algún día merecerá una línea en mi obituario: "Una vez, sus ojos se le aguaron frente a la cámara".

Curiosamente, muchos dirían que mis lágrimas fueron algo bueno para mí. Docenas si no cientos de analistas han comentado cómo ese momento me "humanizó". Tal vez sea cierto. Si fue así, está bien, aunque no deja de molestarme el recordatorio de que, una vez más, yo —un ser humano— necesito "humanizarme".

De todos modos, algunos en la prensa y en la campaña quisieron capitalizar mi percibida vulnerabilidad. Cuando le preguntaron sobre mis lágrimas al senador demócrata John Edwards de Carolina del Norte, que todavía estaba aspirando a la presidencia en ese momento, saltó ante la oportunidad de llamarme débil. "Creo que lo que necesitamos en un comandante en jefe es fortaleza y determinación", dijo. "Las campañas presidenciales son un duro proceso, pero ser presidente de Estados Unidos es también un muy duro proceso. Y el presidente de Estados Unidos se enfrenta a desafíos muy, muy difíciles cada día, y a juicios muy difíciles cada día. Lo que yo sé es que yo estoy preparado para eso". Poco tiempo después, abandonó su candidatura.

En cualquier caso, todo este asunto de "ser real" puede sentirse como algo muy tonto. Quisiera poder descartarlo y seguir adelante, no importa quiénes seamos, sin preocuparnos por si estamos satisfaciendo alguna norma indefinible de cómo "ser real". Como escribe la autora nigeriana Chimamanda Ngozi Adichie, "Tu tarea no es ser agradable. Tu tarea es ser tú misma".

Sin embargo, los temas de autenticidad y agradabilidad tuvieron un impacto en la más importante elección de nuestros tiempos y tendrán un impacto en las próximas. Así que hay algo extremadamente serio ocurriendo aquí también —especialmente debido a que la retórica cruda, abusiva, ausente de verdades se caracterizó como auténtica en 2016—.

He tratado de ajustarme. Después de oír repetidamente que a

algunas personas no les gustaba mi voz, contraté la ayuda de un experto lingüista. Me dijo que necesitaba concentrarme en la respiración profunda y tratar de mantener algo alegre y pacífico en la mente cuando me presentara en público. De manera que, cuando la multitud se llenara de energía y empezara a gritar —como suelen hacer las multitudes en los actos— yo pudiera resistir hacer lo normal, que sería responder gritando. Los hombres pueden responder gritando a viva voz, pero las mujeres no. Muy bien, le dije al experto, estoy dispuesta a intentar. Pero por pura curiosidad, ¿puede darme un ejemplo de una mujer en la vida pública que ha hecho esto exitosamente? ¿Una mujer que haya enfrentado la energía de una multitud manteniendo la voz baja y suave? No pudo.

No estoy segura de cómo resolver todo esto. Mi género es mi género. Mi voz es mi voz. Para citar a la secretaria de Trabajo Frances Perkins, la primera mujer que sirvió en el gabinete de Estados Unidos bajo FDR, "La acusación de que soy una mujer es incontrovertible". Otras mujeres aspirarán a la presidencia y serán mujeres, y tendrán voces de mujer. Tal vez para entonces eso sea menos inusual. Tal vez mi campaña habrá ayudado a que así sea, y será más fácil para otras mujeres. Espero que sí.

Cerca del inicio de mi campaña, me reuní con mi amiga Sheryl Sandberg, la jefa ejecutiva de operaciones de Facebook, que ha pensado mucho sobre estos temas. Me dijo que si había algo que ella quería que todos conocieran de su libro *Vayamos adelante: Las mujeres, el trabajo y la voluntad de liderar (Lean In: Women, Work, and the Will to Lead)* es esto: los datos muestran que para los hombres, agradabilidad y el éxito profesional están correlacionados. Mientras más exitoso es un hombre, más le va a agradar a la gente. Con las mujeres es exactamente todo lo contrario. Mientras más exitosas somos profesionalmente, menos agradables le resultamos a la gente. Oírlo planteado de esa manera tan simple, con los datos para respaldarlo, fue como si un bombillo se encendiera. Aquí estaba la prueba de algo que muchas mujeres hemos sentido intuitivamente a lo largo de nuestras vidas.

Sheryl compartió otra perspicacia: que las mujeres son consideradas favorablemente cuando abogan por los demás, pero desfavorablemente cuando abogan por ellas mismas. Por ejemplo, no existe virtualmente ningún aspecto negativo en pedir un aumento salarial, si se trata de un hombre. Puede recibirlo o no, pero sea cual fuere el resultado, no habrá penalidad alguna por tratar. Una mujer que haga lo mismo tiene más probabilidad de pagar un precio. Aunque reciba un aumento de salario, perderá cierto grado de buena voluntad hacia ella. La excepción es cuando una mujer pide un aumento para otra persona. Entonces es vista como generosa, colaboradora y parte del equipo de trabajo. Esto también tuvo resonancia conmigo. Le resulto agradable a la gente cuando estoy en una posición de apoyo: haciendo campaña por mi esposo, sirviendo como miembro del gabinete del presidente Obama. En esos roles está bien que yo sirva como una feroz defensora. Pero cuando me pongo de pie y digo, "Ahora quisiera tener la oportunidad de liderar", todo cambia.

Tienes una empinada montaña que escalar, me advirtió Sheryl ese día. "No van a sentir ninguna empatía hacia ti".

No es fácil para ninguna mujer en política, pero puede decirse que en mi caso tuve otro nivel de mordacidad lanzada hacia mí. Multitudes en los mítines de Trump demandaron mi encarcelamiento más veces de las que puedo contar. Gritaban, "¡Culpable! ¡Culpable!" como los fanáticos religiosos en la serie *Game of Thrones* cuando le coreaban "¡Vergüenza! ¡Vergüenza!" a Cersei Lannister al regresar caminando a su castillo. Como escribió Susan Bordo, profesora de Estudios de Género nominada al Premio Pulitzer, en su libro, *The Destruction of Hillary Clinton (La destrucción de Hillary Clinton)*, "Era algo casi medieval".

Mary Beard, la profesora de Literatura Clásica en la Universidad de Cambridge, observó que ese veneno evocaba una época mucho más distante. Una imagen popular entre los seguidores de Trump, hallada en objetos desde camisetas a tazones de café, representaba a Trump con mi cabeza decapitada en la mano, como Perseo de la antigua mitología griega, alzando en alto la cabeza de Medusa.

¿Qué clase de locura era esta? Yo he estado en política durante mucho tiempo, pero me quedé atónita por la inundación de odio que solo parecía aumentar mientras más nos acercábamos al día de la elección. Yo había salido del Departamento de Estado como uno de los más admirados funcionarios públicos en Estados Unidos. Ahora la gente parecía creer que yo era maligna. No solamente no era "del agrado de alguien", sino que era maligna. Era algo atónito y aterrador.

¿Todo esto por ser mujer? No. Pero creo que era una motivación para algunos de los que coreaban y para parte de esa irritabilidad.

Más tarde leí una entrevista con Margaret Atwood, la presciente autora de *El cuento de la criada*, que colocó la campaña en otra luz histórica más. "Hay sitios web que dicen que Hillary es realmente una mujer satánica con poderes demoníacos", dijo ella. "Es algo tan del siglo diecisiete que es casi imposible de creer". Las persecuciones puritanas de brujas pueden haber desaparecido hace mucho tiempo, pero algo fanático acerca de mujeres descabelladas aún acecha en nuestro subconsciente nacional.

Eso no solamente me afecta a mí y a otras candidatas. Afecta a nuestros seguidores. Cerca de cuatro millones de personas se sumaron a un grupo en Facebook que apoyaba mi campaña, llamado acertadamente Pantsuit Nation (Nación de traje de chaqueta y pantalón). Era un grupo secreto. Tenía que serlo. De lo contrario, sus miembros se exponían a un salvaje acoso sexista en internet, tanto de la derecha como de la izquierda.

Apenas se puede abrir un periódico estos días sin leer otra historia sombría: ingenieras reportando acosos desvergonzados en Silicon Valley; empresarias promoviendo sus negocios a firmas de inversión y recibiendo a cambio proposiciones sexuales; un nuevo estudio revela que las mujeres enfrentan mayores dificultades que los hombres en entrevistas de empleo; otro revela que las mujeres son penalizadas cuando rehúsan revelar sus historias salariales, mientras los hombres terminan ganando más cuando hacen lo mismo.

Es por eso que es tan irritante que el hecho básico de que el sexismo esté vivo y coleando bien debe aún debatirse. No puedo contar las veces que hombres de buen corazón que debían estar más conscientes descartan la noción de que el sexismo y la flagrante misoginia siguen siendo potentes fuerzas en nuestra vida nacional. "Pero las cosas han cambiado", dicen, mientras Donald Trump alardea de manosear a las mujeres y pocas semanas más tarde gana la presidencia, y los asistentes a sus mítines siguen coreando "Gánale a esa perra" y la Casa Blanca orgullosamente publica fotos de unos viejos hombres blancos decidiendo cuáles servicios de salud quitarles a las mujeres.

Y en esa cuestión fundamental de si sería bueno ver a una mujer —cualquier mujer, no solo yo— llegar a ser presidente, el electorado está profundamente, depresivamente dividido. Una encuesta del Centro de Investigaciones Pew de 2014 reveló que un 69% de mujeres demócratas y un 46% de hombres demócratas (no está mal, pero ¡su porcentaje puede ser mejor, hombres demócratas!) dijeron que esperaban vivir lo suficiente para ver a una mujer presidente en su vida, en contraste con solo un 20% de mujeres republicanas y solo 16% de hombres republicanos. En 2008, investigadores encontraron que más de una cuarta parte de la población expresó ira o sentimientos de disgusto de solo pensar en una mujer presidente. Y después de la elección de 2016, el Centro de Política y Sociedad del Sur Diane D. Blair de la Universidad de Arkansas emitió un informe sobre el impacto del sexismo en la campaña. Los investigadores le pidieron a la gente que respondiera a cinco declaraciones que reflejan ideas sexistas, incluyendo "Las feministas están tratando de que las mujeres tengan más poder que los hombres" y "La discriminación contra las mujeres ya no es un problema en Estados Unidos". En resultados que no sorprendieron a nadie, más de una tercera parte de los que respondieron dieron respuestas sexistas. Los votantes de Trump eran más sexistas que los de Clinton. Los republicanos eran mucho más sexistas que los demócratas. Y no solo los hombres; las mujeres resultaron bastante sexistas también.

En esa nota, comenzando antes de yo postularme, los comentaristas políticos se preguntaban si yo inspiraría una invencible ola de mujeres que salieran a votar por mí de la misma manera que el presidente Obama inspiró una participación de votantes negros que rompió récords. Yo tenía la esperanza de poder hacerlo, desde luego, pero tenía mis dudas. El género no ha probado ser la fuerza motivadora para las mujeres votantes que algunos esperaban que fuera. Si lo fuera, ya habríamos tenido una mujer presidente o dos, ¿no creen? En un final, gané una abrumadora mayoría de votos de mujeres negras (94%) y latinas (68%), y gané el voto de la mujer en general por un margen seguro (54%). Pero fracasé en ganar una mayoría de votos de mujeres blancas, aunque superé a Obama en 2012 en esa categoría.

Así que sí, las cosas han cambiado. Algunas cosas han mejorado. Pero muchas todavía están mal. Y están conectadas: las que están mal representan la reacción a las que están mejor. El avance de la mujer ha echado a andar vastos cambios que inspiran sentimientos intensos de todo tipo. Algunas de nosotras nos sentimos eufóricas. Otras sienten mucha ira.

La buena noticia —y hay buenas noticias— es que hay otro lado en todo esto. Puede ser también profundamente gratificante ser una mujer en la política. Ustedes saben que simplemente por estar presentes, están haciendo que el gobierno sea más representativo del pueblo. Ustedes traen una perspectiva vital que de otro modo no se oiría. Eso siempre me hizo pararme un poco más erguida. Es la razón por la que me encanta la canción "La habitación donde ocurre" ("The Room Where It Happens") del brillante *show* musical de Lin-Manuel Miranda, *Hamilton*:

*Nadie realmente sabe cómo se juega el juego*
*El arte del comercio*
*Cómo se hace la salchicha*
*Solo asumimos que ocurre*
*Pero nadie más está en la habitación donde ocurre.*

Es un sentimiento fenomenal estar en lugares donde las cosas ocurren —la Oficina Oval, el Senado— para abogar por los temas que son importantes para mí: educación, sueldos equiparados, cuidados de salud, derechos de las mujeres. Tal vez esos temas habrían estado cerca de mi corazón aunque yo fuera un hombre, pero tal vez no. La vida me empujó en esa dirección de manera natural. Una mamá joven interesada en políticas a menudo termina trabajando en temas infantiles. Una primera dama con frecuencia se involucra en temas de mujeres. A mí me pareció bien. Algunos pueden haberlo considerado limitante, pero considero que estos temas de la vida real nos afectan a todos.

Más tarde, me moví hacia áreas diferentes: trabajar para reconstruir a Nueva York después del 11 de septiembre como senadora que representaba al estado, apoyar a las tropas y cuidar de nuestros guerreros heridos y de todos nuestros veteranos como miembro de la Comisión de las Fuerzas Armadas del Senado, mantener a nuestro país seguro como secretaria de Estado de Estados Unidos. Me moví hacia diferentes salones: la Sala de Estrategias de la Casa Blanca, ministerios extranjeros, las Naciones Unidas. Y descubrí que las décadas de trabajo sobre mujeres y familias me sirvó mucho en esos sitios, porque significaba que yo entendía las complejidades de las vidas de la gente. Sabía cómo los gobiernos podían ayudar o dañar a las familias. Sabía cómo reunir recursos y apoyo para la gente que más lo necesitaba. Resultó que mi trabajo en los llamados temas de mujeres y niños me preparó para casi todo lo demás que he logrado.

También creo que el hecho de ser mujer es por lo que mucha gente me da acceso a los detalles de sus vidas y familias. Me cuentan los diagnósticos médicos de sus hijos, la manera de cuidar a sus padres ancianos, problemas en su matrimonio y en sus finanzas, experiencias dolorosas de acoso sexual y discriminación. Los políticos hombres también oyen estas confesiones pero, por lo que veo, las mujeres las oyen más a menudo. Quizá sea más fácil llorar delante de nosotras. A lo mejor les parece que están hablando con una amiga. Lo que sé es que mucha gente me ha tomado la mano y me ha contado sus preocupaciones y sueños, y ese ha sido un privilegio único.

Hay algo más que las mujeres me confían y son historias de su salud reproductiva. Ningún ensayo sobre mujeres en política puede estar completo sin hablar de eso. Es algo tan central en la vida de las mujeres: si llegamos a ser madres y a qué edad y bajo cuáles circunstancias. La salud reproductiva en toda su complejidad —el embarazo, la fertilidad, el método anticonceptivo, el aborto natural, la opción del aborto, el parto, el nacimiento— puede abarcar los momentos más alegres y aterradores que podamos tener jamás. Y muchas veces procesamos estos momentos en silencio. Estas historias no se cuentan, ni siquiera entre mujeres. Entonces me encuentro con mujeres en mítines políticos o en cenas o eventos de recaudación de fondos, o simplemente caminando, y se me acercan, respiran profundo y lo sueltan todo.

En este momento en Estados Unidos, más de cuarenta y cuatro años después de *Roe v. Wade*, el acceso a anticonceptivos y al aborto siguen bajo amenaza constante. Vi el efecto que tuvo esto en la elección de 2016. La salud reproductiva apenas se mencionó en ninguno de mis debates de primaria, y cuando se mencionaba, muchas veces era yo quien lo hacía. Me afligió que Bernie Sanders se refiriera a Planned Parenthood como una parte más del "*establishment*", cuando respaldó mi campaña por encima de la suya. Pocas organizaciones están tan íntimamente conectadas con las vidas cotidianas de las americanas de todas las clases y procedencias como Planned Parenthood, y pocas están bajo un ataque tan persistente. No estoy segura qué tiene de "*establishment*", y no sé por qué alguien aspirando a la presidencia por el Partido Demócrata dice una cosa así.

Después de la elección, Bernie sugirió que los demócratas deben estar abiertos a la nominación y apoyo de candidatos que se oponen al derecho de la mujer al aborto. Otros temas, como el de la justicia económica, son sagrados, pero aparentemente el de la salud de la mujer no lo es. No es mi intención criticar a Bernie aquí; muchos progresistas se suman a él pensando que los derechos reproductivos son negociables. Y para ser claros, creo que hay espacio en nuestro partido para una amplia gama de opiniones personales sobre el aborto. He estado trabajando durante un cuarto de siglo con demócratas y republicanos para reducir el número de abortos, en parte ampliando el acceso a anticonceptivos y a la planeación familiar, y hemos logrado progresar. Escogí como compañero de candidatura a Tim Kaine, un demócrata personalmente opuesto al aborto por su fe católica, pero que apoya los derechos de la mujer como una cuestión de ley y política.

Pero cuando las opiniones personales sobre el aborto se convierten en acciones públicas —votos de legislación o dictámenes de jueces o adjudicación de fondos que erosiona los derechos de las mujeres— ya eso se vuelve algo diferente. Tenemos que seguir siendo una gran carpa, pero una gran carpa es solo tan fuerte como los postes que la sostienen. Los derechos reproductivos son fundamentales para los derechos y la salud de las mujeres, y es uno de los postes de la carpa más importantes que tenemos. Y recuerden: es un derecho constitucional tal como se define en *Roe v. Wade*.

Existe evidencia abrumadora de lo que ocurre cuando esos derechos se niegan. Texas ha eliminado los fondos de Planned Parenthood y se ha negado a ampliar Medicaid, y la mortalidad materna se duplicó entre 2010 y 2014, la peor de todo el país y más alta aún que en muchos países en desarrollo. Seiscientas mujeres han muerto en Texas, no de abortos, sino tratando de dar a luz. El número de adolescentes en Texas que se ha hecho abortos ha aumentado cuando se ha reducido el apoyo a la planeación familiar. En un condado, Gregg, subió 191% entre 2012 y 2014.

En definitiva, estoy a favor del derecho de la mujer al aborto, a favor de la familia y a favor de la fe porque creo que nuestra habilidad para decidir si queremos ser madres y cuándo es intrínseca a nuestra libertad. Cuando el gobierno se involucra en este reino íntimo —sea en lugares como China, que obligó a las mujeres a tener abortos, o en Rumanía comunista, que obligó a las mujeres a tener hijos— es horrible. He visitado hospitales en países donde las mujeres pobres no tienen acceso a abortos legales y seguros. He visto lo que ocurre cuando mujeres desesperadas toman el asunto en sus propias manos.

Como yo lo veo, este tema se reduce a una pregunta: ¿Quién decide? Podemos debatir la moralidad del aborto eternamente —y yo he pasado muchas horas en ese tipo de debates y seguramente pasaré muchas más— pero al final del día, ¿quién decide si una mujer sale embarazada o permanece embarazada? ¿Un congresista que no la conoce? ¿Un juez que ha hablado con ella sólo unos minutos? ¿O debe la mujer ser capaz de tomar su decisión acerca de su vida, su cuerpo, su futuro, ella misma?

Alguien tiene que decidir. Yo digo que dejemos que sea la mujer la que decida.


No estoy segura de cómo llamamos a nuestra actual era de feminismo —he perdido la cuenta de la ola en que estamos—. Pero hay mucho que parece nuevo. Están todas esas palabras nuevas. *Machoexplicación*. El segundo en que la oí, pensé, "¡Sí! ¡Necesitábamos una palabra para eso!". *Interseccionalidad*: un término académico para esa vital idea de que el feminismo debe abarcar raza y clase. *Venganza pornográfica*. *Troles*. Giros modernos de daños antiguos.

Y ya que estamos definiendo cosas, tomemos un momento para el vocablo *feminismo*: "defensa de derechos de las mujeres basada en la igualdad política, económica y social de los sexos". No la dominación. No la opresión. Igualdad. O, como lo dijo la escritora y filósofa inglesa Mary Wollstonecraft hace 225 años, "No deseo que las mujeres tengan poder sobre los hombres, sino sobre ellas mismas".

Y está también la frase *labor emocional*. Esa sí que es buena. Describe todo el trabajo no visto, no contado ni pagado que las personas —abrumadoramente mujeres— realizan para mantener a sus familias y centros de trabajo funcionando. Organizando fiestas de cumpleaños en el trabajo. Haciendo arreglos para el campamento de verano para niños. Coordinando visitas con los suegros. Ayudando al empleado nuevo a sentirse bienvenido e incluido. La lista es interminable: todos los pequeños detalles sin los cuales la vida podría volverse caos y miseria. No todas las mujeres asumen estas tareas, y está bien, y algunos hombres sí las asumen, y yo los saludo por ello, pero es mayormente un trabajo de mujeres. Finalmente, alguien pensó en ponerle un nombre.

En mi matrimonio, definitivamente he sido yo la que realiza el grueso de la labor emocional. Soy yo la que se encarga de las visitas de familia, vacaciones y cenas con amigos. Bill tiene muchas cualidades positivas, pero administrar los detalles logísticos de una casa no es una de ellas. Por supuesto, nuestra situación es única. Durante años fue gobernador, y después presidente. No iba a ser el padre que tomaría nota de la fecha de inscripción para el examen de SAT, aunque siempre sabía exactamente lo que Chelsea estaba estudiando en la escuela. También hemos sido privilegiados, desde que nos mudamos a la mansión del gobernador hace años, de tener personas ayudando a que todos estemos bien alimentados y bien atendidos. Hace décadas que ninguno de nosotros ha tenido que correr a la tienda urgentemente para buscar leche. Así y todo, nuestras vidas privilegiadas no dejan de necesitar muchas pequeñas pero vitales acciones y decisiones para seguir andando, y soy yo la que tiende a ocuparse de ellas.

Esa labor se extiende a mis amistades. En marzo de 2017 algunas de mis amigas cercanas vinieron a Nueva York a pasar el fin de semana. Una nueva amiga se nos sumó y preguntó, "¿Cómo se conocieron todas ustedes?". Eso condujo a que mis amigas fueran una por una alrededor de la mesa explicando en gran detalle cómo yo amablemente he intervenido en sus vidas durante años. "Cuando me enfermé, Hillary me hizo la vida imposible hasta que fui a su doctora, y me llamó inmediatamente después para obtener un informe completo". "¡Eso no es nada! Cuando mi hijita se cortó la cara, Hillary insistió en que viera un cirujano plástico y diez minutos después me llamó con el mejor cirujano de Washington al teléfono". Me conocían bien.

Me pasa en el trabajo también. Me aseguro de que todos hayan comido, que los miembros de mi equipo estén usando protección solar si estamos en un evento bajo un sol calcinante. Cuando los reporteros que viajaban al extranjero con nosotros se enfermaban o se lesionaban, yo me aseguraba de que tuvieran *ginger ale* y galletas y enviaba al médico del Departamento de Estado a sus habitaciones con Cipro y medicamentos contra las náuseas.

Nada de esto es inusual. He visto mujeres CEO servir café en reuniones, mujeres jefas de estado llevarle pañuelos descartables a un empleado que estornudaba. Tampoco es nuevo. Fueron mujeres como la
Dra. Dorothy Height las que hicieron gran parte del trabajo menos
glamoroso del movimiento de derechos civiles, tales como reclutar voluntarios, organizar talleres y coordinar actos de protesta y viajes por la
libertad. Son mujeres las que realizan gran parte del trabajo diario del
Congreso, identificando problemas, reuniendo a las partes interesadas
y creando coaliciones efectivas. Con frecuencia son mujeres quienes
manejan el contacto con los votantes, contestando llamadas y respon-
diendo a cartas y correos electrónicos. Y en mi experiencia, muchas
mujeres hacen esas llamadas y escriben esas cartas al Congreso. No solo
somos nosotras las encargadas de preocuparnos por nuestras familias,
sino que somos las designadas para preocuparnos por nuestro país.

Pienso que todo esto puede ayudar a explicar por qué las mujeres
líderes alrededor del mundo tienden a recibir ascensos más altos en
los sistemas parlamentarios que en los sistemas presidenciales como
el nuestro. A los primeros ministros los eligen sus colegas, personas
que han trabajado con ellos o ellas día a día, que han visto de cerca
sus talentos y competencia. Es un sistema diseñado a retribuir los
talentos de las mujeres para crear relaciones, lo cual requiere labor
emocional.

Los sistemas presidenciales no son así. Estos retribuyen diferentes
talentos: hablarles a multitudes, lucir en control frente a las cámaras,
dominar en debates, galvanizar movimientos de masas y, en Estados
Unidos, recaudar mil millones de dólares. Hay que reconocerle algo
a Trump: es odioso, pero es difícil quitarle la vista de encima. Usa su
tamaño para proyectar poder: domina el espacio del podio de manera
intimidante, enfrenta desafiante a los entrevistadores, fulmina con
la mirada y amenaza con golpear a la gente. Vi un video de uno de
nuestros debates con el sonido apagado y descubrí que, entre su teatral

agitación de brazos y las muecas que hacía, más su tamañón y agresividad, lo miré mucho más a él que a mí. Imagino que muchos votantes hicieron lo mismo. Sospecho también que, si una mujer se comporta de forma tan agresiva y melodramática, se reirían de ella o la abuchearían hasta que saliera del escenario. Al final, aunque a mí me juzgaron haber ganado los tres debates, sus seguidores le anotaron puntos por su agresiva conducta hipermasculina.

En cuanto a mí, cuando se trata de política, mi estilo puede considerarse femenino. Siempre me he concentrado más en escuchar que en hablar. Me gustan los mítines comunitarios porque puedo oír a la gente y puedo hacer preguntas de seguimiento hasta más no poder. Prefiero conversaciones entre dos personas o con un grupo pequeño en vez de grandes discursos y encontrar puntos en común a tener que disputarlos.

Cuando yo era senadora, invertí mucho tiempo en llegar a conocer a mis colegas, incluyendo a los huraños republicanos que al principio no querían tener nada que ver conmigo. En 2000, Trent Lott, el líder republicano, se preguntaba melancólicamente por qué no caía un rayo que impidiera que yo jurara mi cargo. Para 2016, le estaba diciendo a la gente que yo era una dama muy capaz que hacía bien su trabajo, y le dijo a mi esposo que yo había hecho más para ayudar a las víctimas del huracán Katrina que nadie fuera de la Costa del Golfo. Un puñado de republicanos conservadores también llegó a simpatizar conmigo cuando yo era su colega en el Senado, ayudándoles a pasar proyectos de ley, rellenándoles sus copas de café en el comedor del Senado o sentándome a su lado en los mítines de oración privados del Senado. Un senador ultraconservador vino a verme para disculparse por haberme odiado y haber dicho cosas horribles de mí a través de los años. "Señora Clinton, ¿me perdona usted?" me preguntó. Sé que eso puede parecer increíble ahora, pero es cierto. Le dije que por supuesto que lo perdonaba.

Aparte de las dramáticas conversiones espirituales, la labor emocional no es particularmente emocionante en lo que se refiere a la
prensa política o al electorado. A mí se me ha denostado por interesarme demasiado en los detalles de las políticas (¡aburrida!), por ser
demasiado práctica (¡no inspiradora!), por estar demasiado dispuesta a
llegar a un acuerdo (¡vendida!), demasiado enfocada en pequeños pasos
logrables por encima de cambios no alcanzables que tienen poco o ningún chance de realizarse (¡candidata del *establishment*!).

Pero así como una casa se viene abajo sin labor emocional, igual la
política fracasa si no nos escuchamos unos a otros, o leemos informes,
o hacemos planes que tienen la oportunidad de funcionar. Imagino que
eso puede considerarse aburrido. Yo no lo considero aburrido, pero quizás ustedes sí. La cosa es que alguien tiene que hacerlo.

En mi experiencia, muchas veces, son las mujeres. Otras veces,
se descarta como algo sin importancia. Y no creo que sea una coincidencia.


"Esto no está bien", pensé.

Era el segundo debate presidencial y Donald Trump merodeaba
detrás de mí en el escenario con movimientos intimidantes. Dos días
antes, el mundo lo oyó alardear de manosear a las mujeres. Ahora estábamos en un pequeño escenario, y no importaba dónde yo caminaba, el
me seguía de cerca, mirándome, haciendo muecas. Era increíblemente
incómodo. Estaba literalmente respirándome en la nuca. Se me erizaba
la piel.

Era uno de esos momentos en que a una le dan deseos de apretar
el botón de pausa y preguntarles a todos los que lo estaban mirando,
"¿Bueno? ¿Qué haría *usted*?".

¿Se queda en calma, sonriendo, y continúa como si él no estuviera
invadiendo su espacio?

¿O se vuelve, lo mira a los ojos, y le dice en voz alta y con claridad, "Dé un paso atrás, asqueroso, aléjese de mí, sé que le encanta intimidar a las mujeres pero a mí no me va a intimidar, así que *dé una paso atrás*"?

Escogí la primera opción. Me mantuve calmada, con la ayuda de toda una vida lidiando con hombres tratando de sacarme del paso. Lo que hice fue apretar el micrófono con toda mi fuerza.

Me pregunto si debí escoger la segunda opción. Seguramente habría resultado mejor para la televisión. Tal vez he aprendido demasiado la lección de mantener la calma, morderme la lengua, hacer puños con mis manos hasta clavarme las uñas, sonriendo todo el tiempo, resuelta a presentarle al mundo un rostro compuesto.

Por supuesto, si hubiera insultado a Trump, él seguramente habría capitalizado la situación alegremente. Mucha gente retrocede ante una mujer furiosa, o ante una que es directa. Miren lo que le pasó a Elizabeth Warren, silenciada en el Senado por leer una carta de Coretta Scott King porque criticaba al senador Jeff Sessions durante la audiencia de su confirmación al cargo del fiscal general. (Momentos más tarde, a Jeff Merkley, un senador hombre, se le permitió leer la carta. Cómico como eso resultó). A la senadora Kamala Harris se la calificó de "histérica" por haber cuestionado (otra vez) a Jeff Sessions totalmente calmada y profesionalmente durante una audiencia del Senado. Como lo expresó una escritora, la habían "Hillarizado". Arianna Huffington fue interrumpida recientemente durante una reunión de la junta de directores de Uber cuando argumentaba —de todas las cosas posibles— ¡lo importante que era aumentar el número de mujeres en la junta! Y el hombre que habló por encima de ella lo hizo para decir que aumentar el número de mujeres ¡sólo significaría más conversación! Este es el tipo de cosas que no se pueden inventar.

En otras palabras, esto no es algo que solo me ocurre a mí. Nada de eso.

Además, no les ocurre solamente a las mujeres en el lado demócrata de la política. Trump se burló de la cara de Carly Fiorina porque compitió contra él en la carrera hacia la presidencia. Trump atacó a Megyn Kelly y a Mika Brzezinski en términos repugnantes y físicos porque lo desafiaron. Tal vez esa sea la razón por la que Nicolle Wallace, directora de Comunicaciones de la Casa Blanca bajo la presidencia de George W. Bush, ha alertado que el Partido Republicano está en peligro de quedar "permanentemente asociado con la misoginia" si sus líderes no toman una posición acerca del trato de Trump hacia las mujeres.

Esto nos lleva atrás a un poderoso aviso que transmitimos durante la campaña titulado "Espejos" (*Mirrors*). Muestra a chicas adolescentes mirándose vacilantes en el espejo, acomodándose el pelo detrás de las orejas, evaluando su perfil, tratando de decidir si se ven bien, como lo hacen muchas otras chicas cuando se ven a sí mismas. Sobre sus imágenes, transmitimos una grabación de cosas crueles que Trump ha dicho públicamente sobre las mujeres a lo largo de los años: "Es una cerda". "Comió como una puerca". "La miraría a la cara gorda y fea que tiene". ¿Es esta la voz que queremos tener en la cabeza de nuestras hijas? ¿O de nuestras nietas? ¿Nuestras sobrinas? ¿O en la cabeza de nuestros hijos o nietos o sobrinos? Todos ellos merecen ser tratados mejor que la masculinidad tóxica que Trump encarna.

Pues él está en sus cabezas ahora. Su voz resuena ampliamente.

Ahora nos toca a nosotros asegurarnos de que sus feas palabras no dañen a nuestras niñas —y niños— para siempre.

Dos días antes del debate, mi equipo y yo habíamos terminado una agotadora mañana de preparación. Habíamos tomado un receso para almorzar. La televisión estaba encendida en la habitación, sin sonido. Entonces un comentarista apareció en la pantalla para alertar a los televidentes que estaban a punto de oír algo vulgar. Era cierto.

No tengo mucho que decir acerca del video de *Access Hollywood* que no se haya dicho ya. Solo quiero mencionar que Donald Trump aparece alegremente describiendo haber cometido un ataque sexual. Eso un poco que se perdió en medio de la conmoción que provocó. Demasiada gente se concentró en su tosquedad, un hombre tan crudo, tan vulgar. Cierto. Pero, aunque fuera elegante y lleno de gracia, no haría apropiada la descripción de un ataque sexual.

Para muchas personas, oír la grabación de Donald Trump fue literalmente repugnante. En cuanto a mí, me entristeció; por las mujeres y las niñas, por los hombres y los niños, por todos nosotros. Fue… horrible, simplemente horrible. Todavía lo es. Y lo será siempre, porque esa grabación nunca va a desaparecer. Ahora es parte de nuestra historia.

Para desviar la atención de su propia vulgaridad, Trump trajo a nuestro segundo debate a tres mujeres que habían acusado a mi esposo de mala conducta hace varias décadas, y a una mujer supuestamente violada por un hombre a quien yo represente en Arkansas por órdenes de un juez.

No sé lo que la campaña de Trump estaba esperando lograr con esa horrible artimaña excepto lo obvio: excavar viejas alegaciones que habían sido litigadas años atrás, desviar la atención de la grabación de *Access Hollywood*, sacarme de balance, y distraer a los votantes del alto riesgo de esta elección. Él no estaba tratando de defender a estas mujeres. Sólo las estaba usando.

Esto era un debate presidencial, lo cual es algo importante. Se suponía que hablaríamos acerca de los temas que más importan en las vidas de la gente. En cambio, Trump usó este momento para regresar a su zona de confort. Le encanta humillar a las mujeres, le encanta decir lo repugnante que somos. Él esperaba inquietarme. Yo estaba decidida a no darle esa satisfacción.

Antes de salir al escenario, Ron Klain me dijo, "Está tratando de manipularte". Le dije, "¿Tú crees?". Entonces salí al escenario y gané el debate.


Algo que quisiera que todo hombre en Estados Unidos entendiera es el miedo que acompaña a las mujeres a lo largo de sus vidas. Tantas de nosotras hemos sido amenazadas o dañadas. Tantas de nosotras hemos ayudado a amigas a recuperarse de un incidente traumático. Es difícil verbalizar lo que toda esta violencia nos hace a nosotras. Se acumula en nuestros corazones y en nuestros sistemas nerviosos.

Hace algunos años, la etiqueta #yesallwomen estuvo de moda por un tiempo. Me identifiqué con ella, como muchas otras mujeres. En el colegio universitario y en la escuela de Leyes, teníamos un millón de hábitos defensivos: sostengan las llaves como si fuera un arma cuando anden solas por la noche, siempre acompáñense unas a otras a sus casas. Muchas mujeres que conozco han sido manoseadas, agarradas o cosas peores. Les ocurre incluso a las que son miembros del Senado. La senadora Kirsten Gillibrand ha escrito con franqueza cómo los congresistas la miran lascivamente y la han agarrado por la cintura en el gimnasio del Congreso.

Soy muy dichosa de que nunca me ha ocurrido nada demasiado malo. Una vez en el colegio universitario fui a una cita a ciegas con un joven que no aceptaba que le dijeran que no repetidamente, y lo tuve que abofetear para que me dejara tranquila. Pero dejó de molestarme, y me fui a dormir esa noche temblando aunque no traumatizada. Y cuando tenía veintinueve años, y trabajaba para la campaña presidencial de Jimmy Carter en Indiana, cené una noche con un grupo de hombres mayores que estaban a cargo de la operación salgan-a-votar del Partido Demócrata en el estado. Yo los había estado agobiando por un tiempo pidiéndoles información acerca de los planes del día de la elección, y ellos estaban irritados conmigo. Empecé a explicarles una vez más lo que necesitaba de ellos y por qué. De repente uno de los hombres extendió sus brazos cruzando la mesa y me agarró por el suéter cuello de tortuga que yo llevaba puesto y me haló hacia él. Me sopló en la cara, "Cállate". Me congelé, pero me las arreglé para quitarle la mano de mi cuello, decirle que nunca más me tocara, y salí del lugar temblándome las piernas. Todo el incidente probablemente duró treinta segundos. Nunca se me olvidará.

Sin embargo, eso no se compara con la violencia que millones de mujeres y niñas en todo el país han tenido que soportar regularmente.

Alrededor de cuatro meses antes de que se transmitiera la grabación de Donald Trump de *Access Hollywood*, un mensaje muy diferente circuló de manera viral. Una mujer no nombrada, conocida como Emily Doe, que había sido asaltada sexualmente cuando estaba inconsciente, escribió una carta acerca de su experiencia y se la leyó en la corte a su agresor, un atleta de Stanford. Una amiga me envió la carta. La leí una vez, e inmediatamente regresé al principio y la leí otra vez. Tengo la esperanza de poder conocer a la autora algún día y decirle cuán valiente pienso que es.

"A las chicas de todas partes", escribió, "estoy con ustedes ...

*En las noches que se sientan solas, estoy con ustedes. En las noches cuando la gente dude de ustedes o las descarte, estoy con ustedes. Luché día tras días por ustedes. Así que nunca dejen de luchar. Yo les creo. Como escribió la autora Anne Lamott una vez, "Los faros de luz no andan corriendo por toda la isla buscando botes que salvar; simplemente se mantienen erguidos en su sitio brillando". Aunque no puedo salvar todos los botes, espero que al hablar hoy, absorban una pequeña cantidad de luz, una pequeña noción de que no pueden ser silenciadas, una pequeña satisfacción de que la justicia ha llegado, una pequeña certeza de que estamos avanzando hacia algún sitio, y una gran, gran seguridad de que ustedes son importantes,*

*incuestionablemente, son intocables, son hermosas, han de ser va-*
*loradas, respetadas, innegablemente, cada minuto de cada día; son*
*poderosas, y nadie puede arrebatarles eso.*

Temprano en la mañana del 9 de noviembre, cuando llegó la hora de decidir lo que diría en mi discurso de concesión, recordé esas palabras. Inspirada por ellas, escribí estas:

"A todas las niñitas que están viendo esto, nunca duden de que ustedes son valiosas y poderosas, merecedoras de cada chance y oportunidad en el mundo de proponerse y lograr sus propios sueños".

Dondequiera que esté, espero que Emily Doe sepa cuánto han significado para muchas personas sus palabras y su fortaleza.

Hay aún otro ángulo al tema de las mujeres en política. No es solo que la política puede ser gratificante para aquellas mujeres que escogen participar en ella. A la larga, también hace que nuestra política mejore para todos. Creo en esto con la misma fuerza con que creo cualquier otra cosa. Necesitamos que nuestra política sea similar a nuestro pueblo. Cuando las personas que dirigen nuestras ciudades, estados y nuestro país lucen abrumadoramente de cierta manera (digamos, blanco y hombre) y tienen abrumadoramente antecedentes compartidos (ricos, privilegiados) terminamos con leyes y políticas que ni se acercan a resolver las realidades de las vidas americanas. Y como ese es un requisito básico para gobernar, resulta una equivocación bastante grande.

En otras palabras, la representación es importante.

¿La representación lo abarca todo? Por supuesto que no. El solo hecho de que yo sea una mujer no significa que yo sería una buena presidente para las mujeres. (Lo habría sido, pero no solamente por ser mujer).

Pero es importante, y a menudo de manera concreta. Recuerdo

cuando estaba encinta con Chelsea, y trabajaba en la firma de abogados Rose Law en Little Rock, y repetidamente fui a ver a mis superiores para preguntarles sobre la política de licencia de maternidad. Evitaron la pregunta hasta que no había manera de continuar evitándola, entonces tartamudearon que no tenían una política. "Ninguna mujer que ha trabajado aquí ha regresado después de tener un bebé". Así que escribí mi propia política. Yo era una nueva socia de la firma y tenía poder para hacerlo. Pero, ¿y las abogadas que eran de menor nivel, o las empleadas? ¿Serían recibidas algunos días después de dar a luz? ¿O esperarían que no regresaran del todo? Se necesitó una mujer para notar el enorme agujero en las políticas de la firma y preocuparse lo suficiente para resolverlo.

La representación es importante en maneras menos visibles pero no menos valiosas. Recuerdo mi curiosidad de niña cada vez que una mujer aparecía en nuestras lecciones de historia: Abigail Adams, Sojourner Truth, Ida Tarbell, Amelia Earhart. Incluso cuando solo ocupaba una línea en un libro lleno de polvo, me emocionaba. Los grandes hombres de nuestros libros de historia me emocionaban también, pero tenían un significado diferente, había algo calladamente trascendental en saber que una mujer había logrado algo importante. Abría el mundo un poco más. Me hacía soñar un poco más en grande. Recuerdo regresar a casa del colegio y abrir la revista *Life* para leer acerca de Margaret Chase Smith, la valiente senadora republicana de Maine que se le enfrentó a Joe McCarthy. Años más tarde, cuando me convertí en primera dama le escribí una carta como admiradora.

Cuando era una mujer joven, me movía e inspiraba ver a Barbara Jordan hablar tan elocuentemente a favor del orden de la ley en la Comisión Judicial de la Cámara durante las audiencias de Watergate; a Geraldine Ferraro pararse en el escenario como candidata vicepresidencial de mi partido; a Barbara Mikulski sacudir el Senado de Estados Unidos; a Dianne Feinstein enfrentarse a la Asociación Nacional del

Rifle (NRA, por sus siglas en inglés); y a Shirley Chisholm postularse a la presidencia. Lo que nunca se había visto como posible de repente lo era.

Cuando Chelsea era una niñita, vi el poder de representación a través de un lente nuevo. La vi hojear las páginas de sus libros infantiles, buscando atentamente los personajes de niñas. Ahora las niñitas tienen un nuevo grupo de heroínas ficticias a las que admirar, incluyendo a la Mujer Maravilla y a la general Leia (recibió una promoción de princesa). Lento pero seguro, Hollywood se mueve en la dirección correcta.

Esa es la razón por la que significó tanto para mí ver a todas las niñitas y jóvenes en los mítines de mi campaña y a todas las mamás y papás señalando y diciendo, "Mira. ¿Ves? Ella está aspirando a la presidencia. Tú eres inteligente como ella. Eres fuerte como ella. Tú puedes ser presidente. Puedes ser todo lo que quieras ser".

Después de la elección, recibí una carta de una estudiante de Medicina llamada Kristin, de Dearborn, Michigan. Escribió:

*La vi hablar por primera vez cuando yo era una niña pequeña. Mi mamá me llevó, me ayudó a pararme en una cerca y me aguantó por la parte trasera de mi overol porque yo seguía tratando de saludarla agitando la mano y vitoreándola. Me sentía tan extática de oír hablar a una mujer tan inteligente, y nunca he mirado atrás. Usted nunca ha decepcionado esa versión de mí. Leí su historia cuando fui creciendo, y luego pude ver otros discursos y leer sus escritos. Usted nunca ha decepcionado tampoco mis versiones más adultas de mí.*

Hasta el día de hoy, a pesar de saber cómo han resultado las cosas, los recuerdos de estas orgullosas y excitadas niñas —y la idea de las mujeres en quienes se convertirán— significan más para mí de lo que puedo expresar.

Sé que hay algunos que van a burlarse al leer esto. ¡Representación! Es algo tan suave, tan flojo, tan *liberal*. Pues, si usted no es capaz de imaginar por qué es importante para muchos de nosotros que una mujer sea elegida presidente —y que no sería importante solamente para las mujeres, tal como la elección de Barack Obama hizo que personas de todas las razas, no solo los afroamericanos, se sintieran orgullosos e inspirados— yo simplemente le pediría que acepte que es importante para muchos de sus compatriotas, aunque no lo sea para usted.

Deseo tan intensamente haber podido jurar el cargo y lograr ese hito para las mujeres. Así y todo, hubo muchos momentos feministas en esta elección que no debemos olvidar. Siempre recordaré el discurso de Bill en la Convención Nacional Demócrata de 2016. Hubo un momento en que dijo las memorables palabras, "El 27 de febrero de 1980, quince minutos después de llegar a la casa de la conferencia de la Asociación Nacional de Gobernadores en Washington, la fuente de Hillary se rompió". Viéndolo desde nuestra casa en Nueva York, tuve que reírme. Era la primera vez que se había dicho *eso* acerca de alguien nominado a la presidencia. Pensé que ya era hora.

Hay otro momento que quisiera mencionar, que mucha gente no vio cuando ocurrió pero que nunca voy a olvidar.

Pocos días antes de la noche de la elección de 2016, Beyoncé y Jay-Z cantaron en uno de mis mítines electorales en Cleveland. Beyoncé tomó el micrófono. "Quiero que mi hija crezca viendo a una mujer dirigir nuestro país y que sepa que sus posibilidades son ilimitadas", dijo. "Tenemos que pensar en el futuro de nuestras hijas, nuestros hijos, y votar por alguien que se preocupa por ellos tanto como nosotros. Por eso yo estoy con ella".

Y entonces, aquella infame cita de 1992 apareció en letras

gigantescas en una pantalla detrás de ella. "Supongo que podría haberme quedado en casa horneando galleticas y tomando té, pero lo que decidí hacer fue seguir mi profesión".

Algo que había sido controversial se presentaba como un mensaje de independencia y fortaleza —¡tal como yo lo había querido decir hacía todos esos años!— allí, frente a mis ojos.

Gracias, Beyoncé.


¿Tendremos alguna vez una mujer presidente? La tendremos.

Espero llegar a votar por ella, siempre y cuando esté de acuerdo con su agenda. Ella tendrá que ganarse mi voto basado en sus cualificaciones e ideas, como cualquier otro.

Cuando ese día llegue, creo que mis dos campañas presidenciales habrán ayudado a asfaltar el camino para ella. No ganamos, pero hicimos la presencia de una mujer nominada más familiar. Acercamos más la posibilidad de una mujer presidente. Ayudamos a incorporar a la vertiente central del país la idea de una mujer líder para nuestro país. Eso es algo grande, y todo el que haya contribuido a lograrlo debe sentirse profundamente feliz. Valió la pena. Nunca pensaré de otra manera. La lucha valió la pena.

Por eso estoy tan alentada por el hecho de que una ola de mujeres en todo Estados Unidos haya expresado con la mayor disposición postularse para algún cargo después de esta elección. Debo admitir que me preocupaba que ocurriera todo lo contrario. Y siempre haré mi parte para alentar a más mujeres a que se postulen y enviar así el mensaje a niñitas, adolescentes y mujeres jóvenes que vale la pena perseguir sus sueños y ambiciones.

A través de los años, he contratado y promovido a muchas mujeres y hombres jóvenes. La mayor parte del tiempo, la conversación ocurrió de la siguiente manera:

YO: Quisiera que asumieras un mayor papel.

HOMBRE JOVEN: Qué gran alegría. Haré un excelente trabajo. No voy a decepcionarla.

MUJER JOVEN: ¿Está segura de que estoy lista? No estoy segura. ¿Tal vez de aquí a un año?

Estas reacciones no son innatas. Los hombres no son por naturaleza más confiados que las mujeres. Les decimos que tengan confianza en sí mismos, y les decimos a las mujeres que tengan dudas sobre sí mismas. Se lo decimos de millones de maneras, desde que son jovencitas.

Tenemos que mejorar. Cada una de nosotras.

*¿Qué pasaría si una mujer dijera la verdad sobre su vida?*
*El mundo se abriría en dos.*

—Muriel Rukeyser

# Madres, esposas, hijas, hermanas

No sé cómo es para otras mujeres, pero de niña y adolescente, no pensaba mucho en mi género excepto cuando era un asunto de extrema importancia. Como cuando, cursando el octavo grado, le escribí a la NASA para decirles que soñaba con ser una astronauta, y alguien me contestó: Lo siento, pequeña, no aceptamos mujeres en el programa espacial. O cuando el chico que me ganó en una elección para el gobierno estudiantil en la secundaria me dijo que yo era verdaderamente estúpida si pensaba que una chica podía ser elegida presidente de la escuela. O cuando recibí respuesta de Wellesley College: me habían aceptado. En estas ocasiones, sentía poderosamente mi género. Pero la mayor parte del tiempo, yo no era más que una joven persona, una estudiante, alguien que leía, admiradora, amiga. El hecho de que yo fuera del género femenino era secundario; a veces prácticamente se me olvidaba. Otras mujeres pueden haber tenido experiencias diferentes, pero así era para mí.

Mis padres hicieron eso posible. Trataban a mis hermanos, Hugh y Tony, y a mí como tres individuos, con tres personalidades individuales, y no colocándome en una caja marcada "femenina" y a ellos en una caja marcada "masculinos". Nunca me regañaron por "no actuar como una niña" cuando yo jugaba béisbol con los chicos. Ellos enfatizaban la importancia de la educación, porque no querían que su hija se sintiera restringida por ideas obsoletas de lo que las mujeres deben hacer con sus vidas. Querían más para mí que eso.

Más tarde en la vida, comencé a verme diferente cuando asumí roles que se sentían profunda y poderosamente propios de una mujer: esposa, hija de padres envejeciendo y, más que todo, madre y abuela. Estas identidades me transformaron, pero también de algún modo se sentían como las expresiones más legítimas de mi persona. Se sentían como ponerme un vestido nuevo y cambiar la piel.

No hablo mucho de estos tiempos en mi vida. Se sienten privados. *Son* privados. Pero también son experiencias universales, y creo en el valor que tienen las historias que compartimos las mujeres unas con otras. Es la manera en que nos apoyamos mutuamente durante nuestras luchas privadas y cómo encontramos la fortaleza para crear las mejores vidas posibles para nosotras.

Estos roles no han sido fáciles o sin dolor. A veces han sido muy dolorosos. Pero han valido la pena. Oh, sí que han valido la pena.

*Los años transcurrieron otra vez, y Wendy tuvo una hija. Esto no debió haberse escrito en tinta sino en oro salpicado.*

—J. M. Barrie

La noche final de la Convención Nacional Demócrata de 2016 en julio, mi hija me presentó a la nación. Yo estaba detrás del escenario, lista para entrar cuando ella terminara. Al menos, se suponía que debía estar lista. Pero no pude alejarme de la televisión, donde su rostro llenaba la pantalla. Oyéndola hablar, sentí gratitud por el maquillaje de ojos resistente al agua. El hecho de que mi equilibrada, hermosa hija estuviera también de pie allí como la madre de Charlotte y Aidan —había dado a luz a su hijo solo cinco semanas antes— hizo este momento todavía más especial.

Durante un estallido de aplausos cerca del final de su presentación, Jim Margolis, que mantenía su vista en el reloj, me gritó, "¡Tenemos que irnos!". Pero Chelsea no había terminado, y yo no quería perderme nada. Finalmente, Jim gritó, "¡Ahora *sí* tenemos que irnos!". Reaccioné y corrimos por el pasillo y subimos la escalera en la oscuridad. Salí al escenario en el momento preciso.

Desde el día que nació, Chelsea me ha fascinado. Sospecho que muchos padres saben lo que quiero decir. Mi hija me tiene obsesionada. Esa noche no fue diferente. Se veía tan feliz contando historias de su niñez. Para mí siempre es interesante oír la perspectiva de su niñez. Una trata tantas cosas como madre. Recuerdo cómo horas después de haber nacido, Bill caminó alrededor de la habitación del hospital con la pequeñita Chelsea en sus brazos explicándole todo. No queríamos desperdiciar ni un momento.

Entre las cosas que Chelsea mencionó en la Convención: nuestros viajes semanales a la biblioteca y a la iglesia; tardes relajadas acostadas en el césped y viendo formas en las nubes; jugando un juego que ella inventó… ¿Cuál dinosaurio es el más amistoso? Ella dice que yo le advertí que no se dejara engañar, que hasta los dinosaurios que parecen amistosos seguían siendo dinosaurios. Eso suena como yo: aprovechando cada oportunidad para impartir consejos prácticos, aun en circunstancias absurdas.

Habló de los libros favoritos que le leímos y los que ella misma leyó después y de los que nos contaba, como la ciencia fantástica *Una arruga en el tiempo*.

Mayormente Chelsea habló de que yo siempre estaba cerca de ella, y de cómo siempre supo cuánto la amábamos y valorábamos. No puedo expresar la felicidad que me produce oír a mi hija decir eso. Esa era mi prioridad cada día de su niñez: que ella supiera que no había nada más importante que ella. Me preocupaba esto porque Bill y yo éramos personas extremadamente ocupadas. Trabajábamos largas horas, viajábamos con frecuencia, y el teléfono de nuestra casa sonaba todo el tiempo, a menudo con noticias urgentes. No era algo inesperado que una niña pequeña rodeada de todo aquello se sintiera ignorada. A través de los años, he conocido hijos de políticos que dicen, "Me sentía muy solo. Tenía que competir con el mundo entero por la atención de mis padres". Esa era la preocupación que me mantenía despierta por la noche cuando Chelsea era jovencita. No podía con aquello.

Una manera en que manejamos eso fue no excluirla de nuestro trabajo. Discutíamos temas y políticas con ella desde que era muy joven. En su discurso de la Convención Nacional Demócrata, describió lo duro que había sido verme perder la lucha por la reforma de los cuidados de la salud en 1994, cuando ella tenía catorce años. Estuvo allí para consolarme y compartir diversiones, como ver la serie *Orgullo y prejuicio* juntas.

Para mí, ser madre fue la realización de un sueño de mucho tiempo. Me encantan los niños, me encanta sentarme con ellos y portarme como una niña, me encanta hacerlos sonreír y verles las caritas dulces. Si alguna vez me andan buscando en una fiesta, lo más probable es que me encuentren donde están los niños. Antes de siquiera conocer a mi esposo y pensar en formar una familia, era una abogada que defendía a los niños. Cuando Bill y yo supimos que íbamos a ser padres, estábamos extáticos. Saltábamos en la cocina como si fuéramos niños.

Lograr concebir no fue fácil para mí, pero el embarazo en sí fue una bendición sin complicaciones. Chelsea llegó tres semanas antes de tiempo. Yo me había puesto gigantesca y estaba más que lista para recibir a mi pequeña. Ni a Bill ni a mí nos importaba que el bebé fuera niño o niña. Pero cuando el médico dijo, "¡Es una niña!" me sentí tan feliz, como si un rayo de sol irradiara de mi pecho. ¡Una niña!

No me había percatado de lo mucho que quería a una hija hasta que llegó. Era un deseo tan secreto, que ni yo misma sabía que lo había deseado. Entonces llegó, y lo supe; ella era lo que siempre había querido.

Si hubiera tenido un hijo, estoy segura de que estaría loca de alegría igual. Me habría dado cuenta enseguida de que siempre había querido un hijo: un dulce niñito para criarlo y convertirlo en un hombre fuerte y cariñoso.

Pero eso no fue lo que ocurrió. Tuvimos una hija. Y no cualquier hija, sino alguien que nos trajo tanta dicha y amor a nuestras vidas. Se sentía como el destino. Lo más importante que me había ocurrido a mí jamás, de lejos.

Hay algo especial acerca de las hijas. Desde el principio, sentí una avalancha de sabiduría que quería impartirle acerca del significado de ser mujer: cómo ser valiente, cómo crear verdadera confianza y fingirla cuando fuera necesario, cómo respetarse a sí misma sin tomarse demasiado en serio, cómo amarse a sí misma o al menos tratar y nunca dejar de tratar, cómo amar a los demás generosa y valientemente, cómo ser fuerte pero amable, cómo decidir cuál opinión valorar y cuál descartar en silencio, cómo creer en ti misma cuando los demás no lo hacen. Algunas de estas lecciones las impartí con extraordinario esfuerzo. Deseaba intensamente ahorrarle el trabajo a mi hija. Tal vez Chelsea pudiera saltarse todo eso y llegar pronto a un lugar de autoconfianza.

Mi deseo de ser la mejor madre del mundo no se tradujo en conocimientos de cómo hacerlo. Al principio, era bastante inepta. En aquellos primeros días, ella no dejaba de llorar. Yo estaba casi frenética. Finalmente me senté y traté lo mejor que pude de hacer contacto visual con esta inquieta criatura. "Chelsea", le dije firmemente, "esto es nuevo para las dos. Yo nunca antes he sido una madre. Tú nunca antes has sido una bebé. Vamos a tener que ayudarnos mutuamente lo mejor que podamos". Esas no fueron palabras mágicas que detuvieran su llanto, pero ayudaron, aunque fuera solo por recordarme que yo era completamente nueva en esto y debía ser amable conmigo misma.

A través de los años, he conocido a muchas nuevas madres agotadas que no pueden encontrar la manera de tranquilizar a sus bebés o alimentarlos o que duerman, y he visto en sus ojos el mismo desconcierto que yo sentí en los primeros días de la vida de Chelsea. Me recuerda otra vez que tener un recién nacido es como si cada interruptor de tu cuerpo se hubiera prendido simultáneamente. La mente se obsesiona con un solo tema —¿está bien el bebé?, ¿tiene hambre?, ¿está durmiendo?, ¿está respirando?— dándole vueltas a un círculo. Si eres una madre leyendo esto, privada de dormir, semicoherente, acaso usando una camiseta deshilachada y soñando con tu próxima ducha, por favor entiende que muchas de nosotras hemos estado exactamente en el mismo lugar en que estás ahora. Vas muy bien. Será más fácil un poco más adelante, pero mantente firme. Y tal vez pregúntale a tu compañero o mamá o amiga que te reemplace por algunas horas para que puedas darte esa ducha y dormir un poco.

Chelsea nació en 1980, una época en que las oportunidades para las mujeres eran mucho mayores que nunca antes en la historia de la humanidad. Ella no enfrentaría algunas de las puertas cerradas con que yo me topé. Bill y yo estábamos determinados a que nuestra hija nunca oyera, "Las chicas no pueden hacer eso". No mientras lo pudiéramos evitar.

Lo que no pude saber entonces, con esta diminuta bebé en mis brazos, es cuánto ella me iba a enseñar sobre valentía, confianza y elegancia. Chelsea tiene una fortaleza interior asombrosa. Es inteligente, considerada, observadora, y aun bajo estrés o ataque, se conduce con aplomo y seguridad. Está dotada para la amistad, siempre ávida de conocer a nuevas personas, pero cómoda con la soledad. Confía en su propia mente y la alimenta constantemente. Defiende sus creencias. Es una de las personas más fuertes que conozco, aunque su fuerza es tranquila y deliberada, fácil de subestimar. Eso la hace aún más formidable. Su sonrisa está llena de alegría.

Estoy segura de que Bill y yo tuvimos algo que ver con todo esto. Pero Chelsea ha sido Chelsea desde el mero comienzo. Pienso que la mayoría de los padres descubre que sus hijos están más formados cuando nacen de lo que esperamos. Es como lo que escribió Kahlil Gibran en *El profeta*: "Vuestros hijos no son hijos vuestros. Vienen a través vuestro, pero no vienen de vosotros. Podéis darles vuestro amor, pero no vuestros pensamientos. Porque ellos tienen sus propios pensamientos. Podéis esforzaros en ser como ellos, pero no busquéis el hacerlos como vosotros. Porque la vida no retrocede ni se entretiene con el ayer".

Como todas las mamás, quería proteger a Chelsea de enfermedades y heridas, de acosadores, decepciones y un mundo peligroso. También tenía amenazas diferentes en mente, que son particulares de las hijas de figuras públicas. Ella creció en la primera página de los periódicos. Personalidades de la derecha en la radio la atacaban, y se burlaban de ella en televisión cuando tenía solo trece años, lo cual todavía me hace hervir la sangre. Hubo muchas noches en que yo me preguntaba si habíamos cometido un terrible error al someterla a este tipo de vida. Me preocupaba no solamente que ella se sintiera cohibida, sino también que se acostumbrara demasiado al arte de poner una cara feliz para las cámaras. Yo quería que ella tuviera una vida de riqueza interior: que fuera sincera, que fuera dueña de sus sentimientos, no reprimirlos. En resumen, yo quería que ella fuera una verdadera persona con su propia identidad e intereses.

La única manera en que yo sabía cómo hacer eso era que su vida fuera lo más normal posible. Chelsea tenía tareas que realizar en la

Casa Blanca. Si ella quería un libro o un juego nuevo, tenía que ahorrar la asignación monetaria que recibía periódicamente para comprarlo. Cuando se ponía malcriada —lo cual, para su crédito, ocurría en ocasiones extremadamente raras— se la reprendía y a veces se la castigaba. Nuestra penitencia más frecuente era retirarle los privilegios de la televisión o el teléfono por una semana.

Pero hay un límite sobre cuánto se puede normalizar la vida de la hija del presidente. Así que decidimos aceptar y celebrar las increíbles oportunidades que su inusual niñez y adolescencia proveían. Viajó con nosotros en visitas al extranjero: excursiones a la Ciudad Prohibida en China, montar en elefante en Nepal, conversaciones con Nelson Mandela. Incluso se vio, a la edad de catorce años, discutiendo *Cien años de soledad* con Gabriel García Márquez. Como ella siempre había estado interesada en ciencias y salud, Bill se ocupó de presentársela a casi todos los científicos y doctores que visitaban la Casa Blanca. Disfrutó esas conversaciones y experiencias. "¡Esto es fenomenal!" dijo la primera vez que vimos Camp David, en su primer vuelo en Air Force One, cuando me acompañó en el viaje en que encabecé la delegación de Estados Unidos a las Olimpiadas de Invierno de 1994 en Noruega. Yo la observaba —las preguntas que hacía, sus excitadas reflexiones sobre todo lo que veíamos y vivíamos— y estaba encantada. Nunca se aburrió ni se comportó como que todo lo que recibía era parte de sus derechos. Ella sabía lo especial que era todo.

Tal vez lo más importante para mí fue que nunca hubo necesidad de recordarle a Chelsea que le diera las gracias a cada una de las personas que hicieron nuestras vidas a la vez extraordinarias y ordinarias: el personal de la Casa Blanca, sus maestros, los miembros de su Servicio Secreto, los padres de sus amigos y amigas. Ella los trataba a todos de la misma manera, incluso jefes de estado. Su gratitud hacia las personas en su vida es profunda. Resultó en muchos momentos de sentirme una "mamá orgullosa", como dirían los chicos.

A través de los años, me preocupé menos y menos por Chelsea, pues resultó evidente que no tenía que hacerlo. También aprendía de ella más y más. En momentos de estrés, Chelsea es la persona más calmada. También aprovecha cada oportunidad de actuar tontamente con sus amigas y, ahora, con sus hijos. Esas son acciones de alguien que entiende que la vida le va a presentar muchos desafíos y que debe crear sus recursos internos de paz y felicidad cada vez que pueda.

Y según se hizo particularmente evidente en la campaña de 2016, es intrépida. Chelsea viajó lejos y ampliamente haciendo campaña por mí, y lo hizo con Aidan, a quien todavía estaba lactando. Es como aquella frase de la difunta Ann Richards, gobernadora de Texas: "Ginger Rogers hacía todo lo que hacía Fred Astaire, pero hacia atrás y con tacones altos". Chelsea hacía todo lo que hacía una enérgica suplente de campaña, pero con un bebito pegado a ella y todo el equipamiento que ello conlleva.

Ella me llamaba del camino para decirme todo lo que veía y oía. "No estoy segura de que estemos avanzando," dijo durante la primaria y la general. "Parece realmente difícil extraer datos". Su participación en la campaña de 2016 comenzó de manera dramática. En su primer día, cuando cortésmente cuestionó el plan de salud de Bernie —ella tiene una maestría en Salud Pública y un doctorado en Relaciones Internacionales enfocado en instituciones de salud pública, por lo que sabe de lo que está hablando— acabaron con ella.

Recuerdo la conversación por teléfono esa noche. Chelsea estaba frustrada con ella misma porque sus palabras no coincidían con lo que ella sabía o sentía. (¡Puedo sentir empatía!). Dejó a algunas personas con la impresión de que ella pensaba que Bernie quería eliminar todos los cuidados de salud —una noción absurda y no lo que ella había querido decir—. Se sintió horrible, horrible de haber dejado una falsa impresión acerca de algo, con quien fuera, especialmente relacionado con algo que ella entendía y le interesaba profundamente.

Quisiera haberla podido abrazar. En cambio, lo discutimos ampliamente.

Nuestra conversación puede haber parecido un poco diferente de la
conversación promedio entre madre e hija pero, en el fondo, se parece
mucho a la de cualquiera. Comenzamos con el modo de solucionar
problemas. Revisamos las políticas y cómo hablar de la mejor manera
posible sobre las diferencias entre el plan de Bernie y el mío. Chelsea
había tenido razón sobre los detalles señalados ese día: en ese momento
de la campaña, el plan de salud de Bernie requería empezar otra vez
para llegar al sistema de una sola fuente de pagos, que era lo que ella
había dicho. Pero ambas sabíamos que eso no importaba en ese momento. Regresamos a lo básico: por qué mi plan de mejorar la Ley
de Cuidado de Salud Asequible añadiendo una opción pública era lo
acertado para llegar a la cobertura universal. Como pueden ver, Chelsea
y yo tenemos pensamientos gemelos en este tema en particular, y su
aproximación a pensar ampliamente los problemas y las soluciones se
parece mucho al mío. (Recientemente compartimos una sonrisa y un
suspiro cuando oímos a Bernie pedir que mejoráramos la ACA aceptando inmediatamente lo que yo había propuesto como candidata: una
opción pública en cincuenta estados y la reducción de la edad de Medicare a cincuenta y cinco).

Nos dimos unos cuantos minutos para desahogarnos acerca de
todo el odio que a veces parece visceral hacia mí, nuestra familia y hacia
todas las mujeres que están surgiendo. Entonces cambiamos de tema y
dejamos atrás la frustración del día. Nos reímos de una foto de Charlotte en la clase de ballet que Marc nos había enviado. Hablamos de
lo contentas que estábamos de que la leve náusea de Chelsea parecía
haber pasado. (Tenía varios meses de embarazo). Nos despedimos expresando nuestro cariño mutuo y colgamos, sabiendo que mañana habría una nueva oportunidad de presentar nuestro caso y agradecidas de
nuestro apoyo mutuo.

Cada día, me sentía humilde por su feroz apoyo. Como candidata, me alegraba tenerla en mi esquina, trabajando diligentemente para explicar temas importantes y por qué ella creía tan profundamente en mis planes. Y en mí. Y como su mamá, estaba y estoy muy orgullosa de que ella continúe situándose por encima de los ataques que le lanzan cada día.

Más que ninguna otra persona, fue Chelsea quien me ayudó a ver que mi posición sobre el matrimonio entre personas del mismo sexo era incompatible con mis valores y el trabajo que había hecho en el Senado y el Departamento de Estado para proteger los derechos de las personas LGBT. Ella me convenció de que tenía que respaldar la igualdad matrimonial si yo estaba verdaderamente entregada a la dignidad humana, y así lo hice inmediatamente después de salir del Departamento de Estado. Más adelante, cuando recibí el respaldo de la Campaña de Derechos Humanos, pensé en ella. Y fue Chelsea quien me alertó del virus Zika mucho antes de que se publicara en los periódicos. "Esto va a ser un enorme problema", me dijo, y tenía razón. Seguimos sin hacer lo suficiente.

Cuando Charlotte nació, sentí la alegría que produce ver a mi hija tomar la gran reserva de amor que ella tiene y agrandarla para incluir a sus propios hijos, además de a un verdadero compañero. Marc es un padre fenomenal, y juntos son fantásticos padres. A veces Chelsea y yo hacemos una rutina que espero sea familiar para todas las nuevas mamás y abuelas: voy a acostar al bebé para una siesta o a darle una merienda, y Chelsea irrumpe. "Mamá, no es así como yo lo hago". Ella puede citar las más recientes guías de la Academia Americana de Pediatría sobre dormir, alimentar a un infante y monitorearlo, mientras yo disfruto el placer especial de ser una abuela y saber que no tengo que preocuparme por el bebé, porque mi hija está a cargo de la preocupación. No tengo más que concentrarme en ser la más cariñosa y útil abuela que puedo ser.

Chelsea ha estado a mi lado en todos los momentos difíciles desde que llegó a este planeta, y yo he dependido de ella más de lo que nunca pensé que lo haría. Ya muy tarde, en la noche de la elección, cuando ya estaba claro que yo había perdido, ella estaba sentada junto a mí, mirándome con un rostro lleno de amor, enviándome toda su enorme fortaleza y gracia lo más intensamente que podía. Como siempre, me acompañó a través de toda esa etapa oscura.

Yo estaba confiada en que Bill sería un gran padre. Su padre murió antes de que Bill naciera; él sabía lo afortunado que era de tener la oportunidad que su propio padre nunca tuvo. Aun así, muchos hombres se emocionan por ser padres, pero no tanto por todo el trabajo que un bebé requiere. La autora Katha Pollitt ha observado cómo incluso las relaciones más igualitarias pueden torcerse bajo el estrés de criar a un hijo, y de repente se espera que la mamá lo haga todo, mientras el papá hace algo esporádicamente. Ella llama esto el "género republicano",una frase genial, aunque tal vez un poco injusta para todos los republicanos feministas que realmente existen.

Yo sabía que tenía suficiente energía y devoción por los dos, si resultaba que Bill no iba a ser igualitario en cuanto a criar a un hijo. Pero realmente esperaba que eso no ocurriera. Nuestro matrimonio siempre había sido una verdadera colaboración. Aunque él fue gobernador y después presidente —trabajos que parecerían "ganarle" a muchos otros, si uno era de esas personas que medían los empleos de esa forma— mi carrera era importante para mí también, así como mi tiempo y, más extensamente, mi identidad. Estaba ávida de ser madre, pero no quería hacerlo al precio de perder todo lo otro que tenía que ver conmigo. Contaba con que mi esposo no sólo lo respetara, sino que me acompañara en protegerlo.

Así que fue maravillosa la llegada de Chelsea, y Bill se sumergió en su tarea de padre con un gusto característico. Llegamos al hospital y Bill llevaba los materiales de la clase de Lamaze a la que habíamos asistido juntos. Cuando resultó que Chelsea venía en posición sentada, Bill luchó por estar en el salón de operaciones conmigo y me sostuvo la mano durante la operación de cesárea. El hecho de ser gobernador vino muy bien cuando pidió ser el primer padre a quien se le había permitido hacerlo. Después de traer a Chelsea a la casa, fueron muchas las noches en que él se encargó de alimentarla en el medio de la noche y de los cambios de pañales. Nos turnábamos asegurándonos que el desfile de familiares y amigos que querían pasar tiempo con Chelsea fueran atendidos. Según nuestra hija crecía, ambos le leíamos cuentos al acostarse. Los dos conocimos a sus maestros e instructores. Aun después de Bill convertirse en presidente, hizo arreglos a su agenda lo más que pudo para cenar con nosotras todas las noches que estaba en Washington. Y cuando estaba de viaje en algún lugar del mundo, llamaba a Chelsea para hablar con ella sobre su día y revisarle sus tareas escolares.

Cada día, nuestra hija adoraba a su padre más y más. Al llegar a la adolescencia, yo me preguntaba si eso cambiaría. Recordé cómo mi padre y yo de cierto modo nos distanciamos cuando me convertí en una adolescente. Lo provocaba con muchos ardientes argumentos políticos. Él no atinaba a navegar los mares ocasionalmente turbulentos de una niña adolescente. ¿Les iría a ocurrir eso a Chelsea y Bill? No. Él vivía para los debates entre ellos dos; mientras más feroces, mejor. Él no me dejó que yo lidiara sola con las cosas típicas de niñas: sus desencantos, su autoestima, su seguridad. Él siempre estuvo en todo eso con nosotras.

¿Me ocupaba yo más de las responsabilidades familiares, especialmente cuando Bill era presidente? Por supuesto. Él era el presidente. Esto era algo que habíamos hablado antes de postularse, y yo estaba más que dispuesta a que así fuera.

Pero nunca me sentí sola en la tarea de criar a nuestra magnífica hija. Y conozco a muchas esposas de hombres ocupados que dirían lo contrario. Bill quería ser un gran presidente, pero eso no le habría importado si no era también un gran padre.

Cada vez que veo a mi esposo y mi hija reírse sobre un chiste privado que solo ellos conocen… cada vez que escucho una conversación entre ellos, dos mentes ágiles como relámpagos probándose mutuamente… cada vez que lo veo mirándola con total amor y devoción… es un recordatorio de que escogí exactamente a la persona perfecta para formar una familia.

*No quiero estar casada simplemente por estar casada. No puedo pensar en nada más solitario que pasar el resto de mi vida con alguien a quien no pueda hablarle, o peor aún, alguien con quien no pueda estar en silencio.*
—Mary Ann Shaffer and Annie Barrows

Mi matrimonio con Bill Clinton fue la decisión más consecuente de mi vida. Le dije que no las primeras dos veces que me propuso matrimonio. Pero la tercera vez le dije que sí. Y lo haría otra vez.

Dudé decirle que sí la primera vez porque no estaba suficientemente preparada para el matrimonio. No había decidido todavía lo que quería hacer con mi futuro. Y sabía que, si me casaba con Bill, estaría corriendo directamente hacia un futuro mucho más transcendental que cualquier otro. Él era la persona más intensa, brillante y carismática que yo había conocido. Soñaba en grande, mientras yo, en cambio, era práctica y cautelosa. Yo sabía que si me casaba con él era como engancharme en un viaje en un cometa. Me tomó un poco de tiempo acopiar la valentía suficiente para dar el salto.

Hemos estado casados desde 1975. Hemos tenido muchos, muchos más días felices que tristes o enojados. Nos conocimos en la biblioteca de la Escuela de Leyes de Yale una noche y empezamos a hablar, y todos estos años después, esa conversación todavía sigue siendo sólida. No existe otra persona con la que yo quisiera hablar más que con él.

Sé que algunas personas se preguntan por qué todavía estamos juntos. Volví a oír en la campaña de 2016 que "seguramente teníamos algún arreglo" (y es cierto, ese arreglo se llama matrimonio); que yo lo ayudé a ser presidente y me quedé con él para que me ayudara a mí a ser presidente (no); que vivimos completamente separados y que es un matrimonio sólo en papel (él está leyendo esto sobre mi hombro en la cocina con los perros a nuestros pies, y dentro de un minuto se va a reorganizar nuestros libreros por la enésima vez, lo que quiere decir que no voy a poder encontrar ninguno de mis libros, y una vez que me aprenda el nuevo sistema, él lo va a rehacer otra vez, pero a mí no me importa porque a él le encanta organizar esos libreros).

No creo que nuestro matrimonio sea asunto de nadie. A las personas públicas deberían permitirles tener vidas privadas también.

Pero sé que mucha gente está genuinamente interesada. Tal vez alguien está absolutamente perplejo. Tal vez otra persona quiera saber cómo funciona esto porque está casada también y querría que le dure cuarenta años o más, y está buscando perspectiva. De veras, no puedo culparla por eso.

No quiero entrar en detalles porque realmente quiero aferrarme lo más que pueda a lo que me queda de privacidad.

Pero sí voy a decir esto:

Bill ha sido un padre extraordinario para nuestra amada hija y un abuelo exuberante y participativo para nuestros dos nietos. Miro a Chelsea, Charlotte y Aidan y pienso, "Esto lo hicimos nosotros". Y eso es importantísimo.

Él ha sido mi compañero en la vida y mi mayor defensor desde el momento en que nos conocimos. Nunca me pidió que suspendiera mi carrera para adelantar la suya. Nunca sugirió que acaso yo no debía competir por algo —en el trabajo o en política— porque interferiría con su vida o sus ambiciones. Hubo períodos de tiempo en que el trabajo suyo era incuestionablemente más importante que el mío, y aun así él nunca usó ese argumento. Nunca he sentido otra cosa que una genuina igualdad.

Su difunta madre, Virginia, merece mucho crédito por eso. Trabajó duro como enfermera anestesista, tenía opiniones fuertes y sentía una incomparable alegría de vivir. De ahí que a Bill no le moleste tener una esposa ambiciosa, llena de opiniones y ocasionalmente obstinada. Es más, le encanta que yo sea así.

Mucho antes de yo siquiera pensar en aspirar a un cargo público, él me decía, "Debes hacerlo. Serías fenomenal. Me encantaría votar por ti". Me ayudó a creer en esta mejor versión de mí misma.

Bill fue un devoto yerno y siempre hizo sentir a mis padres bienvenidos en nuestro hogar. Al final de la vida de mi madre, cuando yo quería que se mudara a nuestra casa en Washington, él dijo que sí sin titubear. Aunque yo no esperaba menos, esto significó mucho para mí.

Conozco a muchas mujeres casadas con hombres que —aunque tuvieran buenas cualidades— podían ser hoscos, malgeniosos, irritables por pequeñas peticiones y generalmente decepcionados con todos y con todo. Bill Clinton es todo lo contrario. Tiene su temperamento, pero nunca es cruel. Y es cómico, amable, impávido frente a contratiempos e inconveniencias, y fácilmente divertido. ¿Recuerdan los globos en la convención? Es un acompañante fabuloso.

Claro que hemos tenido días oscuros en nuestro matrimonio. Ustedes los conocen bien. Y por favor consideren por un momento lo que significaría para ustedes si el mundo entero supiera los peores momentos de sus relaciones. Hubo ocasiones en que yo me sentí profundamente insegura sobre si nuestro matrimonio podría o debería sobrevivir. Pero en esos días, me hice las preguntas que tenían mayor importancia para mí: ¿Lo amó todavía? ¿Puedo todavía continuar en este matrimonio sin volverme yo misma irreconocible? ¿Torcida por la ira, el resentimiento o el aislamiento? Todas las respuestas fueron sí. Y seguí andando.

En nuestra primera cita fuimos a la Galería de Arte de la Universidad Yale a ver una exhibición de Mark Rothko. El edificio estaba cerrado, pero Bill convenció a alguien que nos dejara entrar. Tuvimos el edificio entero para nosotros. Cuando pienso en esa tarde —viendo el arte, oyendo la quietud a nuestro alrededor, embelesada con esta persona que acababa de conocer pero que de alguna manera sabía que me cambiaría la vida— todavía siento la magia de aquel momento y me siento feliz y afortunada otra vez.

Todavía pienso que es uno de los hombres más guapos que jamás he conocido.

Estoy orgullosa de él: orgullosa de su vasto intelecto, su gran corazón, de los aportes que ha hecho al mundo.

Lo amo con todo mi corazón.

Eso es más que suficiente para construir una vida.

*Miré al cielo azul, sintiendo una explosión de energía, pero más que nada sintiendo la presencia de mi madre, recordando por qué había yo pensado que podía hacer esta caminata por este sendero.*

—Cheryl Strayed

He conocido muchas personas fuertes en mi vida, pero nadie más fuerte que mi madre.

La gente dice eso de las madres todo el tiempo. Pero consideren la vida de Dorothy Howell.

Comenzando cuando tenía tres o cuatro años, sus padres la dejaban sola todo el día en su apartamento en el quinto piso sin ascensor de un edificio en Chicago. Cuando sentía hambre, tenía que arreglárselas sola, bajar esas escaleras, ir a un restaurante cercano, presentar un cupón de alimentos, comer y entonces caminar de vuelta a su edificio. Sola.

A la edad de ocho años, la pusieron en un tren rumbo a California. Sus padres se estaban divorciando, por lo que la enviaron a ella y a su hermanita de tres años a vivir con sus abuelos paternos. Las niñitas completaron el viaje ellas solas, sin adultos. Les tomó cuatro días.

Su abuela usaba vestidos victorianos largos y negros. Su abuelo apenas decía una palabra. Sus reglas eran increíblemente estrictas. Cuando mi madre se atrevió a ir de casa en casa a pedir caramelos en Halloween, el castigo fue reclusión en su habitación un año entero; su única salida: a la escuela.

Cuando llegó a los catorce años, mi madre no aguantó más. Encontró un empleo como ama de llaves con una familia local. Le cuidaba los hijos a cambio de un lugar donde vivir. Tenía una sola blusa y una falda que lavaba todas las noches. Pero la familia fue buena con ella. Al fin, un poco de bondad. La alentaron a que siguiera estudiando en la escuela secundaria.

Cuando Mamá se graduó de secundaria, se mudó de vuelta a Chicago porque su madre le envió una carta sugiriendo que tal vez podían ser una familia otra vez. A pesar de todo, había extrañado a su madre y deseaba intensamente reunirse con ella otra vez. Pero cuando llegó allí, su madre le aclaró que lo que ella necesitaba era una ama de llaves. Algo se quebró en el corazón de mi madre para siempre. Así y todo, fue una buena hija, y después nosotras visitábamos a mi abuela varias veces al año.

Mamá luego se mudó a un pequeño apartamento, encontró un trabajo de oficina y conoció a mi papá, Hugh Rodham. Se casaron en 1942 y después de la Segunda Guerra Mundial me tuvieron a mí, seguida por mis dos hermanos. Vivíamos en una casa en los suburbios. Mamá, ama de casa, tenía una energía interminable, cocinaba, limpiaba, colgaba ropa, lavaba platos, nos ayudaba con las tareas escolares y cosía ropa para mí. Cuando yo estaba en la escuela secundaria, me hizo un vestido —blanco con un estampado de rosas rojas— que yo pensaba que era el vestido más lindo que había visto jamás. Ella nos amaba intensamente y trabajó duro para que nuestra niñez fuera significativa y divertida. Jugábamos mucho, leíamos muchos libros, salíamos a caminar y hablábamos de todos los temas bajo el sol.

En aquellos tiempos, los hijos y sus padres no se consideraban amigos. Las cosas no funcionaban así. Ellos eran los padres. Nosotros éramos los hijos.

Pero cuando miro atrás, no había duda de que ella fue mi mejor amiga.

Aun cuando era una niñita, veía lo fuerte que ella era. Era muy competente. Cuando Mamá decía algo, una sabía que era en serio. Cuando me dijo que me defendiera de un bravucón del vecindario, así lo hice. Ella era tan resuelta que parte de su determinación se me pegó.

No tenía una enorme personalidad. No daba puñetazos en la mesa ni gritaba como mi papá. No era su manera de marcar su presencia. Pero sabía en lo que creía. Vivía sus valores. Hacía cualquier cosa por nosotros, y nosotros hacíamos cualquier cosa por ella. Todo eso la hacía poderosa.

Cuando crecí y me hice adulta, me golpeó el alcance de su niñez solitaria y sin amor. Me preguntaba a mí misma si yo habría podido sobrevivir esa odisea con mi espíritu y dignidad intactos. Ella sabía que merecía recibir amor y un trato decente, aunque el mundo le dijera lo contrario durante mucho tiempo. ¿Cómo pudo aferrarse a ese respeto por sí misma frente a toda esa indiferencia? La gente más importante en su vida le decía que ella no era nada. ¿Cómo sabía que eso no era verdad? Me maravillaba la fortaleza mental que habría requerido seguir creyendo que mejores días habrían de venir, que encontraría su lugar, que el trabajo duro le abriría paso, que su vida tenía significado a pesar de lo injusto que el destino había sido hacia ella.

Cuando me convertí en madre y descubrí cuánta paciencia y

resiliencia se requería, vi la fortaleza de mi madre de una nueva manera. Ella había crecido en tanto abandono. ¿Cómo aprendió a darnos a mis hermanos y a mí una niñez tan segura y llena de amor? Hablamos sobre esto. Dijo que había observado cuidadosamente a cada familia que había conocido, incluyendo la familia para la que trabajó a los catorce años hacía todos esos años. Prestaba atención a la manera en que aquellos padres hablaban el uno con el otro y con los hijos. Vio que era posible la firmeza gentil y que las familias podían realmente reír juntas, y no solo sentarse en absoluto silencio. En su mayor parte, ella aprendió todo esto por su propia cuenta. No fue difícil para ella, dijo. Ella nos amaba y se sentía tan feliz alrededor de nosotros, que era fácil demostrarlo.

Pero yo conozco otros padres que han tenido una niñez cruel y han internalizado esa crueldad para repartírselas a sus propios hijos después. Es así como generalmente el abuso pasa de una generación a otra. Eso fue probablemente lo que ocurrió con mi abuela, por cierto. Mi mamá, ella sola, detuvo ese ciclo de un frenazo.

En mi experiencia, cuando las personas envejecen, o comienzan a cuidar a sus padres o sus padres siguen cuidándolas a ellas. Mis padres siguieron cuidándome a mí. Cuando me visitaban, se preocupaban por mí: ¿Necesitaba yo un suéter? ¿Tenía hambre? Yo era la que generalmente cuidaba de los demás, y me resultaba algo muy dulce y más bien gracioso que se revirtieran los papeles.

Teníamos una relación muy estrecha. Cuando Bill fue elegido gobernador de Arkansas en 1979, mis padres se mudaron a Little Rock. Papá se había retirado y ambos estaban listos para un nuevo capítulo, preferiblemente lo más cerca posible de su adorada nietecita.

Papá murió pocos meses después de que Bill se convirtió en presidente. Le rogué a Mamá que viniera a vivir con nosotros a la Casa Blanca, pero no fue una sorpresa que nos dijera que no. Era demasiado independiente para eso. Venía a visitarnos ocasionalmente durante algunas semanas, y se quedaba en una habitación en el tercer piso. Incluso viajó algunas veces con Bill, Chelsea y conmigo en viajes al extranjero.

Cuando me eligieron senadora y salimos de la Casa Blanca, Mamá se mudó cerca de nosotros, a un edificio de apartamentos en el noroeste de Washington, D.C. Le encantaba caminar por la ciudad; visitaba museos y el zoológico (¡en Washington son gratis!); cenaba con Bill y conmigo varias noches a la semana; y veía mucho a mi hermano Tony, que vive en Virginia, en las afueras de Washington, con su esposa, Megan, y mis sobrinos Zach, Simon y Fiona.

Pocos años después, le pedí otra vez venir a vivir con Bill y conmigo y finalmente aceptó, pues se le estaba haciendo difícil vivir por su cuenta. Mamá tenía algunos problemas del corazón, lo cual significaba que desempaquetar víveres o doblar la ropa lavada la dejaba sin aire. Ella, que siempre estaba en incesante movimiento, ahora se movía con cautela, preocupada de lesionarse.

Me alegré de que Mamá aceptara vivir con nosotros sin tener que reñir con ella, aunque ya yo estaba lista para hacerlo. Su independencia era importante, pero igual lo eran su seguridad y su salud. Cuando todavía vivía sola, hubo ocasiones en que yo me iba a trabajar al Senado sin saber de ella en todo el día y me daba un poco de miedo. ¿Se habrá caído? ¿Estaba bien? En nuestra casa siempre había otras personas. Si ella se mudaba con nosotros, ya no nos preocuparíamos tanto.

Excepto que el asunto no fue tan fácil. Descubrimos algo que muchos padres e hijos descubren tarde en sus vidas: que el balance entre ellos es diferente una vez que el hijo o hija crece y los padres están envejeciendo. Mamá no quería que la trataran como a una hija; ella todavía quería ser la madre. Yo no quería infringir su independencia ni su dignidad —esa idea me horrorizaba— pero también quería ser honesta con ella sobre lo que yo pensaba que todavía podía hacer y lo que no podía hacer. Ya no debía bajar por la escalera del sótano sola; era muy empinada y podía caerse. Lo hacía de todas maneras. Se enojaba por cualquier restricción e ignoraba mis sugerencias. Cada vez que me impacientaba, me recordaba a mí misma que yo probablemente llegaría a ser tan tozuda como ella.

Había un hecho importante que mantenía el balance entre nosotras: yo todavía necesitaba a mi madre. Necesitaba su hombro para que me sirviera de apoyo; necesitaba su sabiduría y sus consejos. Yo solía regresar a la casa después de un largo día en el Senado —o en 2007 y 2008 de un día viajando en el camino de la campaña— y desplomarme junto a ella a la mesa de la cocina a descargar todas mis frustraciones y preocupaciones. La mayor parte del tiempo ella simplemente escuchaba. Cuando daba consejos, siempre se reducían a la misma idea básica: tú sabes lo que tienes que hacer. Haz lo que sea justo.

Mamá vivió con nosotros cinco años y atesoré cada día, igual que el resto de la familia. Nuestro hogar era un lugar activo gracias a ella. Su nieto, Zach, venía a verla todo el tiempo después del colegio. Tony y Megan traían a Fiona y a Simon con frecuencia, o se llevaban a Mamá a su casa para pasar el fin de semana. Ella disfrutaba de su tiempo con ellos. Hablaba con mi hermano Hugh, que vivía en Florida, todos los días. Lo mismo con Chelsea, no pasaba un día sin que hubiese una llamada, y todas las semanas, Chelsea y Marc venían a verla. Encantaba a todos nuestros amigos. Algunos amigos de Chelsea la adoptaron como abuela honoraria y pasaban a verla y se quedaban a cenar, debatiendo los detalles más puntillosos sobre filosofía o sobre *Los Soprano*. Era buena compañía: de mente ágil y bien leída. El día que murió a la edad de noventa y dos, estaba por la mitad del libro de Oliver Sacks, *El ojo de la mente*.

Fuimos muy afortunados de tenerla con nosotros durante tanto tiempo. Muchos de mis amigos ya habían perdido a sus madres, pero quedaba la mía, recibiéndome cada mañana y noche con una dulce sonrisa y una palmadita en la mano. Nunca perdí una oportunidad de decirle lo mucho que la quería. Muchas de las noches, decidía poner a un lado mis libros de informes breves por una o dos horas para poder ver televisión juntas (le encantaba ver *Dancing with the Stars*) o cenar tarde juntas. Los libros de informes breves podían esperar. Ese tiempo con Mamá era preciado. Habría dado cualquier cosa por haber tenido ese tipo de tiempo con mi papá; no iba a dejar pasar esta oportunidad.

Me sentí muy agradecida por su vida plena y larga, agradecida por cada momento que compartimos, agradecida por tener los medios para cuidar de ella como lo hicimos y agradecida por el amor profundo que compartimos con Chelsea y los sabios consejos que ella le dio. No puedo contar la cantidad de personas que he conocido en todo el país que lo único que hubieran querido era tener a sus padres cómodamente con ellos cuando estaban envejeciendo. Pero, o no tenían los medios, o no tenían el espacio. Nosotros teníamos el espacio. Teníamos los medios. Me siento muy afortunada por ello. No quedó nada por decir entre nosotras. Me siento dichosa por eso también.

Después de que Mamá murió, aunque yo era entonces secretaria de Estado, me sentí como una niñita otra vez, extrañando a mi madre.

¿Verdad que es cómico cómo eso ocurre?

*Una publicación británica una vez ofreció un premio por la mejor definición de amigo. Entre las miles de respuestas que recibieron estaban: "Alguien que multiplica la alegría, divide el duelo y cuya honestidad es inviolable". Y otra: "Alguien que entiende nuestro silencio". La definición que ganó decía así: "Amigo es el que entra cuando el mundo entero ha salido".*

— La revista *Bits and Pieces*

Cada una de estas experiencias —las alegrías y luchas del matrimonio, de la maternidad y de ser una hija— las he compartido con mis amigos.

Mis amigos son todo para mí. Algunos han estado a mi lado desde que yo tenía cinco años; todavía soy amiga de Ernie, quien caminó conmigo a kindergarten el primer día. Me han visto en mis peores momentos, y yo los he visto en los suyos. Hemos estado en todas: divorcios, nuevos casamientos, nacimientos de hijos, muertes de padres y cónyuges. Algunos de mis amigos más cercanos han fallecido, y los extraño cada día que pasa, lo cual me hace valorar aún más a los que todavía están conmigo. Nos hemos sentado unos junto a las camas de otros en los hospitales. Hemos bailado en las bodas de nuestros hijos. Hemos bebido buen vino y comido buenos platos, hemos chismeado y caminado y leído libros juntos. Hemos sido, en resumen, un equipo indivisible.

Algunos de estos amigos son hombres, y otros son mujeres. Y quiero tomar un momento para celebrar a mis amigos hombres, que han estado a mi lado a través de los años contra viento y marea. Hay algunos por ahí que dicen que las mujeres y los hombres no pueden realmente ser amigos. No lo entiendo. No sé qué haría sin los hombres que me desafían, me alientan, me estimulan, me piden cuentas y me hacen reír tan fuerte que no puedo respirar.

Pero mis amigas… mis amigas son algo totalmente diferente.

En mi experiencia, existe una fortaleza especial en el núcleo de las amistades entre mujeres. Somos genuinas unas con otras. Hablamos de cosas crudas y dolorosas. Nos admitimos inseguridades y miedos unas a otras que a veces no nos admitimos a nosotras mismas.

Por ejemplo, amaba apasionadamente la maternidad. Pero había días en que me sentía —no hay otra manera de decirlo— muy, muy aburrida. Leía el mismo libro infantil veinte veces consecutivas y me sentía más y más apagada. Mis colegas estaban haciendo cosas interesantes, trabajo desafiante, mientras yo estaba en casa cantando canciones infantiles repetidamente hasta un millón de veces. Me preguntaba si yo era un monstruo por sentirme de esa manera, y les pregunté a mis amigas. Su veredicto: nada de eso, simplemente una mamá normal.

Cuando luchaba para salir encinta, hablaba con mis amigas. Cuando Bill y yo tuvimos problemas en nuestro matrimonio, hablé con mis amigas. Cuando perdí la elección de 2016, hablé con mis amigas en una forma particularmente abierta acerca de cómo se siente el fracaso. Nunca he titubeado en ser honesta con ellas, aunque lo que tuviera que decir fuera negativo o cortante. Ellas saben profundamente quién soy por dentro, por lo que nunca tengo miedo de perder su buena opinión. Hay muchas personas a quienes puedo mostrarles una cara feliz, pero no a mis amigas.

Es desconcertante para mí cuando en el cine o la televisión las amistades femeninas se representan como rencorosas o menoscabadas. Estoy segura de que hay relaciones así, pero en mi experiencia, no son lo más común. Las amistades entre mujeres proveen solaz y comprensión en un mundo que puede ser verdaderamente duro para nosotras. La presión de ser una perfecta esposa, madre e hija puede ser insoportable. Qué alivio es encontrar personas con las que se puede compartir todo y que nos aseguren que todo va a estar bien.

Si no están convencidos de que los amigos valen la pena, consideren los datos. (Como dirían mis amigos, "Claro que Hillary tiene datos"). Hay estudios que han mostrado que cuando personas mayores interactúan regularmente con amigos, tienen menos problemas de memoria y depresión, una mayor movilidad física y son más propensos a realizarse exámenes médicos regulares. Ahora que oficialmente estoy en la categoría de persona de la tercera edad, estoy aferrándome con más fuerza a mis amigas. Ellas me mantienen literalmente fuerte.

Hacer nuevos amigos en la adultez puede ser difícil para cualquiera. Para Bill y para mí, existen complicaciones añadidas. ¿Aceptamos personas en nuestra vida que no conocemos muy bien? ¿Qué pasa si solo quieren conocernos a fin de tener una buena historia que contar?

Hemos tenido grandes desilusiones con personas que han hecho exactamente eso. No es agradable sentirse usado.

Luego está el riesgo que la gente corre cuando se hace amiga nuestra. Si usted sale a cenar conmigo, su foto puede aparecer en el periódico. Puede que lo persigan los enardecidos de internet. Puede perder amigos que me detestan por mi política. Es posible que tenga que contratar a un abogado. Yo casi quisiera ofrecerles una exención de responsabilidad a mis nuevos amigos: estos efectos secundarios pueden ocurrir.

Es por razones como estas que muchas figuras públicas bien conocidas no hacen nuevos amigos. Cierran el círculo. Es comprensible. Y, sin embargo, yo trato de seguir haciendo nuevos amigos. Solo en el año pasado me he acercado a algunas personas nuevas, incluyendo a una autora de novelas de misterio que he estado leyendo durante años y que ahora es mi amiga por correspondencia. Para mí, vale la pena el riesgo. Recibo tanto de mis amistades: aprendo mucho, me río mucho. Y es una buena sensación construir mi comunidad para sentirme conectada a una red mucho más amplia de personas de procedencias diferentes y diferentes capítulos de mi vida. No quiero pasar tiempo solo con políticos. ¿Quién va a querer eso?

He pasado tanto tiempo de mi vida en la esfera pública, manteniendo un control tenso de lo que digo y de cómo reacciono a las cosas, que es un alivio tener amigos con los que puedo ser vulnerable y hablar sin editarme. Y no solo porque lo disfruto, lo *necesito*. Me mantiene en mi sano juicio.

Para mí todo se reduce a lo siguiente: no quiero vivir una vida estrecha. Quiero vivir una vida amplia y expansiva. Pienso en la pregunta de la poeta Mary Oliver acerca de lo que cada uno de nosotros planea hacer con su única vida salvaje y valiosa. Para mí, esa respuesta incluye mantenerme abierta a hacer nuevos amigos, escuchando sus historias y compartiendo las mías.

Hay un grupo especial de mujeres que he conocido a través de los años que quiero mencionar: otras primeras damas, senadoras y secretarias de estado. No diría que somos íntimas amigas, pero nos conocemos y nos entendemos de una manera que pocas personas pueden hacerlo. Sabemos lo que es ver a nuestros esposos siendo atacados y nuestros matrimonios cuestionados implacablemente y tener que explicárselo a nuestros hijos. Sabemos lo que es ser superadas numéricamente en un vasto campo dominado por hombres y mantener nuestra dignidad y alegría a pesar de ser subestimadas, o que nos hablen por encima día tras día. No importa a qué partido político pertenezcamos. Estamos conectadas de una manera profunda.

Me recuerda lo que dijo Sandra Day O'Connor, quien durante mucho tiempo fue la única mujer en la Corte Suprema, cuando Ruth Bader Ginsburg se le sumó en la corte: "El minuto en que la magistrada Ginsburg llegó a la corte, éramos nueve magistrados. No siete más las mujeres. Nos convertimos en nueve. Y fue un gran alivio para mí".

Las mujeres que han andado los caminos que yo he caminado también han sido un alivio para mí. Y espero haberlo sido para ellas.

No creo que ninguna de nosotras pueda atravesar sola la vida. Hace falta una comunidad para encontrar significado y felicidad. Mis amigos han sido mi grupo de apoyo. No lo habría querido que ocurriera de ninguna otra manera.

*Consolar no significa eliminar el dolor, sino más bien estar presente y decir, "No estás solo, estoy contigo. Juntos podemos llevar la carga. No tengas miedo. Estoy aquí". Eso es el consuelo. Todos necesitamos darlo y recibirlo.*

—Henri Nouwen

# Convertir el luto en
# un movimiento

Irradiaban fortaleza. Eran mujeres orgullosas que habían visto mucho, llorado mucho y orado mucho. Caminé alrededor del salón, presentándome a cada una de la docena de madres que había venido de todo el país. Oí sus historias y asumí su calmada y feroz dignidad.

Era noviembre de 2015. Estábamos en el acogedor Sweet Maple Cafe en el West Side de Chicago. Cada una de las madres alrededor de la mesa había perdido hijos por la violencia de las armas de fuego o en encuentros con agentes de la policía. Habían venido a hablar acerca de lo que les había ocurrido a sus hijos y a saber si yo haría algo al respecto, o si se trataba de un político más buscando sus votos.

Más tarde, algunas de estas madres formarían una hermandad de viajantes: las Madres del Movimiento (Mothers of the Movement). Contaron sus historias en iglesias y centros comunitarios y en el escenario de la Convención Nacional Demócrata. Su coraje, su generosidad de espíritu, su renuencia a darse por vencidas; todo eso me inspiró y me motivó.

Gracias en parte al ejemplo de las Madres, hablaba frecuente y enérgicamente a lo largo de la campaña sobre la violencia con armas de fuego, la justicia racial, la reforma de la policía y el encarcelamiento masivo. Estos son temas complicados, pero oír las historias de las Madres y observar la rutina de los tiroteos masivos y los incidentes mortales con la policía que continuaron durante 2015 y 2016 me convenció de que eran demasiado importantes como para ignorarlos. Así que le di prioridad a la justicia criminal en mi primer discurso sobre políticas, con énfasis en la necesidad de que las comunidades respetaran a la policía que las protegía y que la policía respetara a las personas a las que sirven. También critiqué a la poderosa NRA por su extrema oposición a las medidas de seguridad en el uso de las armas. Criticar a la NRA es peligroso para los candidatos, pero me sentí obligada a hablar en representación de las víctimas muertas y heridas en homicidios con armas de fuego, accidentes y suicidios. Si yo hubiera ganado, podríamos progresar hacia mantener las armas de fuego fuera de las manos de criminales y abusadores domésticos, asegurándonos de que menos padres tuvieran que sepultar a sus hijos como lo hicieron las Madres del Movimiento. Mi profunda decepción por no haber podido realizar esa tarea nunca me abandonará.

Las historias de las Madres y las de otras personas que perdieron a seres queridos por la violencia de armas de fuego merecen contarse y oírse. Tenemos que seguir mencionando sus nombres. En la primera reunión en Chicago no había prensa ni público, solamente nosotras. Me acompañó mi asesora principal de políticas Maya Harris y la directora de Alcance Afroamericano (*African American Outreach*) LaDavia Drane.

Sybrina Fulton, cuyo hijo de diecisiete años, Trayvon Martin, recibió un disparo mortal cuando caminaba desarmado fuera de una tienda de conveniencia cerca de Orlando, Florida, en 2012, inició la reunión. "No somos más que madres comunes", dijo. "No queremos ser activistas comunitarias, no queremos ser las madres de la violencia sin sentido con armas de fuego, no queremos estar en esta posición. Fuimos obligadas a estar en esta posición. Ninguna de nosotras habría elegido estar en este lugar".

A Trayvon lo mataron cuando caminaba vistiendo una sudadera con capucha a la tienda de la esquina a comprar dulces Skittles. Jordan Davis recibió un disparo en Jacksonville, Florida, cuando oía música en un automóvil porque un hombre blanco consideró que estaba demasiado alto el volumen y que era demasiado "gánster". Tami Rice, de doce años, estaba jugando con una pistola de juguete en un parque de Cleveland cuando un policía le disparó. Eric Garner vendía cigarrillos sueltos en una calle de Staten Island cuando un policía lo mató por estrangulamiento. Algunas de estas historias eran acerca de violencia con armas de fuego; otras, sobre policías que usaban fuerza excesiva. Estos temas requieren diferentes soluciones de políticas y diferentes respuestas políticas. Pero el tema común presente en todas las historias era la raza. Y la angustia de todas estas madres fue la misma, una angustia que ninguna madre, ni padre, debe tener que soportar.

La madre de Jordan, Lucia McBath, recuerda cómo consolaba a su hijo cuando oyeron la noticia del asesinato de Trayvon. Jordan no conocía a Trayvon. Vivían en diferentes lugares de Florida. Pero la noticia le produjo un fuerte impacto. "Mamá, ¿cómo le pasó esto a Trayvon? No estaba haciendo nada malo", preguntó. Lucia no tenía una buena respuesta. Nueve meses más tarde, Jordan también estaba muerto. Ahora, las madres de Travyon y Jordan estaban sentadas a la misma mesa.

"Nos acostamos y, en las malas noches, las noches oscuras, miramos al techo y lloramos", me dijo Gwen Carr, la madre de Eric Garner. "Repetimos en nuestra mente una y otra vez lo que les pasó a nuestros hijos".

Hadiya Pendleton era una estudiante con honores de quince años cuando recibió un disparo aleatorio en un parque de Chicago. Solo una semana antes, había tocado con la banda de su escuela secundaria en la segunda inauguración del presidente Obama en Washington. "No hay palabras para lo que pasamos cada día con simplemente despertar", me dijo su madre, Cleo. "No me quedaba voz cuando Hadiya murió. Durante unos tres o cuatro días, la única cosa que podía hacer era abrir los ojos y gritar, literalmente, a toda voz".

Se me hacía un nudo en la garganta al oír a las Madres contar estas historias, viéndolas mantenerse compuestas a pesar del aplastante dolor detrás de sus palabras. La autora Elizabeth Stone dice que tener un hijo es decidir tener el corazón caminando fuera del cuerpo. La idea de que algo le suceda a un hijo es inimaginable para cualquier madre o padre. Estas madres habían vivido esa pesadilla.

Ellas también enfrentaron miedos diferentes y más profundos de los que yo jamás tuve que sentir. Mi hija y mis nietos son blancos. Nunca sabrán lo que es estar vigilados sospechosamente cuando juegan en el parque o entran en una tienda. La gente no va a ponerle el seguro a las puertas de su automóvil cuando ellos pasan. Los policías no los van a parar cuando estén conduciendo en un barrio "malo". Las pandillas no son propensas a saldar sus pleitos en las calles que ellos transitan cuando van a la escuela.

"Como gente de color, sentimos el mayor impacto de esta injusticia, de este trato inhumano", dijo Gwen Carr. "Algunas personas dicen que somos racistas por decir que 'Las vidas de los negros importan'. Sabemos que *todas* las vidas importan, pero necesitamos que la gente entienda que las vidas de las personas negras *también* importan. Así que trátennos como tales. No nos traten simplemente como animales comunes. No lo somos. Somos ciudadanos americanos y merecemos un trato justo".

Tratar a todos con cuidado y respeto es especialmente importante para los hombres y mujeres a cargo de mantenernos a salvo. Tengo una posición muy sólida al respecto: los policías en su inmensa mayoría son honorables, valientes trabajadores públicos que arriesgan sus vidas día tras día para proteger a los demás. Como senadora, pasé años luchando por los socorristas que respondieron a las primeras llamadas urgentes el 11 de septiembre desde la Zona Cero y luego sufrieron duraderos problemas de salud. Pagaron un terrible precio por servirnos a todos nosotros. También tengo la experiencia única de estar protegida a todas horas por más de veinticinco años por mujeres y hombres altamente entrenados a recibir un balazo por mí si alguna vez se produce ese tipo de amenaza. Si esa no es una lección para respetar la valentía y el profesionalismo de nuestros cuerpos de seguridad, entonces nada lo será. Los oficiales que he conocido han estado orgullosos de su integridad, disgustados por el uso de fuerza excesiva y ávidos de conocer nuevas maneras de hacer su trabajo. Cada vez que un agente de la policía cae en el cumplimiento del deber —algo que ocurre con una frecuencia repugnante— es un recordatorio de cuánto les debemos a ellos y a sus familiares.

A lo largo de la campaña, tuve muchas reuniones y discusiones con miembros de cuerpos de seguridad para oír sus puntos de vista acerca de lo que podíamos hacer mejor. En agosto de 2016 conocí a un grupo de jefes de policía retirados y activos de todo el país, incluyendo a Bill Bratton de Nueva York, Charlie Beck de Los Ángeles y Chuck Ramsey de Filadelfia. Subrayaron la importancia de formar relaciones entre sus policías y las comunidades en las que trabajan. También enfatizaron que parte de lo que les debemos a nuestros oficiales es honestidad y una disposición a confrontar las verdades difíciles.

Una verdad difícil que todos tenemos que enfrentar es que todos tenemos preferencias implícitas. Yo las tengo, ustedes las tienen y los policías las tienen: pensamientos profundamente enraizados que pueden conducirnos a pensar en "¡arma de fuego!" cuando un hombre negro trata de sacar su billetera del bolsillo. Reconocer esto durante la

campaña puede haberme costado el apoyo de algunos policías y organizaciones, que al parecer pensaban que mi preocupación por la muerte
de niños y otras víctimas mostraba la presunción de un delito por la
policía. Eso me dolió. Pero estaba agradecida por el apoyo de otros
policías que querían reconstruir lazos de confianza que los protegiera a
ellos y a todos nosotros y que pensaban que yo era la mejor candidata
para lograrlo. La *sheriff* de Dallas Lupe Valdez dijo en la Convención
Nacional Demócrata, "Nos ponemos las insignias cada día para servir y
proteger, no para odiar y discriminar". Ella y otros oficiales creen, como
lo creo yo también, que podemos trabajar juntos para mejorar la labor
de la policía sin denigrar a los hombres y las mujeres que arriesgan sus
vidas para lograrlo.

Como candidata, trabajé con defensores de los derechos civiles y
líderes de los cuerpos de seguridad para desarrollar soluciones que ayuden, desde cámaras para que porten los oficiales hasta nuevas guías
de entrenamiento para disminuir situaciones tensas. También hablé a
menudo de la importancia de hacer un mayor esfuerzo por colocarnos
en los zapatos de otros. Eso significa que tanto los policías como nosotros debemos hacer todo lo que podamos para entender los efectos
del racismo sistémico que jóvenes negros y latinos enfrentan cada día, y
cómo eso los hace sentir que sus vidas son desechables. También significa imaginar por lo que pasa un policía, que les da besos de despedida
cada mañana a su esposa o esposo e hijos antes de dirigirse a su peligroso pero necesario trabajo.

Este tipo de empatía es difícil. Las divisiones en nuestro país son
profundas. Como me dijo María Hamilton, "Ha sido así durante qui-
nientos años, Hillary. La gente simplemente no lo dice". A su hijo Don-
tre, desarmado, un policía le disparó más de una docena de veces hasta
matarlo en Milwaukee en 2014, después de un altercado en un parque
público, donde se había quedado dormido en un banco. Sus palabras
son un recordatorio de que, para estas mujeres, y para generaciones de

padres negros antes de ellas, matar y maltratar a jóvenes de raza negra era trágico pero no asombroso. Esa ha sido la realidad de la vida en Estados Unidos durante mucho tiempo. Pero no podemos aceptarlo como nuestro inevitable futuro.

Las palabras de María apuntan a la compleja relación entre raza y la violencia con armas de fuego. No es una coincidencia que sea la principal causa de muerte entre jóvenes negros, superando las próximas nueve causas de muerte combinadas. Es el resultado de décadas de decisiones sobre políticas, negligencias, subinversión, pandillas y criminales y vigilancia hostil en comunidades de color. Dicho esto, es un error pensar que la violencia con armas de fuego es solo un problema para las personas negras o pobres o solo en ciudades. La violencia con armas de fuego afecta cada clase, color y comunidad, con treinta y tres mil personas muertas por la violencia con armas de fuego cada año, un promedio de noventa por día. Este es un hecho particularmente devastador porque la violencia con armas de fuego es en gran parte prevenible. Otras naciones desarrolladas no tienen este problema. Tienen leyes sensatas que mantienen las armas de fuego fuera de las manos de personas peligrosas. Esas leyes funcionan. Salvan vidas. Estados Unidos ha tomado una decisión cruel como país de no dar pasos simples que podrían prevenir —o al menos disminuir— esta epidemia.

Las Madres saben esto demasiado bien. Consideren la historia de Annette Nance-Holt. Trabajó duro para ascender de rango en el Departamento de Incendios de Chicago, llegando a jefa de batallón. Ella y su esposo Ron, un comandante de la policía de Chicago, hicieron todo lo que pudieron por darle a su hijo, Blair, una vida segura, cómoda, de clase media. Le enseñaron a ser generoso y humilde, y a sentirse agradecido por todo lo que tenía. A la edad de dieciséis, Blair era un estudiante con honores en la escuela secundaria, amable, trabajador, amante de la música. Tenía planes de ir a la universidad a estudiar una carrera de negocios, el primer paso para lograr su sueño de trabajar en la industria de la música.

Aunque Annette y Ron dedicaron sus vidas a mantener segura la ciudad, al final, no pudieron proteger a su adorado hijo. Un día en 2007, Blair viajaba en un autobús público desde la escuela hasta la tienda de sus abuelos, donde a veces los ayudaba. Un joven pandillero abrió fuego contra un grupo de adolescentes, apuntándole a alguien de una pandilla rival. Una amiga sentada al lado de Blair saltó corriendo hacia la parte trasera del autobús, pero Blair la volvió a sentar de un empujón. Le salvó la vida, pero él murió.

Todas las madres sentadas alrededor de la mesa aquel día en Chicago tenían historias como esa. Y cada una había decidido hacer lo que fuera posible para proteger a otros niños de sufrir la suerte de los suyos. Estaban intensamente enfocadas en reducir la violencia con armas de fuego, en reformar los métodos de la policía y asegurarse de que se pudiera fijar la responsabilidad de este tipo de muertes. Sybrina Fulton creó la Fundación Trayvon Martin para apoyar a las familias y abogar por reformas en la seguridad de las armas de fuego. Geneva Reed-Veal, cuya hija de veintiocho años, Sandra Bland, había muerto después de ser encarcelada por una violación de tráfico menor, duplicó su trabajo comunitario a través de su iglesia. Todas las madres estaban descubriendo que sus historias y la autoridad moral podían convertirlas en poderosas defensoras públicas. Como lo describió Cleo Pendleton, "Cuando encontré mi voz, no pude callarme".

Pero el progreso era demasiado lento. Ellas estaban comprensiblemente frustradas por lo difícil que era lograr una audiencia con las autoridades locales y el Departamento de Justicia, y ni que hablar de algún tipo de acción. Muchas de ellas habían sido menospreciadas o insultadas, e incluso atacadas por la prensa. Sybrina y su ex esposo tuvieron que oír al que mató a su hijo decir a la prensa que ellos "no habían criado bien a su hijo", y luego hicieron una pequeña fortuna subastando la pistola que mató a Trayvon.

"Necesitamos mejores leyes", me dijo Gwen Carr. "Si hay un crimen, debe haber responsabilidad, sea que lleve puesto un pantalón azul, un traje azul o un uniforme azul. Necesitamos responsabilidad en todas partes, y no la estamos obteniendo".

Las demás estuvieron de acuerdo, y claramente no estaban seguras de si yo iba a resultar diferente de los demás políticos que ya las habían decepcionado. Así y todo, habían aceptado mi invitación a esta reunión en Chicago y fueron generosas en compartir sus historias. Ahora estaban esperando ver lo que yo haría.

Lezley McSpadden fue franca conmigo. Un policía en Ferguson, Misuri, mató a su hijo de dieciocho años, Michael Brown, en 2014 disparando un arma de fuego. "¿Veremos cambios algún día?" preguntó Lezley. "Una vez más estamos alrededor de una mesa abriendo nuestros corazones, emocionándonos, diciendo lo que sentimos, pero ¿veremos algún cambio? ¿Veremos alguna acción?".

La política en torno a las armas de fuego ha estado envenenada durante mucho tiempo. A pesar del hecho de que, según una encuesta de la Universidad Quinnipiac de junio de 2017, 94% de los americanos apoyan un amplio chequeo de antecedentes para la venta de armas de fuego, incluyendo 92% de los dueños de armas, muchos políticos han optado por evitar una confrontación con la NRA. La minoría vocal de los que han votado contra leyes de seguridad de armas de fuego ha sido históricamente más organizada, mejor financiada y más dispuesta a votar por un solo tema.

En la década de los noventa, mi esposo luchó duro para pasar tanto una prohibición por diez años de armas de asalto, como el Proyecto de Ley Brady que, por primera vez, requería que distribuidores con licencia federal realizaran chequeos de antecedentes en muchas de las compras de armas de fuego. En los años desde entonces, esa ley ha bloqueado más de dos millones de compras por criminales convictos, abusadores domésticos y fugitivos. La NRA proveyó fondos para costear una intensa reacción negativa ante las nuevas medidas de seguridad y ayudó a derrotar a muchos miembros demócratas del Congreso en la desastrosa elección de medio término de 1994. Luego, en 2000, la NRA ayudó a derrotar a Al Gore.

Después de estas crudas experiencias políticas, se convirtió en sabiduría popular que era más seguro para los demócratas no hablar de armas de fuego y tener la esperanza de que la NRA se mantuviera alejada.

Nunca estuve de acuerdo con esta manera de lidiar con el tema. Pensaba que era un error en cuanto a la formulación de la idea y un error en cuanto a la política. Siempre he detestado a un nivel intuitivo la violencia con armas de fuego y me enorgulleció que la administración de Bill confrontara a la NRA y ganara. Mi firme posición de detener la insensata violencia con armas de fuego se profundizó después de visitar Littleton, Colorado, en 1999. Bill y yo visitamos a miembros de las afligidas familias de adolescentes que murieron en la matanza de la escuela secundaria de Columbine. Nos reunimos en una iglesia católica a tomar café y a ver libros de memorias. Yo había pensado en esos niños todos los días desde que supe la noticia un mes antes. Me conmovió de manera especial la historia de Cassie Bernall, de diecisiete años. Los informes de prensa en aquel momento decían que uno de los estudiantes asesinos le había preguntado a ella si creía en Dios. Cuando Cassie dijo que sí, el chico le disparó. Cuando conocí a la madre de Cassie, Misty, le di un gran abrazo y le pedí que me hablara de su hija. Nos sentamos juntas y comenzamos a ver fotos. Algunas de las familias de Columbine hablaron con Bill y conmigo sobre qué más se podía hacer para mantener a otras escuelas y familias protegidas de la violencia de armas de fuego. Yo creía que necesitábamos nuevas medidas que fueran más allá de lo que la administración de Bill había logrado.

Más tarde, como senadora, representé a las regiones rurales del norte del estado de Nueva York además de a las ciudades. Entendía y apreciaba la perspectiva de los dueños de armas cumplidores de la ley y su preocupación sobre las nuevas regulaciones. Recordé cuando mi padre me enseñó a disparar en la región rural de Pensilvania, donde pasábamos los veranos de niña. También viví en Arkansas muchos años y participé en una memorable expedición de cacería de patos en diciembre con algunos amigos en los ochenta. Nunca olvidaré estar de pie con el agua helada hasta la cadera, esperando que saliera el sol, tratando de mantener a raya la hipotermia. Me las arreglé para disparar y cazar un pato, pero cuando llegué a la casa, Chelsea, que acababa de ver la película *Bambi*, estaba indignada con la noticia de que yo había matado a "la mamá o el papá de algún pobre patito".

Estas experiencias reforzaron la noción para mí de que, para muchos ciudadanos, cazar y poseer armas de fuego están enraizados en la cultura. Muchos lo ven como vínculos con nuestra historia del Oeste y la antigua ética de autosuficiencia americana. Para mucha gente, poder tener un arma de fuego es un asunto de libertad y autodefensa fundamentales. Es también una fuente de seguridad y confianza en un mundo caótico. Entiendo todo eso. Es la razón por la que este tema está tan cargado de emoción. Para personas a ambos lados del debate, es intenso y personal.

En todas mis campañas políticas he hecho lo mejor que he podido para llegar a un balance entre mantener una posición sólida a favor de medidas sensatas de seguridad con respecto a las armas de fuego y demostrar mi respeto a responsables dueños de armas. Siempre he dicho que respeto la Segunda Enmienda y nunca he propuesto prohibir todas las armas de fuego.

Sin embargo, antes de empezar la campaña de 2016, el jefe de la NRA, Wayne LaPierre, prometió que su organización "lucharía con todo lo que tenía" para impedir que yo fuera presidente. Advirtió que, si yo ganaba, semejante victoria significaría "una permanente oscuridad de engaño y desesperanza impuesta al pueblo americano".

Wayne LaPierre ayudó a convertir a la NRA en una de las organizaciones más reaccionarias y peligrosas de Estados Unidos. En lugar de preocuparse por los intereses de los dueños comunes y corrientes de armas, muchos de los cuales *apoyan* las protecciones de seguridad, la NRA se ha convertido esencialmente en propiedad subsidiaria de las poderosas corporaciones que fabrican y venden armas. A ellos lo único que les interesa son sus ganancias netas y su torcida ideología, aunque cuesten miles de vidas americanas cada año.

Yo tenía una muy buena idea del daño político que podía causar la NRA. Lo había visto antes y esperaba lo peor esta vez. Pero también sabía que muchos votantes indecisos, especialmente mujeres, estaban tan horrorizados por la violencia con armas de fuego como lo estaba yo, y estaban abiertos a soluciones inteligentes que mantuvieran a familias y comunidades más protegidas. Así que me sacudí las amenazas y me puse a trabajar.

Mi equipo y yo colaboramos con los que abogaban por la seguridad en las armas de fuego, tales como la organización Mamás Demandan Acción (Moms Demand Action), a fin de desarrollar nuevas propuestas para mantener las armas de fuego fuera del alcance de abusadores domésticos y otros criminales violentos. Hice un llamado a chequeos universales de antecedentes, prohibiéndole comprar un arma de fuego a todo el que esté en la lista de terroristas, a quienes no se les permiten viajar en avión, y dándoles a los sobrevivientes y familias el derecho a responsabilizar a los que fabrican y venden armas de fuego. Por ejemplo, yo creo que las familias que perdieron hijos en el tiroteo masivo de 2012 en la escuela primaria Sandy Hook en Newtown, Connecticut, deben poder demandar judicialmente a Remington Arms por hacer disponible el fusil de asalto AR-15 a civiles. Me enfurecía que existiera una ley especial que les concedía inmunidad de ser demandados a los fabricantes de armas de fuego.

Después de la matanza de nueve feligreses en la Iglesia Madre Emanuel en Charleston, Carolina del Sur, en junio de 2015, mi equipo enfocó su tarea en por qué un asesino supremacista blanco de veintiún años pudo comprar un arma de fuego a pesar de tener un antecedente de arresto que debió haber sido una alerta tras un chequeo de antecedentes. Encontramos que, bajo la ley actual, si un chequeo de antecedente no se completa en tres días, la tienda está en libertad de vender un arma de fuego sin hacer preguntas. Este es el resultado de una enmienda que la NRA diseñó e impulsó a través del Congreso durante el debate del Proyecto de Ley Brady en 1993. Los expertos dicen que más de cincuenta y cinco mil ventas de armas de fuego que debieron haber sido bloqueadas han sido permitidas por lo que comenzamos a llamar la "brecha de Charleston". Hice de cerrar esas brechas, o resquicios legales, una gran parte de mi campaña.

Oyendo las historias de las Madres en Chicago, estaba más segura que nunca de que enfrentar el *lobby* de armas de fuego era el paso acertado, cualquiera fuera el costo. Les conté acerca de algunas de las reformas en las que estaba trabajando mi equipo de políticas, y les pedí que se mantuvieran en contacto con nosotros y que no dudaran en enviar ideas y críticas. Les dije cuánto significaba para mí oír sus historias y lo determinada que estaba en ser su defensora. Estoy segura de que mis palabras me fallaron, pero era difícil expresar el honor que sentía por su disposición a abrirse tan completamente conmigo. "Somos mejores que esto, y necesitamos actuar como que lo somos", dije.

Cuando nuestra reunión se dispersó, las Madres comenzaron a

hablar intensamente entre ellas. Tomaban fotos y hacían planes. Muchas de ellas nunca se habían visto, pero ya estaban creando lazos como hermanas. Vi lo poderosas que eran juntas. Más tarde, cuando decidieron lanzarse a la campaña en mi favor, viajando alrededor de Carolina del Sur y de otros estados en primarias para hablar en mi nombre, me sentí conmovida y agradecida. Había nacido el grupo Madres del Movimiento.

En los meses que siguieron, siempre ansiaba encontrarme con las Madres durante la campaña. En los días difíciles, un abrazo o una sonrisa de ellas me daba un impulso extra. Y me propuse especialmente estar animada cuando estaba con ellas. Había demasiada tristeza en sus vidas, y lo menos que podía hacer era estar alegre con ellas.

Pero no era fácil. Seguían apareciendo nuevas tragedias. En julio de 2016 un hombre negro llamado Philando Castile recibió siete disparos en una parada de tráfico en las Ciudades Gemelas, con su novia Diamond Reynolds y su hija de cuatro años en el automóvil. Más tarde, un video mostraba a la niñita rogándole a su madre que estuviera quieta para que no la mataran a ella también. "No quiero que te disparen", decía la niña. "Está bien, dame un beso", respondía Diamond. "Yo puedo protegerte", le aseguraba la niñita antes de empezar a llorar. Dos semanas más tarde, me reuní con la familia de luto en Minnesota y oí lo mucho que la comunidad quería a Castile, incluyendo en la escuela especializada en Saint Paul donde trabajaba, y que Diamond y él habían planeado casarse.

Ese mismo mes, cinco policías cayeron en una emboscada en la que un francotirador los mató mientras protegían una protesta pacífica en Dallas. Yo estaba horrorizada por la noticia y rápidamente cancelé un evento que había estado planeando con Joe Biden en Scranton, Pensilvania. No pensé que fuera correcto asistir a un mitin de campaña el día después de semejante tragedia. Lo que hice fue asistir a una conferencia de ministros en Filadelfia y rendirles tributo a los policías muertos y ofrecer oraciones por sus familias. Llamé al alcalde Mike Rawlings y le ofrecí mi apoyo. El jefe de la policía de Dallas, David Brown, instó a los americanos a que apoyaran a los valientes hombres y mujeres que arriesgan sus vidas para mantener al resto protegidos. "No sentimos mucho apoyo la mayoría de los días. No hagamos del día de hoy un día de la mayoría", dijo. Estuve totalmente de acuerdo. Menos de dos semanas más tarde, otros tres policías fueron emboscados y muertos en Baton Rouge, Luisiana. Y al escribir esto, una policía en Nueva York, madre de tres hijos, fue muerta a tiros a sangre fría. Esta violencia —contra la policía, contra jóvenes negros (hombres y mujeres), contra cualquiera— debe cesar.

Desde la elección, he pensado con frecuencia en el tiempo que pasé con las Madres del Movimiento. Cada vez que he comenzado a lamentarme, he tratado de recordar cómo esas madres perseveran a través de circunstancias infinitamente más difíciles. Continúan haciendo todo lo que pueden para hacer de nuestro país un lugar mejor. Si ellas pueden, yo también puedo y todos podemos.

Pienso cómo me sentí de pie con ellas en un círculo de oración, como lo hicimos en la cena anual de la Fundación Trayvon Martin en Florida. Ocho de nosotras inclinamos nuestras cabezas juntas, tomadas de las manos, mirando hacia abajo en contemplación. Una de las Madres nos dirigió en oración, su voz alzándose y bajando, dándole gracias a Dios por hacer posibles todas las cosas.

Recuerdo algo que Gwen Carr dijo en nuestra visita a la Iglesia Bautista Central en Columbia, Carolina del Sur. En los primeros días después de perder a su hijo, Eric, ella ni siquiera podía levantarse de la cama. Pero entonces, dijo, "El Señor me habló y me dijo, '¿Vas a seguir ahí acostada y morirte como tu hijo, o te vas a levantar y elevar su nombre?'". Ella se dio cuenta en ese momento de que ninguna de nosotras puede descansar mientras haya otras personas que necesitan ayuda. Dijo: "Tenía que convertir mi pena en una estrategia, mi luto en un movimiento".


Las armas de fuego se convirtieron en un foco de tensión tanto en las primarias como en la elección general. Bernie Sanders, a quien le encanta hablar de cómo los "verdaderos progresistas" nunca ceden ante realidades políticas o intereses poderosos, hacía tiempo que había cedido a la realidad política de su estado rural de Vermont y apoyó las prioridades clave de la NRA, incluyendo haber votado contra el Proyecto de Ley Brady cinco veces en la década de los noventa. En 2005, votó por la ley de inmunidad especial que protege a fabricantes y vendedores de armas de fuego contra demandas judiciales cuando sus armas se usan en ataques mortales. La NRA dijo que la Ley de Protección del Comercio Lícito de Armas era la más importante legislación relacionada con armas de fuego en más de veinte años. El entonces senador Barack Obama y yo votamos en contra. No podía creer que Bernie continuara apoyando la ley diez años más tarde cuando se postuló a la presidencia.

Yo le sacaba el tema cada vez que tenía una oportunidad. Tuvimos un intercambio revelador en un debate en un mitin comunitario en marzo de 2016. Un hombre tomó el micrófono para hacer una pregunta. Su hija de catorce años había recibido disparos en la cabeza durante un tiroteo afuera de un restaurante Cracker Barrel. Después de algunos días de susto en soporte vital, la niña se recuperó y terminó siendo la única sobreviviente del ataque. El padre preguntó qué íbamos a hacer para resolver la epidemia de violencia de armas de fuego que prevalecía en nuestro país.

"Estoy mirando a su hija y estoy muy agradecida de que ella se esté riendo y esté camino a una recuperación total", dije yo. "Pero nunca debió haber sucedido". Le mencioné algunos de los pasos que yo quería dar para que las familias estuvieran protegidas, incluyendo la revocación de la protección de inmunidad a fabricantes de armas de fuego. El moderador entonces le preguntó a Bernie cuáles eran sus ideas acerca de una nueva demanda judicial desafiando la inmunidad corporativa. Para sorpresa mía, el senador fue más allá de sus declaraciones anteriores. Argumentó apasionadamente que las personas como yo que hablaban de demandar a los fabricantes de armas lo que realmente decían era "terminar la fabricación de armas en Estados Unidos". Para él, la idea de que un fabricante pudiera ser considerado responsable de lo que ocurre con sus armas puede ser equivalente a decir que "no debe haber armas en Estados Unidos". Yo no podía estar más en desacuerdo con él. Ninguna otra industria en nuestro país tiene ese tipo de protección que él apoyaba para los fabricantes de armas. Y en cualquier otra situación, él llevaba la voz cantante pidiendo que las corporaciones se consideraran responsables por sus acciones. ¿Por qué era este único tema tan diferente? Como le dije a la multitud, era como si él leyera directamente los puntos estratégicos de la NRA. Tras meses de presión de activistas y familiares de las víctimas, Bernie finalmente dijo que reconsideraría su voto.

Bernie y yo discrepábamos en el tema de las armas de fuego, pero los republicanos eran mucho más extremistas. Tan solo unos días después de que terroristas dispararan y mataran a catorce personas e hirieran gravemente a otras veintidós en una fiesta de un centro de trabajo en San Bernardino, California, los senadores republicanos bloquearon un proyecto de ley que prohibía comprar armas y explosivos a individuos que aparecían en la lista que les impedía viajar por aire en Estados Unidos. Yo creía que no había ni que pensar que, si uno es demasiado peligroso para montarse en un avión, ¡es también peligroso comprar un arma de fuego! Pero los republicanos rehusaron desafiar a la NRA.

Por otro lado, también estaba el factor Donald Trump. Desde el principio de la campaña, hizo todo lo que pudo para congraciarse con los representantes del *lobby* de armas de fuego, quienes pueden haber estado recelosos de que un multimillonario de Nueva York con una historia de abrigar simpatías hacia el control de armas de fuego, no fuera un aliado natural. Así que incurrió en sobrecompensación. Prometió obligar a las escuelas a permitir armas de fuego en las aulas y a revocar los esfuerzos que el presidente Obama hizo para fortalecer el sistema de chequeos de antecedentes. Después de la matanza en el Colegio Universitario Umpqua en Roseburg, Oregón, en el que murieron ocho estudiantes y un profesor, Trump dijo que el ataque había sido horrible, pero al parecer no pensó que pudiera hacerse algo al respecto. "Estas cosas van a ocurrir", dijo frívolamente. Después del ataque de junio en el club Pulse en Orlando que mató a cuarenta y nueve personas, muchas de ellas gente de color de la comunidad LGBT, Trump dijo que había sido "una lástima" que la gente en el club "no tuviera armas de fuego" —a pesar de que todas las investigaciones y el creciente número de muertos prueba que más armas de fuego significa más muertes—.

A los republicanos les gustaba agitar a su base con historias de cómo yo iba a destruir la Constitución y arrebatarles sus armas. No importaba que yo dijera lo contrario con la mayor claridad posible, incluyendo en mi discurso de aceptación en la Convención Nacional Demócrata: "No estoy aquí para revocar la Segunda Enmienda. No estoy aquí para quitarles las armas. Simplemente no quiero que alguien que no deba tener un arma de fuego, les dispare". Estaba acostumbrada a ser la villana favorita del *lobby* de armas de fuego. Pero, como de costumbre, Trump lo llevó a niveles nunca vistos. En agosto de 2016, proclamó en un mitin electoral en Carolina del Norte que, si a mí me elegían presidente, no habría manera de impedirme que nombrara magistrados liberales a la Corte Suprema. Bueno, dijo, a lo mejor la "gente de la Segunda Enmienda" podría encontrar una forma de detenerme. Muchos de nosotros interpretamos eso como: tal vez alguien me pegaría un tiro.

El comentario de Trump causó un revuelo en la prensa. Yo estaba particularmente preocupada por que, si alguna "persona de la Segunda Enmienda" me perseguía, se tropezaría con mis agentes del Servicio Secreto. La campaña de Trump trató de minimizar su comentario, pero todos oyeron la insinuación bien claro. Más tarde, hubo informes de que el Servicio Secreto le dijo al equipo de Trump que procurara que su candidato descontinuara ese tipo de comentario.

En cuanto a la NRA, la organización cumplió su promesa de hacer todo lo que pudiera para detenerme. El *lobby* de armas de fuego gastó más de $30 millones en apoyo de Trump, más dinero que cualquier otro grupo externo y más del doble de lo que gastó para apoyar a Mitt Romney en 2012. Alrededor de dos tercios de ese dinero se destinó a pagar diez mil avisos negativos atacándome en estados indecisos. La organización no tuvo las agallas para enfrentarse a mis propuestas de políticas específicas, las cuales eran ampliamente populares incluso entre los dueños de armas. Lo que hicieron fue meter miedo y satanizarme. En uno de los avisos, una mujer está sola en la cama cuando un ladrón entra en la casa. "No dejes que Hillary te deje con tan solo un teléfono como protección", advierte el narrador, sugiriendo falsamente que yo les impediría tener un arma a americanos cumplidores de la ley.

Estoy segura de que algunos de mis compañeros demócratas al ver esa arremetida de alto costo concluirán, como lo han hecho en el pasado, que no vale la pena confrontar a la NRA. Algunos podrían poner a la seguridad de las armas de fuego junto con los derechos reproductivos en la lista de cosas "negociables", para evitar distraerse de la economía populista. Quién sabe si lo mismo puede ocurrirle a la reforma de la justicia criminal y a la justicia racial de manera más amplia. Eso sería un craso error. Los demócratas no deben reaccionar a mi derrota retractándose de nuestros más fuertes compromisos en estos temas de vida o muerte. La vasta mayoría de los americanos está de acuerdo en que necesitamos un mayor control de las armas de fuego. Este es un debate que podemos ganar si persistimos.

Al conocer a más sobrevivientes de la violencia con armas de fuego y a familias de las víctimas, me quedé asombrada de la cantidad que compartía la convicción de las Madres del Movimiento de que tenían que convertir su dolor privado en acción pública.

Una de las voces más poderosas vino de alguien que tenía dificultades para hablar: la ex congresista de Arizona, Gabby Giffords, quien recibió un disparo en la cabeza en 2011 cuando se reunía con sus votantes en el estacionamiento de un supermercado de Tucson. Antes del tiroteo, Gabby era una estrella en alza: brillante, magnética y efectiva. Después del tiroteo, tuvo que perseverar mediante intensa fisioterapia y reaprender a caminar y a hablar. No obstante, ella y su esposo, el ex astronauta y piloto de guerra capitán Mark Kelly, se convirtieron en defensores apasionados del control de las armas de fuego. Me encantaba hacer campaña con ellos y observar cómo las multitudes quedaban fascinadas con Gabby, como me había ocurrido a mí. "Hablar es difícil para mí", decía, "pero en enero quiero pronunciar estas dos palabras: Señora Presidenta".

Otros defensores eran menos famosos pero no menos valientes, incluyendo las familias de las víctimas de la escuela primaria de Sandy Hook en Newtown, Connecticut. Cada vez que yo trataba de hablar de la matanza de niñitos que había ocurrido en esa escuela en 2012, se me hacía un nudo en la garganta. No sé cómo algunos de los padres de luto encontraron fuerzas para compartir sus experiencias en eventos de campaña, pero siempre les estaré agradecida por hacerlo.

Nicole Hockley me acompañó a un mitin electoral comunitario en

Nuevo Hampshire. Su hijito de seis años, Dylan, fue muerto a tiros a pesar de los heroicos esfuerzos de una maestra de educación especial por protegerlo de las balas. Después de la matanza, Nicole se convirtió en la gerente de La Promesa de Sandy Hook, una organización que ha entrenado a cerca de dos millones de personas en todo el país a identificar conductas potencialmente violentas e intervenir antes de que se produzca un ataque peligroso.

Mark Barden es uno de los miembros de La Promesa de Sandy Hook. Su hijo Daniel, de siete años, murió ese día. Mark recuerda cómo, la mañana del tiroteo, Daniel se despertó temprano para ver la salida del sol con Mark. Y cuando llegó la hora de que su hermano mayor, Jake, saliera para su escuela, Daniel corrió por la entrada de autos al frente para despedirlo con un abrazo y un beso.

Después del tiroteo, Mark y su esposa, Jackie, fueron los que demandaron a Remington Arms, la compañía que fabrica armas de grado militar como la que utilizó el que perpetró el ataque. Su argumento fue que Remington debe ser considerado responsable de vender y promover el uso de armas militares a personas civiles. (El caso fue descartado y ahora está en proceso de apelación).

Y también está Nelba Márquez-Greene, quien habló conmigo en el evento en Hartford, Connecticut. Ella perdió a su hijita, Ana, de seis años, en Sandy Hook. La noche anterior al tiroteo, su esposo y ella llevaron a Ana y a Isaiah, el hermano mayor de Ana, a comer fuera en el restaurante Cheesecake Factory. La cena familiar fue un derroche que incluyó dos vueltas de postres. Isaiah, alumno también de Sandy Hook, oyó los disparos que mataron a su hermana desde un aula cercana. La familia enterró a Ana dos días antes de Navidad, cuando sus regalos estaban todavía sin abrir bajo el arbolito.

Nelba, terapeuta de jóvenes problemáticos, ahora dirige el Proyecto Ana Grace, que entrena a maestros y escuelas a reducir el aislamiento social y a crear comunidades protegidas y receptivas para estudiantes.

Al inicio del curso escolar después del tiroteo, Nelba escribió una carta abierta a los maestros en su distrito. "Cuando hagan una búsqueda en Google de la palabra 'héroe', deben aparecer una foto de un director de escuela, un trabajador de almuerzo escolar, un custodio, un especialista en lectura, una maestra y un monitor de autobuses escolares", escribió ella. "Los héroes verdaderos no usan capas. Trabajan en las escuelas de Estados Unidos".

Una de esas heroínas fue Dawn Hochsprung, la directora de la escuela primaria Sandy Hook. Cuando Dawn oyó los disparos, corrió hacia el pasillo. Vio al hombre armado y se lanzó hacia él para tumbarle el arma de las manos. Murió tratando de proteger a sus alumnos.

Durante la campaña, conocí a la hija ya adulta de Dawn, Erica Smegielski. Cuando Dawn murió, había estado ayudando a Erica a planear su boda en el verano. Erica no podía imaginar caminar hacia el altar sin su mamá. Pero lentamente fue armando su vida de nuevo y logró tener una jubilosa celebración de su boda. Erica fue entonces a trabajar en Everytown for Gun Safety, la organización de Mike Bloomberg que aboga por leyes sensatas de armas de fuego. Erica se lanzó de lleno a mi campaña, hablando en todo el país y contando su historia en un poderoso aviso de televisión. Me dijo una vez que yo le recordaba a Dawn. Un elogio que nunca olvidaré.

A pesar de lo difícil que es la política de armas de fuego, y de lo dividido que se siente el país, tenemos que hacer mejor las cosas. La NRA puede gastar todo lo que quiera. Donald Trump puede fraternizar por ahí con Alex Jones, el teórico de la conspiración que dice que la masacre de Sandy Hook fue un fraude. Qué mentira tan despreciable. Esta gente está en el lado equivocado de la justicia, de la historia, de la básica decencia humana. Y es por los padres de Sandy Hook, las Madres del Movimiento, Gabby y Mark y tantos otros sobrevivientes y familiares increíblemente valientes que yo sé en lo profundo de mi corazón que un día detendremos la marea y salvaremos vidas.

Pienso en algo que le oí decir a Erica durante la campaña. Ella explicaba cómo logró levantarse después de perder a su madre y decidió dedicar su vida al control de las armas de fuego. "¿Qué pasaría si todo el que enfrenta desafíos difíciles dijera, 'Es muy duro, así que me voy a alejar'?" preguntó ella. "Ese no es el mundo en que quiero vivir".

Yo tampoco, Erica.

*Me encanta la gente que se abrocha correas y hebillas,*
*    buey con un pesado carretón,*
*que hala como búfalo de agua, con masiva paciencia,*
*que se esfuerza en fango y estiércol para adelantar las cosas,*
*que hace lo que tiene que hacer, una y otra vez.*

—Marge Piercy

# Idealismo
y realismo

*Servir es la renta que pagamos por vivir.*

*Es el verdadero propósito de la vida, y no algo que se hace en el tiempo libre.*

—Marian Wright Edelman

# Agentes de cambio

Uno de los desafíos más persistentes que he enfrentado como candidata es que se me haya percibido como defensora del *statu quo*, mientras mis opositores en las primarias y en la elección general se adjudicaron el codiciado manto de "cambio". Lo mismo me ocurrió en 2008. Nunca logré encontrar la manera de sacudirme esa percepción.

*Cambio* puede ser la palabra más poderosa en la política americana. Es también una de las más difíciles de definir. En 1992 y 2008, *cambio* significó elegir líderes jóvenes que prometieron esperanza y renovación. En 2016, significó entregarle un fósforo encendido a un pirómano.

La añoranza de cambio emerge desde lo más profundo del carácter de nuestro inquieto país, siempre en búsqueda, en constante reinvención. Es parte de lo fenomenal de Estados Unidos. Pero no siempre empleamos suficiente tiempo en pensar lo que se requiere para realizar el cambio que buscamos. El cambio es difícil. Es una razón por la que a veces caemos en manos de líderes que lo hacen sentir fácil pero que no tienen idea de cómo resolver las cosas. Con demasiada frecuencia dejamos de pensar en adecuada magnitud o de actuar con la rapidez suficiente y dejamos escapar oportunidades. O no tenemos la paciencia para ver el final de las cosas.

He estado pensando la mayor parte de mi vida en lo que significa ser un agente de cambio. Mi viaje me llevó de ser una estudiante activista a luchar por los derechos de los ciudadanos a ser una política que formula políticas públicas. En el camino, nunca dejé de buscar el balance correcto entre idealismo y realismo. A veces tuve que aceptar dolorosos compromisos. Pero también he tenido el gran privilegio de conocer a personas cuyas vidas fueron más saludables, más libres y más plenas gracias a mi trabajo. Hoy, a pesar de mi derrota en 2016, estoy más convencida que nunca de que para progresar en una democracia grande y estridente como la nuestra se necesita una mezcla de principios y pragmatismo, además de una dosis enorme de persistencia.

Nadie hizo más para ayudarme a entender esto que Marian Wright Edelman, la fundadora del Fondo para la Defensa de los Niños (CDF, por sus siglas en inglés) y mi primera jefa. Cuando la conocí en la primavera de 1970 sus logros ya eran asombrosos. Fue la primera mujer negra que aprobó el examen del Colegio de Abogados en Misisipi, después de graduarse de la Escuela de Leyes de Yale en 1963. Se convirtió en una abogada de derechos civiles para la Asociación Nacional para el Progreso de las Personas de Color (NAACP, por sus siglas en inglés) en Jackson y estableció un programa de Avance (*Head Start*) para niños pobres desesperadamente necesitados. Marian trabajó con el Dr. King y le abrió los ojos a Bobby Kennedy a la realidad de la pobreza en Estados Unidos cuando lo llevó a las diminutas casuchas en el delta del río Misisipi y le presentó a niños tan hambrientos que estaban casi catatónicos.

Marian me mostró lo que hace falta para realizar un cambio real y duradero. Me inició como activista, siguió al tanto de mí cuando yo avanzaba hacia convertirme en una líder nacional y estuvo conmigo cuando todo se vino abajo como candidata.


Tenía poco más de veinte años cuando conocí a Marian, pero ya yo había pasado bastante tiempo tratando de averiguar cómo ser una activista efectiva.

Mis padres —especialmente mi madre— nos criaron a mis hermanos y a mí en la tradición metodista de "fe en acción". En la iglesia nos enseñaron a ser "hacedores de la palabra, no solamente oidores". Eso significaba salir de los bancos de la iglesia, remangarnos y hacer "todo el bien que puedan, para toda la gente que puedan, en todas las formas que puedan y por el mayor tiempo que puedan". Ese credo, atribuido al fundador del metodismo, Juan Wesley, inspiró a generaciones de metodistas a hacer trabajo voluntario en hospitales, escuelas y barrios pobres. Para mí, vivir en un cómodo suburbio de clase media me dio un sentido de propósito y dirección, guiándome hacia una vida de servicio público.

Mi fe activista se acentuó con los disturbios sociales de los años sesenta y setenta. En el colegio universitario y en la escuela de leyes mis amigos y yo pasamos muchas largas noches debatiendo la moralidad y la eficacia de la desobediencia civil, de evitar el reclutamiento militar y otras formas de resistencia. ¿Qué se requería para poner fin a una guerra injusta en Vietnam, expandir los derechos civiles y de la mujer y combatir la pobreza y la injusticia? ¿Debe nuestro objetivo ser reforma o revolución? ¿Consenso o conflicto? ¿Debemos protestar o participar?

La "izquierda", de la que nos considerábamos parte, estaba dividida. Los radicales hablaban de revolución y creían que el conflicto era la única manera de generar cambio. No era una sorpresa que yo coincidiera más con los liberales que argumentaban que el sistema tenía que reformarse desde dentro. En parte era una cuestión de temperamento —soy pragmática tanto por naturaleza como por crianza— pero observaba y aprendía también de los sucesos que me rodeaban.

En Wellesley traté de encontrar maneras de empujar el colegio universitario hacia posiciones más progresistas más bien mediante negociación que por disrupción. Me postulé para presidente del estudiantado en 1968 porque pensé que podía hacer un buen trabajo convenciendo a los administradores de la universidad a realizar los cambios que los estudiantes queríamos. Mi plataforma incluía añadir estudiantes a los comités del cuerpo docente, reclutar más estudiantes y docentes de color, abrir más el plan de estudios y disminuir los toques de queda y otras restricciones sociales. Gané y me pasé el siguiente año tratando de traducir las demandas de estudiantes intranquilos a un cambio mensurable en el precinto escolar.

Ese verano, estaba en Grant Park en Chicago cuando las protestas afuera de la Convención Nacional Demócrata se convirtieron en un tumulto que conmocionó a la nación. Mi amiga de mucho tiempo Betsy Ebeling y yo casi recibimos una pedrada lanzada por alguien en la multitud detrás de nosotras. La fuerza policiaca del alcalde Richard Daley tuvo más culpa por la violencia que los chicos del parque. Pero toda la escena me dejó preocupada de que el movimiento contra la guerra estaba causando una reacción violenta que ayudaría a elegir a Richard Nixon y prolongar la guerra. Era un tiempo aterrador, exasperante, excitante y confuso para una activista joven en Estados Unidos.

En mayo de 1970, apenas pocos días después de que cuatro estudiantes universitarios que protestaban desarmados fueran muertos a tiros por miembros de la Guardia Nacional en el precinto de la Universidad Estatal de Kent en Ohio, hablé en la convención del cincuenta aniversario de la Liga de Mujeres Votantes en Washington. La organización cívica me había invitado después de que mi discurso de graduación en Wellesley había sido noticia nacional el año anterior. Llevaba un brazalete negro en memoria de los estudiantes que habían muerto en Kent. En mis palabras traté de explicar la tensión que sentían tantos activistas jóvenes, titubeando e incesantemente pensando que "hablar a estas alturas ya no tenía sentido y creyendo que, de alguna manera, teníamos que continuar usando palabras". Era una época en que los chicos de dieciocho años podían ser reclutados para luchar en una guerra que ellos consideraban un error, pero no tenían todavía el derecho a votar. Muchos de mis contemporáneos estaban furiosos, llenos de ira y desesperación. Habían renunciado a la esperanza de que el progreso era posible, al menos a través de los medios tradicionales.

Yo había leído un artículo en el *Washington Post* acerca de la Liga de Mujeres Votantes citando a una vigilia en la escalinata del Capitolio para protestar la reciente invasión de Nixon en Camboya. Nixon había prometido poner fin a la guerra y ahora parecía estar escalándola. Yo creía que invadir Camboya era tanto inmoral como ilegal. Pero sabía que no todos en la audiencia querían oír esto. Esa vigilia en el Capitolio fue controversial, incluso internamente. Una miembro de Connecticut que no había participado fue citada por el *Post* diciendo que ella no creía en las protestas y tenía miedo de que la vigilia pudiese manchar la reputación de la liga. Pensé que eso era absurdo y lo dije. "No levantarse y protestar hoy contra las fuerzas de la muerte es contarse entre ellas", dije, usando el tipo de lenguaje súper cargado que era común entonces, al menos para los estudiantes activistas. "Las personas —seres humanos vivos que respiran y sienten afecto hacia los demás— que nunca se han visto envueltas antes deben hacerlo ahora. Debe prescindirse del lujo de deliberaciones a largo plazo y de análisis verbosos en favor de la acción".

A pesar de la retórica caliente (¡y verbosa!), mi idea de acción no era terriblemente radical. Urgí a las socias de la liga a que usaran su poder económico —"¿Saben el tipo de actividad en que están envueltas las corporaciones en que la gente invierte? ¿Cuánto tiempo más podemos dejar que las corporaciones nos gobiernen?"— para ayudar a activistas opuestos a la guerra a usar el sistema político de manera más efectiva. Sentía apasionadamente que nadie podía permanecer al margen en tiempos de semejante revuelta política.

Considerando todo lo que estaba ocurriendo, mis amigas y yo a veces nos preguntábamos si haber estudiado en Yale había sido una opción moralmente defendible o si nos habíamos vendido. Algunos de nuestros compañeros de promoción efectivamente estaban ahí simplemente para abrir la puerta a un gran salario y a la oportunidad de defender a las corporaciones que explotaban a sus trabajadores y consumidores. Pero para muchos de nosotros, nuestra educación legal nos dotaba de un arma poderosa como activistas. La ley puede parecer árida y abstracta en los libros de texto, pero nos alegrábamos por los abogados en cruzadas en todo el país que generaban cambios desafiando injusticias en las cortes. Cuando comencé a trabajar de voluntaria en la Clínica de Servicios Legales de Nuevo Haven, vi de primera mano cómo la ley puede mejorar o dañar vidas. Todavía creía que había un lugar para las protestas —y actué de moderadora en una asamblea masiva en Yale en la que los estudiantes votaron por una huelga después de los tiroteos de Kent, en parte porque los estudiantes hombres no atinaban a ponerse de acuerdo sobre cuál de ellos debía hacerse cargo— pero más y más, yo estaba observando cómo el sistema podía cambiarse a través de trabajo duro y reforma.

Todo esto cristalizó para mí cuando fui a trabajar para Marian en el CDF. Me envió a su estado de origen en Carolina del Sur para reunir evidencia para una demanda judicial que procuraba que se pusiera fin a la práctica de encarcelar a adolescentes en prisiones de adultos. Un abogado de derechos civiles me prestó su automóvil, y conduje por todo el estado visitando cortes, reuniéndome con padres de chicos de trece, catorce, quince años que estaban en la cárcel con hombres adultos que habían cometido graves delitos. Fue algo revelador e indignante.

Después, trabajé encubierta —¡de veras!— en Dothan, Alabama, para poner al descubierto a escuelas segregadas tratando de evadir la integración. Posando como la joven esposa de un hombre de negocios que había sido transferido al área, visité la escuela privada para blancos que acababa de inaugurarse en la ciudad y había recibido un estatus de exenta de impuestos. Cuando comencé a hacer preguntas acerca del estudiantado y del currículo, me aseguraron que no se matricularían estudiantes negros. Marian utilizó la evidencia que otros activistas y yo reunimos en el campo para presionar a la administración de Nixon a hacer algo contra esas academias llamadas segregadas. Fue un trabajo excitante porque era algo significativo y real. Después de años estudiando justicia social desde lejos, finalmente estaba haciendo algo.

Otro de los primeros trabajos para Marian fue ir puerta a puerta en un vecindario portugués de clase trabajadora en New Bedford, Massachusetts, para averiguar por qué tantas familias no enviaban a sus hijos a la escuela. Una respuesta fue que, en aquellos días, la mayoría de las escuelas no podían acomodar niños con discapacidades, por lo que esos chicos no tenían otra opción que quedarse en casa. Nunca olvidaré mi reunión con una niña joven en una silla de ruedas en el traspatio de su casa. Me dijo cuántos deseos tenía de ir a la escuela. Pero la silla de ruedas lo hacía imposible. Al parecer, era un problema simple de resolver.

Ese fue un momento esclarecedor para mí. A mí me habían enseñado a creer en el poder de la razón, la evidencia, el argumento y en la centralidad de lo justo y la igualdad. Como una liberal universitaria en la efervescencia de los años sesenta, tomé muy en serio la "elevación de la conciencia". Pero hablar sólo de lo que es justo no lograría construir una rampa para la silla de ruedas de esta niña en la escuela pública local. Sería necesario, aunque insuficiente, elevar la conciencia pública para cambiar la política de la escuela y que contrataran y entrenaran nuevo personal para darle a estudiantes con discapacidades una educación en igualdad. En lugar de esperar una revolución, el tipo de cambio que esta niña necesitaba era probablemente más parecido a la descripción que el sociólogo Max Weber hizo de la política: "un fuerte, lento y aburrido perforar de duras tablas". Me sentí lista para hacerlo.

Bajo el liderazgo de Marian, reunimos datos a fin de documentar el alcance del problema. Escribimos un informe. Creamos una coalición de organizaciones que pensaran de manera similar. Y fuimos a Washington a argumentar nuestro caso. Demoró hasta 1975, pero el trabajo del CDF finalmente ayudó a convencer al Congreso de aprobar la Ley de Educación para Todos los Niños Discapacitados, la cual estableció el requisito de que todas las escuelas públicas hicieran lo necesario para acomodar a niños discapacitados.

Este tipo de trabajo no es glamoroso. Pero mi experiencia con el CDF me convenció de que *es así* cómo se logran los verdaderos cambios en Estados Unidos: paso a paso, año a año, a veces incluso puerta a puerta. Se necesita agitar y presionar a los líderes políticos. Hay que alterar políticas y recursos. Y ganar elecciones. Hay que cambiar corazones *y* cambiar leyes.

Aunque nunca imaginé postularme a un cargo, llegué a ver la política partidista como la senda más viable en una democracia para lograr un progreso significativo y duradero. Entonces, como ahora, muchos de los activistas progresistas preferían distanciarse de la política partidista. Algunos veían tanto a los demócratas como a los republicanos como corruptos y condicionados. Otros se desalentaban tras repetidas derrotas. Era devastador ver a los demócratas perder cada una de las elecciones presidenciales excepto una entre 1968 y 1988. Pero, a pesar de todo, me atraía la política. Incluso cuando me desilusionaba, sabía que ganar elecciones era la llave que podía abrir la puerta a los cambios que nuestro país necesitaba. Así que llené sobres para Gene McCarthy en Nuevo Hampshire, inscribí votantes para George McGovern en Texas, organicé oficinas para Jimmy Carter en Indiana y apoyé con entusiasmo la decisión de mi esposo de aspirar a un cargo en Arkansas.

Mi identidad como defensora y activista siguió siendo importante para mí a medida que pasaron los años. Cuando fui objeto de *lobby* y protestas como funcionaria pública, fue un poco como atravesar al otro lado del espejo. Cada vez que me frustraba, me recordaba a mí misma cómo me había sentido cuando estaba en el otro lado de la mesa o afuera en la calle con una pancarta y un megáfono. Había estado allí. Sabía que los activistas que me hacían pasar un mal rato estaban haciendo su trabajo, tratando de impulsar el progreso recalcando la responsabilidad de los líderes. Ese tipo de presión no es solamente importante, es crítico a la misión de lograr una democracia saludable. Como supuestamente le dijo FDR a un grupo de líderes por los derechos civiles, "Está bien, me convencieron. Ahora oblíguenme a hacerlo".

Aun así, había una tensión inherente. Algunos activistas y defensores veían su función como la de presionar a la gente en el poder, incluyendo a aliados, y no estaban listos para hacer concesiones. No tenían que llegar a acuerdos con republicanos o preocuparse por ganar elecciones. Pero yo sí. Hay principios y valores sobre los que nunca debemos hacer concesiones, pero para ser un líder efectivo en una democracia, se necesitan estrategias y tácticas flexibles, especialmente bajo condiciones políticas difíciles. Aprendí eso de forma difícil durante nuestra batalla por la reforma del cuidado de la salud a principios de los noventa. La renuencia a hacer concesiones puede acarrear derrotas. A las fuerzas opuestas al cambio les resulta más fácil. Pueden simplemente decir que no, una y otra vez, y culpar al lado opuesto cuando no ocurre. Pero si se quiere lograr hacer algo, hay que encontrar una manera de llegar al sí.

De modo que nunca he sentido mucho respeto hacia los activistas que están dispuestos a dejar de participar en elecciones, desperdiciar sus votos o destruir a aliados bien intencionados con tal de no interactuar constructivamente. Hacer que lo perfecto sea enemigo de lo bueno es miope y contraproducente. Y cuando alguien en la izquierda comienza a hablar de que no hay diferencia entre los dos partidos o que elegir a un republicano derechista pueda de alguna manera acelerar "la revolución", está insondablemente equivocado.

Cuando yo era secretaria de Estado, conocí en Cairo a un grupo de jóvenes activistas egipcios que habían ayudado a organizar las demostraciones en la Plaza Tahrir que asombraron al mundo y derrocaron al presidente Hosni Mubarak a principios de 2011. Estaban intoxicados por el poder de sus protestas, pero mostraban muy poco interés en organizar partidos políticos, formular plataformas, tener candidatos que se postularan o construir coaliciones. La política no era para ellos, dijeron. Sentí temor de lo que eso significaría para su futuro. Pensaba que esencialmente les estaban entregando el país a las dos fuerzas más organizadas de Egipto: la Hermandad Musulmana y las fuerzas armadas. En los años que siguieron, ambos temores demostraron ser acertados.

Tuve conversaciones similares con algunos activistas de Black Lives Matter (Las Vidas Negras Importan) durante la campaña de 2016. Respetaba la efectividad con que su movimiento se apoderó del debate nacional. Les di la bienvenida cuando activistas como Brittany Packnett y DeRay Mckesson me presionaron sobre temas específicos e interactuaron con mi equipo y conmigo para hacer que nuestra plataforma fuera mejor y más fuerte. Y me sentí honrada cuando me respaldaron oficialmente para la presidencia. Pero me preocupó cuando otros activistas mostraron más interés en la disrupción y la confrontación que en trabajar juntos para cambiar las políticas que perpetúan el racismo sistémico.

Esto estuvo en mi mente durante un memorable encuentro con unos cuantos activistas jóvenes en agosto de 2015. Habían conducido desde Boston para asistir a una de mis mítines electorales comunitarios en Keene, Nuevo Hampshire. Bueno, *asistir*, no es exactamente la palabra correcta. *Perturbar* es más acertada. El mitin comunitario se enfocó en el creciente problema del abuso de opioides que estaba asolando pequeños pueblos en todo Estados Unidos, pero los activistas estaban resueltos a apoderarse del foco de atención para discutir una epidemia diferente: los jóvenes negros que estaban muriendo en encuentros con la policía, así como el más amplio racismo sistémico que devaluaba las vidas negras y perpetuaba inequidades en educación, viviendas, empleo y el sistema de justicia. En resumen, una causa digna por la cual luchar.

Llegaron demasiado tarde para participar en el mitin comunitario, pero mi equipo sugirió que nos reuniéramos después para que los activistas me pudieran presentar sus preocupaciones directamente. Tal vez podríamos incluso tener un intercambio constructivo. Comenzó bien. Estábamos de pie en un pequeño círculo detrás del escenario, lo cual le dio a la discusión una sinceridad íntima.

"Lo que ustedes están haciendo como activistas y como personas que están constantemente presentando estos temas es realmente importante", dije yo. "No podemos obtener cambios a menos que haya una presión constante". Entonces hice una pregunta que había estado preguntándome durante algún tiempo: ¿Cómo planeaban ampliar su éxito inicial? "Necesitamos un plan completo que abarque todo. Me encantaría trabajar con ustedes", dije.

Pero estos activistas no querían hablar de desarrollar una agenda para formular políticas. Uno estaba singularmente enfocado en hacer que yo aceptara responsabilidad personal por haber apoyado políticas, especialmente la ley sobre crimen que mi esposo firmó en 1994, la cual este activista alegaba que había creado una cultura de encarcelamiento masivo. "Usted, Hillary Clinton, ha sido, sin ninguna duda, parcialmente responsable por esto. Más que la mayoría", declaró.

Yo pensaba que estos activistas tenían razón en que era hora de que los funcionarios públicos —y todos los ciudadanos, en realidad— cesaran las sutilezas acerca del papel brutal que el racismo ha jugado en nuestra historia y continúa jugando en nuestra política. Pero su opinión sobre la ley de crimen de 1994 la simplifica tanto que resulta irreconocible.

La Ley de Control del Crimen Violento y de Cuerpos Policiales se aprobó durante la epidemia de *crack* que había asolado las ciudades americanas en los ochenta y principios de los noventa. Incluía estipulaciones importantes y positivas, tales como la Ley de Violencia Contra las Mujeres y la prohibición de armas de asalto. Estableció cortes especiales para delitos de droga a fin de mantener a los que cometían un delito por primera vez fuera de la cárcel, proveía fondos para oportunidades extraescolares y de trabajo para jóvenes en situación de riesgo y proveía recursos para contratar y entrenar a más policías. Lamentablemente, la única manera de aprobar una ley era incluir medidas que demandaban los congresistas republicanos. Ellos insistieron en condenas federales más largas para crímenes relacionados con las drogas. Los estados que ya tenían condenas más altas se sintieron envalentonados. Los estados que no lo estaban haciendo, comenzaron a hacerlo. Y todo eso condujo a tasas más altas de encarcelamiento en todo el país. Como presidente de la Comisión Judicial del Senado, Joe Biden ayudó a redactar la legislación del acuerdo. Bernie Sanders votó a favor. Y así lo hizo también la mayoría congresista demócrata. La apoyaron también muchos líderes negros resueltos a detener la ola de crimen que estaba diezmando sus comunidades. Como lo explica el profesor James Forman Jr., de la Escuela de Leyes de Yale, en su libro *Locking Up Our Own: Crime and Punishment in Black America (Encerrar a los nuestros: Crimen y castigo en la América negra)*, "Los afroamericanos *siempre* han visto la protección de vidas negras como un tema de derechos civiles, sea que la amenaza venga de la policía o de criminales de la calle".

De modo que sí, la ley sobre crimen tenía defectos. Fue un acuerdo difícil. Y es justo decir, como lo ha hecho Bill en los años que le siguieron, que las consecuencias negativas de la ley tuvieron un fuerte impacto, especialmente en las comunidades de minorías. "Firmé un proyecto de ley que empeoró el problema", dijo Bill en una conferencia nacional de la NAACP en julio de 2015, refiriéndose al encarcelamiento excesivo. Estuve de acuerdo con él, por lo cual fui la primera candidata en hacer un llamado a poner "fin a la era de encarcelamientos masivos" y propuse una agenda agresiva para reformar el sistema de justicia criminal. Es doloroso ahora pensar cómo estamos retrocediendo en esos temas bajo el presidente Trump, con un fiscal general que favorece condenas más largas para los delitos de drogas y menos supervisión de los departamentos de policía, y quien es hostil hacia los derechos civiles y el derecho al voto en general.

De modo que entendí la frustración de los activistas de Black Lives Matter, y respeté su convicción. Sabía que sus reclamos procedían de toda una vida de haber sido ignorados y vilipendiados por figuras de autoridad. Pero yo continué tratando de llevar la conversación de vuelta a la manera de desarrollar y avanzar una agenda concreta en justicia racial.

"Tiene que haber alguna visión y plan positivos hacia los cuales movilizar a la gente", dije. "La concientización, la defensa, la pasión, la juventud de su movimiento es tan crucial. Pero ahora lo que estoy sugiriendo —incluso para nosotros los pecadores— es encontrar puntos en común en agendas que puedan marcar una diferencia aquí y ahora en las vidas de la gente".

Seguimos dándole vueltas y vueltas a estos temas durante un rato, pero era como si estuviéramos hablándole a la pared. Creo que ninguno de nosotros salió muy satisfecho de la conversación.

Tomé muy en serio las políticas que algunos de los activistas de Black Lives Matter presentaron más tarde para reformar el sistema de justicia criminal y para invertir en comunidades de color. Le pedí a Maya y a nuestro equipo que trabajaran estrechamente con ellos. Incorporamos lo mejor de sus ideas y nuestros planes, conjuntamente con aportes de organizaciones de derechos civiles que habían estado en las trincheras durante décadas. En octubre de 2015, mi amiga Alexis Herman, ex secretaria de Trabajo, organizó una reunión en Washington para mí con otro grupo de activistas. Tuvimos una conversación interesantísima acerca de cómo mejorar el trabajo de la policía, crear confianza y un sentido de seguridad y oportunidad en los vecindarios negros. Hablaron de sentirse no solamente como extraños en Estados Unidos sino como intrusos, como personas que nadie quiere, que nadie valora. Como lo describió una mujer, "Si usted luce como yo, su vida no vale nada". Fue doloroso oír a una americana joven expresarse de esa manera.

Encontrar el balance correcto entre principios y pragmatismo no es fácil. Un ejemplo de lo difícil que era para mí fue el esfuerzo por reformar las prestaciones sociales en los años noventa, otro difícil acuerdo que continúa siendo controversial. Bill y yo creíamos que hacía falta un cambio para ayudar más a la gente a obtener las herramientas y el apoyo para pasar de beneficiado por prestaciones sociales a trabajador, incluyendo asistencia con los cuidados de salud para adultos y niños. Pero los republicanos del Congreso estaban resueltos a destruir la red social de seguridad. Querían cortar los fondos y garantías para las prestaciones sociales, Medicaid, los almuerzos escolares y los cupones para alimentos; negar todos los beneficios incluso a inmigrantes *documentados*; y enviar a niños de madres solteras adolescentes a orfanatos —todo esto mientras les ofrecían poco apoyo a las personas que querían encontrar trabajo. Era despiadado. Alenté a Bill a que vetara el plan republicano, y así lo hizo. Lo volvieron a aprobar con mínimos cambios. Y él lo volvió a vetar. Entonces el Congreso aprobó un plan de acuerdo. Todavía tenía fallas, pero en general parecía que podía ayudar más que hacer daño.

Fue una decisión difícil. Bill y yo nos mantuvimos despiertos por la noche discutiéndolo. El nuevo plan ya no bloqueaba Medicaid ni los cupones para alimentos, sino que les adjudicaba más fondos, además de al cuidado de niños, a las viviendas y al transporte para que la gente pasara de ser beneficiada por los servicios sociales a ser trabajadora. Teníamos la esperanza de que la administración de Bill pudiera arreglar algunos de los problemas legislativos en un segundo término y seguir haciendo presión para contribuir a que los ciudadanos lograran salirse de la pobreza. Al final, decidió aceptar lo malo con lo bueno y firmar la legislación para convertirla en ley.

Dos de las voces que más se hicieron oír en oposición al acuerdo pertenecían a Marian Wright Edelman y a su esposo, Peter, subsecretario de Salud y Servicios Humanos. Marian escribió una apasionada columna de opinión en el *Washington Post* calificándolo como la "prueba de fuego moral definitoria" de la presidencia de Bill. Peter renunció en protesta. Yo respetaba la posición de Marian y Peter —es más, no esperaba menos de ellos— pero fue doloroso ver dañada una de las relaciones definitorias de mi vida.

Nunca hubo una ruptura completa, y finalmente volvimos a acercarnos y juntarnos en favor de las mismas pasiones que habíamos compartido y que nos hicieron tan amigos inicialmente. Marian y yo nos lanzamos a la lucha por crear el Programa de Seguro de Salud para Niños (CHIP, por sus siglas en inglés), el cual surgió de las cenizas del fracaso de la administración de Clinton en pasar la reforma de cuidado de salud universal en 1993–1994. Aprendí muchas lecciones sobre lo que hace falta para lograr cosas en el Congreso, incluyendo cómo trabajar cruzando el pasillo que separa a republicanos de demócratas y apoyarme de manera más efectiva en aliados externos como Marian. Esas lecciones dieron resultado cuando el CHIP se convirtió en un triunfo bipartidista que continúa proveyendo cuidados de salud a millones de niños cada año. Ahora Donald Trump propone desmantelar el programa, lo cual sería trágico.

En 1999, cuando visité la granja del CDF en Tennessee para la dedicación de una biblioteca en honor al escritor Langston Hughes, Marian y yo hicimos una larga caminata. Me hacía bien estar a su lado otra vez. El año siguiente, observé con gran orgullo cuando Bill premió a Marian con la Medalla Presidencial de la Libertad por toda una vida de activismo.

Mirando atrás, nuestro desacuerdo por la reforma sobre prestaciones sociales fue un testamento de lo profundo que era nuestro interés en la formulación de políticas, y la diferencia que hay entre abogar desde afuera y la formulación de políticas desde dentro. Lo que no cambió, sin embargo, y lo que en definitiva nos volvió a reunir, fue la pasión que compartíamos por los niños.

Para mí, todo siempre regresa al tema de los niños. La creencia central que he articulado con mayor frecuencia y con mayor fervor que cualquier otra en todos mis años de vida pública es que todo niño merece la oportunidad de vivir a la altura del potencial que Dios le dio. He repetido esa frase tantas veces, que he perdido la cuenta. Pero la idea sigue siendo tan poderosa y tan motivadora para mí como siempre. Sigo creyendo que una sociedad debe ser juzgada por la manera en que trata a los más vulnerables, especialmente a los niños, y que la medida de nuestro éxito debe ser cuántos niños salen de la pobreza, obtienen una buena educación y reciben el amor y el apoyo que merecen.

Esta ha sido una línea constante de mi carrera, comenzando en los días con Miriam en el CDF, y mi trabajo como estudiante de Leyes en el desarrollo de la niñez temprana en el Centro de Estudios sobre Niños de Yale y en el abuso infantil en el Hospital Yale-New Haven. Tal vez vaya más atrás aún, a las lecciones aprendidas de mi madre sobre su propia dolorosa niñez. Ella realizó el máximo esfuerzo por ayudar a niñas en nuestra ciudad que tenían problemas, necesidad o simplemente buscaban una amiga, porque ella creía que todo niño merece una oportunidad y un defensor. Yo llegué a creer eso también, y en cada trabajo que he tenido he tratado de ser una defensora. Es una gran parte de la razón por la que me postulé a la presidencia y la gran esperanza de lo que lograría si ganaba.

Estoy segura de que en nuestra edad hipercínica, esto suena como un exceso de alegre verbosidad, el tipo de cosas que los políticos dicen cuando están tratando de mostrar su lado más benigno. Después de todo, ¿a quién no le encantan los niños? Todos lo profesan, aun cuando sus políticas incluso harían daño a los niños. Pero lo digo en serio. Esto para mí es real.

Nada me enfurece más que ver a niños maltratados o que se aprovechen de ellos. O que no reciban la oportunidad, el apoyo, el estímulo y la seguridad que necesitan para tener éxito. Ya ustedes han leído lo difícil que es para las mujeres en política expresar ira igual que los hombres, y cuánto he luchado yo contra la doblez de que, no importa lo que uno haga o no haga, siempre paga un precio. Pero, para mí, siempre hay una excepción cuando se trata de los niños. No tengo paciencia con los adultos que hacen daño o cometen negligencias con los niños. Mi irascibilidad simplemente se desborda. Es eso lo que ha provocado muchas de las grandes batallas de mi carrera.

Por ejemplo, luché muy fuerte por la reforma de los cuidados de la salud en los noventa en parte por algunos niños que conocí en un hospital en Cleveland. Todos los chicos tenían enfermedades preexistentes, por lo que sus familias no podían obtener un seguro. Un padre de dos pequeñas niñas que padecían de fibrosis quística me dijo que la compañía de seguros le había dicho, "Lo siento mucho, pero no aseguramos casas en llamas". Señaló a sus hijas con lágrimas en los ojos y dijo, "Me dijeron que mis hijas eran casas en llamas". Sus palabras casi me dejan sin aire. Sólo pensar en esos niños me mantuvo firme frente a tropiezos y reveses, hasta que finalmente convencí al Congreso de aprobar el CHIP.

Tuve una experiencia similar a principios de 2016, cuando leí una historia en el periódico acerca de la crisis del agua en Flint, Michigan. Un número alarmante de niños se había enfermado por envenenamiento con plomo, aparentemente porque las autoridades estatales no habían examinado apropiadamente o tratado el suministro de agua. Pasé años como primera dama y como senadora trabajando para reducir el peligro que representa para los niños el envenenamiento con la pintura de plomo, que amenaza la salud de cientos de miles de niños en todo el país. Pero nunca había oído nada parecido a lo que estaba ocurriendo en Flint.

La ciudad solía ser un pujante centro de manufactura de automóviles pero, como lo documentó Michael Moore en su filme de 1989 *Roger y yo,* la ciudad se estaba vaciando lentamente debido al cierre de fábricas y pérdidas de empleos. Para 2013, el ingreso medio por núcleo familiar era de menos de $25.000, y más del 40% de sus residentes, la mayoría de raza negra, vivía en la pobreza. En 2013 y 2014, al gerente fiscal de emergencias de la ciudad, nombrado por el gobernador republicano de Michigan, se le ocurrió un plan para ahorrar un poco de dinero: en lugar de comprarle agua potable al sistema municipal de Detroit, como lo había hecho la ciudad durante mucho tiempo, extraería agua del río Flint.

Casi inmediatamente, las familias del pueblo comenzaron a quejarse del color, sabor y olor del agua, así como de urticaria y otros problemas de salud. Los padres llevaban botellas de agua color marrón y apestosa para mostrárselas a los funcionarios. "Esto es lo que mi bebé está tomando", decían. "Esto es en lo que se baña". Fueron ignorados o recibieron falsas garantías de que el agua era segura y se podía tomar. Fue el tipo de indiferencia más cruel. Resultó que el Departamento de Calidad Ambiental de Michigan nunca trató el río con un agente anticorrosivo que habría costado $200 al día. Esa violación de la ley federal causó que el plomo goteara de las cañerías al agua de la ciudad. Los niños menores de cinco años son los más vulnerables al envenenamiento con plomo, que puede irreparablemente dañar el desarrollo del cerebro y causar problemas de aprendizaje y de comportamiento. En Flint, miles de niños han sido expuestos, y la tasa de envenenamiento con plomo diagnosticado entre los niños casi se ha duplicado.

Durante unos dos años, el gobierno estatal casi no hizo nada para resolver el problema. No fue hasta que un grupo de médicos de afuera realizó sus propias pruebas y expuso la toxicidad del agua que la crisis de salud pública se convirtió en noticia nacional. Cuando en enero de 2016 oí lo que estaba pasando, estaba horrorizada. Le pedí a los miembros de mi equipo que fueran a Flint inmediatamente y vieran cómo podían averiguar más. También llamé a la alcaldesa Karen Weaver, y le pregunté, "¿Qué puedo hacer para ayudar?". Ella estaba ávida de cualquier cosa que enfocara la atención en Flint y presionara al gobernador para que finalmente ayudara a arreglar las cosas.

Y eso fue exactamente lo que hice. Armé un alboroto en el camino de campaña y en televisión, y urgí al gobernador que declarara un estado de emergencia, lo cual desencadenaría la ayuda federal. En pocas horas, lo hizo. Y eso me motivó a ser más resuelta en continuar haciendo ruido. Al final del debate de las primarias demócratas, el moderador, Lester Holt, preguntó, "¿Hay algo que ustedes quieran decir esta noche que no han tenido la oportunidad de decir?". Salté a

la oportunidad de contarle a una audiencia nacional lo que estaba ocurriendo en Flint.

"Cada uno de los americanos debe sentir indignación", dije. "Una
ciudad de Estados Unidos de América, donde la población es pobre
de muchas maneras y afroamericana en su gran mayoría, ha estado tomando y bañándose en agua contaminada con plomo, y el gobernador
de ese estado actuó como si de veras no le importara". Me estaba alte-
rando bastante. "Y les digo", continué, "si los niños en un suburbio rico
de Detroit hubieran estado tomando agua contaminada y se estuvieran
bañando en ella, ya se habría hecho algo".

Ese comentario puede haber incomodado a algunas personas, pero
es difícil negar que lo que ocurrió en Flint nunca habría ocurrido en
una comunidad pudiente como Grosse Pointe. Las autoridades estatales habrían corrido a ayudar y los recursos habrían fluido abun-
dantemente. Del mismo modo, las escuelas en el rico vecindario de
Bloomfield Hills nunca van a lucir como las escuelas de Detroit, donde
los niños ocupan aulas infestadas de roedores y moho, con techos cayéndose y una calefacción que apenas funciona. En todo el país existen
ejemplos de comunidades pobres y comunidades de color que viven con
niveles peligrosos de polución tóxica, y son siempre los niños los que
pagan el más alto precio.

Después del debate, mi equipo de campaña estaba contentísimo.
Finalmente, pensaban que estaba mostrando el tipo de pasión que ellos
creían que los votantes querían ver. Durante meses habíamos estado
perdiendo la "primaria de la indignación". Bernie estaba indignado por
todo. Tronaba en todos los eventos acerca de los pecados de "millonarios y multimillonarios". Yo estaba más enfocada en ofrecer soluciones prácticas que abordaran problemas reales y mejoraran la vida de la
gente. Pero ahora, en defensa de esos niños enfermos en Flint, yo era la
que estaba llena de justificada indignación.

Un par de semanas más tarde viajé a Flint para ver por mí misma lo que estaba ocurriendo. Era mucho más desgarrador de lo que había imaginado. La alcaldesa Weaver y yo nos sentamos con un grupo de madres en la oficina del pastor de la Casa de Oración Misionera de la Iglesia Bautista. Noté que las fuentes de agua de la iglesia estaban todas marcadas "Descompuestas", un pequeño recordatorio de lo que el pueblo había estado viviendo los dos últimos años.

Entonces las madres me contaron sus historias. Una compartió que había estado encinta con mellizos cuando tuvo una reacción al agua envenenada. "Fue tan horrible", me dijo. Primero, fue a la sala de emergencias con una irritación en la piel. Luego, perdió el embarazo y necesitó una transfusión de sangre. Fue emocionalmente devastador. Más aún, le molestaba que cada residente tuviera que pagar un alto precio para usar el agua. Imagínese, dijo ella, "tener que pagar por veneno".

"Ahora tengo convulsiones. Eso es algo que no tenía antes", me dijo otra madre, aguantando las lágrimas. "Nuestras vidas han sido muy dañadas".

"Nuestras conversaciones ya no son acerca de cumpleaños. No son acerca de clases de natación", dijo una tercera madre. "Ahora son acerca de visitas al hospital y a la sala de emergencias".

Una madre, Nakiya, me presentó a su adorable hijito de seis años, Jaylon. Estaba correteando alrededor de nosotras, tomando fotos con un teléfono, sonriendo de oreja a oreja. Nakiya me contó que el niño había estado expuesto a altos niveles de plomo y que ahora tenía problemas en la escuela. Lo único que yo quería era alzar a Jaylon en mis brazos, abrazarlo fuerte y prometerle que todo iba a estar bien. Luego, después de hablarle a la congregación de la iglesia, me encontré con Nakiya y Jaylon otra vez. Barb Kinney, nuestra fotógrafa de campaña, le preguntó si quería probar su cámara Nikon. Los ojos de Jaylon se le agrandaron como bombillos y asintió con la cabeza. Enseguida comenzó a tirar fotos como un profesional.

Antes de irnos, le di a Jaylon un gran abrazo. Pero no pude prometer que todo iba a estar bien o que los problemas de Flint terminarían en alguna fecha próxima. De hecho, me preocupaba que los republicanos de Michigan y Washington todavía no estuvieran tomando la crisis con ninguna seriedad.

Quería hacer más para ayudar. La gente de Flint no podía esperar a la próxima elección. Y mucho menos la Revolución. Necesitaban cambios inmediatos. "La alcaldesa dijo algo que me impactó", le dije a algunos líderes locales. "En lugar de que las personas vengan de afuera, contratemos a gente de dentro. Cada iglesia podría ser una estación de distribución o un centro de organización". Hicimos planes para mantenernos en contacto.

Tan pronto me monté en el avión, me volví hacia Maya. Me estaba quemando la frustración de lo que acababa de ver. "¿Cómo puede haber ocurrido esto?", dije enfurecida. "¡Es un crimen! ¡Tenemos que hacer algo sobre esto!". En las siguientes semanas trabajamos con la alcaldesa Weaver, con pastores locales, con el colegio universitario, con la NAACP y otros para organizar apoyo y fondos para una nueva sociedad público-privada que contrató a jóvenes desempleados para repartir agua limpia a las familias que la necesitaran. Chelsea hizo dos visitas por su cuenta, y ayudó a lanzar el programa de la alcaldesa. Gente de todo el país también respondió al llamado a ayudar. Cientos de plomeros sindicados arribaron a instalar filtros de agua gratis. Estudiantes universitarios de todo el Medio Oeste recaudaron fondos para entregas de agua limpia. Un alumno de kindergarten en Nuevo Hampshire, que había perdido su primer diente y había recibido $5 del ratoncito, les dijo a sus padres que quería donarlos "para que esos pequeños niños pudieran tener agua". Su mamá estaba tan orgullosa, que se sentó inmediatamente y me escribió una carta contándomelo.

La situación en Flint sigue siendo alarmante. Es descorazonador e indignante. Esto es algo que nunca debe ocurrir en Estados Unidos, punto. Es un liderazgo repugnante y política vergonzosa del peor nivel. Le tomó al Congreso hasta el final de 2016 ponerse de acuerdo acerca de un paquete legislativo para proveer asistencia. La mayoría de las treinta mil cañerías de agua de plomo todavía no se ha remplazado, obligando a los residentes a continuar dependiendo de agua hervida o embotellada. Cinco funcionarios estatales, incluido el jefe del Departamento de Salud de Michigan, han sido acusados de homicidio involuntario. Mientras tanto, las escuelas todavía siguen siendo inadecuadas, no hay suficientes empleos y demasiados niños se acuestan a dormir hambrientos.

Esto todavía me enfurece. Pero me consuela la compasión y generosidad que muchos ciudadanos han demostrado cuando supieron de la crisis. Una de las partes más gratificantes de postularse a la presidencia es ver ese espíritu de cerca de un millón de maneras. Por ejemplo, un día de septiembre de 2015, celebré un mitin comunitario en Exeter, Nuevo Hampshire. Uno de los residentes que se puso de pie para hacer una pregunta fue una maestra de noveno grado que llevaba trece años enseñando, preguntando cómo podemos ayudar a niños de familias de bajo ingreso a encontrar oportunidades de enriquecimiento durante el verano. Luego se paró una joven. Acababa de regresar de un año de trabajo en una escuela secundaria en la sección de Watts en Los Ángeles, como parte del programa de servicio nacional de AmeriCorps. La próxima persona fue alguien que trabaja con jóvenes sobrevivientes de la explotación sexual comercial y de tráfico humano. Luego, un veterano de veintidós años de la Marina, con un hijo en servicio activo en la Infantería de Marina. Uno tras otro, estos americanos me hicieron sus preguntas, y cada uno de ellos, hombre o mujer, tenía su propia extraordinaria historia de servicio y de devolver a la comunidad. Eso es parte de lo que me encanta de Estados Unidos. Estas personas en Exeter, y todos los que dieron una mano para ayudar en Flint, son ejemplo de

cómo ocurren los verdaderos cambios. El progreso viene de remangarse
la camisa o la blusa y ponerse a trabajar.

Para mí, Flint fue mucho más que algo para protestar en el camino
de campaña, aun cuando la indignación es buena para la política. Y
en este caso, es posible que no haya sido bueno para la política. No sé
si mi defensa de la comunidad mayormente afroamericana de Flint
alienó a los votantes blancos de otras partes de Michigan, pero al parecer no fue de mucha ayuda, porque perdí ese estado por estrecho
margen tanto en la primaria como en la elección general. De un modo
u otro, no era eso lo que tenía significado para mí. Había allí verdaderos niños a quienes ayudar. Niños como Jaylon. Y como aprendí
con Marian Wright Edelman hace casi medio siglo, no hay nada más
importante que eso.


Marian tenía una lección más que enseñarme. En los oscuros días inmediatamente después del 8 de noviembre de 2016, cuando lo único
que yo quería era acurrucarme en la cama y nunca tener que volver a
salir de la casa, Marian me envió un mensaje. Regresa al CDF, dijo.
El Fondo para la Defensa de los Niños estaba organizando una celebración en Washington para un inspirador grupo de niños que había
superado toda expectativa de progreso a pesar de la pobreza, la violencia y el abandono. Antes de la elección, Marian me había pedido que
fuera la oradora principal. Ahora quería que yo supiera que era aún más
importante que yo fuera.

Era difícil imaginar pronunciar un discurso tan pronto después de
haber aceptado mi derrota en la elección. Pero si había alguien que
sabía cómo levantarse, echar a andar y regresar al trabajo, era Marian.
Lo había estado haciendo toda su vida y ayudando al resto de nosotras
a hacerlo también. Durante décadas, había oído a Marian decir, "Servir
es la renta que pagamos por vivir". Bueno, pues decidí que la renta no

deja de pagarse simplemente porque las cosas no han salido de la forma deseada.

Así que ahí estábamos el 16 de noviembre, juntas otra vez en el CDF. Marian subió al podio y habló de nuestra larga relación y todo lo que habíamos hecho juntas para levantar a niños y familias. Entonces señaló a sus dos nietas en el público y dijo: "Debido a todos los caminos que ella ha pavimentado para ellas, llegará pronto el día en que tu hija o mi hija o nuestras nietas se sienten en la Oficina Oval, y podemos agradecérselo a Hillary Rodham Clinton". Yo quería llorar y decir palabrotas y vitorear, todo al mismo tiempo.

*Dejar un mundo un poco mejor, sea por un hijo saludable,*
*un huerto o una redimida condición social; saber que, aunque sea*
*una vida respira mejor porque viviste. Esto es haber tenido éxito.*

—atribuido a Ralph Waldo Emerson

# La obsesión por los detalles

"Las decisiones que toma un comandante en jefe pueden tener un impacto profundo y duradero en todos los americanos, pero ninguno mayor que en los valientes hombres y mujeres que sirven, combaten y mueren por nuestro país". Esa fue la introducción de Matt Lauer al programa de NBC "Foro del Comandante en Jefe", trasmitido desde la cubierta del portaviones U.S.S. *Intrepid* el 7 de septiembre de 2016. Yo estaba de pie fuera del escenario escuchando la introducción y asintiendo con la cabeza.

Lauer prometió que el foro sería una oportunidad para "hablar de seguridad nacional y de los complejos temas globales que enfrenta nuestra nación". Eso era exactamente lo que yo quería. A solo dos meses del día de la elección, era hora de tener una discusión seria acerca de las cualidades de cada candidato para la presidencia y cómo él o ella dirigiría el país. Este no sería un debate formal conmigo y Donald Trump en el escenario al mismo tiempo. Cada cual tendría una sesión de treinta minutos para responder preguntas de Lauer y del público. Me sentía confiada de que, enfocándonos realmente en la esencia del tema y con un contraste de nuestros récords, los americanos verían que estaba lista para ser comandante en jefe, y que Donald Trump, peligrosamente, no estaba preparado.

Además, la verdad es que a mí me encanta hablar de política exterior. Como secretaria de Estado, eso fue lo que hice casi sin parar durante cuatro años en 112 países. Pero como candidata a la presidencia, rara vez me preguntaban acerca de temas que no fueran domésticos. Una excepción fue durante una escala en la campaña en Iowa, cuando un votante hizo una pregunta sobre los peligros de bombas sin explotar abandonadas en Laos durante la guerra de Vietnam. Fue algo tan sorprendente que casi se me cae el micrófono.

Lauer y NBC estaban promoviendo este foro como una oportunidad de finalmente hablar seriamente de política exterior y seguridad nacional. Estaba ligeramente sorprendida de que Trump había aceptado participar. Él había trastabillado con preguntas fáciles acerca de armas nucleares (dijo que más países debían tenerlas, incluyendo Arabia Saudita), la OTAN (Organización del Tratado del Atlántico Norte, organización que él considera obsoleta), la tortura (estaba a favor) y los prisioneros de guerra (dijo que prefería soldados que no fueran capturados). Siguió mintiendo sobre oponerse a la Guerra de Irak, incluso después de que surgió un video de él diciendo que la apoyaba. Y tenía una inclinación a decir cosas absurdas como "Yo sé más acerca de ISIS que los generales, créanme". Nadie le creyó. Al contrario, más de cien oficiales de alto nivel de seguridad nacional de administraciones republicanas lo denunciaron. Muchos firmaron una carta alertando de que a Trump "le falta carácter, valores y experiencia" para ser comandante en jefe. La carta decía que sería el presidente con la conducta más temeraria en la historia de Estados Unidos, y "pondría en riesgo la seguridad nacional y el bienestar del país".

No obstante, la campaña de Trump había aceptado este foro. Ganó el tiro de la moneda y escogió ser el segundo en el programa. Así que me tocó a mí esperar que Lauer me llamara al escenario.

Comenzó con una pregunta amplia acerca de la característica más importante que debe poseer un comandante en jefe. Utilicé mi respuesta para hablar de estabilidad, una cualidad que nadie asocia con Donald Trump. Lauer me interrumpió para decir, "Usted está hablando de juicio". Eso no era de lo que yo estaba hablando exactamente, pero se acercaba bastante. "Temperamento y juicio, sí", respondí.

He andado lo suficiente como para saber que se avecinaba algo malo. Lauer tenía el aspecto de alguien orgulloso de sí mismo por haber colocado una trampa ingeniosa.

"La palabra *juicio* ha sido utilizada mucho alrededor suyo, secretaria Clinton, durante año y medio, en particular acerca del uso de sus correos electrónicos personales y su servidor para comunicarse cuando usted era secretaria de Estado", dijo Lauer. "Usted ha dicho que fue un error. Dijo no haber tomado la mejor opción. Sus comunicaciones eran sobre temas altamente sensibles. ¿Por qué no fue algo más que un error? ¿Por qué no fue algo que la descalificaba, si usted quería ser comandante en jefe?".

Era decepcionante, aunque predecible, que él rápidamente le diera un giro supuestamente moralista al "Foro del Comandante en Jefe" hacia el tema de los correos electrónicos, meses después de que el director del FBI había anunciado que no había caso y había cerrado la investigación. Yo entendía que todo reportero político quería tener su botín. Pero Lauer ya me había acribillado acerca de los correos electrónicos en abril. Pensé que tal vez se trataba de crear un "balance". Muchos en los medios de comunicación tradicionales hacían toda clase de maromas para evitar la crítica de la derecha de que eran demasiado flojos con los demócratas. Si Lauer tenía la intención de hacerle preguntas fuertes a Trump, tenía que montar un *show* para acribillarme a mí también.

Por supuesto, eso no es balance, porque balance no significa igualdad estricta. Significa ser razonable. Significa hacer preguntas inteligentes respaldadas por un reportaje sólido y tomar decisiones acerca de la cobertura que ayudará a personas a obtener la información que necesitan para tomar decisiones sensatas. Escoger el punto central entre dos lados, no importa cuán extremo sea uno de ellos, no es balance, es falsa equivalencia. Si Trump le rasgara y le quitara la camisa a alguien en un mitin electoral, y a mí se me cayera un botón de mi chaqueta el mismo día, un titular que dijera "Trump y Clinton sufren problemas de vestuario, confusión en las campañas" podría sonar igual para algunos, pero no sería balanceado y de ningún modo sería justo. Más importante aún, los votantes no aprenderían nada que los ayudara a decidir quién debe ser presidente.

El episodio de Lauer fue un ejemplo perfecto. Había cometido un error con mis correos electrónicos. Me disculpé públicamente, lo expliqué, lo volví a explicar, y me disculpé repetidamente. Sin embargo, aquí estábamos después de todos esos meses, y después de que el FBI terminó su trabajo, en un foro supuestamente acerca de la seguridad de nuestro país, y para balancear el hecho de que Trump iba a tener problemas para responder la más directa de las preguntas, pasamos el tiempo hablando de correos electrónicos.

Después de la elección, un informe del profesor Thomas Patterson en el Centro Shorenstein para Medios, Política y Políticas Públicas de Harvard, explicó lo dañino que puede ser procurar una falsa equivalencia. "Si todo y todos se describen negativamente, hay un efecto nivelador que abre la puerta a los charlatanes", expresó el informe. "Históricamente, la prensa ha ayudado a los ciudadanos a reconocer la diferencia entre un político honesto y un farsante. La cobertura noticiosa de hoy hace borrosa la distinción".

Y ahí estaba yo, enfrentando lo borroso en vivo, con un charlatán esperando su turno. ¿Pero que podía hacer? Me lancé a mi respuesta estándar sobre los correos electrónicos, la misma que había dado mil veces antes: "Fue un error tener una cuenta personal. Seguro que no lo haría otra vez. Es algo inexcusable", etc. También expliqué que, tal como lo había confirmado el FBI, ninguno de los correos electrónicos que yo había enviado o recibido estaban marcados como clasificados.

En lugar de mover el programa hacia alguno de los cientos de temas urgentes de seguridad nacional, desde la guerra civil en Siria, hasta el acuerdo nuclear con Irán, a la amenaza de Corea del Norte —los temas que se suponía se discutirían en este foro— Lauer siguió preguntando sobre los correos electrónicos. Hizo cuatro preguntas de seguimiento. Mientras tanto, el reloj avanzaba y mis treinta minutos para discutir serios desafíos de política exterior iban desapareciendo.

Finalmente, después de no enterarse de absolutamente nada nuevo o interesante, Lauer se volvió hacia una pregunta de uno de los veteranos que NBC había escogido para estar en el público. Era alguien que se describió como republicano, un ex teniente de la Marina que había servido en la Guerra del Golfo, y quien rápidamente repitió la rutinaria letanía oficial derechista de cómo el uso de mis correos electrónicos habría sido suficiente motivo para encarcelar a cualquier otra persona. Entonces preguntó ¿cómo podía él confiar en mí como presidente "cuando usted claramente corrompió nuestra seguridad nacional?".

Ahora estaba irritada. NBC sabía exactamente lo que estaba haciendo. La cadena estaba tratando esto como un episodio de *The Apprentice*, en el que Trump actúa y los índices de teleaudiencia suben. Lauer había convertido lo que debió haber sido una discusión seria en una emboscada sin sentido. Qué pérdida de tiempo.

Cuando a otro veterano del público se le permitió preguntar cómo derrotar a ISIS, Lauer me interrumpió antes de yo comenzar a responder. "Lo más breve que pueda", advirtió Lauer. Trump debería haber declarado su presentación como una contribución en especie.

Más tarde hubo rumores lanzados por noticias falsas de que yo estaba tan enojada con Lauer que abandoné bruscamente el escenario, tuve una rabieta e hice añicos un vaso. No hice nada de eso, por supuesto.

Pero no puedo asegurar no haber fantaseado que trataba de hacer entrar en razón a Lauer a sacudiones mientras estábamos frente a la cámara.

Ahora lamento no haberme defendido con más fuerza en mi respuesta. Debí haber dicho, "Sabes, Matt, yo era quien estaba en el Salón de Estrategias de la Casa Blanca aconsejando al presidente que persiguiera a Osama bin Laden. Soy la que estaba con Leon Panetta y David Petraeus demandando una acción más fuerte y más pronto en Siria. Yo era la que trabajó para reconstruir parte de Manhattan después del 11 de septiembre y proveer cuidados de salud a los hombres y mujeres de los servicios de emergencia que acudieron a salvar personas. Soy la que se preocupa que Putin subvierta nuestra democracia. Yo comencé las negociaciones con Irán para prevenir una carrera de armas nucleares en Medio Oriente. Soy la persona en que los expertos en seguridad nacional confían el futuro de nuestro país". Y tanto más. He aquí otro ejemplo en que permanecí cortés, aunque exasperada, y jugué el juego político como se jugaba antes, no en lo que se ha convertido. Eso fue un error.

Luego vi la suavidad con la que Lauer manejó la entrevista con Trump. "¿Qué cree usted que lo prepara para tomar decisiones que un comandante en jefe tiene que tomar?", preguntó. Luego no disputó las mentiras de Trump sobre Irak. Yo me sentí casi físicamente enferma.

Por suerte, muchos televidentes reaccionaron exactamente de la misma manera. El *Washington Post* publicó un punzante editorial:

A juzgar por la cantidad de tiempo que Matt Lauer de NBC pasó presionando a Hillary Clinton sobre sus correos electrónicos durante el foro presidencial de seguridad nacional del miércoles, uno pensaría que su servidor casero era uno de los temas más importantes que enfrenta el país en esta elección. No lo es. Hay un millar de otros temas sustantivos —desde los movimientos agresivos de China en el Mar del Sur de China, el acopio de inteligencia de la Agencia de Seguridad Nacional, hasta el nivel de gastos militares— , que habrían revelado más acerca de lo que los candidatos saben y cómo gobernarían. En lugar de ello, estos temas ni se mencionaron en la primera de cinco valiosísimas horas y media en horario central que ambos candidatos compartirán antes del día de la elección, mientras que los correos electrónicos consumieron una tercera parte del tiempo de la señora Clinton.

Las críticas a Lauer y NBC abundaron. El columnista del *New York Times* Nicholas Kristof describió el foro como "una vergüenza para el periodismo". Will Saletan de *Slate* lo describió como "una de las más débiles, menos incisivas presentaciones que he visto en un moderador de un foro presidencial". Y la interpretación de Trevor Noah de *The Daily Show* fue mi favorita: "Durante la Segunda Guerra Mundial, en múltiples ocasiones, los aviones japoneses kamikaze se estrellaron contra el *Intrepid*, y anoche Matt Lauer continuó esa tradición", dijo. "No sé qué c---jo estaba haciendo, y él tampoco sabía".

Pero, tristemente, millones de personas vieron el programa. Y, en mi opinión, el "Foro del Comandante en Jefe" fue representativo de la manera en que muchos en la prensa cubrieron la campaña en su totalidad. Otra vez, según el Centro Shorenstein de Harvard, la discusión sobre políticas públicas representó solo el 10% de toda la cobertura noticiosa de las campañas en la elección general. Casi todo lo demás fue cobertura obsesiva de controversias como la de los correos electrónicos. Los cuidados de salud, los impuestos, el comercio, la inmigración, la seguridad nacional, todo esto apiñado en solo el 10% de la cobertura de prensa. El Centro Shorenstein reveló que ni uno solo de mis muchos y detallados planes de políticas había recibido más de un segundo de cobertura de prensa. "Si ella tenía una agenda de políticas, no fue aparente en las noticias", concluyó el centro. "Su largo récord de servicio público recibió también poquísima atención". Ninguno de los escándalos de

Trump, desde haber estafado a estudiantes en la Universidad Trump, hasta haber timado a pequeñas empresas en Atlantic City a haber explotado su fundación, a rehusar publicar sus declaraciones de impuestos como lo ha hecho todo candidato presidencial desde 1976 —y así sucesivamente— , generó el tipo de cobertura sostenida, definitoria de una campaña, como lo hicieron mis correos electrónicos.

La disminución en el número de reportajes serios sobre formulación de políticas ha estado ocurriendo durante algún tiempo, pero empeoró muchísimo en 2016. En 2008, los noticieros vespertinos de las principales cadenas televisivas emplearon un total de 220 minutos en el tema de formulación de políticas. En 2012, fueron 114 minutos. En 2016, fueron solo treinta y dos minutos. (Esa estadística es de dos semanas antes de la elección, pero no cambió mucho en la recta final). En cambio, mis correos electrónicos recibieron cien minutos de cobertura. En otras palabras, la prensa política les estaba diciendo a los votantes que mis correos electrónicos eran tres veces más importantes que todos los demás temas juntos.

Tal vez esto me molesta mucho porque soy una estudiosa, sin el menor remordimiento, de la formulación de políticas. Es cierto que me obsesiono con los detalles, sea del preciso nivel de plomo en el agua potable de Flint, el número de instalaciones de salud mental en Iowa, el costo de medicinas específicas por receta o cómo funciona exactamente la tríada nuclear. Esos no son simplemente detalles de si es un hijo, hija o padre envejeciendo cuyas vidas dependen de esos detalles, o, cuando se trata de bombas nucleares, si toda la vida depende de ellos. Esos detalles deben ser importantes para cualquiera que esté tratando de dirigir el país.

Siempre he pensado en la formulación de políticas de una manera muy práctica. Es la manera en que solucionamos problemas y mejoramos las vidas de las personas. Trato de aprender lo más que puedo acerca de los desafíos que la gente enfrenta y entonces trabajo con los mejores expertos que puedo para encontrar soluciones realizables, asequibles financieramente y que representen una diferencia mensurable. Para la campaña contraté a un equipo para formular políticas con profunda experiencia en gobierno y dependí de una red extensa de asesores externos procedentes de la academia, los centros de estudio y el sector privado. El grupo en Brooklyn colgó con orgullo un letrero sobre sus escritorios que decía "Analistas para la Victoria". Produjeron montones de documentos. Muchos incluían cifras presupuestarias, sustantivas notas a pie de página, un trabajo completo. Era como una Casa Blanca en espera, que era lo que yo tenía en mente. Yo quería ser capaz de empezar a funcionar inmediatamente después de que ocurriera lo que debía ocurrir, lista para firmar órdenes ejecutivas y trabajar con el Congreso para aprobar la mayor cantidad de legislación posible en mis primeros cien días. También quería que los votantes supieran exactamente lo que podían esperar de mí como presidente, cómo afectaría sus vidas, y poder hacerme responsable por cumplir con sus expectativas.

En el transcurso de la campaña de 2016, también logré apreciar otras maneras de pensar sobre la formulación de políticas: como una ventana al carácter de la candidata y una herramienta para la movilización.

A Joe Biden le gusta decir, "No me digas lo que valoras. Muéstrame tu presupuesto y yo te diré lo que valoras". Esto es algo que también he creído, que las políticas que se proponen dicen mucho acerca de principios y prioridades. Se puede evaluar el plan de cuidados infantiles del candidato basado en cuánto ha de costar, quién va a colaborar y si tiene probabilidad de aprobarse en el Congreso. Pero también se puede ver como una ventana hacia el corazón del candidato: es una persona que se preocupa por los niños y cree que la sociedad tiene la responsabilidad de ayudar a cuidar de los más vulnerables entre nosotros. La parte que más he subvalorado es que, desde esta perspectiva, los detalles del plan pueden importar menos que la forma en que se enmarca y se vende al público. En otras palabras, la óptica que tenga, aunque no tanto como lo que me importan los méritos de los planes en sí, y esto se vio.

Las políticas puede ser también una fuente de inspiración. No sé cuántos seguidores de Trump creen realmente que él va a erigir un muro gigantesco sobre toda la frontera sur y que México la va a pagar. Pero oírlo a él decirlo los enardeció. No hace falta simpatizar con la idea para ver que les dio algo que contarles a los amigos, que tuitear y que publicar en Facebook. Fue un llamado a las masas más que una creíble propuesta de política, pero ello no lo hizo menos poderoso, especialmente si los votantes no me estaban oyendo a mí hablar de inmigración o de cualquier otra de las preocupaciones económicas debido a la abrumadora cobertura de los correos electrónicos.

Estas maneras distintas de pensar acerca de la formulación de políticas ayudaron a dar forma tanto a las elecciones primarias como a la elección general de 2016.

Desde el principio, esperaba un fuerte desafío en las primarias desde la izquierda. Ocurre casi siempre, y estaba claro esta vez que había una gran cantidad de energía populista esperando a un defensor. La ira hacia la industria financiera había estado formándose durante años. El movimiento Ocupar Wall Street había ayudado a proyectar un foco de luz sobre el problema de la desigualdad de ingresos. Y después de años de morderse la lengua acerca de los acuerdos en los que cedía la administración de Obama, los demócratas de izquierda estaban listos para desatarse.

La senadora Elizabeth Warren era el nombre más mencionado como una candidata potencial, pero yo no estaba convencida de que ella se postulara. Después de todo, se había sumado a todas las demás mujeres senadoras para firmar una carta urgiéndome a que me postulara. He admirado la pasión y tenacidad de Elizabeth durante mucho tiempo, especialmente sus esfuerzos visionarios de crear el Buró de Protección Financiera al Consumidor en 2011, que ahora ha devuelto cerca de $12 mil millones a más de veintinueve millones de americanos que habían sido estafados por prestamistas predatorios, compañías de tarjetas de crédito y otros bribones corporativos. Así que antes de anunciar mi candidatura, la invité a ella a mi casa en Washington para tantear la situación y ver si podíamos trabajar juntas. Pienso que ambas estábamos un poco cautelosas, pero nos acercamos con buena fe, buenas intenciones y mentes abiertas. Salí convencida de que Elizabeth creía que sus puntos de vista y prioridades serían incluidos y respetados en mi campaña, que ella podía convertirse en mi defensora en lugar de mi competencia. En nuestra reunión hablamos de algunos de los temas que a ella le interesan más, incluyendo la deuda estudiantil y la reforma financiera. Sabiendo que Elizabeth cree que "los empleados forman parte de las políticas", le pedí que recomendara a expertos con cuya asesoría pudiera yo contar. Me dio una lista, y mi equipo trabajó metódicamente con ella, asegurándose de que nuestra agenda incluiría la perspectiva de las personas en que ella confiaba. Dos amigos que compartíamos en común —la consultora política Mandy Grunwald, que había trabajado también para Elizabeth, y el ex regulador financiero Gary Gensler, que trabajó para mi campaña como jefe financiero ejecutivo— nos ayudaron a continuar conectadas. Luego, Elizabeth estuvo en mi lista de opciones potenciales para vicepresidente.

Elizabeth nunca se postuló, pero Bernie Sanders, senador demócrata socialista de Vermont, sí lo hizo. Aunque yo entendía que muchos votantes demócratas en las primarias buscaban una alternativa de izquierda, reconozco que no esperaba que Bernie lograra tanto éxito como tuvo. Nada en mi experiencia en la política americana sugería que un socialista de Vermont pudiera montar una campaña creíble para la Casa Blanca. Pero Bernie demostró ser un político disciplinado y efectivo. Aprovechó las poderosas corrientes emocionales del electorado. Y lo ayudó el hecho de que las primarias comenzaron con los blancos bastiones liberales de Iowa y Nuevo Hampshire, su estado vecino. Cuando una encuesta del periódico *Des Moines Register* de enero de 2016 reveló que el 43% de los probables demócratas de Iowa que participarían en el conteo se identificaban como socialistas, supe que habría problemas.

Bernie y yo teníamos un animado certamen de ideas, lo cual era refrescante, pero no obstante descubrí que hacer campaña contra él resultó profundamente frustrante. Parecía no importarle si su matemática no daba bien o si sus planes no tenían manera de aprobarse en el Congreso y convertirse en leyes. Para Bernie, la formulación de política era cuestión de inspirar un movimiento de masas y obligar a tener una conversación sobre los valores y prioridades del Partido Demócrata. Según ese parámetro, yo diría que tuvo éxito. Pero me preocupaba. Siempre he creído que es peligroso hacer grandes promesas si uno no tiene idea de cómo cumplirlas. Cuando no dan resultado, la gente se vuelve más cínica acerca del gobierno.

No importa cuán audaces y progresistas fueran mis propuestas de políticas —y eran significativamente más audaces y más progresistas que las que propuso el presidente Obama o yo misma en 2008— Bernie aparecía con algo mucho más grande, más noble y más de izquierda, fuera o no fuera realista. Lo cual me obligaba a mí a asumir el poco envidiable papel de aguafiestas, señalar que no había manera de que Bernie pudiera cumplir sus promesas y producir resultados reales.

Jake Sullivan, mi principal asesor de políticas, me dijo que le recordaba a una escena de la película de 1998 *Loco por Mary*. Un trastornado autoestopista dice que ha creado un plan brillante. En lugar del famoso ejercicio "abdominales en ocho minutos", él va a lanzar al mercado "abdominales en siete minutos". Lo mismo, pero más rápido. Entonces el chofer, interpretado por el actor Ben Stiller, dice, "Eh, ¿y por qué no "abdominales en seis minutos?". Eso es lo que semejaban los debates con Bernie sobre políticas. Nosotros proponíamos un audaz plan de inversión en infraestructura o un ambicioso nuevo programa de aprendizaje para jóvenes, y Bernie anunciaba básicamente lo mismo, pero más grande.

Tema tras tema, era como si él propusiera abdominales en cuatro minutos, o incluso abdominales en ningún minuto. ¡Abdominales mágicos!

Alguien me envió algo que publicó en Facebook y que resume la dinámica en que estábamos enfrascados:

BERNIE: Pienso que Estados Unidos debe comprar un poni.

HILLARY: ¿Cómo vas a pagar por un poni? ¿De dónde va a venir el poni? ¿Cómo vas a conseguir que el Congreso se ponga de acuerdo con tener el poni?

BERNIE: Hillary piensa que Estados Unidos no se merece un poni.

SEGUIDORES DE BERNIE: ¡Hillary odia los ponis!

HILLARY: La verdad es que a mí me encantan los ponis.

SEGUIDORES DE BERNIE: ¡Cambió su posición acerca de los ponis! #WhichHillary #WitchHillary.

TITULAR: "Hillary rehúsa darle a cada ciudadano un poni".

MODERADOR DE DEBATE: Hillary, ¿cómo se siente usted cuando la gente dice que usted miente sobre los ponis?

TITULAR DE SITIO WEB: "Investigación del Congreso sobre las mentiras de Clinton sobre los ponis".

TENDENCIA EN TWITTER: #ponigate.

A principios de la campaña en 2015, hubo un día en que Bernie y yo coincidimos en una sala de espera de pasajeros de Amtrak en Penn Station, Nueva York, esperando el tren hacia D.C. Hablamos un poco, y me dijo que esperaba que pudiéramos evitar ataques personales, incluyendo a nuestras familias. Sé lo que es eso. Estuve de acuerdo y le dije que yo también tenía la esperanza de que nuestros debates se enfocaran en temas substanciales.

Sin embargo, a pesar de esta promesa, con el transcurso del tiempo, Bernie de manera rutinaria empezó a describirme como una corrupta procorporaciones en quien no se podía confiar. Su clara implicación era que por haber yo aceptado donaciones de campaña de personas en Wall Street —tal como lo había hecho el presidente Obama— yo estaba "vendida y pagada".

Este ataque me irritó por muchas razones, entre ellas porque Bernie y yo estábamos de acuerdo en el tema de reformar las finanzas de campaña; la necesidad de eliminar el dinero oscuro de la política; y la urgencia de impedir a multimillonarios, poderosas corporaciones e intereses especiales que compraran elecciones. Ambos apoyamos una enmienda constitucional para anular la desastrosa decisión de la Corte Suprema en *Citizens United* que abrió las compuertas a los súper PAC (*Political Action Committee*, o comité de acción política) y al dinero secreto. Propuse además medidas para aumentar la apertura y la transparencia, además de igualar las donaciones pequeñas, basadas en el exitoso sistema de Nueva York, que ayudaría a balancear el terreno de juego para los americanos promedio.

En lo que Bernie y yo no estábamos de acuerdo era en que él parecía ver el mal funcionamiento de nuestra política casi únicamente como un problema de dinero, en tanto yo pensaba que la ideología y el tribalismo también jugaban papeles significativos. Bernie hablaba como si el 99% de los americanos apoyarían su agenda si los representantes de *lobbies* y los súper PAC simplemente desaparecieran. Pero eso no convertiría a los conservadores progobierno pequeño en socialistas escandinavos, ni haría que los fundamentalistas religiosos aceptaran la igualdad matrimonial y los derechos reproductivos. Yo estaba también —y estoy— preocupada por el asalto dirigido por los republicanos contra el derecho al voto, sus esfuerzos por manipular las circunscripciones electorales de distritos seguros y la descomposición del orden en el Congreso. Además de eliminar las grandes sumas de dinero de la política, pensé que teníamos que librar la batalla de las ideas, y ganarla, mientras extendíamos más agresivamente nuestro alcance a los republicanos para lograr acuerdos. Es así como podemos comenzar a romper el estancamiento y realmente realizar cosas otra vez.

Por haber estado ambos de acuerdo en tantas cosas, Bernie no podía argumentar contra mí en el área de políticas, por lo que tuvo que recurrir a la insinuación y a impugnar mi carácter. Algunos de sus seguidores, los llamados Hermanos Bernie (Bernie Bros), comenzaron a acosar a mis seguidores en internet. La situación se puso fea y más que un poco sexista. Cuando yo finalmente desafié a Bernie en un debate a que mencionara, aunque fuera una única vez en qué yo había cambiado una posición o un voto debido a una contribución financiera, no pudo decir nada. No obstante, sus ataques causaron un daño duradero, e hicieron más difícil unificar a los progresistas en la elección general y pavimentaron el camino de la campaña de Trump de "Hillary Delincuente".

No sé si eso le molestó a Bernie o no. Él ciertamente compartía mi horror de pensar que Donald Trump fuera presidente, y le agradecí que hiciera campaña por mí en la elección general. Pero él no es un demócrata, aunque dice que eso no es una mancha. Él no se postuló para que un demócrata llegara a la Casa Blanca; se postuló para crear una disrupción en el Partido Demócrata. Tenía razón en que los demócratas necesitábamos fortalecer nuestro enfoque en las familias trabajadoras y siempre existe el peligro de que pasemos mucho tiempo haciéndole la corte a los donantes debido a nuestro loco sistema de financiar campañas. Él también incorporó a muchos jóvenes al proceso político por primera vez, lo cual es extremadamente importante. Pero yo pienso que él estaba fundamentalmente equivocado acerca del Partido Demócrata, el partido que nos trajo Seguro Social bajo Roosevelt; Medicare y Medicaid bajo Johnson; paz entre Israel y Egipto bajo Carter; amplia prosperidad y un presupuesto balanceado bajo Clinton; y el rescate de la industria automovilística, la aprobación de la reforma de cuidados de la salud y la imposición de nuevas regulaciones a Wall Street bajo Obama.

Me siento orgullosa de ser una demócrata y yo quisiera que Bernie lo estuviera también.

Durante las primarias, cada vez que yo quería responder a los ataques de Bernie, me decían que me abstuviera. Si yo señalaba que sus planes no tenían la matemática correcta, que inevitablemente elevarían los impuestos de las familias de clase media o que no eran mucho más que una quimera, todo eso podía usarse para reforzar su argumento de que yo no era una verdadera progresista. Mi equipo continuaba recordándome que no queríamos alienar a los seguidores de Bernie. El presidente Obama me urgió a apretar los dientes y no meterme con Bernie lo más que pudiera. Sentía que tenía puesta una camisa de fuerza.

Esperaba ávidamente nuestro primer debate en octubre de 2015. Finalmente, era el lugar apropiado para responder a sus ataques. Tuve largas sesiones preparatorias en mi casa para eliminar empujones y halones con Jake, Ron Klain, Karen Dunn y Bob Barnett, que hizo el papel de Bernie en nuestras sesiones de práctica.

Estaba resuelta a utilizar este primer debate con Bernie para ir directamente a las diferencias fundamentales entre nosotros. Quería desmentir la acusación falsa de que yo no era una verdadera progresista y explicar por qué pensaba que el socialismo no era adecuado para Estados Unidos, y que esas dos propuestas no eran en manera alguna contradictorias. Era más que frustrante que Bernie actuara como si tuviera el monopolio de la pureza política y haberse nombrado el único árbitro de lo que significa ser progresista, mientras les restaba importancia a temas como la inmigración, los derechos reproductivos, la justicia racial y el control de las armas de fuego. Era mi creencia de que ambos debíamos estar luchando por mayor igualdad en las oportunidades económicas y por una mayor justicia social. Van de la mano estos dos temas, y es incorrecto sacrificar el último en nombre del primero.

Según se aproximaba la fecha, el primer debate adquiría un mayor significado. Bernie estaba subiendo en las encuestas, el vicepresidente

Biden estaba considerando postularse. Y yo estaba llamada a testificar ante la comisión especial creada por los republicanos del Congreso para investigar los ataques terroristas en Benghazi. Tal parecía que todo iba a converger en una semana de octubre.

Al final, Biden decidió no postularse. Los republicanos me acribillaron a preguntas, pero fracasaron en una audiencia que duró once horas. Y el debate resultó mejor de lo que yo podía haber esperado.

Antes del debate estaba muy nerviosa, pero confiada en que me había preparado lo mejor posible y entusiasmada de finalmente dejar de morderme la lengua y entrar al ruedo. Tuve mi oportunidad. Bernie y yo chocamos en el mero principio acerca de socialismo y capitalismo, si Dinamarca podía servir como un modelo para Estados Unidos y lo que significa ser progresista. "Me encanta Dinamarca", dije (y es cierto), pero nosotros no somos Dinamarca. "Somos los Estados Unidos de América. Es nuestra tarea controlar los excesos del capitalismo a fin de no perder las riendas y crear el tipo de desigualdad que estamos viendo en nuestro sistema económico. Pero estaríamos cometiendo un grav error si damos la espalda a lo que creó la mayor clase media en la hi toria del mundo". Mi defensa del sistema americano de libre empr puede que no haya ayudado a los que se identifican como socialist Iowa, pero lo que más me importaba en ese momento era decir l creía.

El moderador, Anderson Cooper, de CNN, me presionó so era de verdad progresista o solo una suave moderada o una op que cambia de forma. Expliqué que yo había luchado consisten durante toda mi carrera por valores y principios esenciales. "S gresista", dije, "pero una progresista a quien le gusta hacer l bien". Pensé que eso resumía mi desacuerdo fundamental con bastante bien.

Sin embargo, y esto es importante, Bernie merece que se re su mérito en entender el poder político de las ideas grandes y a

Su llamado a un sistema de cuidados de salud universal con un pagador único, sus estudios universitarios gratis y una reforma agresiva de Wall Street inspiraron a millones de americanos, especialmente jóvenes. Después de yo ganar la nominación, él y yo colaboramos en un plan para hacer los estudios universitarios menos costosos que combinaba los elementos que los dos habíamos propuesto durante las primarias. Ese tipo de acuerdo es esencial en política para poder hacer las cosas. Luego trabajamos juntos para escribir la plataforma demócrata más progresista que se recuerde.

Bernie y yo podemos haber tenido diferencias acerca del papel de la formulación de políticas —un mapa para gobernar versus una herramienta para la movilización— pero a Donald Trump no le importaba la formulación de políticas para nada. Parecía estar orgulloso de su ignorancia y ni siquiera fingía tener planes para construir su muro, arreglar los cuidados de salud, traer de vuelta todos los empleos en manufactura y minería de carbón y derrotar a ISIS. Era como si tuviera una varita mágica. Me ridiculizó por tomar en serio la tarea. "Ella sentó a personas en cubículos para escribir políticas todo el día", le dijo a la revista *Time*. "No es más que un desperdicio de papel". Me quedé esperando a reporteros y votantes que lo desafiaran sobre sus promesas vacías y engañosas. En elecciones anteriores, siempre había un momento de reflexión cuando los candidatos tenían que demostrar su seriedad y que sus planes eran creíbles. No esta vez. La mayor parte de la prensa estaba demasiado ocupada persiguiendo índices de audiencia y escándalos, y Trump es demasiado resbaloso para poder obligarlo a concretar. Él entendió las necesidades e impulsos de la prensa política lo suficiente para saber que, si les ofrecía un conejo todos los días, nunca capturarían a ninguno. Por lo que su reflexión y la confirmación de sus planes nunca llegó.

Trump también rehusó prepararse para nuestros debates. Y se notaba. Cuando nos enfrentamos la primera vez el 26 de septiembre de

2016 en la Universidad Hofstra de Long Island, las preguntas lo marchitaron y casi le produjeron un colapso emocional. Trató de alterar las cosas atacándome por no haber yo aparecido torpe e incoherente como él. Era inaceptable. Sí, yo me preparé, dije yo. "¿Y saben para qué más me preparé? Me preparé para ser presidente".

Después, Chuck Todd, del programa *Meet the Press* de la cadena NBC, me criticó por haber estado demasiado preparada. No estoy segura de cómo eso puede ser posible. ¿Puede alguien estar demasiado preparado para algo tan importante? ¿Acaso Chuck se aparece en *Meet the Press* y simplemente improvisa? El hecho de que yo me estaba enfrentando a Donald Trump —tal vez el hombre menos preparado de la historia, tanto para los debates como para la presidencia— hizo que ese comentario resultara más desconcertante aún. ¿Estaban ellos tan embelesados con su estrategia de un conejo por día que los insultos, las falsas acusaciones y las afirmaciones ausentes de verdades eran ahora la mejor evidencia de autenticidad?

Pensé en ese intercambio frecuentemente observando los primeros cien días de Trump en la presidencia. Incluso me permití una pequeña risita cuando dijo, "Nadie sabía que la salud pública podía ser tan complicada". También descubrió que la política exterior es mucho más difícil de lo que parece. El presidente de China tuvo que explicarle la complejidad del desafío de Corea del Norte. "Después de escucharlo durante diez minutos, me di cuenta de que no es tan fácil", dijo Trump. ¿Pueden oír la palma de mi mano golpeándome la frente? A veces parecería que Trump ni siquiera quería ser presidente. "Esto es más trabajo del que tenía en mi vida anterior", le dijo a un reportero. "Pensé que sería más fácil".

No puedo evitar pensar lo diferentes que habrían sido mis primeros cien días. Me viene a la mente un persistente verso del poeta del siglo diecinueve John Greenleaf Whittier: "De todas las palabras de la lengua y de la pluma, las más tristes son estas: 'Pudo haber sido'".

La primera gran iniciativa de Trump fue la prohibición de entrada a musulmanes, la cual inmediatamente tuvo problemas en la corte. La mía habría sido un paquete de empleos e infraestructura pagado por impuestos más altos a los americanos más pudientes. No comenzó a construir su gran, bello muro pagado por México. Yo habría impulsado una amplia reforma de inmigración con una senda a la ciudadanía. Nombró como fiscal general a alguien cuyo récord de los derechos civiles es tan problemático que Coretta Scott King alertó una vez que nombrarlo fiscal general causaría "daños irreparables" al trabajo de su esposo, el Dr. Martin Luther King Jr. Yo habría trabajado con ambos partidos para producir una reforma a la justicia criminal; había en esto una verdadera oportunidad para progresar. Él trato de revocar Obamacare y arrebatarle el cuidado de salud a decenas de millones de americanos. Yo habría ido tras las compañías farmacéuticas para reducir los precios y luchar por una opción pública que nos acercara más a un verdadero sistema de cuidado de salud universal más asequible. Él alienó a aliados como la canciller alemana Angela Merkel, mientras acogía a dictadores como Vladimir Putin en Rusia. ¿Qué habría hecho yo? No hay nada que ansiara más que demostrarle a Putin que sus esfuerzos por influenciar nuestra elección e instalar un títere amigo habían fracasado. Nuestra primera reunión cara a cara habría sido algo para recordar. Sé que él debe de estar disfrutando lo que pasó en vez. Pero no ha reído último todavía.

Desde la elección, he estado pensando mucho sobre cómo hacer un mejor trabajo para impulsar políticas de nuevo en nuestra política.

Tengo un nuevo y mejor nivel de apreciación del poder de galvanización de ideas grandes y simples. Todavía pienso que mis planes de cuidados de salud y de la educación universitaria eran más posibles de lograr que los de Bernie, y que los suyos tenían todo tipo de problemas, pero los suyos eran más fáciles de explicar y entender, lo cual cuenta mucho. Es fácil ridiculizar ideas que "quepan en una calcomanía para el parachoques", pero existe una razón por la que las campañas utilizan estas calcomanías: funcionan.

Bernie demostró otra vez lo importante que es proponerse metas idealistas bajo las cuales la gente pueda organizarse y soñar sobre ellas, aunque tome generaciones lograrlas. Eso es lo que ocurrió con el cuidado de salud universal. Durante cien años los demócratas han hecho campaña para darles a todos los americanos acceso a un cuidado de salud de calidad y asequible. Bill y yo tratamos de lograrlo en los años noventa, y tuvimos éxito en crear el CHIP, que provee cobertura para millones de niños. No fue hasta que Obama llegó a la presidencia con una mayoría en el Senado que pudimos finalmente aprobar la Ley de Cuidado de Salud Asequible. Incluso entonces, la ACA era un revoltijo de acuerdos imperfectos. Pero ese logro histórico fue posible sólo porque los demócratas conservaron el cuidado de salud universal como estrella del Norte durante décadas.

Hay una ironía histórica aquí: la presidencia de Bill a menudo se asocia a iniciativas de poco calibre como el baloncesto a medianoche y uniformes escolares, lo opuesto a esas ideas grandes y transformativas que los liberales soñamos. Pero esa visión pierde de vista mucho. Creo que el impacto de Bill en nuestro partido y nuestro país fue profundo y transformativo. Reinventó un partido moribundo que había perdido cinco de las últimas seis elecciones presidenciales, insuflándole nueva energía y nuevas ideas y demostrando que los demócratas pueden ser procrecimiento *y* promedioambiente, pronegocios *y* protrabajo, proseguridad pública *y* proderechos civiles. Revirtió el concepto de la economía que se filtra hacia abajo, balanceó el presupuesto federal, desafió a los americanos a que acogieran una nueva ética de servicio nacional con AmeriCorps y presidió dos términos de paz y una amplia prosperidad compartida.

El nuevo Partido Demócrata que creó pasó a ganar el voto popular en seis de las siguientes siete elecciones entre 1992 y 2016. Inspiró también a una generación de progresistas modernos en otras democracias occidentales, especialmente el Nuevo Partido Laboral de Tony Blair en el Reino Unido. En resumen, no hubo nada de bajo calibre en la presidencia de Clinton.

Creo que mi presidencia también habría sido transformativa, dadas las grandes ideas que yo proponía para crear una economía que funcionara para todos, no solamente para los que están en la cúspide. He aquí algunas de ellas:

Primero, necesitamos la más grande inversión en empleos desde la Segunda Guerra Mundial. Esto debe incluir un programa masivo de infraestructura que repare y modernice las autovías, puentes, túneles, puertos, aeropuertos y cadenas de banda ancha de Estados Unidos; nuevos incentivos para atraer y apoyar empleos en manufactura en comunidades afectadas seriamente desde la región de carbón hasta la región indígena; estudios superiores libres de deudas y mejores programas de entrenamiento y aprendizaje para ayudar a las personas que no tengan un título universitario a obtener empleos de salarios más altos; apoyo a los pequeños negocios mediante la expansión de acceso a capital y nuevos mercados, así como reducción de impuestos y burocracia; un gran impulso para expandir la producción de energía limpia, incluyendo el despliegue de 500 millones de paneles solares en cuatro años; e importantes inversiones en investigaciones científicas para crear los empleos e industrias del mañana.

Segundo, para que la economía sea más justa, necesitamos nuevas reglas e incentivos para facilitarles a las compañías elevar jornales y compartir ganancias con los empleados, y dificultarles que envíen los empleos al extranjero y destruyan los sindicatos. Tenemos que asegurarnos de que Wall Street no pueda arruinar a los que tienen menos otra vez, y ser más inteligentes y más fuertes en comercio a fin de que los obreros americanos no se vean entrampados en una carrera imposible de ganar contra las industrias que reciben subsidios o son propiedad del estado, en condiciones laborales por debajo de lo estándar o en la manipulación de la moneda.

Tercero, tenemos que modernizar las protecciones a la fuerza de trabajo con jornales mínimos más altos, igualdad de ingreso para las mujeres, días ausentes pagados por asuntos de familia y por problemas de salud y cuidados asequibles a los niños. Debemos defender y mejorar la ACA para reducir los precios y ampliar la cobertura de salud, incluyendo una opción pública.

Cuarto, todo esto lo podemos pagar con impuestos más altos para el 1% de los americanos que han recibido los más altos ingresos y ganancias desde 2000. Esto también ayudaría a reducir la desigualdad.

Podría seguir, pero esto les da una muestra de las cosas que yo habría tratado de realizar como presidente. Lamentablemente, a pesar del hecho de que he hablado de estas cosas interminablemente, nunca recibieron mucha atención de la prensa y la mayoría de las personas nunca ha oído hablar de ellas. Fracasé en mi intento de convencer a la prensa de que la economía era más importante que los correos electrónicos. Pero lo era. Igual de frustrante es el hecho de que nunca pude convencer a los escépticos de que yo realmente quería ayudar a las familias trabajadoras. Pensé que basada en mis años de lucha por reformar los cuidados de salud, mi récord ayudando a crear empleos como senadora, mis esfuerzos por elevar la alarma antes de la crisis financiera y mi temprana dedicación a buscarle solución a la epidemia de opioides, la gente me vería como una probada productora de cambios y como una luchadora por niños y familias. En lugar de ello, nunca logré sacudirme la falsa percepción de que era una defensora del *statu quo*.

En mis momentos más introspectivos, reconozco que a mi campaña de 2016 le faltaba el sentido de urgencia y pasión que recuerdo del '92. En aquella época estábamos en una misión de revitalizar al Partido Demócrata y rescatar al país de doce años de una economía que pretendía resolver los problemas filtrando gotas de prosperidad a los de abajo y que explotó el déficit, dañó a la clase media y aumentó la pobreza. En 2016, estábamos tratando de construir sobre ocho años de progreso. Para un electorado hambriento de cambios, era mucho más difícil de vender. Los votantes más esperanzados lo compraron; los votantes más pesimistas no lo hicieron.

Otra lección de esta elección, y del fenómeno de Trump en particular, es que la tradicional ideología republicana está en bancarrota. Durante décadas, los grandes debates en la política americana eran acerca del tamaño y papel del gobierno. Los demócratas argumentaban a favor de un gobierno federal más activo y una red de seguridad más fuerte, mientras los republicanos abogaban por un gobierno más pequeño, impuestos más bajos y menos regulaciones. El país parecía estar dividido de forma bastante pareja, o tal vez ligeramente inclinado hacia la centro-derecha. Entonces llegó Trump y levantó el telón de lo que realmente estaba ocurriendo. Nos enteramos de que muchos votantes republicanos no tenían ningún problema con un gobierno grande, siempre y cuando fuera un gobierno grande para ellos. Quizá esto siempre ha sido cierto —ustedes recuerdan los infames letreros de los mítines del Tea Party que decían, sin la menor insinuación de ironía, "Quiten las manos de su gobierno de mi Medicare"— pero Trump sacó todo eso al aire libre. Prometió proteger el Seguro Social, Medicare y Medicaid, mientras abandonaba el libre comercio y se enfrentaba con fuerza con los bancos, en directa contradicción de la ortodoxia republicana. En lugar de pagar un precio por ello, barrió a los rivales más tradicionales del Partido Republicano. Una vez en el cargo, Trump abandonó la mayoría de sus promesas populistas y se adhirió mayormente a la línea de su partido. Pero eso no debe oscurecer el hecho de que muchos de sus votantes querían tirar por la borda la ortodoxia y preservar los beneficios sociales. La realidad es que los doctrinarios de la economía de goteo que controlan el Congreso ejercen un enorme poder sin tener un verdadero electorado a favor de sus políticas excepto los donantes republicanos. Cuando los republicanos se oponían a Obama o me atacaban a mí, podían unificarse contra un común enemigo, pero ahora que están en el poder y la gente espera que produzcan resultados, vemos que no hay mucho que mantenga unido al Partido Republicano.

Las implicaciones de todo esto son potencialmente profundas. Si Trump no puede cumplirles a las familias trabajadoras, los demócratas tendrán que hacerlo y ser capaces de explicarlo. Puede ser difícil para nosotros cumplir con sus grandiosas promesas, porque nosotros todavía creemos en la aritmética, pero podemos ofrecer resultados reales. Todavía creemos en el comercio, pero tenemos que tener una mayor claridad acerca de cómo seríamos más fuertes con los países que tratan de sacarles ventaja a los trabajadores americanos, y cómo proveeríamos más fondos para las personas dañadas por la competencia extranjera. Todavía creemos en la inmigración, pero tenemos que presentar una propuesta mejor que, de ejecutarse correctamente, ayude a todos los trabajadores.

Los demócratas deben reevaluar muchas de las presunciones acerca de cuáles políticas son políticamente viables. Estas tendencias hacen que los programas universales sean incluso más atractivos de lo que pensábamos. Me refiero a programas como el Seguro Social y Medicare, que benefician a todos los americanos, a diferencia de Medicaid, los cupones para alimentos y otras iniciativas dirigidas a los pobres. Los programas dirigidos pueden resultar más eficientes y progresistas, y es por eso que durante las primarias critiqué el plan de Bernie de "universidad gratis para todos" como algo que proveía dádivas pagadas por los contribuyentes que se podían desperdiciar en jóvenes ricos. Pero es precisamente por no beneficiar a todos que los programas dirigidos se prestan con tanta facilidad a ser estigmatizados y a la demagogia. Lo hemos visto con la ACA. Durante años, fue atacada como un nuevo subsidio a las personas pobres de color. Muchos blancos de la clase trabajadora no pensaban que los beneficiaba a ellos también, especialmente si vivían en estados donde líderes republicanos rehusaron expandir Medicaid. En estados de mayoría blanca donde Medicaid se expandió, como Arkansas y Kentucky, los beneficiarios fueron abrumadoramente familias trabajadoras blancas. Pero muchos votaron por Trump de todas maneras, apostando a que él les iba a quitar el seguro de salud a "otros" y no a ellos. Fue solo cuando muchos americanos se percataron de que la anulación de la ACA les arrebataría protecciones universales que habían llegado a disfrutar, especialmente en cuanto a lo que se refiere a enfermedades preexistentes, que la ley se popularizó. La expansión de Medicaid también la ha hecho más popular.

La conclusión que saco de esto es que los demócratas deben redoblar sus esfuerzos para desarrollar ideas audaces y creativas que ofrezcan amplios beneficios a todo el país.

Antes de postularme a la presidencia, leí un libro titulado *With Liberty and Dividends for All: How to Save Our Middle Class When Jobs Don't Pay Enough (Con libertad y dividendos para todos: Cómo salvar a nuestra clase media cuando los empleos no pagan lo suficiente)*, por Peter Barnes, el cual explora la idea de crear un nuevo fondo que utilizaría ingresos de recursos nacionales compartidos para pagar un dividendo a cada ciudadano, como el Fondo Permanente de Alaska distribuye las regalías del petróleo del estado todos los años. Los recursos nacionales compartidos incluyen petróleo y gas y las ondas públicas que usan las emisoras y las compañías de teléfonos móviles, pero eso no es suficiente. Si uno mira el sistema financiero de la nación como un recurso compartido, entonces se puede comenzar a recaudar dinero de cosas como el impuesto a las transacciones financieras. Lo mismo con el aire que respiramos y el precio del carbón. Una vez que se capitaliza el fondo, se puede proveer a cada americano un modesto ingreso básico cada año. Además de dinero efectivo en el bolsillo, sería también una manera de hacer que los americanos se sientan más conectados a nuestro país y entre ellos —parte de algo más grande que nosotros mismos—.

Me fascinaba esta idea, y a mi esposo también, y pasamos semanas trabajando con nuestro equipo de formulación de políticas para ver si podría ser lo suficientemente viable para incluirlo en mi campaña. Lo llamaríamos, "Alaska para América." Lamentablemente, no pudimos lograr que los números funcionaran. Para proveer un dividendo significativo a cada ciudadano cada año, habría que recaudar enormes sumas de dinero, y esto significaría muchos nuevos impuestos o canibalizar otros programas importantes. Decidimos que era emocionante pero no realista, y lo dejamos por el momento. Esa era la decisión responsable. Me pregunto ahora si debimos haber abandonado toda precaución y acoger a "Alaska para América" como una meta a largo plazo y haber analizado los detalles luego.

Me resulta interesante que algunos estadistas republicanos de renombre, como los ex secretarios del Tesoro James Baker y Hank Paulson, hayan propuesto recientemente un programa nacional de dividendos de carbón que impondría impuestos en el uso de combustible fósil y reembolsaría todo el dinero directamente a cada americano. Ellos piensan que es una respuesta conservadora razonable al problema del cambio climático y a la desigualdad de ingreso, y una buena alternativa a la regulación gubernamental. Bajo ese plan, las familias trabajadoras con antecedentes en carbón podrían terminar con un gran impulso en sus ingresos. Contemplamos esto para la campaña también, pero no pude lograr que la matemática funcionara sin imponer nuevos costos a las familias de clase media-alta, lo que prometí no hacer. Así y todo, era algo tentador. Un gobierno conservador en Suecia creó un programa similar en 1991, y en una década había reducido las emisiones de gas invernadero *y* expandido la economía en un 50%, porque muchos suecos usan sus devoluciones de impuestos para aumentar la eficiencia de la energía, creando nuevos empleos, incrementando la productividad y reduciendo sus consumos de electricidad.

Necesitamos pensar con originalidad porque los desafíos que enfrentamos están creciendo y son cada vez más complejos. El cambio climático es un ejemplo. Otro es el de los efectos a largo plazo de la automatización y la inteligencia artificial, tanto en los empleos como en la seguridad nacional. Sean pacientes conmigo, porque tengo mucho que decir acerca de esto. Durante los últimos años, he tenido una serie de alarmantes conversaciones con líderes tecnólogos en Silicon Valley que advierten que esta puede ser la primera gran revolución tecnológica que termine desplazando más empleos que los que crea. El impacto del comercio en nuestra industria de manufactura recibió mucha más atención durante la campaña, pero muchos economistas dicen que los avances tecnológicos realmente han desplazado muchos más empleos que el comercio en décadas recientes.

Por ejemplo, entre 1962 y 2005, desaparecieron alrededor de cuatrocientos mil empleos de trabajadores de la industria del acero. La competencia del acero hecho en China y otros países era parte del problema. Pero la innovación tecnológica y la automatización fueron los mayores culpables. Permitieron a los manufactureros producir la misma cantidad de acero con menos y menos trabajadores, a costos inferiores.

La misma historia se ha repetido en muchas otras industrias y no se ve que disminuya la velocidad de esta tendencia en un futuro cercano. La llegada de los automóviles que se conducen solos podría desplazar a millones de camioneros y choferes de taxi. Algunos economistas estiman que la automatización podría dejar sin trabajo a un tercio de los hombres de entre veinticinco y cincuenta y cuatro años de edad para el año 2050. Aunque lográramos crear nuevas industrias y nuevas categorías de empleos para reemplazar los que hemos perdido, la amplitud de los cambios que enfrentamos desestabilizará a millones de personas.

No estoy sugiriendo que debemos detener la marcha de la tecnología. Eso causaría más problemas que los que resolvería. Pero necesitamos asegurarnos de que está funcionando más a nuestro favor que en nuestra contra. Si podemos resolver eso, incluyendo cómo hablar de ello de manera que los americanos lo entiendan y lo apoyen, será tanto buenas políticas como buena política.

Existe otro ángulo a considerar también. Tecnólogos como Elon Musk, Sam Altman y Bill Gates, y físicos como Stephen Hawking han advertido que la inteligencia artificial podría un día presentar una amenaza de seguridad existencial. Musk la ha llamado "el mayor riesgo que enfrentamos como civilización". Piensen en ello: ¿Han visto alguna vez una película en que las máquinas comienzan a pensar por su cuenta, que termine bien? Cada vez que visité Silicon Valley durante la campaña, regresé a casa más alarmada. Mi equipo vivía con el temor de que yo empezara a hablar del "ascenso de los robots" en alguna reunión comunitaria en Iowa. Tal vez debí haberlo hecho. En todo caso, los formuladores de políticas necesitan estar al tanto de la tecnología según avanza, en lugar de siempre estar tratando de ponerse al día.

En general, no debemos sentir miedo de averiguar lo más posible sobre las ideas transformativas. Como aplicar impuestos al valor neto en lugar de al ingreso anual, lo cual haría que nuestro sistema fuera más justo, reduciría la desigualdad y proveería recursos para realizar las inversiones importantes que nuestro país necesita. O una iniciativa de servicio nacional mucho más amplia que lo que tenemos ahora, tal vez incluso universal. Debemos volver a imaginar totalmente nuestro entrenamiento y sistema de desarrollo para nuestra fuerza de trabajo a fin de que los empleadores y los sindicatos sean verdaderos asociados, y la gente que no haya ido a la universidad pueda encontrar un buen empleo y disfrutar de una vida de clase media. Necesitamos repensar completamente cómo los americanos reciben beneficios como la jubilación y el cuidado de la salud para que sean universales, automáticos y portátiles. Como se habrán dado cuenta ya, me encanta hablar de estas cosas. El punto es que tenemos que pensar en grande y pensar diferente.

No importa lo que yo haga en los años futuros, estaré persiguiendo nuevas ideas de políticas que yo crea que pueden marcar una diferencia. No todas las elecciones van a estar llenas de veneno, desinformación, resentimientos e interferencias externas como la de 2016. Las soluciones van a volver a ser importantes en la política. Los demócratas deben estar listos para cuando ese día llegue.

*Las mujeres que se portan bien, casi nunca hacen historia.*

—Laurel Thatcher Ulrich

# Hacer historia

"Sólo quiero mostrarle esto", dijo David Muir, el joven presentador de *ABC News* llevándome a la ventana. "Esa es la multitud que espera por usted".

Era tarde, martes 7 de junio de 2016, día de las últimas primarias demócratas. Muir y yo estábamos en el segundo piso del Navy Yard de Brooklyn, en una pequeña habitación llena de cámaras, luces y un grupo de personas que hacía los últimos arreglos para nuestra entrevista. La ventana daba hacia un cavernoso hangar repleto de miles de personas vitoreando y agitando banderas americanas y zapateando. En medio de ellos había un escenario vacío.

—¡Cielos! —dije yo, con las manos en el corazón—. ¡Mira eso!

—Hace ocho años exactamente que usted aceptó su derrota. Y esta noche saldrá allí por una razón diferente —dijo Muir.

Pensé en aquel doloroso día de 2008 cuando me paré delante de una multitud mucho más sombría en el edificio del Museo Nacional en Washington, y les agradecí a mis seguidores haber puesto dieciocho millones de grietas en el más alto y más difícil techo de cristal. Y aquí estaba ahora, más cerca que nunca de hacer añicos ese techo de una vez por todas.

—¿Lo está asimilando? —preguntó.

—*Eso* me lo está haciendo asimilar, se lo puedo asegurar —dije yo, señalando a la multitud que estaba abajo—. Es una sensación abrumadora, David, de veras.


Había sido una semana difícil. Más aún, había sido un año difícil. Las primarias se habían extendido y habían sido mucho más lacerantes de lo que nadie esperaba. La matemática de los delegados no había sido cuestionada desde marzo, pero Bernie se había aferrado hasta el amargo final, sacando sangre dondequiera que pudo en el camino. Yo de cierto modo entendí por qué él lo había hecho; después de todo, yo también había permanecido en la carrera el mayor tiempo posible en 2008. Pero aquella carrera había sido mucho más reñida, y yo respaldé a Barack inmediatamente después de la última primaria. Ese día en Nueva York, a Bernie todavía le faltaba más de un mes para respaldarme.

Pasé los días anteriores haciendo campaña como loca en California. Aunque tenía la nominación asegurada, quería ganar California. Quería cerrar las primarias con una explosión de entusiasmo y dirigirme a la convención en Filadelfia con el viento a favor. Las encuestas lucían bien, pero me sentía ansiosa. Demasiadas veces en esta campaña me había sentido como Charlie Brown con su pelota de *football*. Había estado muy reñido en Iowa y había habido derrotas sorpresivas en Michigan e Indiana. Esta vez no dejaría nada librado al azar.

Ese lunes, había hecho campaña en todo el sur de California, con mítines electorales, entrevistas en televisión y radio locales y tratando de animar a la mayor cantidad de seguidores posibles a que salieran a votar. Un poco después de las 5:00 p.m., cuando conducíamos hacia otro mitin electoral en el Colegio Universitario de Long Beach, mi teléfono empezó a vibrar. La Prensa Asociada (AP, por sus siglas en inglés) había enviado una alerta de noticias de última hora. Sus reporteros habían estado sondeando a los súper delegados, los líderes del partido que se suman a los delegados seleccionados en las primarias y las reuniones electorales para escoger al candidato a la convención. Según la última cuenta de AP, yo había llegado al número mágico de delegados necesarios para ganar. "Hillary Clinton se convierte en la presunta nominada presidencial del Partido Demócrata", declaró. Lo tuve que leer dos veces para creerlo.

Se diría que esta era una buena noticia. ¡Había ganado! Pero no era como me sentía. Estaba enfocada totalmente en la primaria del día siguiente en California, además de luchas todavía en Montana, Nuevo México, Dakota del Norte, Nueva Jersey y Dakota del Sur. Esta noticia podría muy bien desalentar la participación entre mis seguidores. Y yo quería poder subirme al escenario el martes por la noche y declarar la victoria, y no que se anunciara en un tuit caído del cielo el día antes por la AP. Les dije a Huma y a Greg Hale, un agricultor de Arkansas y un mago en la producción de eventos y de efectos visuales, a quien conozco desde que él tenía cuatro años de edad, que yo había imaginado un mar de gente agitando banderitas americanas, y ellos me dijeron bromeando que me dedicara a hacer mi trabajo. Pero es que yo había esperado este momento durante meses, y quería que fuera perfecto.

Llegamos al Colegio Universitario en Long Beach, y entré en una improvisada sala de espera. Era parte de un área de vestidores y se sentía como una jaula. Yo estaba molesta y no estaba segura de qué decir. ¿Cuál era la mejor manera de aceptar la noticia en mi discurso sin darle demasiada importancia? Quería simplemente fingir que no había ocurrido, pero eso no parecía ser una opción viable. Nick, quien con Huma estaba al teléfono con el resto del equipo en Brooklyn, sugirió un enunciado. ¿Por qué no decir que estamos al borde de un momento histórico? Así tendrá que ser, refunfuñé.

Tampoco estaba satisfecha con el borrador del discurso de victoria que se suponía que pronunciara el martes por la noche. No se sentía correcto: demasiado pequeño, demasiado político, no digno del momento. Sentí el peso de las expectativas y la historia presionándome.

Si las primarias habían terminado, y yo era la presunta nominada, eso significaba que yo era lo único que existía entre Donald Trump y la Casa Blanca. Quedaríamos solamente él y yo, cara a cara, y lo que estaba en juego no podía ser más importante. Todos estarían contando conmigo. Teníamos que ganar a toda costa.

Encima de todo eso, estaba a punto de convertirme en la primera mujer nominada por un importante partido a la presidencia de Estados Unidos. Esa meta ha sido tan huidiza durante tanto tiempo. Y ahora estaba a punto de convertirse en realidad.

Había estado pensando en todas las mujeres que habían marchado, habían salido a la calle en manifestaciones, habían protestado, habían sido encerradas en la cárcel, ridiculizadas, acosadas y sido objeto de violencia, para que un día alguien como yo pudiera surgir y postularse para presidente. Pensé en las valientes mujeres y hombres que se reunieron en Seneca Falls, Nueva York, en 1848 en la primera gran conferencia de derechos de la mujer. Frederick Douglass, el reformador social y abolicionista afroamericano, estaba allí. Describió a los participantes como "pocos en número, moderados en recursos y muy poco conocidos en el mundo. Lo más que teníamos en común era un compromiso firme de que estábamos en lo correcto y una fe firme de que los derechos deben finalmente prevalecer".

Sesenta y ocho "damas" y treinta y dos "caballeros" firmaron la Declaración de Sentimientos, que afirmaba audazmente, "Sostenemos que estas verdades son autoevidentes de que todos los hombres y las mujeres son creados iguales". Todos los hombres *y* las mujeres. La reacción fue feroz. Los Cien de Seneca Falls fueron llamados peligrosos fanáticos. Las mujeres fueron también descartadas como solteronas locas; no estoy segura de cómo alguien puede ser las dos cosas a la vez, pero al parecer estas activistas lo eran. Un periódico declaró: "Estos derechos para mujeres causarían un monstruoso daño a la humanidad". Pero esas valientes sufragistas nunca perdieron la fe.

¿Que podía yo decir el martes por la noche que fuera digno de ese legado y la esperanza que millones de personas estaban ahora depositando en mí?

Durante mucho tiempo, la campaña había estado tratando de dilucidar la mejor manera de hablar de la naturaleza histórica de mi candidatura. Habíamos compartido ideas en sesiones celebradas en Brooklyn, así como encuestas y grupos de enfoque. Muchos de nuestros más fervientes seguidores estaban muy entusiasmados con la idea de finalmente hacer añicos el techo de cristal. Celebrar ese hecho podía ayudar a mantener a la gente vigorizada y motivada en la elección general. Pero algunas mujeres más jóvenes no le veían tanta importancia. Y muchas mujeres indecisas en estados decisivos no querían oír hablar del tema. Algunos temían que, si nos inclinábamos mucho al hecho de que yo era una mujer, mi campaña terminara ahuyentando a los hombres, una realidad descorazonadora pero a la vez demasiado real. Así que eso no sirvió de mucho.

Estaba indecisa. Quería que me juzgaran por lo que hacía, no por lo que representaba o lo que la gente proyectaba sobre mí. Pero entendía lo mucho que este avance significaría para el país, especialmente para chicas y chicos que verían que no hay límites en lo que uno puede lograr. Quería honrar ese concepto y no sabía cuál era la mejor manera de hacerlo.

Traje toda esa incertidumbre conmigo en mi regreso de California directamente a la entrevista con David Muir en el Navy Yard de
Brooklyn el martes por la noche. Los resultados estaban comenzando
a llegar. Gané la primaria de Nueva Jersey. Bernie ganó en Dakota del
Norte. El gran premio, California, todavía estaba pendiente, pero todo
parecía indicar otra victoria. Bill y yo habíamos trabajado duro en mi
discurso, pero yo todavía me sentía inquieta. Tal vez fuera que no estaba lista para aceptar un "sí" por respuesta. Había trabajado tanto para
llegar a este momento, y ahora que había llegado, no estaba muy segura
de qué hacer.

Entonces Muir caminó conmigo hacia la ventana y vi la multitud:
miles de personas que habían trabajado infatigablemente, que habían
resistido la negatividad de una divisiva primaria y una implacablemente
rigurosa cobertura de prensa, y habían volcado sus sueños en mi campaña. Habíamos tenido grandes multitudes antes, pero esta se sentía
diferente. Era algo más que el entusiasmo que había visto en el camino.
Era una energía pulsante, una efusión de amor, esperanza y alegría.
Por un momento me sentí abrumada, y luego calmada. Esto era justo.
Estaba lista.

Después de la entrevista, bajé donde estaba mi esposo con los escritores de discursos revisando los toques finales del borrador. Lo leí
una vez más y me sentí bien. Cuando salían corriendo para montar el
discurso en el *teleprompter*, les dije que quería añadir algo más: "Voy
a hablar de Seneca Falls. Pongan una marca entre corchetes y yo me
encargo de lo demás".

Respiré profundo. No quería que la emoción del momento me llegara en medio del discurso. Oré brevemente y me dirigí al podio. En el
último momento, Huma me agarró del brazo y me susurró, "No te ol-
vides de tomar un minuto para saborear esto". Buen consejo. El clamor

cuando salí al podio fue ensordecedor. Sentí una ola de orgullo, gratitud y pura felicidad. Me paré en el podio, mis brazos abiertos al máximo, devorándolo todo.

"La victoria de esta noche no es acerca de una persona", dije. "Pertenece a generaciones de mujeres y hombres que lucharon y se sacrificaron para hacer posible este momento".

Igual que en el discurso para lanzar mi campaña en Roosevelt Island, aproveché la oportunidad para hablar de mi madre. Cuando pensaba en los hechos de la historia, pensaba en ella. Su cumpleaños había sido unos días antes. Había nacido el 4 de junio de 1919, exactamente la misma fecha en que el Congreso aprobó la Decimonovena Enmienda de la Constitución, finalmente otorgándole a las mujeres el derecho a votar.

"De veras querría que mi madre pudiera haber estado aquí esta noche", le había dicho a la multitud en Brooklyn. Había practicado esa parte varias veces, y cada vez, se me caían las lágrimas. "Querría que pudiera ver la magnífica madre en que Chelsea se ha convertido, y que pudiera conocer a nuestra preciosa nieta, Charlotte". Tragué fuerte. "Y por supuesto quisiera que pudiera ver a su hija convertirse en la nominada del Partido Demócrata para presidente de Estados Unidos".

Mes y medio después, me preparaba para aceptar formalmente la nominación en la Convención Nacional Demócrata en Filadelfia. Los republicanos habían acabado de concluir su convención en Cleveland. Trump había pronunciado un discurso oscuro y megalómano en el que describió lo deteriorado que estaba Estados Unidos y entonces declaró: "Yo soy el único que puede arreglarlo". No estaba segura de cómo iban a reaccionar a eso los votantes, pero pensé que iba contra el espíritu americano que dice, "Juntos lo arreglaremos". Su discurso, como toda su candidatura, se dedicó a atizar y manipular las más horribles emociones de la gente. Lo que quería era que los americanos tuvieran miedo unos de otros y del futuro.

Otros republicanos hicieron sus mejores imitaciones de Trump en su convención. El gobernador de Nueva Jersey, Chris Christie, un ex fiscal, dirigió a la multitud en una parodia de juicio contra mí por varios supuestos crímenes. La multitud gritaba su veredicto: "¡Culpable!". La ironía, que puede haber pasado inadvertida para Christie pero para nadie más, era que la investigación de mis correos electrónicos había concluido, pero la investigación sobre el cierre del puente George Washington como un acto de represalia política seguía vigente y finalmente condujo al encarcelamiento de dos aliados de Christie.

Era triste ver al Partido Republicano ir de "La Mañana en América" de Reagan a "La Medianoche en América" de Trump. La desordenada distopía en Cleveland fue filmada panorámicamente por la prensa y nos dio la oportunidad de ofrecer un claro contraste cuando los demócratas se reunieron en Filadelfia el 25 de julio.

Bill, Chelsea, mi equipo principal y casi todos los líderes demócratas del país asistieron. Menos yo. La tradición es que la persona nominada no aparezca hasta el final. De modo que estaba sola en mi casa de Chappaqua, viendo televisión y trabajando en mi discurso de aceptación. Me sentía un poco sola, pero disfruté el raro momento solitario después de tantos agitados meses en el camino de campaña.

Michelle Obama se robó el evento la primera noche con su discurso elegante e intensamente personal. Tal como lo había hecho durante ocho años, representó lo mejor de nosotros como americanos y nos recordó que "cuando ellos prefieren ser bajos, nosotros nos quedamos en lo alto". El senador Cory Booker, a quien también consideré como un potencial vicepresidente, pronunció un discurso conmovedor y sincero. Repitiendo una de las líneas más poderosas de la Declaración de Independencia, urgió a los americanos a seguir el ejemplo de los fundadores y "prometernos mutuamente nuestras vidas, nuestras fortunas y nuestro sagrado honor".

El segundo día, la convención se puso a trabajar en las nominaciones formales y al pase de lista estado por estado. Como el resultado raramente está en duda, esta parte puede ser algo tediosa. Pero para la persona que está siendo nominada, se siente como algo altamente dramático.

En 2008, había sorprendido a la convención apareciéndome en el público con la delegación de Nueva York en medio del pase de lista. Hice entonces una petición de suspender la votación y nominar a Barack Obama por aclamación. En el podio, Nancy Pelosi preguntó si alguien secundaba mi moción, y la arena entera rugió su aprobación.

Esta vez esperábamos un pase de lista completo. Cuando llegó el turno de Illinois, mi mejor amiga de la infancia, Betsy Ebeling, se acercó al micrófono y anunció noventa y ocho votos para mí. "En este histórico y maravilloso día, en honor a la hija de Dorothy y Hugh y mi dulce amiga —sé que estás mirando— esto es para ti, Hill". Desde Chappaqua, no pude dejar de sonreír.

Lentamente, estado por estado, el conteo fue creciendo y yo me acercaba más y más al número que representaba la mayoría de los delegados. Entonces, un poco después de las 6:30 p.m., Dakota del Sur me colocó por encima del número mayoritario, y mis seguidores en el salón estallaron en un sostenido júbilo. Quedaban todavía más estados, por lo que el conteo continuó. Finalmente, llegamos a Vermont, que había pedido ser el último. Bernie se movió hacia delante y, en un eco de ocho años antes, dijo, "Propongo que Hillary Clinton sea seleccionada como la candidata del Partido Demócrata para ser presidente de Estados Unidos". El lugar estalló.

La larga primaria había terminado. El conteo final de delegados fue 2.842 para mí y 1.865 para Bernie. Sé que no pudo ser fácil para él hacer esa declaración en la arena, y lo agradecí mucho.

Esa noche, la actriz Elizabeth Banks sirvió de maestra de cere-
monias a una alegre y emocionante serie de testimonios de personas
que habían llegado a conocerme a través de los años, personas que me
acogieron en sus vidas y se convirtieron en parte de la mía.

Ahí estaba Anastasia Somoza, a quien conocí cuando solo tenía
nueve años. Anastasia había nacido con parálisis cerebral y se había
convertido en una apasionada defensora de las personas con discapacidades. Trabajó en mi primera campaña para el Senado, hizo una pasan-
tía en mi oficina y nos hicimos amigas para toda la vida.

Jelani Freeman, otro ex pasante en mi oficina del Senado, vivió en
seis hogares de crianza entre las edades de ocho y dieciocho años. Muchos jóvenes en esa situación nunca se gradúan de la secundaria. Jelani
recibió una maestría y un título como abogado. Él decía que yo lo había
alentado a perseverar y elevarse lo más alto que pudiera. La verdadera
historia es que fue él quien me alentó a mí. Su ejemplo me inspiró a
continuar mi defensa de los niños, especialmente los niños en hogares
de crianza.

Ryan Moore también habló. Cuando lo conocí, Ryan tenía siete
años de edad y tenía que usar un corsé ortopédico en todo el cuerpo
que debe de haber pesado cuarenta libras. Nació con una forma rara
de enanismo que lo obligó a usar una silla de ruedas, pero no atenuó
su invencible sonrisa y su sentido del humor. Conocí a Ryan en una
conferencia de reforma de la salud en 1994 y supe de sus batallas con
la compañía de seguros para que pagara por sus cirugías y tratamientos. Su historia —y la tenacidad de Ryan— me mantuvo activa en
todos los altibajos de nuestra batalla por la reforma de cuidados de
salud.

Y también estaba Lauren Manning, que había sido gravemente herida el 11 de septiembre. Más del 82% de su cuerpo había sido severamente quemado, y solo le daban el 20% de probabilidad de sobrevivir.
Pero ella luchó arduamente por su vida. Lauren y su esposo, Greg, se

convirtieron en fervientes defensores de otras familias del 11 de septiembre. Hice todo lo que pude como senadora para abogar por ellos,
así como por los socorristas que acudieron a prestar servicios de emergencia que se enfermaron por el tiempo que pasaron en la Zona Cero.

Consideré algo muy conmovedor escuchar a estos amigos contar
sus historias, igual que ver a Betsy durante el pase de lista. Todo era
como un episodio de un viejo programa de televisión *Esta es tu vida*.
Me inundé de recuerdos y orgullo de todo lo que habíamos logrado
juntos.

Pero nada de eso me preparó para lo que Bill dijo cuando le tocó el
turno de hablar.

Lucía fenomenal allí en el podio, con su distinguido mechón de
pelo blanco y sus solemnes modales. "De vuelta a donde pertenece",
pensé yo. Cuatro años antes, Bill había presentado magistralmente el
caso para reelegir a Barack Obama. Esta vez hizo a un lado las estadísticas económicas y habló desde el corazón.

"En la primavera de 1971, conocí a una chica", empezó su discurso.
Enseguida supe que esto iba a ser diferente. Es más, no pienso que haya
habido nunca un importante discurso político como este. Bill contó
cómo nos habíamos conocido y enamorado. "Hemos estado caminando
y hablando y riéndonos desde entonces", continuó, "y lo hemos hecho
en tiempos buenos y en tiempos malos, a través de alegrías y de afliccio-
nes". Tomó al pueblo americano de la mano y lo llevó a caminar por la
senda de nuestra vida juntos, con amor, humor y sabiduría. Compartió
pequeños momentos privados, como el día que llevamos a Chelsea al
colegio universitario por primera vez. "Allí estaba yo, en un trance mirando por la ventana tratando de no llorar", recordó Bill, "y allí estaba
Hillary, arrodillada buscando desesperadamente una gaveta más que
forrar con papel".

Sentada sola en el hogar que habíamos construido juntos, rodeada de recuerdos de nuestra vida y nuestro amor, sentí que mi

corazón estallaba. "Me casé con mi mejor amiga", dijo Bill. Era como estar escuchando una carta de amor leída en voz alta en la televisión nacional.

Tan pronto como el discurso terminó, me monté en nuestra furgoneta y me apresuré hacia una taberna cercana, donde se había reunido un grupo grande de amigos y vecinos. Estaba positivamente radiante cuando entré. ¡Qué noche!

Unos camarógrafos estaban esperando, listos para conectarme directamente con la arena en Filadelfia. Remie, una adorable niñita de seis años, se acercó y me dio un abrazo. Ambas vestíamos de rojo y yo le elogié su vestido mientras ella sonreía tímida. Con Remie a mi lado, estaba lista para hablarle a la convención y al país.

En el escenario en Filadelfia, la gigantesca pantalla de televisión comenzó a transmitir fotos de anteriores presidentes de Estados Unidos, un hombre blanco tras otro, hasta que finalmente llegó a Barack Obama. Entonces la pantalla pareció estallar en un millón de pedazos y, de repente, allí estaba yo, en vivo desde el restaurante y motel Crabtree's Kittle House en Chappaqua. En el salón de Filadelfia la gente sostenía una pancarta roja y azul que decía, "Historia".

Le di gracias a la convención por el increíble honor que me había dado. "Y si hay algunas niñitas en cualquier sitio que se quedaron despiertas para ver esto", dije, mientras la cámara se movía para mostrar a la pequeña Remie y otras amigas detrás de mí, "déjenme simplemente decir que es posible que yo sea la primera mujer presidente, pero una de ustedes será la próxima".

Abracé y les di las gracias a todas las personas que encontré. No quería irme, no quería que la noche terminara. Más tarde, oí que los medios sociales vibraban con padres publicando fotos de sus hijas que efectivamente se habían quedado despiertas para ver, mientras otros compartían fotos de madres y abuelas que no habían vivido para ver ese día. Un escritor llamado Charles Finch tuiteó, "Hay días en que uno cree en esta cosa del arco de la historia". Así es exactamente como se sintió: como si todos nosotros juntos estuviéramos doblando el arco de la historia un poco más allá hacia la justicia.

El siguiente día me fui a Filadelfia a colarme en la convención y hacer una comparecencia sorpresiva con el presidente Obama después de su discurso, que fue magistral, por supuesto, e increíblemente generoso. Habló de lo que se requiere para sentarse detrás del escritorio en la Oficina Oval y tomar decisiones de vida o muerte que afectan al mundo entero, y cómo yo había estado allí con él, ayudándolo a tomar esas decisiones difíciles. Alzó la vista hacia donde estaba sentado Bill y dijo sonriendo, "Nunca ha habido un hombre o una mujer —ni yo, ni Bill, nadie— más calificado". A Bill le encantó y se puso de pie de un salto a aplaudir. Cuando Barack terminó, salí al escenario y le di un gran abrazo.

Luego, en el último día de la convención, llegó el momento para yo pronunciar el discurso más importante de mi vida. De cierta manera, este era más fácil que el de aquella noche en el Navy Yard de Brooklyn. Estaba lista para ser la abanderada del partido en la batalla que se avecinaba, y me sentía confiada en la visión que quería compartir con el país. Argumentaría que los americanos siempre somos "más fuertes juntos", y que si trabajábamos juntos, nos elevaríamos juntos. Podíamos vivir a la altura del lema de nuestro país, *e pluribus unum*: "de muchos, somos uno". Trump, en contraste, nos dividiría desgarradamente.

Habíamos acordado usar Más Fuertes Juntos como nuestro lema para la elección general después de mucho pensarlo y discutirlo. Notablemente, tres procesos separados nos condujeron a la misma respuesta. Mi equipo en Brooklyn había comenzado con tres contrastes básicos que queríamos comparar con Trump. Él era riesgoso e inepto, mientras yo era estable y estaba lista para producir resultados desde el primer día. Él era un fraude que sólo se había postulado por su propio beneficio mientras yo me había postulado para beneficiar a niños y familias y pondría a funcionar la economía para todos, no solamente para aquellos que están arriba. Él era divisivo, mientras yo trabajaría para unir al país. El desafío era unir estas tres cosas en un slogan memorable que reflejara mis valores y mi trayectoria. Más Fuertes Juntos lograba eso mejor que cualquier otra frase que pudiéramos pensar.

Mientras el equipo en Brooklyn trabajaba en esto, le pedí a Roy Spence que empleara algún tiempo pensando creativamente en los temas y mensajes de campaña. Roy es un amigo de mucho tiempo que desde la campaña de McGovern había abierto una agencia grande de anuncios en Austin, Texas. Cuando Jake Sullivan y Dan Schwerin, mi director de escritores de discursos, hablaron con Roy para intercambiar notas, se asombraron cuando lo oyeron proponer exactamente la misma frase que el equipo de Brooklyn había propuesto: Más Fuertes Juntos. Nuestros principales consultores políticos, Joel Benenson, Mandy Grunwald y Jim Margolis, también llegaron a la misma conclusión independientemente. Teniendo en cuenta lo singular que era el hecho de que todas estas personas inteligentes estuvieran de acuerdo, lo tomamos como una señal. Y quedó Más Fuertes Juntos.

En el momento en que llegué a nuestra convención, me sentí aún mejor sobre esta decisión. El discurso de Trump en Cleveland diciendo que "Yo soy el único que puede arreglarlo" había enmarcado el perfecto contraste. La historia que nos rodeaba en Filadelfia ofrecía aún más inspiración. El Salón de la Independencia estaba a pocas calles de nuestro hotel. Había sido allí, 240 años antes, que representantes de las trece desordenadas colonias se transformaron en una única nación. No había sido fácil. Algunos de los colonos querían permanecer junto al Rey. Algunos querían romper con el Rey y seguir su propio camino. Tenían diferentes antecedentes, intereses y aspiraciones. De algún modo comenzaron a escucharse mutuamente y a llegar a acuerdos parciales hasta que finalmente encontraron un propósito común. Se percataron de que serían más fuertes juntos que lo que sería cada uno por su cuenta.

El jueves, último día de la convención, Bill y yo nos sentamos a la mesa del comedor de nuestra suite del Hotel Logan, a revisar un borrador de mi discurso, tratando de hacerlo perfecto. Traté de no pensar en los muchos millones de personas que estarían mirando y la enormidad que estaba en juego. Lo que hice fue enfocarme en tratar de presentar mi argumento lo más clara y persuasivamente posible. Si hacía un buen trabajo y el país me veía sin la interferencia de toda la bobería usual, el resto se resolvería solo. De repente, con un chillido de deleite, nuestra nieta, Charlotte, irrumpió en la habitación y corrió hacia nosotros. Puse a un lado el borrador y corrí tras ella hasta finalmente cargarla en mis brazos dándole un beso. Cualquier tensión que había estado sintiendo se drenó en un destello. No había ningún otro lugar en el mundo donde yo habría querido estar sino allí mismo, cargando a mi nieta.

Después de algunas horas más de afinar el texto y practicarlo, me puse otro traje de chaqueta y pantalón de sufragista-blanco y me preparé para salir hacia la convención. La televisión estaba puesta todavía, y justamente antes de salir, vi a Khizr y Ghazala Khan salir al podio. Había oído hablar de los Khan el pasado diciembre, cuando un pasante en mi equipo de escritores de discursos se tropezó con la historia de su hijo, Humayun, un heroico capitán de las fuerzas armadas de Estados Unidos que había muerto protegiendo su unidad en Irak. Yo había hablado del Capitán Khan en un discurso sobre terrorismo en Minneapolis y sobre la importancia de trabajar conjuntamente con americanos musulmanes, y no demonizarlos. Mi equipo hizo el seguimiento con la familia y los invitó a compartir sus experiencias en la convención.

Ninguno de nosotros estaba preparado para lo poderosa que sería su participación. El señor Khan ofreció solemnemente prestarle a Donald Trump su copia de la Constitución que llevaba en el bolsillo. Instantáneamente, la escena se convirtió en uno de los momentos más icónicos de toda la elección. Igual que millones de otras personas, yo estaba paralizada. Ver al señor Khan y su esposa allí, todavía afligidos, de luto, increíblemente dignos, patriotas hasta la médula, me llenó de una ola de orgullo y confianza en nuestro partido y nuestro país.

Salí de prisa hacia la convención. Tuvimos sintonizada la Radio Pública Nacional (NPR, por sus siglas en inglés) durante todo el trayecto y no nos perdimos ni un solo minuto.

Detrás del escenario, vi a Chelsea hacer una perfecta introducción que me sacó las lágrimas.

"Mis padres me criaron de manera que supiera lo afortunada que era por nunca tener que preocuparme por tener comida en la mesa", dijo. "Nunca preocuparme de tener un buen colegio al que asistir. Nunca preocuparme de tener un buen vecindario donde jugar. Y me enseñaron a interesarme por lo que ocurre en nuestro mundo y a hacer lo que pudiera para cambiar lo que me frustraba, lo que consideraba injusto. Me enseñaron que esa era la responsabilidad que venía con haber recibido una sonrisa del destino".

"Sé que mis hijos son un poco pequeños", continuó, "pero ya estoy tratando de inculcarles esos mismos valores".

Chelsea terminó sus palabras e hizo la introducción de un filme sobre mi vida realizado por Shonda Rhimes. Me encanta cómo Shonda logra que personajes femeninos fuertes cobren vida en la televisión, y yo tenía la esperanza de que pudiera hacer lo mismo conmigo. Y lo logró con creces. Su filme fue cómico, conmovedor, simplemente perfecto. Cuando terminó, Chelsea regresó al escenario y me dio la bienvenida: "Mi madre, mi héroe". Hubo un clamor estrepitoso.

Ver al público en ese coliseo lleno de vítores y pancartas y música y miles de personas excitadas y millones más en sus casas, ha sido uno de los momentos más enorgullecedores y más abrumadoramente emocionantes de mi vida.

"De pie aquí como la hija de mi madre y la madre de mi hija, me siento muy feliz de que este día ha llegado", dije. "Feliz por todas las abuelas y niñitas y las que vinieron entre ellas. Feliz por chicos y hombres también, porque cuando cualquier barrera se cae en Estados Unidos para alguien, despeja el camino para todos. Cuando no hay techo, el cielo es el límite".

Aun después de todo lo que ha pasado, todavía lo creo.

Todavía creo que, como he dicho muchas veces, promover los derechos y las oportunidades de las mujeres y niñas es el asunto pendiente del siglo veintiuno. Esto incluye triunfar un día donde fracasé y elegir a una mujer presidente de Estados Unidos.

El 8 de noviembre y los días subsiguientes, cientos de mujeres visitaron la tumba de la gran líder sufragista Susan B. Anthony en Rochester, Nueva York. Cubrieron su lápida con pegatinas de "Yo Voté". La gente hizo lo mismo en la estatua en Seneca Falls que conmemora el sitio junto al río donde Amelia Bloomer hizo la presentación de Anthony a Elizabeth Cady Stanton, iniciando la conexión que se convertiría en el corazón del movimiento sufragista.

Muchas mujeres compartieron historias como esta que recibí de una mujer llamada Marcia en California:

*Mi madre, de noventa y dos años, está al cuidado de un hospital dedicado a enfermos terminales, y está muy frágil. Hace un par de semanas, mi hermana y yo la ayudamos a votar, rellenando su boleta ausente para enviarla por correo. ¿A quién para presidente? "Hillary, por supuesto", nos dijo. ¡Vitoreamos! En una voz muy suave, susurró, "Lo hice. Lo hice". Este será su último voto. Y, por vivir*

*a cierta distancia de ella, puede que sea la última vez que la vea*
*en esta vida. Siempre atesoraré el recuerdo de verla votar por una*
*mujer presidente por primera vez en su vida.*

En mi discurso de concesión, dije, "Todavía no hemos hecho añicos ese techo de cristal tan alto y tan duro, pero algún día alguien lo hará, y esperemos que sea más pronto de lo que pensamos". La historia es cómica de esa manera. Las cosas que parecen estar lejanas e imposibles tienen su manera de resultar más cercanas y más posibles de lo que jamás imaginamos.

De las sesenta y ocho mujeres que firmaron la Declaración de Sentimientos en 1848, solo una vivió para ver la Decimonovena Enmienda ratificada. Su nombre era Charlotte Woodward, y le dio las gracias a Dios por el progreso de que había sido testigo en su vida.

En 1848, Charlotte tenía diecinueve años y fabricaba guantes en el pequeño pueblo de Waterloo, Nueva York. Se sentaba a coser durante horas todos los días, trabajando por un jornal exiguo sin esperanza de alguna vez obtener una educación o ser dueña de una propiedad. Charlotte sabía que si se casaba, tanto ella como cualquier hijo que tuviera, además de todas sus posesiones en el mundo, le pertenecerían a su esposo. Nunca sería una ciudadana igual y completa, nunca votaría, y mucho menos se postularía a un cargo público. Un día cálido de verano, Charlotte oyó hablar de una conferencia de derechos de la mujer en un pueblo cercano. Corrió de casa en casa, divulgando la noticia. Algunas de sus amigas estaban tan entusiasmadas como ella. A otras les causó gracia o les resultó indiferente. Unas pocas acordaron ir con ella para verlo con sus propios ojos. Salieron temprano la mañana del 19 de julio en un vagón tirado por caballos de finca. Al principio, el camino estaba vacío, y ellas se preguntaban si nadie más iba a ir. En el próximo cruce de caminos había vagones y carruajes y luego aparecieron más, todos dirigiéndose a la Capilla Wesleyan en Seneca Falls. Charlotte y sus amigas se sumaron a la procesión, camino hacia un futuro con el que solo podían soñar.

Charlotte Woodward tenía más de noventa años cuando finalmente obtuvo el derecho a votar, pero llegó. Mi madre acababa de nacer y vivió lo suficiente para votar por su hija para presidente.

Tengo planes de vivir lo suficiente para ver ganar a una mujer.

*Conocerse a sí mismo es, sobre todo, saber lo que le falta.*

*Es medirse uno mismo frente a la Verdad,*

*y no lo contrario.*

—Flannery O'Connor

# Frustración

*Un sacrificio demasiado largo puede*

*convertir el corazón en una piedra.*

—William Butler Yeats

# Caminos rurales

"Vamos a llevar a que muchos mineros del carbón y compañías carboneras cierren sus operaciones". Fuera de contexto mis palabras parecían crueles. Los operativos republicanos se aseguraron de que ese segmento se trasmitiera virtualmente sin cesar en Facebook, en la cobertura de radio y televisión locales y en anuncios de campaña en toda la región de los Apalaches durante meses.

Hice ese desafortunado comentario sobre mineros de carbón en un mitin comunitario en Columbus dos días antes de la primaria de Ohio. Una dice millones de palabras en una campaña y hace el mayor esfuerzo por tener claridad y precisión. A veces simplemente sale mal. No era la primera vez que ocurría en la elección de 2016, ni sería la última. Pero es la que más lamenté. El punto que quería expresar era exactamente lo contrario de lo que salió.

El contexto es importante. El moderador preguntó cómo obtendría el apoyo de la clase trabajadora blanca que normalmente vota por los republicanos. ¡Buena pregunta! Tenía mucho que decir sobre el tema. Estaba mirando directamente a mi amigo, el congresista Tim Ryan, que representa comunidades en el sudeste de Ohio que han sufrido pérdidas de empleos en las minas de carbón y plantas de acero. Quería hablar de sus preocupaciones y compartir mis ideas de ofrecer oportunidades a la región. Lamentablemente, algunas de mis palabras resultaron de la peor manera posible:

> En lugar de dividir a la gente, como lo hace Donald Trump, unámonos alrededor de políticas que traigan empleos y oportunidades a todas estas comunidades pobres y desatendidas. Por ejemplo, soy la única candidata que tiene una política para crear oportunidades económicas utilizando energía limpia y renovable como la clave a la región carbonera. Porque vamos a llevar a que muchos mineros del carbón y compañías carboneras cierren sus operaciones, ¿verdad, Tim? Y vamos a tener bien claro que no queremos olvidar a esas personas. Esas personas han trabajado en esas minas durante generaciones, dejando su salud, a menudo perdiendo sus vidas para encender nuestras luces y proveer electricidad a nuestras fábricas. Ahora tenemos que alejarnos del carbón y todos los otros combustibles fósiles, pero no quiero alejarme de la gente que hizo un gran esfuerzo para producir la energía de la que dependíamos.

Si uno escuchaba esta respuesta completa y no solo una sola confusa oración aislada, lo que quise decir estaba razonablemente bien. Los empleos en el sector de carbón de la región de los Apalaches habían estado reduciéndose durante décadas, consecuencia de los cambios en la tecnología minera, la competencia del carbón con menos azufre de Wyoming y el gas natural más barato y más limpio y la energía renovable y la disminución de la demanda global de carbón. Estaba intensamente preocupada por el impacto que se produciría en las familias y comunidades que habían dependido de empleos relacionados con el carbón durante generaciones. Es por eso que había propuesto un amplio plan de $30 mil millones para ayudar a revitalizar y diversificar la economía de la región. Pero la mayoría de la gente nunca oyó esa parte. Oyeron un fragmento que dio la impresión de que yo tenía la intención de hacerles daño a los mineros y sus familias.

Cualquiera que estuviera listo para creer lo peor de mí, ahí estaba la confirmación.

Me sentí totalmente enferma por todo esto. Lo aclaré y me disculpé y señalé mi plan detallado para invertir en las comunidades carboneras. Pero el daño estaba hecho.

Para mucha gente, los mineros de carbón son símbolos de algo mucho más grande: una visión de parte de Estados Unidos como una región de obreros blancos, religiosos, que trabajan duro y expresan su patriotismo agitando la bandera americana y que da la impresión que está desapareciendo. Si no respetaba a los mineros del carbón, la implicación era que no respetaba a la clase trabajadora en general o al menos a los trabajadores blancos de pueblos pequeños y estados republicanos. Y con el fragmento de mis comentarios trasmitiéndose continuamente por Fox News, básicamente no había nada que yo pudiera decir para que la gente pensara lo contrario.

La reacción fue irritante por muchas razones. Una era la doble moral. No pasaba ni un día en la campaña sin que Donald Trump dijera algo ofensivo o confundiera alguna idea. Recibía críticas, pero raramente le afectaban (con un par de excepciones). Muchos en la prensa y la clase política se maravillaban de ver lo cubierto de teflón que parecía estar, ignorando el papel que ellos tenían en que él fuera así. A mí no se me concedía esa flexibilidad. Conmigo hasta el más pequeño desliz se convertía en un suceso mayor. Sin embargo, al mismo tiempo a mí se me criticaba de manera rutinaria por ser demasiado cuidadosa y cautelosa con mis palabras. Era una dinámica imposible de superar.

Pero la metida de pata de los mineros de carbón se sentía terrible en formas que excedían mis frustraciones normales sobre la doble moral. No era un comentario tonto sobre un tema sin importancia. A mí me interesaban mucho las familias trabajadoras que luchaban en pequeños pueblos que estaban desapareciendo. Me interesaban mucho las comunidades carboneras en particular. No por razones políticas —sabía que no iba a recibir muchos votos en lugares como Virginia Occidental— sino por razones personales.

Viví en Arkansas durante años y me enamoré de los pueblos montañosos de Ozark, muy parecidos a los de la región de los Apalaches. Por cierto, las minas habían producido carbón en Arkansas durante décadas, y Bill y yo conocíamos a mineros retirados que sufrían de la enfermedad del pulmón negro. Como abogado, él había representado a más de cien de ellos, tratando de ayudarlos a recibir los beneficios que merecían. Cuando llegué al Senado, trabajé con el senador Robert Byrd de Virginia Occidental para hacer lo posible por crear legislación que protegiera la seguridad y las pensiones de los mineros del carbón.

También representé a ciudades industriales que habían sido prósperas en el estado de Nueva York donde las fábricas se habían cerrado y los empleos habían desaparecido, igual que en el sudeste de Ohio y en el este de Pensilvania. Respetaba el orgullo desafiante que sentían muchos de los que vivían allí por sus pueblos natales y comprendía la desconfianza que sentían hacia los de fuera que venían como en paracaídas haciendo grandes pronunciamientos acerca de sus vidas y su futuro. Descubrí que, escuchando, creando coaliciones y ayudando a las personas a ayudarse a sí mismas, podíamos comenzar a cambiar las cosas y a crear oportunidades de negocios y de empleos. Trabajé con eBay para ayudar a los pequeños negocios en las comunidades rurales del norte del estado a usar internet y llegar a nuevos clientes. Mi oficina conectó a chefs y dueños de restaurantes en Manhattan con granjeros y productores de vino del Valle Hudson y de Finger Lakes en un esfuerzo por expandir las ventas. Y trabajamos con universidades del norte del estado para obtener subvenciones para investigaciones que pudieran ayudarlos a convertirse en centros para las industrias que crearan empleos, como las de biotécnica y energía limpia. Me encantó ese trabajo porque produjo resultados y mejoró las vidas de las personas.

Aparecer como alguien que descartaba a los hombres y mujeres de la región carbonera —o a americanos que trabajaban duro contra viento y marea para mejorar sus vidas y las de sus familias— no era algo a lo que yo podía simplemente dejar de prestarle atención. Eso realmente me molestó, y quería de alguna manera resolverlo.

Vale la pena detenernos por un momento para tener claridad acerca de la visión más amplia. Términos como "clase trabajadora" y "obreros" se dicen mucho y pueden tener distintos significados para diferentes personas. Generalmente, cuando los académicos y los analistas políticos hablan de la clase trabajadora, se están refiriendo a personas que no han tenido una educación universitaria. Pero frecuentemente la gente usa el término en forma más amplia. Cuánto dinero gana la gente, qué tipo de trabajos hace, en qué comunidades vive y una sensibilidad básica o una serie de valores se unen en nuestra imagen de lo que significa ser de la clase trabajadora. Y a menudo existe una tendencia a igualar la clase trabajadora con blanco y rural. Cómo pensamos y hablamos acerca de esto tiene grandes implicaciones para nuestra política.

Llegué a la edad adulta en una era en que los republicanos ganaban una elección tras otra recibiendo votos de votantes blancos —que habían sido demócratas— de la clase trabajadora. Bill se postuló a la presidencia en 1992 resuelto a demostrar que los demócratas podían competir en los suburbios obreros y en los pequeños pueblos rurales sin renunciar a sus valores. Enfocándose en la economía, produciendo resultados y creando acuerdos que neutralizaran los temas más conflictivos como el crimen y la prestación de servicios sociales, se convirtió en el primer demócrata desde la Segunda Guerra Mundial que sirvió dos términos completos.

Ya en 2016 el país era mucho más diverso, más urbano y más de nivel universitario, con las personas blancas de la clase trabajadora formando parte de una porción del electorado que iba disminuyendo. Barack Obama había escrito una nueva estrategia de cómo ganar la presidencia movilizando votantes más jóvenes y más diversos. La estrategia de mi campaña se formó bajo ese concepto. Pero yo todavía quería ayudar a esos pequeños pueblos que Bill había ganado veinticuatro años antes y las comunidades del Cinturón del Óxido como las que yo había representado en el Senado. Aun antes de que la campaña comenzara, me enfoqué en las cantidades asombrosas de mujeres y hombres blancos pobres que morían más jóvenes que sus padres porque fumaban, abusaban de drogas y se suicidaban, lo que ha sido llamado una epidemia de desesperanza. Este descenso en la expectativa de vida no tenía precedentes en la historia moderna de nuestro país. Es el tipo de cosas que ocurrió en Rusia tras la desintegración de la Unión Soviética.

En 2013 y 2014, yo había empezado a hablar del condado de McDowell en Virginia Occidental, donde más de una tercera parte de los residentes vivía en la pobreza y solo la mitad tenía un diploma de secundaria. Los empleos escaseaban y el uso de drogas era rampante. El condado de McDowell era una de las comunidades más pobres del país, pero muchos otros pueblos pequeños y áreas rurales también estaban lidiando con jornales estancados y la desaparición de empleos. Las redes sociales que habían proveído apoyo y estructura en generaciones anteriores eran más débiles que nunca: fracaso en las escuelas, disminución de sindicatos obreros, fuga de empleos, reducción de la asistencia a las iglesias, descenso en la confianza en el gobierno y las familias más y más fracturadas. Las personas que trataban de construir un futuro en estas comunidades fuertemente golpeadas no solamente enfrentaban límites en sus aspiraciones. Era como si el piso también hubiera colapsado bajo sus pies.

¿Qué se podía hacer para ayudar? Señalé un esfuerzo ambicioso en el condado de McDowell encabezado por la Federación Americana de Maestros bajo su presidente Randi Weingarten y cerca de cien asociados locales procedentes de la comunidad, el gobierno, los negocios, el trabajo, organizaciones sin fines de lucro y fundaciones, los cuales reconocieron que los problemas que enfrentaba McDowell con sus escuelas, empleos, viviendas, infraestructura y la salud pública estaban todos conectados, por lo que tenían que trabajar en todos ellos al mismo tiempo, con nuevas inversiones, ideas frescas y mucho trabajo duro. Su asociación público-privada, nombrada Reconectar a McDowell, no tenía garantía alguna de tener éxito, pero pensé que el esfuerzo era excitante. Después de algunos años, tuvo verdaderos resultados: la tasa de graduación de la escuela secundaria aumentó de un 72% a casi el 90%, mientras la tasa de abandono de estudios y los embarazos de adolescentes disminuyeron. Las escuelas estaban equipadas de banda ancha, los hogares estaban conectados con fibra y cada uno de los estudiantes de la escuela media recibió una computadora portátil.

Pero era poco probable que aun el mayor esfuerzo filantrópico diera un giro al curso de las cosas en la región de los Apalaches, a menos que estuviera respaldado por políticas efectivas fuertes, tanto a nivel estatal como federal, algo que los republicanos del Congreso y de las Legislaturas estatales nunca apoyaron.

Los empleos en las minas de carbón de la región de los Apalaches habían estado disminuyendo hacía tiempo, pero entre 2011 y 2016, tocaron fondo. En toda la nación la producción de carbón disminuyó en un 27%. Cerca de sesenta mil mineros del carbón y contratistas perdieron sus empleos, 40% de ellos en Kentucky y Virginia Occidental solamente. Las grandes compañías carboneras como Peabody Energy,

Arch Coal y Alpha Natural Resources cayeron en bancarrota, amenazando las pensiones de miles de mineros retirados.

Esta era una crisis que demandaba una respuesta seria. Había una tensión entre el urgente imperativo de reducir la dependencia de Estados Unidos de combustibles fósiles, especialmente carbón, que eran la causa principal del cambio climático, y la necesidad de ayudar a las comunidades cuyas vidas habían dependido de la producción de esos combustibles. Yo creía posible e imperativo hacer ambas cosas. Como diría yo más tarde en ese infausto mitin comunitario, teníamos que alejarnos del carbón pero no de la gente que trabajaba duro para mantener las luces de Estados Unidos encendidas y nuestras fábricas funcionando durante generaciones.

Cuando lancé mi campaña para presidente en junio de 2015, mencioné específicamente la región carbonera y la necesidad de ayudar a las comunidades empobrecidas a hacer una transición hacia un futuro más económicamente sostenible. Era un llamado que repetía en casi todos los discursos en todo el país.

También pude trabajar desarrollando el plan detallado para invertir $30 mil millones en la revitalización de las comunidades carboneras que mencioné antes. Trabajando con expertos nacionales y líderes locales, mi equipo logró ideas fenomenales para nuevos incentivos que atrajeran empleos e industrias a la región de los Apalaches mejorando la infraestructura y el internet de banda ancha, programas de entrenamiento que condujeran a empleos verdaderos en lugar de certificados sin valor y un mayor apoyo para escuelas y estudiantes. Trabajamos también con el sindicato de Mineros Unidos de Estados Unidos acerca de los pasos a dar para responsabilizar a las compañías carboneras y garantizar seguros de salud y un retiro seguro para los mineros y sus familias. Hablé públicamente cuando el sindicato dijo que ayudaría, y puse presión entre bambalinas cada vez que fue necesario. Al final, Peabody Energy, una de las mayores compañías mineras, estuvo de acuerdo en extender beneficios a más de doce mil mineros retirados y sus familias.

Si yo hubiera ganado la elección, habría usado todo el poder del gobierno federal para hacer mucho más.

Ningún otro candidato se acercó a este nivel de atención a los desafíos reales que enfrentan estas comunidades carboneras. En la izquierda, Bernie Sanders abogaba por dejar todos los combustibles fósiles en la tierra, incluyendo el carbón. En la derecha, Donald Trump hacía promesas de reabrir las minas, pero ofrecía cero ideas creíbles para revertir décadas de deterioro y pérdidas de empleos. De modo que fue frustrante y doloroso que, gracias en gran parte a mi desafortunado comentario y la oposición en Virginia Occidental a la orden ejecutiva del presidente Obama que ordenaba una reducción de las emisiones de dióxido de carbono, esos dos candidatos gozaran de más popularidad en el estado que yo.

Pocas semanas después de mi funesto comentario, viajé a la región de los Apalaches a disculparme directamente con la gente que había ofendido. Sabía que era improbable cambiar el resultado de la primaria de Virginia Occidental que se avecinaba o de la elección general en noviembre, pero quería expresar mi respeto y dejar bien claro que yo sería presidente para todos los americanos, no solamente para aquellos que votaran por mí.

Demócratas prominentes en Virginia Occidental sugirieron que yo viajara por avión a Charleston en una visita breve y diera un discurso frente a un público amistoso. A mi equipo le gustó esa idea; tomaría menos tiempo del repleto itinerario de mi campaña además de recibir una recepción más cálida de la que recibiría en las partes rurales del estado. Pero no era eso lo que yo tenía en mente. Quería ir a lo más profundo de los campos de carbón al sur hacia las comunidades que enfrentaban los mayores desafíos, donde Trump era más popular y mi metida de pata recibía la mayor atención. Como lo expresó uno de mis asesores, eso era como Trump tener un mitin electoral en el centro de Berkeley, California. Eso era más o menos lo que yo iba a hacer.

Diseñamos un viaje que me llevara de la parte este de Kentucky al sur de Virginia Occidental y al sudeste de Ohio, terminando con un discurso de política económica en Athens, Ohio, con mi amigo el senador Sherrod Brown, quien también estaba en mi lista de candidatos potenciales para vicepresidente.

Comenzamos en Ashland, Kentucky, donde me reuní con una docena de trabajadores de la industria del acero que habían perdido sus empleos cuando la fábrica donde habían trabajado durante décadas cerró. También hablé con los hombres que trabajaban en los ferrocarriles y observé cómo el descenso de la producción de carbón y acero condujo a reducciones en el servicio de ferrocarril, lo cual a la vez costó más pérdidas de empleos y aisló más a la región.

Sabía al comenzar la campaña que muchas comunidades no se habían recuperado de la Gran Recesión, y que muchos americanos de la clase trabajadora estaban sufriendo y frustrados. El desempleo había disminuido y la economía estaba creciendo, pero la mayoría de las personas no habían tenido un aumento de salario en quince años. El ingreso de la familia promedio era $4.000 menos que cuando mi esposo había dejado la presidencia en 2001. Conocía esto al derecho y al revés.

Cuando salí allí y sentí la profunda desesperanza, aquellos números fueron aún más reales. Escuché a la gente hablar de su preocupación sobre el futuro de sus hijos. Muchos hombres se sentían avergonzados de depender de cheques de discapacidad para poder pagar sus cuentas y de que los empleos que podían encontrar no pagaran lo suficiente para mantener una vida de clase media. Los enfurecía que después de todo lo que habían hecho para suministrar electricidad a nuestra economía, pelear en nuestras guerras y pagar sus impuestos, a nadie en Washington pareciera importarle, mucho menos tratar de hacer algo al respecto.

Usualmente, cuando me encuentro con personas que están frustradas y furiosas, mi instinto es hablar de cómo podemos resolver las cosas. Es por eso que dediqué tanto tiempo y energía a formular nuevas políticas que crearan empleos y aumentaran los jornales. Pero en 2016 mucha gente no quería realmente oír hablar de planes y políticas. Querían un candidato que estuviera tan furioso como ellos, y querían a alguien a quien culpar. Para muchos, esta era primeramente una elección de resentimiento. Lo cual a mí no me viene de manera natural. A mí me enfurecen la injusticia y la desigualdad, el abuso de poder, las mentiras y el abuso físico de los *bullies*. Pero siempre he pensado que para los líderes es mejor ofrecer soluciones y no más ira. Eso es en definitiva lo que yo querría de mis líderes. Desafortunadamente, cuando el nivel de resentimiento alcanza niveles descomunales, puede que las personas que uno más quisiera ayudar no quieran escuchar las respuestas.

Salimos de Kentucky y cruzamos hacia Virginia Occidental. Tal como recordé de 2008, la conexión de teléfonos celulares era muy esporádica cuando entramos en el Estado Montañoso. Eso volvía loco al equipo que viajaba conmigo, pero yo pensaba más sobre el mayor problema de cómo esa falta de conectividad paralizaba los negocios y escuelas y atrasaba el desarrollo económico. Cerca del 40% de la gente en las regiones rurales de Estados Unidos no tiene acceso a banda ancha y las investigaciones muestran que esas comunidades tienen un ingreso menor y un mayor desempleo. Ese es un problema soluble, y uno que yo estaba ávida por resolver.

Recordé lo mucho que me había gustado hacer campaña en Virginia Occidental en la primaria de 2008, cuando gané el estado por cuarenta puntos. Mi recuerdo favorito fue celebrar el Día de las Madres con mi mamá y mi hija en el pequeño pueblo de Grafton, Virginia Occidental, donde esa tradicional celebración había nacido cien años antes. Fue uno de los últimos Días de las Madres que celebré con mi mamá, y fue fenomenal.

Condujimos hasta el condado de Mingo, del que se puede decir que es la Zona Cero de la crisis del carbón. En 2011, había habido más de 1.400 mineros en el condado. En 2016 solo quedaban 438. Nuestro destino era el pueblo de Williamson, sede de una prometedora asociación público-privada similar a Reconectar a McDowell que trataba desesperadamente de alinear recursos y la voluntad política que hacían falta para expandir y diversificar la economía local, así como la salud pública.

Después de aproximadamente tres horas, llegamos al Centro de Salud y Bienestar de Williamson. Estaba lloviznando, pero en la calle había una multitud de unos cientos de personas protestando furiosamente y coreando, "¡Queremos a Trump" y "¡Vete a casa, Hillary! ". Muchos portaban letreros de la llamada guerra contra el carbón. Una mujer le explicó a una reportera por qué apoyaba a Trump: "Estamos cansados de las malditas limosnas; nadie se ocupa de *nosotros*". Otra se había pintado las manos de rojo para que pareciera sangre y gritaba cosas sobre Benghazi. Estaba con ellos Don Blankenship, el multimillonario ex CEO de una gran compañía de carbón que fue condenado por conspirar para violar las regulaciones de seguridad minera después de la explosión de la mina Upper Big Branch, que produjo la muerte de veintinueve trabajadores en 2010. Le tocaba presentarse a la cárcel unos días más tarde, pero se hizo un rato para venir primero a protestar contra mí.

Sabía que no me iban a dar una bienvenida en Virginia Occidental. Ese era precisamente el punto de mi visita, después de todo. Pero este nivel de ira acerca de mis comentarios en un mitin electoral me sorprendió. Esto no era simplemente acerca de esos comentarios. Esto era algo mucho más profundo.

Desde la elección, he pasado mucho tiempo pensando por qué no pude conectar con más personas blancas de la clase trabajadora. Muchos comentaristas hablan como si mi dificultad con ese grupo se hubiera debido a un problema que provenía de mis propias debilidades y la singular atracción populista de Trump. Como evidencia, señalan a los votantes blancos que cambiaron de Obama a Trump. Virginia Occidental, un estado mayormente de blancos de clase trabajadora, revela una historia diferente. Desde la elección de Franklin Roosevelt en 1932 hasta la reelección de Bill en 1996, los demócratas ganaron catorce de diecisiete elecciones presidenciales allí. Desde 2000, sin embargo, las hemos perdido todas, cada vez con un margen más alto. En 2012 Obama perdió contra Mitt Romney casi dos a uno. Es difícil ver esa tendencia y concluir que todo tiene que ver conmigo o con Trump.

La explicación más prominente, aunque insuficiente por sí sola, es la llamada guerra contra el carbón. El apoyo que durante mucho tiempo los demócratas les han dado a las regulaciones ambientales para proteger el aire y agua limpios y limitar las emisiones de carbón han sido un fácil chivo expiatorio para los infortunios de la industria del carbón y las comunidades que dependen de ella. La reacción negativa alcanzó un tono febril durante la administración de Obama, a pesar de fuertes evidencias de que la regulación gubernamental no es la principal causa de la declinación de la industria.

La administración de Obama demoró en confrontar esta falsa narrativa. Cuando se preparaba para anunciar el extenso nuevo Plan de Energía Limpia, que fue visto como la política más anti-carbón hasta ese momento, pensé que el presidente debió considerar anunciarlo en la región carbonera combinado con un gran esfuerzo por ayudar a los mineros y sus familias mediante la atracción de nuevas inversiones y empleos. Eso habría suavizado un poco el golpe.

Al final, el presidente Obama anunció las nuevas regulaciones en la Casa Blanca junto a su administrador de la Agencia de Protección del Medio Ambiente (EPA, por sus siglas en inglés). Muchas personas en Virginia Occidental vieron eso como otra señal de que ellos no les importaban a los demócratas. Una vez que esa percepción se instala es difícil de cambiar.

Dicho esto, los problemas de los demócratas con los votantes blancos de la clase trabajadora comenzaron mucho antes de Obama y van más allá del carbón.

Después de que George W. Bush derrotó a John Kerry en 2004, el escritor Thomas Frank popularizó la teoría de que los republicanos habían persuadido a los blancos en lugares como Virginia Occidental a votar contra sus intereses económicos apelando a ellos en temas culturales; en otras palabras, "los gais, las armas de fuego y Dios". Definitivamente esa explicación tiene mérito. ¿Recuerdan mi anterior descripción del hombre en Arkansas que decía que los demócratas querían quitarle su arma de fuego y obligarlo a asistir a una boda gay?

Y está también el tema de la raza. Durante décadas, los republicanos han utilizado codificadas apelaciones raciales en temas como transportar alumnos de minorías a otros distritos escolares, el crimen y las prestaciones sociales. No fue un accidente que Ronald Reagan lanzara su campaña de elección nacional en 1980 con un discurso sobre "los derechos de los estados" cerca de Filadelfia y Misisipi, donde tres trabajadores de derechos civiles habían sido asesinados en 1964. En 2005 el presidente del Comité Nacional Republicano se disculpó formalmente por lo que se ha conocido como la estrategia sureña. Pero en 2016 regresó con todo. La política se redujo al más tribal enfoque de "nosotros" contra "ellos", con el pronombre *ellos* aumentado ahora a una lista más grande que abarcaba a negros, latinos, inmigrantes, citadinos y demás. Igual que muchos demagogos antes que él, Trump estimuló a adoptar una visión de suma cero de la vida en que, si alguien siempre gana, uno debe de estar perdiendo. Se puede oír el resentimiento en las palabras de protesta en Williamson: "Estamos cansados de las malditas limosnas; nadie se ocupa de *nosotros*".

Es difícil competir contra la demagogia cuando las respuestas que se pueden ofrecer son todas insatisfactorias. Años de dolor económico proporcionaron un terreno fértil para los llamados culturales y raciales de los republicanos. La membresía de sindicatos de trabajadores, que una vez fue un bastión de estados demócratas como Virginia Occidental, disminuyó. Pertenecer a un sindicato es una parte importante de la identidad personal de una persona. Ayuda a dar forma a la manera en que uno mira el mundo y piensa en política. Una vez que eso falta, mucha gente deja de identificarse primeramente como trabajadora —y vota consecuentemente— y comienza a identificarse y votar más como hombre, blanco, rural y todo lo demás.

Vean no más a Don Blankenship, el jefe carbonero que se sumó a la protesta contra mí cuando iba camino a la cárcel. En años recientes, aun cuando la industria del carbón ha estado en dificultades y los trabajadores han sido despedidos, los altos ejecutivos como él han embolsado enormes aumentos salariales, con un incremento en compensación del 60% entre 2004 y 2016. Blankenship puso en peligro a sus trabajadores, socavó a su sindicato y contaminó los ríos y las corrientes, todo eso mientras lograba grandes ganancias y contribuía millones a los candidatos republicanos. Él debió haber sido el hombre menos popular en Virginia Occidental, aun antes de haber sido condenado a prisión tras la muerte de veintinueve mineros. En lugar de ello, los seguidores de Trump que protestaban en Williamson le dieron la bienvenida. Uno de ellos le dijo a una reportera que votaría por Blankenship para presidente si se postulaba. Entretanto, cuando yo prometía reforzar las leyes para proteger a los trabajadores y responsabilizar a jefes como Blankenship —el hecho de que haya recibido una condena a prisión de solo un año era algo horrible— estaban protestando contra mí.

Algunos en la izquierda, incluyendo a Bernie Sanders, argumentan que los blancos de la clase trabajadora han sido abandonados por los demócratas porque el partido se endeudó con los donantes de Wall Street y perdió contacto con sus raíces populistas. Es difícil creer que los votantes que simpatizan con Don Blankenship están en busca de una economía progresista. Después de todo, el Partido Demócrata, en casi todos los aspectos, se ha movido hacia la izquierda durante los últimos quince años, no hacia la derecha. Lo cierto es que Mitt Romney no era más populista que Obama cuando lo hizo polvo en Virginia Occidental. Y los republicanos, sin un ápice de vergüenza, se han aliado a los poderosos intereses corporativos, incluyendo las compañías carboneras que les arrebatan el cuidado de salud y las pensiones a los mineros retirados. Sin embargo, siguen ganando elecciones. Durante mi visita, el líder mayoritario republicano del Senado, Mitch McConnell de Kentucky, estaba bloqueando la legislación del senador de Virginia Occidental Joe Manchin para proteger las pensiones de los mineros de carbón. ¿Por qué? El senador Brown dijo que era "porque a él no le gusta el sindicato de Mineros Unidos" por haber respaldado a su opositor demócrata en 2014. Sin embargo, no hubo virtualmente una reacción negativa antirepublicana y, hasta la fecha, ninguna consecuencia política para uno de los más desalmados despliegues de desprecio hacia las necesidades de mineros del carbón que yo recuerde.

He conocido a muchos hombres y mujeres de mentes abiertas y de gran corazón que viven y trabajan en comunidades rurales pobres. Es difícil culparlos por querer sacudir un poco las cosas políticamente después de muchos años de decepciones. Pero la ira y el resentimiento calan muy hondo. Como han señalado nativos de la región de los Apalaches, como el autor J. D. Vance, una cultura de agravio, victimismo y utilización de chivos expiatorios se ha arraigado mientras los valores tradicionales de autodependencia y trabajo duro se han marchitado. Existe una tendencia a ver cada problema como la culpa de otra persona, sea Obama, las élites liberales de las grandes ciudades, inmigrantes indocumentados que se apoderan de los empleos, minorías que drenan la ayuda gubernamental... o yo. No es un accidente que esta lista suene exactamente como la retórica de campaña de Trump.

Pero el simple hecho de que una situación pueda ser explotada para obtener una ganancia política no significa que no existe un problema. El dolor —y el pánico— que sienten muchos trabajadores blancos es real.

El viejo mundo del que hablan melancólicamente, cuando los hombres eran hombres y los empleos eran empleos, ha desaparecido realmente.

No subestimen el papel del género en esto. En una economía en que las mujeres no tienen más opción que trabajar, y pocos hombres ganan lo suficiente para mantener una familia por sí solos, los papeles tradicionales del género se redefinen. Bajo circunstancias justas, ese puede ser un elemento liberador para las mujeres, bueno para los niños e incluso bueno también para los hombres que ahora cuentan con una compañera con quien compartir la carga económica. Pero si los cambios son causados por la incapacidad de los hombres de tener una vida digna cuando quieren trabajar y no pueden encontrar un empleo, el estrago en su autoestima puede ser devastador.

Todo esto se convierte en una dinámica compleja. Hay demasiado cambio y no hay suficiente cambio, todo al mismo tiempo.

Cuando la gente se siente excluida, abandonada y sin opciones, ese profundo vacío se llenará de ira y resentimiento o depresión y desesperanza sobre aquellos que supuestamente les arrebataron sus modos de vida o se les adelantaron.

Trump explotó brillantemente todos estos sentimientos, especialmente con su consigna: "Que Estados Unidos vuelva a ser grande". Junto con ese había otros mensajes poderosos: "¿Qué tienen que perder?" y "Ella ha estado ahí treinta años y nunca hizo nada". Lo que él quería decir era: "Pueden volver a tener al viejo Estados Unidos una vez que acabemos con los inmigrantes, especialmente los mexicanos y los musulmanes, devolvamos los productos chinos, revoquemos Obamacare, destruyamos la corrección política, ignoremos los hechos inconvenientes y pongamos en la picota a Hillary junto con todas las otras élites liberales. Odio a la misma gente que ustedes y, a diferencia de los otros republicanos, yo voy a hacer algo para mejorar sus vidas".

Cuando mi esposo era un niñito, a su tío Buddy en Hope, Arkansas, le gustaba decirle: "Cualquiera que quiera hacerte enojar y no dejarte pensar no es tu amigo. Pensar tiene un gran valor". Como tanta sabiduría que he escuchado en mi vida, es más fácil decirla que vivirla. Es mucho más fácil jugar a pincharle el rabo al burro para echar culpas, que es lo que ha ocurrido con los demócratas en demasiados sitios.

Uno de los hechos más importantes pero menos reconocidos en la política de Estados Unidos es que los republicanos tienden a ganar en sitios donde la gente es pesimista o tiene incertidumbre sobre el futuro, mientras que los demócratas tienden a ganar donde la gente es más optimista. Esos sentimientos no se alinean nítidamente con la exagerada dicotomía entre las costas y el centro del país. Existen muchas comunidades florecientes tanto en estados azules como rojos que han sabido educar a sus fuerzas de trabajo, aprovechar sus talentos y participar en la economía del siglo veintiuno. Y algunos de los ciudadanos más pesimistas son blancos retirados de mediana edad relativamente pudientes —precisamente los televidentes que Fox News valora— mientras muchos pobres inmigrantes, personas de color y jóvenes arden de energía, ambición y optimismo.

Como ejemplo, en 2016 fui derrotada contundentemente en el estado de Arkansas, pero en el condado de Pulaski, donde está Little Rock, la vibrante capital, gané por dieciocho puntos. Perdí en Pensilvania, pero gané en Pittsburgh con el 75% del voto. Trump puede pensar que esa ciudad es un emblema del pasado industrial —la comparó con París cuando abandonó el acuerdo global sobre el clima en 2017— pero la realidad es que Pittsburgh se ha reinventado como un centro de energía limpia, educación e investigaciones biomédicas. Como vi cuando hice campaña allí muchas veces, la gente de Pittsburgh es resuelta y optimista sobre el futuro.

Así que no puedo decir lo que había en el corazón y mentes de aquellos hombres y mujeres de pie bajo la lluvia en Williamson coreando "¡Vete a casa, Hillary!". ¿Me menospreciaban porque habían oído en Fox que yo quería que los mineros se quedaran sin trabajo?

¿Pensaban algunos que les había dado la espalda después de que habían votado por mí en la primaria demócrata de 2008? ¿Se pusieron en mi contra porque serví como secretaria de Estado de Obama y creía que el cambio climático era una verdadera amenaza para nuestro futuro? ¿O acaso su ira provenía de una política tribal mucho más profunda? Lo único que sabía con certeza era que estaban enfurecidos, gritaban a viva voz y sentían un odio visceral hacia mí. Les regalé una gran sonrisa, los saludé agitando la mano y entré.

El Dr. Dino Beckett, director del Centro de Salud y Bienestar de Williamson, estaba esperándome, junto con alrededor de una docena de gente de la zona y el senador Joe Manchin. Estaban ávidos de decirme que estaban trabajando para darle un vuelco a la difícil situación que vivía la comunidad. Habían comenzado un programa para ayudar a empresarios locales a lanzar sus pequeños negocios. El condado estaba tratando de convertir abandonadas propiedades mineras en parques industriales que pudieran atraer nuevos empleadores. Sabían que necesitaban una mejor infraestructura para viviendas a fin de poner a trabajar a la gente a renovar casas y negocios. Se dieron cuenta de que muchos de sus vecinos estaban sufriendo de adicción a los opioides y otros problemas crónicos de salud como la diabetes, y abrieron una clínica de salud sin fines de lucro. Un adicto a las drogas en recuperación que se había convertido en asesor me contó lo significativo que era el trabajo, aun cuando cortar de raíz la epidemia del abuso de drogas fuera una tarea cuesta arriba.

Para estar seguro de que yo oyera perspectivas cruzadas, el Dr. Beckett había invitado a un obrero del sector del carbón, Bo Copley, a quien él conocía porque sus hijos eran compañeros en la escuela y jugaban juntos en el equipo de fútbol, y a su esposa, Lauren. Bo era un republicano y un ferviente pentecostal, con una camiseta que decía

"#JesúsEsMejor". Había perdido su empleo como planificador de mantenimiento en una operación minera local el año anterior. Ahora la familia apenas se mantenía con lo que Lauren podía ganar en su pequeño negocio como fotógrafa. Cuando le tocó hablar a Bo, su voz estaba cargada de emoción.

"Permítame disculparme por lo que hemos oído afuera", comenzó Bo, mientras los coros de protesta todavía se oían. "La razón por la que usted oye a esas personas diciendo algunas de las cosas que dicen es porque cuando usted hace comentarios como 'Vamos a eliminar los empleos de los mineros', esas son las personas que usted estará afectando".

Me mostró una foto de sus tres hijitos, un niño y dos niñas. "Quiero que mi familia sepa que ellos tienen un futuro aquí en este estado, porque este es un gran estado", dijo. "He vivido aquí toda mi vida. Las personas de Virginia Occidental somos personas orgullosas. Sentimos orgullo de nuestra fe en Dios. Sentimos orgullo de nuestra familia. Y sentimos orgullo de nuestro trabajo. Y sentimos orgullo porque trabajamos duro".

Entonces entró en el punto central del asunto. "Quiero… quiero simplemente saber cómo usted puede decir que va a dejar sin trabajo a los mineros del carbón y luego venir aquí a decirnos que usted va a ser nuestra amiga, porque esas personas allá afuera no la ven a usted como una amiga".

"Lo sé, Bo", contesté. "Y no sé cómo explicarlo excepto que lo que dije fue citado fuera de contexto de lo que quise decir". Yo deseaba intensamente que él entendiera. No tenía esperanzas de convencer a la multitud allá afuera, pero tal vez podía lograr que él viera que yo no era la desalmada caricatura en que me habían convertido. Expresé lo apenada que estaba y que entendía por qué la gente estaba furiosa.

"Voy a hacer todo lo que pueda para ayudar", le dije. "Aunque la gente de Virginia Occidental me apoye o no, yo sí voy a apoyarlos a ustedes".

Bo me miró y señaló la fotografía de sus hijos. "Esas son las tres caras a las que tuve que explicar que yo no tenía trabajo", dijo. "Esas son las tres caras con las que tuve que encontrarme en casa y explicarles que ya veríamos cómo salir de esta; que Dios proveería para nosotros de una u otra manera, que yo no estaba preocupado, y tuve que mantener un rostro valiente para que ellos entendieran".

Dijo que un poco antes ese día había buscado a su hijo en la escuela y le sugirió que fueran a comer algo. "No, Papá", su hijo le respondió, "No quiero que gastemos nuestro dinero". Fue duro oír eso.

Cuando terminó la reunión, hice un aparte con Bo y Lauren. Quería decirles que yo agradecía su franqueza. Bo me dijo cómo él se apoyaba en su fe cristiana en tiempos difíciles. Lo era todo para él. Compartí un poco acerca de mi propia fe y, por un minuto, éramos simplemente tres personas conectándonos mediante la sabiduría del profeta Miqueas: "Solamente hacer justicia, y amar misericordia, y humillarte ante tu Dios".

Bo era un hombre lleno de orgullo, pero sabía que él y su comunidad necesitaban ayuda. ¿Por qué no había ya más programas que ayudaran a las personas que estaban listas y dispuestas a trabajar para encontrar buenos empleos que remplazaran los que habían desaparecido?, preguntó. ¿Por qué no había ningún sitio al que una persona como él pudiera acudir? Le conté de mis planes para traer nuevos empleadores al área y apoyar a los pequeños negocios como el de su esposa. No resolverían los problemas de la región de la noche a la mañana, pero ayudarían a mejorar la calidad de vida. Y si pudiéramos obtener algunos resultados positivos, la gente podría comenzar a creer otra vez que el progreso era posible. Pero yo sabía que las promesas de campaña solo llegarían hasta un punto. Al comenzar nuestro viaje hacia Charleston, llamé a mi esposo. "Bill, tenemos que ayudar a esta gente".

¿Cómo podemos ayudar y darle a la gente en condados rurales como Mingo y McDowell una oportunidad de luchar?

La necesidad más urgente en estos momentos es impedirle a la administración de Trump empeorar las cosas.

Espero que en el momento en que ustedes estén leyendo esto, los republicanos hayan fracasado en su empeño de revocar Obamacare, pero eso está lejos de ser algo seguro.

El plan de cuidados de salud de Trump tendría consecuencias devastadoras en las áreas rurales, especialmente para las personas de edad avanzada y familias que dependan de Medicaid. Y en un momento en que la adicción a los opioides está destruyendo comunidades en todas las regiones rurales de Estados Unidos, Trump y los republicanos en el Congreso propusieron eliminar el requisito de la ACA (Obamacare) de que las compañías de seguros cubran servicios a enfermos mentales y tratamientos para la adicción. Es alarmante para mí pensar en lo que eso significaría para los adictos en recuperación, sus familiares, médicos, asesores y policías que conocí en Virginia Occidental y en todo el país que estaban luchando para lidiar con las consecuencias de esta epidemia.

Además de los cuidados de salud, Trump quiere eliminar casi todo el apoyo federal a la diversificación y el desarrollo económico de la región del carbón. Ha propuesto clausurar la Comisión Regional de los Apalaches, la cual ha invertido más de $387 millones en Virginia Occidental solamente, ha ayudado a crear miles de empleos y ha apoyado los esfuerzos de la comunidad como el Centro de Salud y Bienestar de Williamson. La región de los Apalaches necesita más inversiones, no menos; más acceso a banda ancha rápida, asequible y confiable para los negocios y los hogares; más programas de entrenamiento de alta calidad para hacer un mejor trabajo de alinear a los estudiantes con empleos que existan realmente, no simplemente darles certificados que lucen bien en marcos colgados en la pared pero que no conducen a ninguna parte; e incentivos como los Créditos de Impuestos para Nuevos Mercados que puedan atraer a nuevos empleadores más allá de la industria carbonera y construir una economía más sostenible.

Las promesas de Trump cada día suenan más vacías. Después de la elección tuvo un gran reconocimiento por persuadir a la firma Carrier, que fabrica unidades de aire acondicionado, de que mantuviera empleos de manufactura en Indiana en vez de trasladarlos a México. Desde entonces, hemos sabido que fue esencialmente una maniobra tramposa para que mordieran el anzuelo y luego cambiar el compromiso: Carrier recibió millones de subsidios de los contribuyentes y, de todos modos, está trasladando al extranjero los 630 empleos. Ese tipo de truco no debe sorprender a nadie que haya seguido la carrera de Trump.

Trump también prometió reabrir minas de carbón y reavivar la industria a su antigua gloria. Pero, a pesar de lo que dice, y lo que muchas personas quieren creer, la pura verdad es que el carbón no va a regresar. Tal como lo admitió Gary Cohn, el propio director de la Comisión Nacional Económica de Trump, en un momento de franqueza en mayo de 2017, "El carbón ya no tiene tanto sentido". Los políticos deben ser honestos con las comunidades que han dependido de la industria durante generaciones y decirles la verdad sobre el futuro.

Todo el debate sobre el carbón se desarrolla en una especie de realidad alternativa. Al mirar las noticias y escuchar los discursos de los políticos, se diría que el carbón es la única industria en Virginia Occidental. Sin embargo, la verdad es que el número de mineros del carbón ha estado disminuyendo desde el fin de la Segunda Guerra Mundial. Durante los años sesenta, menos de cincuenta mil personas en Virginia Occidental trabajaban en las minas. Para fines de los ochenta, eran menos de veintiocho mil. Los números han subido y bajado según ha fluctuado el precio del carbón, pero han pasado veinticinco años desde que la industria representara el 5% del empleo total del estado. Hoy hay más personas de Virginia Occidental trabajando en educación y cuidados de salud, lo cual hace que la protección de la ACA sea vital para proteger los empleos en ese estado.

En todo el país, los americanos tienen más del doble de empleos produciendo energía solar que trabajando en minas de carbón. Y piensen en lo siguiente: desde 2001, medio millón de empleos en tiendas por departamentos han desaparecido en todo el país. Eso es muchas veces más de los que se perdieron en las minas de carbón. Solo entre octubre de 2016 y abril de 2017, alrededor de ochenta y nueve mil americanos han perdido sus empleos en ventas al por menor, más que todas las personas que trabajan en minas de carbón juntas. Sin embargo, el carbón continúa siendo una amenaza en nuestra política y la imaginación nacional.

Más ampliamente, permanecemos estancados en un cuadro obsoleto de la clase trabajadora en Estados Unidos que distorsiona nuestras prioridades de políticas. Gran parte de la cobertura de prensa y análisis político desde la elección ha dado por hecho que el "verdadero Estados Unidos" está lleno de hombres blancos de mediana edad que usan cascos de trabajo y trabajan en líneas de ensamblaje, o lo hacían hasta que Obama lo arruinó todo. Existen ciertamente personas que responden a esa descripción y merecen respeto y toda oportunidad de llevar una vida decente. Pero menos del 10% de los americanos trabaja hoy en fábricas y en fincas, una disminución del 36% desde 1950. La mayoría de la clase trabajadora americana trabaja en el área de servicios. Son enfermeros y técnicos de medicina, proveedores de cuidado infantil y codificadores de computadoras. Muchos de ellos son personas de color y mujeres. Es más, alrededor de dos terceras partes de todos los empleos de salario mínimo en Estados Unidos los ocupan mujeres.

Revocar Obamacare o comenzar una guerra comercial con China no va a hacer que estos americanos vivan mejor. Pero elevar el jornal mínimo sí lo haría. Ayudaría muchísimo. Y también lo lograría un gran programa para construir y reparar nuestros puentes, túneles, carreteras, puertos y aeropuertos y ampliar el acceso a internet de alta velocidad en áreas desatendidas. Fortalecer los sindicatos y facilitarles a los obreros organizarse y negociar mejores salarios y beneficios ayudaría a reconstruir la clase media. El apoyo a familias sobrecargadas concediéndoles ausencias pagadas y cuidados de salud menos costosos a niños y personas de edad avanzada haría una enorme diferencia. Al igual que una "opción pública" para cuidados de salud y permitir a más personas obtener servicios bajo Medicare y Medicaid, lo cual ayudaría a ampliar la cobertura y reducir los costos.

Lo otro sobre lo que debemos ser honestos es lo difícil que será, no importa lo que hagamos, crear significativas oportunidades económicas en todas las áreas remotas de nuestra vasta nación. En algunos lugares, los antiguos empleos no van a regresar, y la infraestructura y la fuerza de trabajo necesarias para sostener a las nuevas y grandes industrias no existen. Por difícil que sea, puede que la gente tenga que abandonar sus lugares de nacimiento y buscar trabajo en otro lugar de Estados Unidos.

Sabemos que esto puede tener un efecto transformativo. En los años noventa, la administración de Clinton experimentó con un programa llamado Mudarse hacia la Oportunidad para una Vivienda Justa, el cual les dio váuchers a familias pobres en viviendas públicas para mudarse a vecindarios de ingresos medios más seguros donde sus hijos estuvieran rodeados diariamente por pruebas de que la vida puede ser mejor. Veinte años después, los niños de esas familias han crecido dentro de la oportunidad de trabajar con mejores sueldos y asistir a la universidad, en cifras mayores que sus compañeros que se quedaron atrás. Y mientras más jóvenes eran los chicos en el momento de mudarse, mayores han sido las oportunidades recibidas.

Previas generaciones de americanos de hecho se mudaban por todo el país mucho más que nosotros hoy. Millones de familias negras migraron del sur rural hacia el norte urbano. Grandes cantidades de blancos pobres abandonaron la región de los Apalaches para trabajar en fábricas del Medio Oeste. Mi propio padre se montó en un tren de carga de Scranton, Pensilvania, a Chicago en 1935 para buscar trabajo.

Sin embargo, hoy, a pesar de todos nuestros adelantos, los americanos se mudan menos que nunca. Uno de los trabajadores del acero despedidos que conocí en Kentucky me dijo que había encontrado un buen trabajo en Columbus, Ohio, pero estaba viajando la distancia de 120 millas de su casa diariamente porque no se quería mudar de casa. "La gente de Kentucky quiere estar en Kentucky", me dijo otro. "Eso

es algo que simplemente está en nuestro ADN". Entiendo ese sentimiento. Las identidades de las personas y sus sistemas de apoyo —los
parientes, amigos, congregaciones de iglesias, etc.— se arraigan en el
sitio que los vio crecer. Esto es algo doloroso y desgarrador. Y ningún
político quiere ser el que lo diga.

Creo que después de hacer todo lo que podamos para crear nuevos
empleos en pequeños pueblos deteriorados en áreas rurales, tenemos
que darle a la gente el entrenamiento y las herramientas que necesiten
para buscar oportunidades más allá de sus propios pueblos, y darles una
red de seguridad fuerte tanto a los que se van como a los que se quedan.

Sea actualizando las políticas para adaptarlas a las condiciones de
los trabajadores americanos, o estimulándolos a una mayor movilidad,
el resultado básico ha de ser el mismo: no podemos utilizar todo nuestro tiempo previniendo el deterioro. Necesitamos crear nuevas oportunidades, no solo desacelerar la pérdida de las existentes. Más que tratar
de recrear la economía del pasado, debemos enfocarnos en hacer que
los empleos que la gente ya tiene sean mejores y encontrar la manera
de crear buenos empleos del futuro en campos como la energía limpia,
los cuidados de salud, la construcción, la codificación de computadoras
y la manufactura avanzada.

Los republicanos siempre van a ser mejores defendiendo el pasado.
Los demócratas tienen que estar en el futuro. La buena noticia es que
tenemos muchas ideas para ayudar a que la vida sea mejor en nuestra
economía moderna. Como vimos anteriormente, propuse un montón
de ellas en mi campaña. Así que mientras los demócratas juegan en
posición de defensa en el Washington de Trump, tenemos que seguir
impulsando nuevas y mejores soluciones.


En ese viaje a Virginia Occidental, pasé algún tiempo con un grupo
de mineros retirados preocupados por perder su cuidado de salud y las

pensiones que les habían prometido durante años de labor peligrosa, a menudo a cambio de jornales inferiores.

Uno de los retirados me contó una historia que se ha quedado conmigo desde entonces.

Hace muchos años, cuando él primero bajó a las minas, le dijo a su esposa, "No vas a tener que preocuparte. Estamos en el sindicato. Tendremos nuestro cuidado de salud, tendremos nuestras pensiones, no vas a tener que preocuparte por nada". Pero él seguía preocupándose en silencio por sus vecinos que no tenían los mismos beneficios.

En 1992, decidió votar por primera vez en su vida. Quería votar por Bill. Cuando sus amigos en la mina le preguntaron por qué, les dijo que la única razón era el cuidado de salud. "Tú tienes cuidado de salud; ¿de qué te preocupas?", preguntaron ellos. Pero él persistía. "Hay otra gente que no tiene cuidados de salud", dijo él. Y cuando Obamacare por fin se aprobó, él pensó que no era suficientemente amplio.

Ahora algunas compañías carboneras estaban tratando de quitarles los beneficios que les habían prometido hacía mucho tiempo. La seguridad que él le había asegurado a su esposa como algo sólido ahora estaba en peligro.

"La gente necesita preocuparse por los demás", me dijo. "Somos los que cuidamos a nuestro hermano, y necesitamos preocuparnos por los demás. Yo, personalmente, tengo fe; sé que Dios nos va a acompañar en todo esto. Pero necesitamos preocuparnos por nuestro hermano".

La mayoría de las personas que conocí en sitios como Ashland, Kentucky y Williamson, Virginia Occidental, eran buenas personas en una situación difícil, desesperadas por un cambio. Deseo más que nada haber podido hacer un mejor trabajo hablando sobre sus temores y frustraciones. Su desconfianza era muy profunda, y el peso de la historia era demasiado. Pero quisiera haber podido encontrar las palabras o la conexión emocional para que creyeran cuán apasionadamente quería ayudar a sus comunidades y a sus familias.

*Donde hay voluntad para condenar, la evidencia aparece.*

—Proverbio chino

# Esos malditos correos electrónicos

Imaginen que son niños, sentados en la clase de Historia dentro de treinta años, aprendiendo sobre la elección presidencial de 2016, la cual llevó al poder al presidente de menos experiencia, menos conocimientos y menos competente que el país ha tenido jamás. Algo debe de haber salido muy mal, piensan ustedes. Entonces oyen hablar de un tema que dominó la cobertura de prensa y el debate público más que ningún otro en esa contienda. "¿Cambio climático?" preguntan ustedes. "Cuidados de salud?". "No", responde su maestra. "Correos electrónicos".

Los correos electrónicos, explica ella, eran una forma primitiva de comunicación electrónica que eran furor. Y la tonta decisión de una aspirante a la presidencia de usar una cuenta personal de correo electrónico en su oficina —como lo habían hecho muchos altos funcionarios gubernamentales en el pasado (y continuaban haciéndolo)— recibió más cobertura que cualquier otro tema en toda la contienda. Es más, si ustedes sintonizaban un noticiero de una cadena de televisión en 2016, tenían tres veces más probabilidades de oír hablar de esos correos electrónicos que de todos los verdaderos problemas combinados.

"¿Se cometió algún crimen?", preguntan ustedes. "¿Dañó la seguridad nacional?".

"No y no", contesta la maestra encogiéndose de hombros.

¿Suena ridículo? Estoy de acuerdo.

Aquellos de ustedes en el presente muy probablemente han oído hablar de mis correos electrónicos hasta la saciedad. Probablemente lo último que les interesa leer ahora es más acerca de esos "malditos correos electrónicos", como Bernie Sanders memorablemente los llamó. Si es así, salten al siguiente capítulo, aunque yo quisiera que leyeran algunas páginas más para entender mejor cómo se relacionan con lo que está pasando ahora. Pero no hay duda de que una gran parte de mí también se sentiría feliz de nunca más volver a pensar en todo ese lío.

Durante meses después de la elección, traté de quitármelo todo de la mente. No me hacía nada bien seguir dándole vueltas a mi error. No era ni saludable ni productivo seguir mortificándome por las maneras en que el entonces director del FBI, Jim Comey, me había apuñalado —tres veces en los últimos cinco meses de la campaña—.

Entonces, para mi gran sorpresa, mis correos electrónicos regresaron de repente a las primeras páginas de la prensa. El 9 de mayo de 2017, Donald Trump despidió a Comey. La Casa Blanca distribuyó un memo del vicefiscal general Rod Rosenstein vituperando a Comey por la manera poco profesional con que había manejado la investigación de mis correos electrónicos. Dijeron que esa era la razón por la que lo habían despedido. (No, no leyeron mal. Donald Trump dijo que había despedido a Comey por lo injusta que había sido la investigación de los correos electrónicos… conmigo.) Rosenstein citó el "juicio casi universal" de que Comey había cometido serios errores, particularmente en sus decisiones de denigrarme en una conferencia de prensa en julio y por informar al Congreso que estaba reabriendo la investigación sólo once días antes de la elección. Testificando frente al Congreso el 19 de mayo de 2017, Rosenstein describió la conferencia de prensa de Comey como "profundamente incorrecta e injusta".

Leí el memo de Rosenstein llena de incredulidad. Aquí estaba el número dos del Departamento de Justicia de Trump poniendo por escrito todas las cosas que yo había estado pensando durante meses. Rosenstein citó las opiniones del ex fiscal general y del ex vicefiscal general de ambos partidos. Era como si, después de más de dos años de histeria masiva, el mundo hubiera finalmente recuperado la razón.

Pero la historia rápidamente se vino abajo. En televisión nacional, Trump le dijo a Lester Holt de NBC que la verdadera razón por la que había despedido a Comey era la investigación del FBI sobre una posible coordinación entre la campaña de Trump y la inteligencia rusa. O, como Trump la llamó, "esta cosa de Rusia". Trump sabía que, a pesar de todas sus faltas, Comey no iba a mentir sobre la ley. Él había insistido en que no había caso contra mí, a pesar de la presión republicana (e interna del FBI) para que dijera que sí lo había, de modo que cuando confirmó ante el Congreso en 2017 que el FBI estaba investigando la intervención de Rusia, supe que le quedaba poco tiempo.

Aun así, fue increíble ver a Comey pasar de villano a mártir en exactamente cinco segundos.

Para entender esto, tenemos que poder mantener dos ideas en nuestra cabeza al mismo tiempo: Rosenstein tenía razón sobre la investigación de los correos electrónicos, y Comey estaba equivocado. Pero Trump cometió un error al despedir a Comey por lo de Rusia. Esas dos declaraciones son ciertas. Y ambas son frustrantes.

Por más doloroso que sea regresar a esta saga enloquecedora, ahora es más importante que nunca tratar de entender este tema inflado hasta convertirse en una controversia capaz de alterar una elección. Muchas personas todavía no entienden este asunto; lo único que saben es que fue algo malo. Y no los puedo culpar; lo repitieron una vez tras otra durante año y medio. Durante la mayor parte de la campaña para la elección general, las palabras *correos electrónicos* dominaron todas las demás cuando se le preguntaba a la gente que dijera lo primero que le venía a la mente acerca de mí.

Déjenme decir esto rápidamente y repetir una vez más que sí, la decisión de utilizar correos electrónicos personales en lugar de la cuenta oficial del gobierno fue mía y únicamente mía. Me hago cargo. Nunca quise engañar a nadie, nunca mantuve en secreto el uso de mis correos electrónicos y siempre he tomado lo que es información clasificada, y por tanto confidencial, muy en serio.

Durante la campaña, traté interminablemente de explicar que había actuado de buena fe. Traté de disculparme, aunque sabía que los ataques que se me estaban lanzando eran inciertos o salvajemente exagerados, motivados además por políticas partidistas. A veces me sumergí profundamente en detalles tediosos. Otras veces traté de elevarme por encima de todo. Una vez incluso hice un chiste malo. Dijera lo que dijera, nunca encontré las palabras acertadas. Así que permítanme intentarlo otra vez.

Fue un error tonto.

Pero un "escándalo" más tonto aún.

Era una especie de pantano movedizo: mientras más luchaba, más profundamente me hundía. A veces, pensaba que iba a enloquecer. Otras veces, estaba segura de que el mundo se había vuelto loco. A veces le contestaba mal a mi equipo. Estaba tentada a hacer muñequitas de vudú con la imagen de ciertos miembros de la prensa y el Congreso y clavarlas todas con pinchos. Más que todo, estaba furiosa conmigo misma.

Dada mi incapacidad de explicar este lío, decidí dejar que esta vez otras voces contaran la historia. Espero que ayude a conectar mejor los puntos y explicar lo que ocurrió e, igualmente importante, lo que no ocurrió.

Nada puede deshacer lo que está hecho, pero me ayuda a lidiar con mi frustración, y ¡eso claramente es bueno para mi salud mental!

*Según nuestra información más confiable, ella lo hizo por una cuestión de conveniencia.*

—Jim Comey, director del FBI, en testimonio
ante el Congreso el 7 de julio de 2016

Sí, supuestamente era conveniente. Algunos dudaban de esa explicación. Pero eso fue lo que el FBI concluyó tras meses de investigación. Y es la verdad.

Muchos jóvenes hoy están acostumbrados a llevar consigo múltiples aparatos, y tienen un teléfono personal y otro que les da su trabajo. Pero yo no soy una nativa digital. (Ni siquiera sabía lo que significaba ese término hasta bastante recientemente). Nunca envié un correo electrónico mientras estuve en la Casa Blanca como primera dama o durante mi primer período en el Senado. Nunca había usado una computadora en la casa o en el trabajo. No fue hasta aproximadamente 2006 que comencé a enviar y recibir correos electrónicos en un teléfono BlackBerry. Lo que tenía era una cuenta común y corriente con AT&T como millones de otras personas, y la usaba tanto para mis correos de trabajo como para los personales. Ese era mi sistema, y me funcionaba.

Añadir otra cuenta de correos electrónicos cuando fui nombrada secretaria de Estado habría significado tener que manejàr un segundo teléfono, debido a que ambas cuentas no podían estar en el mismo aparato del Departamento de Estado. Supe que el ex secretario de Estado Colin Powell había usado su correo electrónico personal exclusivamente. También sabía que los correos electrónicos no eran la manera en que se hacía la mayor parte del trabajo de un secretario de Estado. Todo esto significó que no lo pensé mucho cuando asumí el cargo —había muchas más cosas en qué pensar— aunque, claro, ahora quisiera haberlo hecho.

A principios de 2009, moví mi cuenta de correos electrónicos del servidor de AT&T a uno que la oficina de mi esposo había instalado anteriormente en nuestra casa de Chappaqua, la cual está protegida por el Servicio Secreto. La gente ha preguntado: "¿Por qué instaló ese servidor?". Pero la respuesta es que yo no lo instalé; el sistema ya estaba instalado allí. Mi esposo había estado usando un servidor de oficina durante años y lo había renovado recientemente. Tenía sentido para mí tener mi cuenta de correos electrónicos en ese mismo sistema. Así que moví mi cuenta y pude seguir utilizando mi Blackberry exactamente de la misma manera que siempre lo había hecho.

Me comunicaba por correos electrónicos regularmente con Chelsea y con el equipo de Bill —él no usa correos electrónicos personales, todavía somos gente de teléfonos— y con familiares y amigos. Pero muy poco de mi trabajo se hizo por correos electrónicos durante los siguientes cuatro frenéticos años. Sostuve muchas reuniones, hablé por teléfono (tanto por líneas regulares como por líneas seguras), leí montones de informes y viajé cerca de un millón de millas a 112 países a ver a personas cara a cara.

Cuando más tarde reunimos todos los correos electrónicos relacionados con el trabajo, encontramos muchos como el siguiente:

**De:**        H

**A:**        John Podesta

**Enviado:**    Domingo, 20 de septiembre de 2009, 10:28 PM

**Asunto:**    Re: ¿Cuándo podemos hablar?

Estoy en llamadas interminables acerca de las Naciones Unidas. ¿Puedo llamarte mañana temprano? ¿Sería muy temprano entre las 6:30 y las 8:00? Por favor usa medias para dormir para mantener los pies tibios.

Sí, esa soy yo diciéndole a mi amigo John que se ponga medias. O, este, en el que lucho con mi máquina de fax.

**De:**     H

**A:**     Huma Abedin

**Enviado:**     Miércoles, 23 de diciembre, 2009 2:50 PM

**Asunto:**     Re: ¿puedes colgar tu línea de fax? Van a llamar otra vez y tratar el fax

Lo hice.

—Mensaje Original—

**De:**     Huma Abedin

**A:**     H

**Enviado:**     Miércoles, 23 de dic. 14:43:02 2009

**Asunto:**     Re: ¿Puedes colgar tu línea de fax? Van a llamar otra vez y tratar el fax

Sí, pero cuelga una vez más. Para que restablezcan la línea.

—Mensaje original—

**De:**     H

**A:**     Huma Abedin

**Enviado:**     Miércoles, 23 de dic. 14:39:39 2009

**Asunto:**     Re: ¿Puedes colgar tu línea de fax? Van a llamar otra vez y tratar el fax

Pensaba que tenía que estar descolgado para que funcionara.

Aquí hay uno que todavía me hace reír:

**De:**     H

**A:**     Huma Abedin

**Enviado:**     Miércoles, 10 de febrero, 2010 3:19 PM

**Asunto:**     Re: Diane Watson se retira

Me gustaría llamarla.

Pero ahora estoy peleando con el operador de la Casa Blanca que no cree
que soy quien le digo que soy y quiere mi línea directa de oficina, aunque
no estoy allí y acabo de [darle] mi # de la casa y el # del Depto. de Estado
y le dije que no tenía idea de cuál era el # directo de mi oficina porque yo
no me llamaba a mí misma y acabo de colgar y estoy llamando a través de
Ops como es apropiado de una secretaria [de] Estado —no se permiten
llamadas independientes—.

Al final, lo que se suponía debía ser conveniente resultó no serlo. Si
hubiera sabido todo eso entonces, no hay duda de que habría escogido
un sistema diferente. Cualquier cosa habría sido mejor. Tallar mensajes
en piedras y arrastrarlas por toda la ciudad habría sido mejor.

*Las leyes y regulaciones no prohibían a empleados utilizar sus cuentas
personales de correo electrónico para llevar a cabo el trabajo oficial del
departamento.*

—Informe del Inspector General del Departamento
de Estado, mayo de 2016

Suena definitivo, ¿cierto? Cada departamento del gobierno federal
tiene un inspector general interno que supervisa el cumplimiento legal
y regulatorio. El inspector general del Departamento de Estado y sus
principales ayudantes, uno de los cuales había trabajado antes para el
senador republicano Chuck Grassley, no eran amigos míos. Siempre
buscaban la oportunidad para ser críticos. Sin embargo, cuando examinaron todas las reglas vigentes cuando yo era secretaria de Estado, llegaron a la conclusión que se cita más arriba. Había mucha confusión y
consternación en la prensa sobre esta cuestión, en parte porque algunas
de las reglas cambiaron después de que yo dejé el cargo. Pero tal como
lo confirmó el vocero del Inspector General del Departamento de Estado: no había prohibición de usar correos electrónicos personales.

*Con anterioridad al secretario Kerry, ningún secretario de Estado utilizó una dirección electrónica con state.gov.*

—Karin Lang, diplomática de carrera encargada de supervisar al personal de apoyo del secretario de Estado, en una deposición de junio de 2016

El uso de correos electrónicos privados no empezó conmigo. Tampoco terminó conmigo. Colin Powell utilizó exclusivamente una cuenta de AOL. El secretario Kerry, que fue el primer secretario de Estado que utilizó una dirección electrónica del gobierno, ha dicho que continuó usando su dirección electrónica personal para asuntos oficiales hasta bien adentrado el año 2015. Nada de esto es particularmente notable. Ni tampoco era un secreto. Mantuve correspondencia con más de cien funcionarios del gobierno con mi cuenta personal de correos electrónicos, incluyendo el presidente y otros funcionarios de la Casa Blanca. El personal de tecnología del Departamento de Estado a menudo me ayudaba en el uso de mi BlackBerry, particularmente cuando se percataron de lo atrasada que yo estaba en cuestiones tecnológicas.

Y para que quedara en récord, debido a que una abrumadora cantidad de personas con las que yo intercambiaba correos electrónicos relacionados con el trabajo era parte del gobierno y usaba sus direcciones electrónicas ".gov", yo tenía toda razón de pensar que los mensajes enviados debían haber sido captados por los servidores del gobierno, archivados y puestos a disponibilidad de las solicitudes de la Ley de Libertad de Información (FOIA, por sus siglas en inglés).

*Respecto a la intrusión potencial en computadoras por personas hostiles, no encontramos evidencia directa de que la dirección electrónica personal registrada a nombre de la secretaria Clinton, en sus varias configuraciones desde 2009, haya sido exitosamente intervenida.*

—Jim Comey, director del FBI, en una conferencia de prensa el 5 de julio de 2016

Muchas personas sugirieron que el servidor que mi esposo mantenía en su oficina podría ser vulnerable a ser hackeado. En cambio, lo que ocurrió fue que la red del Departamento de Estado, y muchos otros sistemas altamente sensibles del gobierno, incluyendo la Casa Blanca y el Pentágono, fueron hackeados. Los correos electrónicos de Colin Powell fueron hackeados. Pero, como dijo Comey, nunca ha habido evidencia de que mi sistema haya estado en peligro. Irónicamente, resulta que debe de haber sido uno de los sitios más seguros para mis correos electrónicos.

*Todos pensaron que Hillary Clinton era invencible, ¿cierto? Pero organizamos un comité especial sobre Benghazi, un comité selecto. ¿Cuáles son sus números ahora? Sus números están cayendo.*

—Líder mayoritario republicano de la Cámara de Representantes
Kevin McCarthy, en Fox News, 29 de septiembre de 2015

Es aquí donde la historia hace un giro hacia el pantano partidista. Los republicanos pasaron años vergonzosamente tratando de anotarse puntos por el ataque terrorista en Benghazi, Libia, en septiembre de 2012. Fue una tragedia, y yo permanecía despierta por las noches retorciéndome el cerebro pensando en qué más podríamos haber hecho para detenerla. Después de tragedias anteriores, incluyendo las explosiones de bombas en nuestra embajada y en las barracas de Infantería en Beirut en 1983 donde murieron 241 americanos, y las explosiones en Kenia y Tanzania en 1998 donde murieron doce americanos y cientos de africanos, hubo esfuerzos bipartidistas de buena fe para aprender lecciones y mejorar nuestra seguridad. Pero después de los ataques en Benghazi, los republicanos convirtieron la muerte de cuatro valientes americanos en una farsa partidista. No quedaron satisfechos con que siete investigaciones del Congreso (cinco de ellas dirigidas por republicanos) y un panel independiente, a través de revisiones factuales concluyeran que ni el presidente Obama ni yo éramos personalmente culpables de la tragedia. Los presidentes del comité republicano habían hecho su trabajo, pero sus líderes no estaban satisfechos. Querían anotarse más puntos políticos. Organizaron un "nuevo" comité especial para hacerme el mayor daño posible.

Como lo explicó Kevin McCarthy, el número dos de los republicanos en la Cámara de Representantes, en un momento de raro candor accidental, algo había que hacer para hacerme daño. Él también estaba tratando de que lo hicieran presidente de la Cámara y necesitaba impresionar al ala derecha.

No fue hasta octubre de 2015 que los republicanos finalmente me pidieron que testificara. Para entonces, la investigación del ataque terrorista había sido eclipsada por la obsesión con mis correos electrónicos. Los republicanos a la cabeza del comité habían descartado diez audiencias planeadas sobre seguridad y otros temas, y en su lugar se concentraron únicamente en mí. Ya yo había testificado acerca del ataque tanto en la Cámara como en el Senado en 2013, por lo que no había mucho terreno que cubrir. No obstante, respondí preguntas durante once horas. Con todo lo abiertamente partidista que este ejercicio había sido, me alegraba tener la oportunidad de aclarar las cosas.

Los republicanos me habían entregado una carpeta enorme de correos electrónicos y memorandos justamente antes de que comenzara la audiencia, alertándome de que planeaban preguntarme sobre cualquiera o todos ellos. Algunos de los documentos no los había visto nunca. Los que hicieron preguntas trataron de superarse unos a otros en busca de algún momento sorpresivo que se convirtiera en noticia. Todo se veía un poco torpe. Un congresista señaló en un tono presagioso un párrafo de uno de mis correos electrónicos, insistiendo en que contenía alguna revelación condenatoria sobre algo mal hecho. Dirigí su atención al siguiente párrafo que demostraba lo contrario. Y así pasaron las horas.

Posteriormente, el presidente del comité, el republicano Trey Gowdy, tímidamente admitió que la audiencia no había logrado mucho de nada. Cuando se le preguntó qué nueva información había surgido en las más de once horas de preguntas, hizo una pausa de varios segundos y no pudo mencionar una sola cosa. Estaba yo en un salón de conferencias cercano, donde abracé a mi equipo que había trabajado duro para prepararme para la audiencia. Los invité a mi casa en el noroeste de Washington, donde cenamos comida india para llevar y nos relajamos.

La prensa estuvo de acuerdo en que el comité había sido un fracaso para los republicanos. Pero yo tenía suficiente experiencia en la manera en que funcionaban los escándalos en Washington para saber que algún daño ya se había hecho. Las acusaciones que se repiten lo suficiente tienen una manera de pegarse, o al menos dejan atrás un residuo de fango que nunca se va.

*No hay duda de que la ex secretaria Clinton tenía autoridad para borrar correos electrónicos personales sin supervisión de una agencia.*

—Documento judicial del Departamento de Justicia, septiembre de 2015

El comité sobre Benghazi envió al Departamento de Estado una avalancha de peticiones de documentos. En agosto de 2014, entre las quince mil páginas de correos electrónicos suministradas al comité, había ocho correos electrónicos dirigidos a mí o enviados por mí. En ese momento nadie me preguntó por qué usaba una cuenta que no era de state.gov.

Algunos meses más tarde, en el otoño de 2014, el Departamento de Estado, en un intento de completar sus récords, envió una carta a los cuatro secretarios de Estado anteriores —a mí, a Condoleezza Rice, a Colin Powell y a Madeleine Albright— pidiendo copias de todos los correos electrónicos de trabajo que todavía tuviéramos en nuestro poder. Ninguno de los otros secretarios entregó nada. Nada sobre armas de destrucción masiva y las deliberaciones que condujeron a la Guerra de Irak. Nada de las consecuencias del maltrato a los detenidos en la prisión de Abu Ghraib o el uso de tortura. Nada de nada. Madeleine dijo que ella nunca había usado correos electrónicos en el Departamento de Estado. Condi tampoco, aunque ayudantes suyos de alto nivel usaron cuentas personales de correos electrónicos. Powell dijo que él no se había quedado con ninguno de sus correos electrónicos.

Encargué a mis abogados que buscaran y entregaran al Departamento cualquier mensaje que yo tuviera que pudiera de alguna manera considerarse relacionado con asuntos oficiales. Esos sumaron más de 30.000 correos electrónicos. Ellos intencionalmente actuaron de manera amplia en lo que determinaron que estuviera relacionado con trabajo. El Departamento de Estado y la Administración Nacional de Archivos y Récords determinaron que 1.258 eran, efectivamente, puramente personales y no había que entregárselos al Departamento.

Más de 30.000 correos suena como una gran cantidad. Pero eso cubre un período de cuatro años y muchos consistían en mensajes como "Gracias" o "Por favor imprimir", o sin respuesta alguna. Uno de mis ayudantes una vez calculó el promedio de correos que él había enviado y recibido cada día. Durante cuatro años, fueron cientos de miles. Eso ayuda a poner las cifras en contexto.

Otros 31.000 de los correos electrónicos que yo tenía eran personales y no estaban relacionados en manera alguna con mi trabajo como secretaria de Estado. Me criticaron mucho por decir que estos eran acerca de sesiones de yoga y planes de boda. Pero estos mensajes incluían también comunicaciones con mis abogados y médicos, información acerca de la herencia de mi madre, relatos de familiares y amigos sobre lo que estaba pasando en sus vidas personales, tanto cosas felices como tristes. En resumen, claramente contenido personal y privado, que yo, naturalmente, no quería que leyeran personas ajenas.

Lo revisamos todo para estar seguros de cumplir con las reglas, entregando cada correo electrónico que yo tenía que fuera relevante, y borramos los personales.

Mis críticos luego insistieron en el hecho de que yo había borrado mis correos personales y me acusaron de actuar de manera inapropiada. Pero, como dijo el Departamento de Justicia, las reglas eran claras y habrían sido aplicadas a correos personales enviados en una cuenta del gobierno. Y por una buena razón: nadie desea que sus correos personales se hagan públicos.

*¡Enciérrenla!*

—Michael Flynn, asesor de Trump, en la Convención
Nacional Republicana, 18 de julio de 2016

Esta cita podía haber sido tomada de casi todos los mítines electorales de Trump durante toda su campaña, pero existe cierta justicia poética ahora al recordar el entusiasmo expresado por Michael Flynn para mandarme a la cárcel.

Los interminables coros de "¡Enciérrenla!" una vez más pusieron al descubierto la perversidad de los mercaderes republicanos del desprestigio y de sus más fieles seguidores. Todo era deprimentemente familiar. Durante décadas, mis adversarios políticos me han acusado de todos los crímenes bajo el sol —incluyendo asesinato— y han prometido que algún día yo terminaría en la cárcel.

Uno pensaría que este historial podría haber movido a periodistas imparciales a vacilar antes de lanzar otro jolgorio de escándalos. O que los votantes podrían notar un prolongado patrón de acusaciones falsas y mostrarse escépticos ante algunas alegaciones. Pero se equivocarían. La historia vagamente recordada de pasados pseudoescándalos terminó reforzando la percepción general de que "algo oscuro debe haber" y alimentando el muy discutido fenómeno de "el cansancio con Clinton".

A lo largo de la campaña de 2016, observé cómo las mentiras penetran la mente de la gente si se martillan lo suficiente. La comprobación de los hechos no tiene poder para detenerlas. Amigos míos que han hecho llamadas o han ido puerta a puerta durante mi campaña han hablado con personas que les han dicho que no podrían votar por mí porque yo había matado a alguien, había vendido drogas y cometido una cantidad de crímenes que no han sido reportados, incluyendo el manejo de mis correos electrónicos. Los ataques se repitieron con tanta frecuencia que mucha gente tomó como un artículo de fe que yo debo haber hecho *algo* malo.

La histeria acerca de los correos electrónicos empezó en marzo de 2015. Un sábado por la noche, mi abogado, David Kendall, recibió un correo electrónico del *New York Times* donde le hacían varias preguntas acerca de mi uso de los correos electrónicos, y le pedían la respuesta "para última hora del domingo o lunes a la mañana, a más tardar". Nos apuramos a responder el mayor número de preguntas del *Times* que pudimos. Obviamente algo estaba pasando. El artículo del *Times* apareció el lunes 2 de marzo, con un titular que decía, "Hillary Clinton usó una cuenta personal de correos electrónicos en el Departamento de Estado, posiblemente violando la ley".

Como finalmente aclaró el reporte del Inspector General, esto era una tontería. El *Times* señaló oscuramente: "La revelación de la cuenta privada de correos electrónicos evoca críticas dirigidas durante mucho tiempo a la ex secretaria de Estado y a su esposo, el ex presidente Bill Clinton, por falta de transparencia e inclinación hacia lo secreto". No fue hasta el octavo párrafo del artículo que se señaló: "La Sra. Clinton no es la primera oficial del gobierno —o la primera secretaria de Estado— que usa una cuenta personal de correos electrónicos para llevar a cabo asuntos oficiales".

El argumento del *Times* era que el uso de correos electrónicos personales reforzaba la narrativa de que yo tenía esta tendencia a mantener cosas en secreto, pero siempre he considerado esa alegación un tanto extraña. La gente sabe más cosas acerca de mí y de Bill que de ninguna otra persona en la vida pública. Hemos publicado treinta y ocho años de nuestras declaraciones de impuestos (treinta y ocho más que cierta persona), todos los correos electrónicos del Departamento de Estado, las declaraciones de impuestos y donantes de la Fundación Clinton, información médica, ¿y así y todo nos consideran propensos a mantener secretos? Cuando a veces hemos puesto un límite después de ir más allá que cualquier otra persona en la vida pública en lo que respecta a nuestra transparencia, no lo hicimos para guardar secretos —lo hicimos para mantener la cordura—. Y eso sin mencionar que quien quiera mantener sus correos electrónicos en secreto ¡sería bastante tonta en usar la dirección @clintonemail.com!

Los hechos no detuvieron la aceleración de la rueda de hámster de escándalos en Washington, mientras otros medios periodísticos se ocupaban de cubrir la historia que debía ser importante si el *New York Times* la había puesto en primera plana.

En un esfuerzo por calmar las cosas, dos días después de aparecer el artículo en el *Times*, pedí que se publicaran todos los correos electrónicos que yo había suministrado al Departamento de Estado. Sabía que ese sería un nivel de transparencia sin precedente en la vida pública. Es más, hay más correos electrónicos míos publicados y disponibles en la historia de nuestro país que los de cualquier presidente, vicepresidente y secretario de Gabinete combinados. No tenía nada que ocultar, y pensé que, si el público leía realmente todos esos miles de mensajes, mucha gente vería que mi uso de una cuenta personal nunca había sido un intento de encubrir algo nefario. La vasta mayoría de esos correos no era particularmente noticiosa, lo cual puede ser la razón por la que la prensa se enfocó en cualquier fragmento chismoso que pudiera encontrar al tiempo que ignoraba el contenido. No había revelaciones asombrosas, ni oscuros secretos, o relatos de cosas mal hechas o negligencias. Lo que sí revelaban, sin embargo, era algo que yo pensé que valdría la pena ver: el trabajo duro y la dedicación de los hombres y mujeres del Departamento de Estado.

Una vez que la gente empezó a leer, me divertían algunas reacciones, como ocurre cuando la gente descubre que yo soy, de hecho, una persona real. "Yo era una de las personas que más odiaba a Hillary en el mundo… hasta que leí sus correos electrónicos", escribió alguien. "Descubrí a una Hillary Clinton que yo no sabía que existía", continuó, "una mujer que se preocupaba cuando sus empleados habían perdido a un ser querido… que, sin excepción, tomaba tiempo para escribir notas de condolencia y notas de felicitación, no importa cuán ocupada estaba… que podía ser una sólida negociadora y firme en sus expectativas, pero aun así tenía un momento para escribir palabras de aliento a una amiga en tiempos difíciles". Lamentablemente, la mayoría de las personas no leyó los correos electrónicos; lo único que sabían era lo que la prensa y los republicanos les decían de ellos, por lo que imaginaron que contenían secretos oscuros y misteriosos.

El 10 de marzo tuve una conferencia de prensa. No fue una experiencia agradable. La prensa estaba hambrienta, y yo estaba un poco fuera de práctica tras estar algunos años alejada de la política partidista. "Mirando atrás, habría sido mejor si yo simplemente hubiera usado una segunda cuenta de correos electrónicos y un segundo teléfono", dije. "Pero en ese momento no parecía ser un problema". Eso era verdad. Y no satisfizo a nadie. Allí mismo y en ese preciso momento, debí haber sabido que nunca existirían palabras mágicas para demostrar lo tonto que era aquello y hacer que desapareciera.

*Perder la primicia de esta historia con algún otro medio noticioso habría sido un resultado mucho, mucho mejor que publicar una historia injusta que dañara la reputación de precisión del* Times.

— Margaret Sullivan, editora pública del
*New York Times,* el 27 de julio de 2015

El 23 de julio de 2015, el *Times* publicó otro bombazo. Un artículo en la primera plana titulado "Investigación criminal en el uso de correos electrónicos por Clinton" reportó que dos inspectores generales habían pedido al Departamento de Justicia "iniciar una investigación criminal sobre si se había manejado mal cierta información gubernamental sensible en relación con la cuenta personal de correos electrónicos que Hillary Rodham Clinton había usado como secretaria de Estado". Ahora mi campaña tenía que lidiar con preguntas acerca de si me estaban tomando las medidas para un overol anaranjado.

El Departamento de Justicia, sin embargo, aclaró rápidamente que había "recibido una remisión relacionada con la potencial puesta en riesgo de información clasificada" pero "no una remisión criminal". El *Times* tuvo que publicar dos correcciones y una nota del editor explicando por qué había "dejado a los lectores con un panorama confuso".

El representante Elijah Cummings, el demócrata de mayor rango en el Comité de Benghazi, ayudó a explicar lo que había ocurrido: "Hablé personalmente con el Inspector General del Departamento de Estado el jueves, y me dijo que nunca le había pedido al Departamento de Justicia que lanzara una investigación criminal de la secretaria Clinton por el uso de los correos electrónicos. Lo que sí me dijo, en cambio, fue que el Inspector General de la Comunidad de Inteligencia notificó al Departamento de Estado y al Congreso que habían identificado información clasificada en algunos correos electrónicos que eran parte de la revisión de la Ley de Libertad de Información (FOIA) y que ninguno de ellos había sido marcado previamente como clasificado".

Mirando atrás después de la elección, el *Times* describió la confusión como "una distinción sin una diferencia", porque ahora sabemos que se estaba llevando a cabo una investigación. Pero ahora también sabemos que existía un desacuerdo entre el Departamento de Justicia y el FBI sobre cómo describirla apropiadamente. La manera en la que lo abordó el Departamento de Justicia, reflejada en la aclaración al artículo del *Times* emitida por su portavoz, tenía la intención de adherirse a su política vigente por mucho tiempo, de no confirmar o negar la existencia de una investigación, una regla que Comey respetó escrupulosamente cuando rehusó hablar acerca de una investigación de posibles lazos entre Rusia y la campaña de Trump. Pero cuando se trató de mis correos electrónicos, tuvo mucho que decir. No obstante, el *Times* se metió en líos por darles a sus lectores solo un lado de la historia. Margaret Sullivan, editora pública del periódico, publicó un mordaz *post mortem* titulado, "Una historia sobre Clinton llena de inexactitudes: Cómo ocurrió y ¿ahora qué?". Sullivan criticó severamente al *Times* por su chapucero reportaje. "Este tipo de historia no puede volver a meterse en la botella. Su oleaje llega a todo el sistema noticioso", escribió. "Para decirlo gentilmente, fue un desastre".

*Si todos estos respetados altos funcionarios del servicio exterior y emba-jadores de experiencia están enviando estos correos electrónicos, entonces este tema no tiene que ver con la manera en que Hillary Clinton mane-jaba sus correos, sino con cómo se comunica el Departamento de Estado en el siglo veintiuno.*

—Phil Gordon, ex subsecretario de Estado y oficial del Consejo de Seguridad Nacional, que hizo clasificar retroactivamente algunos de los correos electrónicos que me envió, en el *Times*, 10 de mayo de 2016

La investigación del Departamento de Justicia, y casi todo lo que ocurrió después, tenía que ver con cuestiones de clasificación. El tema no era ya sobre el uso de correos electrónicos personales en el trabajo. La cuestión ahora era qué debía considerarse clasificado, y si yo o alguna otra persona tenía la intención de manejarlo mal.

A pesar de su percepción como algo científico, la clasificación no es una ciencia. Cinco personas a quienes se les pida que revisen el mismo grupo de documentos pueden fácilmente llegar a cinco decisiones diferentes. Vemos esto todos los días en todo el gobierno donde diferentes agencias discrepan acerca de la información que debe considerarse clasificada. Cuando yo era secretaria, no era inusual que uno de nuestros funcionarios del Servicio Exterior hablara con diplomáticos y periodistas extranjeros reportaran estas conversaciones sobre desarrollo político o militar en algún país. Pero un agente de la CIA en el mismo país, utilizando informantes y técnicas encubiertas, podía reunir la misma información y clasificar el informe como secreto. La misma información. ¿Es clasificada o no? Los expertos y las agencias frecuentemente están en desacuerdo sobre esto.

Eso fue lo que ocurrió cuando el Departamento de Estado y las agencias de inteligencia revisaron mis correos electrónicos para publicarlos. Recuerden que yo había pedido que *todos* se publicaran para que los americanos pudieran leerlos y juzgar por ellos mismos. Había también un número de peticiones de la FOIA procesándose en las cortes. Lo más fácil habría sido volcar todos los correos electrónicos en un sitio web y listo, pero el gobierno tiene reglas que tiene que seguir en los casos de la FOIA. Nadie quiere publicar accidentalmente el número de Seguro Social de alguien o su número de teléfono celular.

Mientras revisaban mis treinta mil correos electrónicos, en algunos casos, los representantes de varias agencias de inteligencia optaron por clasificar retroactivamente mensajes que no habían sido anteriormente marcados como clasificados. Muchos diplomáticos del Departamento de Estado con una larga experiencia conduciendo diplomacia sensible estuvieron en desacuerdo con esas decisiones. Era como si un pueblo cambiara los límites de velocidad y comenzara a multar retroactivamente a los choferes que hubieran cumplido con el límite anterior y no con el nuevo.

Por ejemplo, un correo electrónico de Dennis Ross, uno de nuestros diplomáticos con mayor experiencia en nuestro país, fue declarado clasificado retroactivamente. Describía negociaciones extraoficiales que él había llevado a cabo con israelíes y palestinos como ciudadano privado años atrás en 2011. Funcionarios del gobierno ya lo habían autorizado a publicar la misma información en un libro, lo cual él había hecho, pero ahora otros funcionarios estaban tratando de marcarlos como clasificados. "Esto muestra la arbitrariedad de lo que se está marcando como clasificado", observó Dennis.

Algo similar le ocurrió a Henry Kissinger alrededor de la misma época. El Departamento de Estado publicó la transcripción de una conversación que tuvo lugar en 1974, acerca de Chipre entre el entonces secretario de Estado Kissinger y el director de la CIA, pero gran parte del texto estaba tachada en negro porque ahora se consideraba clasificada. Esto desconcertó a los historiadores porque el Departamento de Estado había publicado la transcripción completa, sin ningún texto tachado ocho años antes en un libro oficial de historia… ¡y en el sitio web del departamento!

Otro diplomático veterano, el embajador Princeton Lyman, también se sorprendió al encontrar parte de sus correos electrónicos rutinarios dirigidos a mí retroactivamente designados como clasificados. "Los informes diarios que hice sobre lo que pasó en las negociaciones no incluían información que yo considerara clasificada", le dijo al *Washington Post*.

*Eso es absurdo. Más valdría cerrar el departamento.*

    —Ex secretario de Estado, Colin Powell en el *Times* el 4 de febrero de 2016, tras enterarse de que dos mensajes enviados a su cuenta personal de correos electrónicos se consideraban como clasificados retroactivamente

Al igual que Colin, pensé que era ridículo que algunas de las agencias de inteligencia estuvieran ahora tratando de cuestionar el juicio de diplomáticos veteranos y profesionales de seguridad nacional en el Departamento de Estado sobre si los mensajes que ellos habían enviado debían ser clasificados. Era doblemente ridículo sugerir que yo debí haberlos cuestionado en ese momento.

Dadas estas circunstancias, no es una sorpresa que muchos expertos digan que la clasificación exagerada se ha convertido en un gran problema en todo el gobierno. Incluso el director del FBI, Comey, lo admitió en una audiencia en el Senado, expresando su acuerdo en que gran parte del material que se declara clasificado es, de hecho, ampliamente conocido públicamente y presenta poco o ningún riesgo a la seguridad nacional.

Comey también confirmó que ninguno de mis correos electrónicos estaba adecuadamente marcado como clasificado, por lo cual yo razonablemente concluiría que no lo eran. Vale la pena leer su intercambio completo con el congresista Matt Cartwright de Pensilvania en una audiencia del Congreso el 7 de julio de 2016:

CARTWRIGHT: A usted se le preguntó acerca de las marcas en algunos documentos —aquí tengo el manual— para identificar información clasificada de seguridad nacional. Y creo que no se le dio la suficiente oportunidad para hablar de esos tres documentos con una pequeña *c* en ellos. ¿Estaban adecuadamente documentados? ¿Estaban marcados apropiadamente de acuerdo con el manual?

COMEY: No.

CARTWRIGHT: Según el manual, si se va a clasificar algo, debe haber un encabezado en el documento, ¿cierto?

COMEY: Correcto.

CARTWRIGHT: ¿Había un encabezado en los tres documentos que hemos discutido hoy que tenían la pequeña *c* en algún lugar del texto?

COMEY: No. Eran tres correos electrónicos. La *c* estaba en el cuerpo, en el texto, pero no había encabezado en el correo o en el texto.

CARTWRIGHT: Entonces si la secretaria Clinton fuera realmente una experta en lo que es clasificado y lo que no lo es, y estamos siguiendo el manual, la ausencia de un encabezado le diría a ella inmediatamente que estos tres documentos no eran clasificados. ¿Correcto?

COMEY: Esa sería una inferencia razonable.

*Esta no es una situación en la que la seguridad nacional de Estados Unidos haya estado en peligro.*

—El presidente Barack Obama, en *60 Minutes*,

11 de octubre de 2015

Esta no era solo la opinión del Comandante en Jefe. Muchos altos funcionarios de política exterior de ambos partidos estuvieron de acuerdo y me respaldaron para presidente, como Michael Chertoff, secretario de Seguridad Nacional de George W. Bush. "Ella va a realizar un buen trabajo protegiendo el país", Chertoff le dijo a NPR. "En un mundo en guerra, hay que enfocarse en la más alta prioridad, que es proteger a Estados Unidos y proteger a nuestros amigos y aliados".

*¡El pueblo americano está más que harto de oír hablar de sus malditos correos electrónicos! Basta ya de los correos. Hablemos de los verdaderos desafíos que enfrenta Estados Unidos.*

—El senador Bernie Sanders, en el primer debate

demócrata, 13 de octubre de 2015

Yo no lo habría podido decir mejor. Continúo agradecida por el sabio comentario de Bernie en nuestro primer debate. Tenía razón el público por vitorearlo con tanto entusiasmo. Tenía razón en que toda esa controversia era una tontería. Yo quisiera poder terminar esta historia aquí mismo. Lamentablemente, la saga continuó.

*Nuestro juicio es que ningún fiscal razonable presentaría semejante caso.*
—El director del FBI, Jim Comey, en una
conferencia de prensa el 5 de julio de 2016

La investigación sobre seguridad del FBI fue profunda, profesional … y lenta. Mi abogado le escribió al Departamento de Justicia en agosto de 2015, reiterando mi promesa pública de cooperar totalmente y mi oferta de comparecer voluntariamente para contestar preguntas. Quería que mi entrevista tuviera lugar lo más pronto posible, debido a que las primarias demócratas estaban cerca. Pero se nos dijo repetidamente, "Todavía no".

Resultaba claro que yo sería la última testigo que entrevistaran. Comprendí que esa era la secuencia lógica, pero me irritaba no poder disipar esa nube de incertidumbre como una amenaza encima de mí.

Finalmente, en junio de 2016, estaban listos para hablar conmigo. Acordamos que la entrevista fuera el 2 de julio, un somnoliento sábado de un cálido fin de semana feriado. Para evitar lo más posible el ruido de la prensa, nos citamos a las 8:00 a.m. en la sede del FBI en el edificio J. Edgar Hoover en el centro de Washington.

Un elevador nos llevó a mi equipo y a mí desde el estacionamiento del sótano al octavo piso, donde nos condujeron a un salón de conferencias seguro. Ocho abogados y agentes del Departamento de Justicia y del FBI esperaban por nosotros. Una de mis abogados, Katherine Turner, tenía ocho meses y medio de embarazo, lo cual produjo un preámbulo de conversación sobre bebés que ayudó a romper el hielo.

La entrevista duró tres horas y media y la condujeron mayormente dos agentes del FBI, aunque todos los abogados del gobierno hicieron algunas preguntas. Querían saber cómo yo había decidido utilizar mi cuenta personal de correos electrónicos en el Departamento de Estado, con quién había hablado, lo que me habían dicho, lo que yo sabía acerca del mantenimiento del sistema, cómo había organizado los correos y otras cosas. Los agentes eran profesionales, precisos y corteses. Sus preguntas eran expresadas cuidadosamente y no de manera argumentativa, y cuando obtenían una respuesta, no buscaban seguir molestando. Pensé que la entrevista se había conducido eficientemente. Cuando dijeron que no tenían más preguntas y me dieron las gracias, me disculpé con todos ellos, diciendo que lamentaba que hubieran tenido que emplear tanto tiempo en este asunto.

El director Comey no había estado presente durante mi entrevista del sábado. Pero tres días más tarde, el martes 5 de julio, sostuvo una conferencia de prensa muy inusual. Me llegó como una total sorpresa. No habíamos tenido aviso alguno y no habíamos recibido reacción tras la sesión del sábado.

Comey hizo un anuncio en dos partes. Primero, dijo que no se presentarían cargos contra nadie, declarando que "ningún fiscal razonable" presentaría un caso criminal sobre mal manejo de información clasificada en esta situación. Habíamos esperado eso. No obstante, era bueno oír esas palabras.

El segundo disparo resultó tan inesperado como inapropiado. Comey dijo que, aunque mis colegas del Departamento de Estado y yo no habíamos violado la ley acerca del manejo de información clasificada —los trescientos de nosotros que habíamos escrito correos electrónicos que luego habían sido clasificados—, habíamos sido no obstante "extremadamente descuidados". Dijo que el FBI había encontrado que "la cultura de seguridad del Departamento de Estado en general, y en particular respecto al uso de sistemas de correos electrónicos no clasificados, dejaba mucho que desear en comparación con el tipo de cuidado con la información clasificada que observaban otras partes del gobierno". Una cosa era perseguirme a mí, pero denigrar a todo el Departamento de Estado era algo que estaba totalmente fuera de línea y revelaba cuánto las viejas rivalidades institucionales entre agencias influenciaban todo este proceso.

Gran parte de la reacción del público y de la prensa al anuncio de Comey se enfocó acertadamente en la conclusión general de que, después de meses de controversia, no había caso. Los críticos que preveían mi inminente encausamiento estaban amargamente decepcionados. Pero yo estaba furiosa y frustrada de que Comey hubiera usado su posición pública para criticarme a mí, a mi equipo y al Departamento de Estado, sin darnos la oportunidad de refutar o desmentir la alegación.

Me sentí como Ray Donovan, el secretario de Trabajo del presidente Reagan, quien, tras haber sido absuelto de los cargos de fraude, preguntó, "¿Y a qué oficina me dirijo para que me devuelvan mi reputación?".

Mi primer instinto fue que mi campaña respondiera enfáticamente y le explicara al público que Comey había excedido sus límites, el mismo argumento que Rod Rosenstein tendría meses después de la elección. Eso habría mitigado el daño político y habría hecho a Comey pensar dos veces antes de violar el protocolo otra vez pocos meses después. Mi equipo presentó sus preocupaciones con ese tipo de confrontación. En un final, decidimos que sería mejor dejarlo pasar y tratar de seguir adelante. Mirando atrás, eso fue un error.

*El director presentó su versión de los hechos a la prensa como si estuviera presentando un alegato final, pero sin un juicio. Es un clásico ejemplo de lo que se les enseña no hacer a los fiscales y agentes federales.*

— Memorando del vicefiscal general Rod Rosenstein, el 9 de mayo de 2017, al fiscal general Jeff Sessions

El condenatorio memorando de Rosenstein sobre la manera en que Comey manejó la investigación de los correos electrónicos puede haber sido explotado por la Casa Blanca de Trump a fin de justificar el despido del director del FBI en un esfuerzo por cerrar la investigación sobre Rusia, pero sus conclusiones deberían aún tomarse en serio. Después de todo, Rosenstein es un fiscal veterano que demostró su independencia al nombrar al respetado ex director del FBI Bob Mueller como investigador especial.

Según Rosenstein, en la conferencia de prensa del 5 de julio, Comey "usurpó" la autoridad del fiscal general, "violó las profundamente arraigadas reglas y tradiciones" del Departamento de Justicia e "ignoró otro principio de larga data: no sostenemos conferencias de prensa para lanzar información despectiva acerca del sujeto de una investigación criminal que ha sido descartada".

La excusa de Comey para violar el protocolo y denunciarme públicamente fue que este era "un caso de un intenso interés público". Pero como apuntó Matt Miller, oficial de asuntos públicos del Departamento de Justicia de 2009 a 2011, el día después de la conferencia de prensa, "El departamento investiga casos que tienen intenso interés público todo el tiempo". Dijo que "la disposición de Comey de reprender públicamente a una figura contra la cual él considera que no existe una base para encausarla por delitos criminales, debe preocupar a cualquiera que crea en la ley y en los principios fundamentales de lo que es justo".

Comey decidió a favor de sostener la conferencia de prensa por la supuesta preocupación que le generaba su jefa, la fiscal general Loretta Lynch. Se reportó que su decisión había sido influenciada por un falsificado documento ruso que intentaba desacreditar a Lynch. Era falso, pero a Comey todavía le preocupaba (más sobre eso en el próximo capítulo). Comey también ha apuntado al hecho de que Lynch y mi esposo tuvieron una breve conversación no planeada en la pista del aeropuerto de Phoenix a fines de junio de 2016, cuando sus aviones coincidieron y estaban uno junto al otro. No se dijo nada que en forma alguna fuera inapropiado, pero ambos terminaron lamentando el intercambio de cumplidos ese día por la tormenta que desató. No hay duda de que la imagen no era buena, pero eso no le daba a Comey carta blanca para ignorar las políticas del Departamento de Justicia y excederse en sus límites. La implicación de que la integridad de Lynch, una distinguida fiscal de carrera, de repente fuera puesta en duda y no se pudiera confiar en ella es indignante y ofensiva. Fue también un insulto hacia la ex vicefiscal general Sally Yates y hacia todos los demás altos funcionarios del Departamento de Justicia en la cadena de mando.

Desafortunadamente, ese no fue el último —ni el más dañino— error que cometió Comey.

*Violó todas las reglas que guían la conducta de los oficiales encargados de implementar la ley y lo hizo de una manera partidista que indudablemente afectaba el resultado de la elección.*

—Elliott Jacobson, uno de los ex colegas de Comey en la oficina del fiscal general de Estados Unidos del Distrito Sur de Nueva York, que ha servido como fiscal cerca de treinta y siete años, en una carta al director del *New York Times* el 26 de abril, 2017

El 28 de octubre me dirigía a Cedar Rapids, Iowa, para un mitin electoral con las líderes de varios grupos importantes de defensa de las mujeres. Mi amiga Betsy iba conmigo en el avión. Annie Leibovitz, la legendaria fotógrafa también iba para tomar algunas fotos espontáneas de la vida en el camino de campaña. Faltaban apenas once días para la elección, y el voto temprano había avanzado ya en treinta y seis estados y en el Distrito de Columbia. Yo no daba nada por hecho, pero me sentía bien sobre nuestro impulso saliendo del éxito de tres debates, cifras sólidas en las encuestas y proyecciones del voto temprano.

Cuando aterrizamos en Cedar Rapids, Robby Mook, Nick Merrill y la directora de comunicaciones Jennifer Palmieri dijeron que tenían algunas noticias que compartir. "Tenemos algo que decirte, y no es bueno", dijo Jennifer. Sentí que me hundía. Las cosas habían marchado demasiado bien por demasiado tiempo. Era de esperar algún problema. "¿Qué pasó ahora?" pregunté. "Jim Comey…" empezó Jennifer, y enseguida supe que era una mala noticia.

No teníamos mucha información, porque nuestra conexión de internet había estado fallando en el avión, pero Jennifer dijo que al parecer Comey había enviado una breve carta, escrita de manera muy vaga, a ocho comités del Congreso diferentes informando que en conexión con un caso no relacionado, "el FBI se había enterado de la existencia de correos electrónicos que parecían ser pertinentes" a la investigación previamente cerrada acerca de mi manejo de información clasificada —aunque "el FBI no puede aún evaluar si este material puede o no ser significativo"—.

Jason Chaffetz, el entonces presidente del Comité de Supervisión de la Cámara, inmediatamente tuiteó jubiloso: "Caso reabierto".

¿Era esto acaso un chiste malo? Tenía que serlo. El FBI no era el buró federal de porsiacasos ni de insinuaciones. Su tarea era encontrar los hechos. ¿Qué diablos estaba haciendo Comey?

Me bajé del avión y me monté en la caravana, y llamé a Betsy para que me acompañara. Qué alivio tener a mi amiga conmigo.

Para la hora en que terminamos el mitin y regresamos al avión, el equipo había recibido más información. Ocupé mi asiento, frente a Huma y Betsy, y le pedí a Jennifer que me actualizara. ¿Cuánta más locura podía haber en esta historia?

Mucha más.

La investigación no relacionada resultó ser una sobre el esposo de

Huma —de quien estaba separada— , Anthony Weiner. Sus abogados habían entregado una computadora portátil suya a la oficina del fiscal federal. Agentes del FBI de la oficina de Nueva York habían hecho un registro de la computadora y habían encontrado correos electrónicos entre Huma y yo.

Cuando oímos esto, Huma se sintió afligida. Anthony había causado ya tanta angustia. Y ahora esto.

"Este hombre me va a causar la muerte" dijo ella, estallando en lágrimas.

Después de más de veinte años de trabajo con Huma, le tengo mucho cariño, y verla sufrir de esa manera me rompió el corazón. Miré a Betsy, y ambas nos levantamos para consolarla. La abracé mientras Betsy le daba palmadas en el hombro.

En los días subsiguientes, algunas personas pensaron que yo debía despedir a Huma o "distanciarme" de ella. Nada de eso. Ella no había hecho nada malo y era una valiosa parte de mi equipo. Me mantuve a su lado tal como ella siempre se mantuvo a mi lado.

Mientras más información recibíamos, más exasperante se ponía la historia. El FBI no le pidió permiso a Huma ni a mí para leer los correos que había encontrado, el cual le habríamos dado inmediatamente. De hecho, nunca nos contactaron. En ese momento, el FBI no tenía idea si los correos electrónicos eran nuevos o duplicados de algunos ya revisados, o si eran personales o de trabajo, mucho menos si podrían haber sido considerados clasificados retroactivamente o no. No sabía nada de nada. Y Comey no esperó para saber más. Disparó su carta al Congreso dos días antes de que el FBI recibiera una orden judicial para leer esos correos.

¿Por qué hacer una declaración pública como esa, que estaba llamada a resultar políticamente devastadora, cuando el FBI ni siquiera sabía si el material nuevo era de algún modo importante? Al final de su conferencia de prensa del 5 de julio, Comey había declarado de manera santurrona, "Sólo importan los hechos", pero aquí el FBI no conocía los hechos sin embargo no dejó que eso le impidiera lanzar la elección presidencial hacia un caos total.

Las acciones de Comey fueron condenadas prontamente por ex funcionarios del Departamento de Justicia de ambos partidos, incluyendo a los fiscales generales republicanos Alberto Gonzales y Michael Mukasey. Este último dijo que Comey "había actuado totalmente fuera de los límites de su trabajo".

El Inspector General del Departamento de Justicia también abrió una investigación sobre la conducta de Comey.

Antes de que Comey enviara su carta, funcionarios del Departamento de Justicia les recordaron a sus subalternos la política vigente de evitar cualquier actividad que pudiera verse destinada a influir en una elección. Según lo reportado por el *New York Times*, también dijeron que no había necesidad de informar al Congreso antes de que el FBI determinara si los correos electrónicos eran pertinentes. Un miembro del equipo de Comey en el FBI también expresó sus reservas. Si Comey hubiera esperado hasta que el FBI revisara los correos, habría sabido rápidamente que no había evidencia nueva. Comey envió su carta de todos modos.

El resultado, según el vicefiscal general Rosenstein, fue tan dañino que "es improbable que el FBI recuperara la confianza del público y del Congreso hasta que tenga un director que entienda la gravedad de los errores y se comprometa a no repetirlos jamás".

Entonces, ¿por qué lo hizo Comey?

En una audiencia ante el Comité Judicial del Senado el 3 de marzo de 2017, Comey testificó que él sólo vio dos opciones: "hablar" u "ocultar". Pero como dijo Rosenstein en su memorando, "'Ocultar es un término cargado que expone erróneamente el tema. Cuando agentes federales abren silenciosamente una investigación criminal, no estamos ocultando nada; estamos simplemente cumpliendo con una política vigente por mucho tiempo que dice que nos abstengamos de publicar información que no es pública. Y en ese contexto, el silencio no es ocultar".

No puedo saber qué estaba pasando por la cabeza de Comey. No sé si tenía algo contra mí personalmente, o si pensaba que yo iba a ganar la elección y le preocupaba que si no hablaba, los republicanos o sus propios agentes lo atacaran después. Lo que sí sé es que cuando alguien es el jefe de una agencia tan importante como el FBI, esa persona tiene que interesarse mucho más en cómo son las cosas realmente que en cómo aparentan ser, y tiene que estar dispuesto a aguantar la presión que acompaña a esa posición de tan alto nivel.

Cualquier cosa que Comey tenía en mente o el miedo que sentía, hay una razón para preocuparse de lo que estaba pasando dentro del FBI.

*Hay una revolución dentro del FBI, y ahora está en su punto de ebullición.*
—Rudy Giuliani en Fox News, 26 de octubre de 2016

Según Rudy y otros con lazos estrechos con el FBI, existía una facción que se hacía oír dentro del buró que estaba furiosa porque, en su opinión, Comey me "había sacado de apuros" en julio. "Los agentes están furiosos", le dijo a la prensa Jim Kallstrom, ex jefe de la oficina del FBI en Nueva York y un aliado cercano del ex alcalde de Nueva York. Kallstrom también respaldó a Trump y me describió como una "mentirosa patológica" y miembro de una "familia del crimen". Kallstrom alegó que estaba en contacto con cientos de agentes del FBI, tanto retirados como activos. "El FBI es Trumplandia", es como lo expresó otro agente. El agente dijo que a mí se me consideraba como la "Anticristo personificada". El *New York Post* reportó que "los agentes del FBI estaban listos para sublevarse".

Hubo una serie de filtraciones diseñadas para dañar mi campaña,

incluyendo la falsa alegación prontamente desacreditada de que se ave-
cinaban encausamientos relacionadas con la Fundación Clinton.

Entonces Rudy, uno de los principales seguidores de Trump, fue a
Fox News el 26 de octubre y prometió "una o dos sorpresas que van a
oír en los próximos dos días". Fue dos días después que Comey envió
su carta.

El 4 de noviembre Rudy regresó a Fox News y confirmó que él lo
había advertido. "¿Qué si oí acerca de esto? Claro que lo oí", dijo. Al
mismo tiempo, trató de dar marcha atrás a su declaración.

Varios meses más tarde, Comey contestó preguntas sobre este tema
en una audiencia del mismo Comité Judicial del Senado.

"¿Alguien en el FBI durante esta campaña de 2016 tuvo contacto
con Rudy Giuliani acerca de la investigación de Clinton?" preguntó
el senador de Vermont, Pat Leahy. Comey dijo que era "asunto del
FBI averiguarlo" y que él tenía "mucho, mucho interés" en saber la
verdad. "Todavía no sé, pero si yo averiguo que la gente estaba filtrando información acerca de nuestras investigaciones, sean reporteros
o personas privadas, habrá consecuencias severas", dijo Comey. Esta es
una pregunta crucial que debe responderse. Comey le debe al pueblo
americano decir si alguien en el FBI les suministró información ina-
propiadamente a Giuliani, Kallstrom o a cualquier otra persona. Los
nuevos líderes del buró y el Inspector General del Departamento de
Justicia tienen la responsabilidad de investigar este asunto a fondo y
fijar responsabilidades.

Es irritante que Comey haya hecho todo lo posible durante este
mismo período por evitar decir algo sobre la investigación de posibles conexiones entre la campaña de Trump y la inteligencia rusa. Esta
doble moral todavía no se ha explicado adecuadamente y eso me deja
anonadada.

La semana final de la campaña de 2016 estuvo dominada por un
remolino de preguntas acerca de mis correos electrónicos y comentarios

sobre que las oraciones de los seguidores de Trump pudieran finalmente ser respondidas y yo de alguna manera terminara en prisión.

Después de nueve días de agitación —nueve días en que millones
de ciudadanos habían acudido a las urnas a votar temprano— y solo
treinta y seis horas antes del día de la elección, Comey envió otra carta
anunciando que los "nuevos" correos electrónicos no eran realmente
nuevos y no contenían nada que pudiera obligarlo a alterar su decisión
de varios meses antes de no presentar cargos.

Oh, fenomenal. Demasiado poco, demasiado tarde. El resto es historia.

Existe otro ángulo que vale la pena considerar antes de pasar la
página de este sórdido capítulo: el papel de la prensa.

*La continua normalización de Trump es el desarrollo más desorientador
de la campaña presidencial, pero lo más significativo puede ser la anormalización de Clinton.*

—Jonathan Chait en la revista *New York*, 22 de septiembre de 2016

"Anormalización" es una descripción bastante acertada de cómo era
vivir en la vorágine de la controversia de los correos electrónicos. Según
el Centro Shorenstein de Harvard, durante toda la elección los informes negativos sobre mí superaron la cobertura positiva 62% a 38%.
Trump, sin embargo, estaba más balanceado con 56% negativa a 44%
positiva.

La cobertura de mis correos electrónicos desplazó virtualmente
todo lo demás que mi campaña decía o hacía. La prensa actuaba como
si fuera la única historia que importaba. Para citar sólo un ejemplo
indignante, en septiembre de 2015 el entonces reportero político del
*Washington Post*, Chris Cillizza, había escrito al menos cincuenta historias acerca de mis correos electrónicos. Un año más tarde, la junta

editorial del *Post* se dio cuenta de que la historia estaba fuera de control. "Imaginen cómo juzgaría la historia a los americanos de hoy si, al mirar atrás hacia esta elección, el récord muestra que los votantes le entregaron el poder a un hombre peligroso debido a... un escándalo menor sobre correos electrónicos", decía un editorial de septiembre de 2016.

El *Post* continuaba: "No hay una equivalencia entre los errores de la señora Clinton y la manifiesta incapacidad del señor Trump para ocupar un cargo".

Ese fue uno de muchos editoriales y adhesiones que fueron acertados. Me alegró que casi todos los periódicos del país me respaldaran oficialmente, incluyendo algunos que no habían respaldado a un demócrata en décadas o nunca. Desafortunadamente, no creo que muchos votantes indecisos lean editoriales, y rara vez influyen en los noticieros de las cadenas o del cable. Son las historias políticas que se publican en primera plana las que la televisión recoge en su propia cobertura. Así que, aunque algunos periodistas y editores lamentaron haber perdido la perspectiva y haber exagerado la cobertura de mis correos —y después de la elección, algunos incluso compartieron su remordimiento de manera privada— el daño era irreparable.

*Considerado a la par de los verdaderos desafíos que ocuparán al próximo presidente, ese servidor de correos electrónicos, que ha consumido tanto de esta campaña, parece algo que corresponde a personal de bajo rango.*

—Editorial de respaldo del *New York Times* a mi
candidatura para presidente, septiembre de 2016

El *Times*, como es su costumbre, jugó un papel muy grande al darle forma a la cobertura de mis correos electrónicos a lo largo de toda la elección. Para mí, la forma en que abordaba el tema el periódico era esquizofrénica. Durante dos años no cesaron de atacarme por los correos electrónicos, pero finalmente su respaldo oficial le añadió cordura a la controversia. Entonces, en la recta final de la contienda, cuando más importaba, regresó a su vieja manera de ver el caso.

Primero, dedicó la mitad superior de la primera plana a la carta de Comey del 28 de octubre, aun cuando no había evidencia de nada mal hecho y muy pocos hechos de ninguna índole, y continuó dándole al tema una incesante cobertura el resto de la semana. Entonces, el 31 de octubre, el *Times* publicó una de las peores historias de toda la elección, alegando que el FBI no había encontrado una conexión entre la campaña de Trump y Rusia. La verdad era que una investigación muy grave de contrainteligencia estaba generando vapor. Algunas fuentes deben haberle vendido al periódico gato por liebre para proteger a Trump. Debió haber sido más juicioso antes de publicarlo días antes de la elección. En ambos casos, tal parecía que la especulación y el sensacionalismo se sobrepusieron a la sensatez periodística.

El *Times* fue altamente criticado por su editora pública por haber restado importancia a la seriedad de la intrusión rusa. "Este es un acto de interferencia extranjera en una elección americana a un nivel que jamás hemos visto, y sin embargo la mayoría de los días ha sido relegada a noticia de categoría menor", escribió Liz Spayd el 5 de noviembre, tres días antes de la elección. En agudo contraste con lo reportado sobre mis correos electrónicos, "lo que faltaba es un sentido de que esta cobertura es realmente importante". En una columna de seguimiento en enero, Spayd apuntó que el *Times* sabía en septiembre que el FBI estaba investigando los lazos de la organización de Trump con Rusia, posiblemente incluyendo órdenes judiciales emitidas por la Corte de Vigilancia de Inteligencia Extranjera, pero no se lo informó al público. "Es difícil no preguntarse qué impacto habría tenido semejante información en votantes que aún estaban evaluando a los candidatos", escribió ella. ¡Buena pregunta! Le da un significado totalmente nuevo a lo que a Bill le gusta llamar "concentrarse en lo trivial".

A través de los años, yendo atrás a la inquisición sin base alguna sobre Whitewater, tal parece que muchas de esas personas encargadas de la cobertura política en el *New York Times* me ven con hostilidad y escepticismo. Han aplicado lo que se han dado en llamar las "Reglas de Clinton". Como lo expresó Charles Pierce en la revista *Esquire*, "las Reglas de Clinton enuncian que cualquier ocurrencia o actividad política relativamente común y corriente toma una energía misteriosamente oscura cuando algún Clinton se involucra". Como resultado, muchos periodistas ven su trabajo como el de exponer las retorcidas maquinaciones de la hermética Maquinaria Clinton. El *Times* no ha sido en forma alguna el único —o siquiera el peor— agresor, pero su tratamiento ha sido el que más ha dolido.

He leído el *Times* durante más de cuarenta años y todavía anhelo leerlo todos los días. Aprecio gran parte de la fenomenal cobertura que no sea sobre Clinton, la excelente página de opiniones y los generosos respaldos que he recibido a cada una de mis campañas políticas. Entiendo la presión bajo la que viven ahora hasta los mejores periodistas políticos. Las historias negativas atraen más tráfico y ruido que las positivas o las imparciales. Pero estamos hablando de una de las fuentes noticiosas más importantes del mundo —el periódico que a menudo marca el tono de todos los demás— lo cual significa, pienso yo, que debe someterse al estándar más alto.

Supongo que esta mini diatriba garantiza que el libro reciba una crítica que lo hará pedazos en el *Times*, pero la historia estará de acuerdo en que esta cobertura en particular afectó el resultado de la elección. Además, ¡tenía que sacarme esto del pecho!

*Esto puede sorprenderlo: Hillary Clinton es fundamentalmente honesta.*
—La ex directora del *New York Times*, Jill Abramson,
en el *Guardian*, 28 de marzo de 2016

Jill Abramson, que supervisó años de cobertura política acerca de mí, llegó a esta conclusión leyendo los datos de la organización PolitiFact, la cual se dedica a verificar los hechos y que descubrió que yo decía la verdad más que cualquier otro candidato a la presidencia en 2016, incluyendo tanto a Bernie Sanders como a Donald Trump, que resultó ser el candidato más deshonesto que se haya medido jamás. El hecho de que se haya considerado sorprendente dice mucho del efecto corrosivo de la interminable controversia de los correos electrónicos, y de las décadas de ataques sin fundamento que la precedieron.

*¡Pero sus correos electrónicos!*

—El internet, 2017

Mientras más nos alejamos de la elección, más estrambótico ha lucido nuestro excesivo enfoque nacional en los correos electrónicos. "¡Pero sus correos electrónicos!" se convirtió en un meme de remordimiento usado en reacción a las más recientes revelaciones, indignaciones y conductas vergonzosas de Trump.

Por difícil que sea creerlo o explicarlo, el tema de mis correos electrónicos fue *la historia* de 2016. No importó que el Inspector General del Departamento de Estado dijera que no había leyes ni regulaciones que prohibieran el uso de correos personales en la conducción de asuntos oficiales. No importó que el FBI no encontrara un fundamento legal razonable para procesar el caso.

Yo soy la responsable de la decisión en un primer momento de usar correos electrónicos personales. Y nunca pude encontrar la manera de que la gente entendiera mis motivos o convencerla de que no era parte de alguna retorcida trama. Pero no fui yo quien determinó cómo Comey y el FBI manejarían este asunto o cómo la prensa lo cubriría. La culpa es de ellos.

Desde la elección, hemos sabido que el vicepresidente Mike Pence utilizó correos electrónicos privados para asuntos oficiales cuando era gobernador de Indiana, como muchos otros funcionarios estatales y federales en todo el país (incluyendo, por cierto, muchos empleados de la Casa Blanca de Bush, que usaban un servidor privado del Comité Nacional Republicano y que luego "perdieron" más de veinte millones de correos electrónicos). Hemos sabido que el equipo de transición de Trump copió documentos altamente sensibles que fueron removidos de un lugar seguro. Hemos sabido que miembros de la Casa Blanca de Trump utilizan aplicaciones para enviar mensajes encriptados que al parecer evaden leyes de récords federales. Y sabemos que asociados de Trump están bajo investigación federal por cosas mucho más graves. Sin embargo, la mayoría de los críticos fulminantes permanece silente. Es casi como si nunca les hubiera importado realmente el mantenimiento adecuado de los récords del gobierno o las sutilezas de la clasificación retroactiva, y todo esto no haya sido más que una conveniente piñata política.

Mientras más nos alejamos de la elección, más extraño nos resulta que esta controversia haya podido alterar una elección nacional con consecuencias tan monumentales. Imagino a futuros historiadores rascándose la cabeza, tratando de entender lo que pasó. Yo todavía me estoy rascando la mía.

*Cuando la razón falla, el diablo ayuda.*

—Fiódor Dostoievski

# Troles, bots, noticias falsas y rusos verdaderos

Algunas personas están bendecidas con un fuerte sistema inmunológico. Otras no tienen tanta suerte. Sus defensas se han gastado por enfermedad o lesiones, por lo que son susceptibles a todo tipo de infecciones que una persona saludable podría vencer fácilmente. Cuando eso le ocurre a un ser querido, es terrible observarlo.

El "cuerpo político" funciona de la misma manera. Nuestra democracia posee defensas internas que nos mantienen fuertes y saludables, incluyendo el sistema de pesos y contrapesos que aparece en la Constitución. Nuestros padres fundadores creían que una de las defensas más importantes sería una ciudadanía informada que pudiera hacer juicios sensatos basados en los hechos y la razón. Perder eso equivaldría a perder el sistema inmunológico, dejando a una democracia vulnerable a todo tipo de ataque. Y una democracia, como un cuerpo humano, no puede permanecer fuerte a través de repetidas lesiones.

En 2016 nuestra democracia fue asaltada por un adversario extranjero resuelto a confundir a nuestro pueblo, enardecer nuestras divisiones y hacer que la elección favoreciera a un candidato preferido. Ese ataque tuvo éxito porque nuestro sistema inmunológico se había erosionado a través de los años. Muchos americanos habían perdido la fe en instituciones de las que generaciones anteriores habían dependido para recibir información objetiva, incluyendo al gobierno, al sector académico y a la prensa, por lo que quedaron vulnerables a sofisticadas campañas de desinformación. Existen muchas razones por las que esto ha ocurrido, y una es que un pequeño grupo de multimillonarios de derecha —personas como la familia Mercer y Charles y David Koch— reconoció hace mucho tiempo que, como bromeó una vez Stephen Colbert, "la realidad tiene una bien conocida tendencia liberal". En términos más generales, la derecha empleó mucho tiempo en crear riqueza y una realidad alternativa. Piensen en un platillo Petri donde se niega la ciencia, las mentiras pasan por verdades y florece la paranoia. Sus esfuerzos se vieron realzados en 2016 por un candidato presidencial que traficó con oscuras teorías conspirativas sacadas de las páginas de tabloides de supermercado y por el ilimitado alcance de internet; un candidato que desvió la atención de las críticas atacando a los demás con hechos inventados y un insólito don para lanzar comentarios humillantes. Él ayudó a confundir lo que es noticia con lo que es entretenimiento, un *reality* y la realidad.

Como resultado, para cuando llegó Vladimir Putin ya nuestra democracia estaba más enferma de lo que creíamos.

Ahora que los rusos nos han infectado y han visto lo débiles que son nuestras defensas, continuarán haciéndolo. Tal vez otros poderes extranjeros se le sumen. También continuarán apuntándoles a nuestros amigos y aliados. Su objetivo es definitivamente socavar —acaso incluso destruir— la democracia occidental. Como declaró al Congreso el ex director de inteligencia nacional, James Clapper, "Si alguna vez ha habido un toque de clarín para la vigilancia y la acción contra una amenaza al verdadero cimiento de nuestro sistema político democrático, este episodio lo es".

Esto debería preocupar a todos los americanos: republicanos, demócratas, independientes, todos. Necesitamos llegar al fondo de todo esto. La elección de 2016 puede haber terminado, pero tenemos nuevas elecciones en un futuro muy próximo. Voy a explicar lo que se sabe en la manera más detallada que pueda, a fin de que podamos entender lo que pasó y lo que podemos hacer para que no vuelva a ocurrir. Hay mucho que todavía no sabemos, hay investigaciones en proceso y la historia cambia día a día según llegan las noticias. Trump, sus aliados y otros han negado enérgicamente las más recientes acusaciones de delitos. Ustedes pueden mirar los hechos y decidir por ustedes mismos. Pero lo que tiene que estar más allá de toda duda es que la interferencia extranjera en nuestras elecciones es algo horrible, punto. Y la amenaza que enfrentamos, de afuera y de adentro, es mayor que una campaña, un partido, una elección. La única manera de curar a nuestra democracia y protegerla en el futuro es entender la amenaza y derrotarla.

## V de *Vendetta* (y de Vladimir)

El presidente Obama una vez comparó a Vladimir Putin con un "chico aburrido en el fondo del aula". "Tiene esa manera de encorvarse", dijo Obama. Cuando yo vi a Putin en reuniones, parecía más uno de esos tipos en el metro que imperiosamente abren las piernas invadiendo el espacio de los demás, como diciendo, "Tomo lo que quiero", y "siento tan poco respeto por ti que voy a actuar como si estuviera reclinado en mi casa en una bata de baño". Ese es Putin.

He lidiado con muchos líderes hombres en mi vida, pero Putin es único en su clase. Ex espía de la KGB con tendencia a una conducta de extremo machismo histriónico y una violencia barroca (una investigación pública en el Reino Unido concluyó que probablemente autorizó el asesinato de uno de sus enemigos en Londres, envenenándole el té con polonio-210, un raro isótopo radioactivo), Putin surgió en la imaginación popular como un archivillano salido de una película de James Bond. Sin embargo, es a la vez un hombre perennemente incomprendido y subestimado. George W. Bush describió a Putin, después de mirarlo a los ojos, como un hombre "muy directo y digno de confianza", y añadió en una frase que se hizo famosa, "pude encontrarle sentido a su alma". Mi respuesta, un poco medio en broma y medio en serio, fue: "Era un agente de la KGB y, por definición, no tiene alma". No pienso que a Vladimir le haya gustado ese comentario.

Nuestra relación ha sido amarga durante mucho tiempo. Putin no siente respeto alguno por las mujeres y desprecia a cualquiera que le haga frente, así que para mí es un doble problema. Después de que critiqué una de sus políticas, le dijo a la prensa, "Es mejor no discutir con las mujeres", pero luego dijo que yo era débil. "Tal vez la debilidad no es la peor cualidad en una mujer", bromeó. Qué simpático.

Putin aún vive resentido por lo que considera las humillaciones de los años noventa, cuando Rusia perdió sus viejos dominios y la administración de Clinton presidió sobre la expansión de la OTAN (Organización del Tratado del Atlántico Norte). Y las cosas empeoraron mucho más entre nosotros durante mi tiempo como secretaria de Estado.

Cuando el presidente Obama y yo ocupamos nuestros nuevos cargos en 2009, Putin y su primer ministro, Dimitri Medvedev, habían intercambiado cargos como una manera de impedir los requeridos límites constitucionales de los términos en los cargos. Sorprendentemente, Medvedev demostró cierta independencia y una disposición a procurar mejores relaciones con Estados Unidos. Sabíamos que Putin era aún el verdadero poder en Rusia, pero decidimos ver si podíamos encontrar algunas áreas de interés común donde pudiéramos progresar. Ese fue el origen del tan denigrado término "reinicio". Condujo a algunos éxitos concretos, incluyendo un nuevo tratado para controlar armas nucleares, nuevas sanciones a Irán y Corea del Norte, una muy necesaria ruta para transportar suministros a nuestras tropas en Afganistán, un aumento en el intercambio comercial e inversiones y una ampliada cooperación antiterrorista. En la primavera de 2011, el presidente Medvedev estuvo de acuerdo en abstenerse en el voto de la resolución del Consejo de Seguridad de las Naciones Unidas que autorizaba el uso de fuerza para proteger a civiles en Libia del dictador coronel Muamar el Gadafi, una decisión que enfureció a Putin.

El presidente Obama y yo acordamos que procurar una cooperación pragmática con Rusia en ciertas áreas no era inconsistente con mantenernos firmes en nuestros valores y mostrar apoyo a las aspiraciones democráticas del pueblo ruso. Sentí una responsabilidad de levantar mi voz contra la represión de derechos humanos en Rusia, especialmente la intimidación y el asesinato de periodistas y opositores políticos. En octubre de 2009, yo estaba en Moscú y fui entrevistada por una de las últimas estaciones de radio independientes que quedaban en el país. Expresé mi apoyo a los derechos humanos y a la sociedad civil, y dije que pensaba que los rusos querían que los matones que atacaron a los periodistas fueran llevados ante la justicia. Sabía que Putin no estaría contento de que yo dijera esas cosas en su propio territorio, pero sentí que, si Estados Unidos aceptaba una orden de mordaza en estos temas, esa decisión repercutiría, no solamente en Rusia, sino en todo el mundo.

La KGB le enseñó a Putin a sospechar de todo el mundo. Los problemas de Rusia en los noventa y las "revoluciones de colores" en la década del 2000 —la cadena de revueltas populares que derrocaron regímenes autoritarios en varios países del ex bloque soviético— lo llevó de sospechoso a paranoico. Llegó a considerar la disensión popular como una amenaza existencial. Cuando me oyó a mí y a otros líderes occidentales expresar nuestro apoyo a la sociedad civil en Rusia, lo consideró una conspiración para socavarlo.

Para Putin, un movimiento clave fue en 2011. En septiembre anunció que se postularía para presidente otra vez. En diciembre hubo informes ampliamente circulados de fraude en las elecciones parlamentarias, lo cual provocó protestas nacionales y condenas internacionales. En una conferencia en Lituania enfocada en promover la democracia y los derechos humanos en Europa, expresé las preocupaciones de Estados Unidos. "El pueblo ruso, como cualquier otro pueblo en cualquier parte, merece el derecho de que sus voces se oigan y sus votos se cuenten", dije, "y eso significa que merecen elecciones libres, justas y transparentes, y líderes a quienes se les pueda exigir responsabilidad sobre ellas". Decenas de miles de rusos salieron a las calles coreando "Putin es un ladrón", un desafío popular sin precedente a su férreo puño contra el país. Putin, más paranoico que nunca, pensó que se trataba de una conspiración orquestada desde Washington. Me culpó a mí en particular, alegando que yo "les había dado una señal".

Putin aplastó las protestas y una vez más llegó a la presidencia, pero ahora andaba lleno de miedo y furioso. En el otoño de 2011, Putin había publicado un ensayo prometiendo recuperar la influencia regional y global de Rusia. La leí como un plan para "resovietizar" el imperio perdido y lo expresé públicamente. Una vez que regresó al cargo, Putin dio los pasos necesarios para poner en marcha su visión. Consolidó el poder y castigó con mano dura cualquier remanente de disensión nacional. También adoptó un tono más combativo hacia occidente y mantuvo un resentimiento personal hacia mí. Por cierto, esa no es solamente mi propia visión; *resentimiento* es la palabra que el gobierno de Estados Unidos utilizó en su evaluación oficial.

En una serie de memorandos, alerté al presidente Obama de que las cosas estaban cambiando en Rusia, y que Estados Unidos tendría que tomar una posición más dura con Putin. Nuestra relación probablemente empeoraría antes de mejorar, le dije al presidente, y necesitábamos decirle bien claro a Putin que las acciones agresivas tendrían consecuencias.

## Listos ante una amenaza

Durante el segundo mandato de Obama, cuando ya yo había dejado el Departamento de Estado, las cosas efectivamente fueron de mal en peor. Cuando las protestas populares en Ucrania obligaron al líder corrupto y pro-Moscú del país a huir, Putin entró en acción. Lanzó una operación para subvertir y apoderarse de la península de Crimea, parte de Ucrania, un destino para vacaciones de los rusos ricos. Esto fue seguido de esfuerzos adicionales para desestabilizar el este de Ucrania, donde vivían muchos rusos étnicos, lo cual condujo a una prolongada guerra civil.

Observando todo esto desde la periferia, me impresionó la sofisticación de la operación. Fue mucho más efectiva que la invasión rusa de Georgia en 2008. La propaganda nacionalista en televisión, radio y las redes sociales radicalizó a los rusos étnicos, mientras los ataques cibernéticos silenciaron las voces de oposición. Fuerzas especiales paramilitares encubiertas de Rusia invadieron Crimea para organizar protestas, apoderarse de edificios e intimidar o incorporar a oficiales ucranianos. Entretanto, el Kremlin lo negaba todo, a pesar del hecho de que el mundo entero podía ver fotos de soldados rusos con armas rusas, conduciendo vehículos rusos y hablando con acento ruso. Putin los llamaba grupos indígenas de "defensa propia". Los ucranianos los llamaban "hombrecitos verdes". Una vez que la ocupación fue un hecho consumado, los rusos escenificaron un referéndum que no fue más que una farsa para crear una imagen de soberanía popular y entonces anexaron la península y la hicieron formalmente parte de Rusia.

Los rusos hicieron otra cosa, que no recibió mucha atención en su momento, pero en retrospectiva era una señal de lo que vendría. A principios de 2014, hicieron público en Twitter y en YouTube lo que ellos alegaban era una grabación de audio de una conversación privada entre dos diplomáticos americanos veteranos, nuestro embajador en Ucrania, Geoff Pyatt, y mi amiga y ex asesora Toria Nuland, que entonces era la más alta funcionaria del Departamento de Estado en Europa. En la grabación rusa, Toria usó un colorido lenguaje para expresar su exasperación con la inacción europea en torno a Ucrania. Moscú claramente esperaba que sus palabras fueran una cuña entre Estados Unidos y nuestros aliados. El incidente no tuvo repercusiones diplomáticas duraderas, pero sí mostraba que los rusos no solo estaban robando información con propósitos de inteligencia, como lo hacen todos los países; estaban ahora utilizando medios sociales y filtraciones estratégicas para "armar" la información.

Después de las operaciones de Rusia en Ucrania, expresé mi preocupación a algunos de mis ex colegas de seguridad nacional. Moscú había claramente desarrollado nuevas capacidades en la guerra psicológica y de información y estaba dispuesto a utilizarlas. Me preocupaba que Estados Unidos y nuestros aliados no estuvieran preparados para seguirles el ritmo o responder. Yo sabía que en 2013 uno de los altos funcionarios de Rusia, Valery Gerasimov, había escrito un artículo presentando una nueva estrategia para la guerra híbrida. En anteriores generaciones, las fuerzas armadas soviéticas habían planeado combatir en conflictos de gran escala con fuerzas convencionales masivas y nucleares. En el siglo veintiuno, decía Gerasimov, la línea entre la guerra y la paz se hará borrosa, y Rusia debe prepararse para conflictos bajo el radar librados a través de propaganda, ataques cibernéticos, operaciones paramilitares, manipulación financiera y de energía y subversión encubierta. Las operaciones en Crimea y el este de Ucrania (y, yo argumentaría, además, darle albergue a Edward Snowden, ex empleado de la

Agencia de Seguridad Nacional) probaron que Putin estaba poniendo en práctica la teoría de Gerasimov.

A veces estas tácticas reciben el nombre de "medidas activas". Thomas Rid, un profesor de estudios de seguridad en King's College en Londres, ofreció un buen manual básico en un testimonio ante el Comité de Inteligencia del Senado en marzo de 2017. "Las medidas activas son operaciones de inteligencia semiencubiertas o encubiertas para darles forma a las decisiones políticas del adversario", explicó. "La manera de tratar y probar las medidas activas es usar las debilidades del adversario en contra suya" y el crecimiento de internet y de las redes sociales ha creado muchas nuevas oportunidades. Como lo puso el senador Sheldon Whitehouse, "Los rusos han estado haciendo esto durante mucho tiempo", y ahora "han adaptado viejos métodos a nuevas tecnologías, haciendo uso de redes sociales, programas malignos y complejas transacciones financieras".

También me alarmé de ver dinero ruso, propaganda u otro tipo de apoyo ayudando a los partidos nacionalistas de derecha en toda Europa, incluyendo el Frente Nacional de Marine Le Pen en Francia, Alternativa para Alemania (AfD, por sus siglas en alemán) y el Partido de la Libertad de Austria. Según el *Washington Post*, el Kremlin también ha cultivado a líderes de organizaciones americanas de derecha como la NRA, la Organización Nacional del Matrimonio, y a individuos como el evangelista Franklin Graham. Putin se ha posicionado como el líder de un autoritario movimiento xenofóbico internacional que quiere expulsar a inmigrantes, quebrar la Unión Europea, debilitar la Alianza Atlántica y retrotraer gran parte del progreso alcanzado desde la Segunda Guerra Mundial. La gente se ríe cuando Putin se hace retratar montando a caballo sin camisa, ganando combates de judo y conduciendo automóviles de carrera. Pero los actos de machismo son parte de su estrategia. Él se ha hecho un ícono para los tradicionalistas de todas partes que resienten sus sociedades cada vez más abiertas, diversas y

liberales. Es por eso que ha formado una alianza con la Iglesia Orto-
doxa Rusa, ha aprobado despiadadas leyes contra la homosexualidad y
ha despenalizado la violencia doméstica. Todo esto trata de proyectar
una imagen de masculinidad tradicional, moralidad cristiana y pureza
y poder nacionalista blanco.

Durante la campaña, le pedí a mi equipo que comenzara a trabajar
en una estrategia más agresiva hacia Rusia. No quería dejarme arrastrar
hacia una nueva Guerra Fría, pero la mejor manera de evitar conflictos
y mantener la puerta abierta para una futura cooperación sería enviarle
a Putin un mensaje de fuerza y determinación desde el primer día. Se
ha dicho que él se subscribe al viejo adagio de Vladimir Lenin: "Sonden
con bayonetas. Si encuentran papilla, continúen; si encuentran acero,
retrocedan". Yo quería asegurarme de que cuando Putin mirara a Estados Unidos viera acero, no papilla.

Yo quería ir más allá que la administración de Obama, que resistió
enviar armas defensivas al gobierno de Ucrania o establecer una zona
de prohibición de vuelos sobre Siria, donde Putin había lanzado una
intervención militar para proteger al asesino dictador Bashar al-Asad.
También intentaba aumentar nuestra inversión en seguridad cibernética y procurar un esfuerzo de cooperación múltiple entre el gobierno y
el sector privado a fin de proteger la infraestructura nacional y comercial vital de posibles ataques, incluyendo plantas eléctricas nucleares,
redes eléctricas, represas y el sistema financiero.

Todo esto para decir que yo tenía los ojos abiertos. Sabía que Putin
era una amenaza creciente. Sabía que tenía una *vendetta* personal contra mí y un profundo resentimiento hacia Estados Unidos.

Sin embargo, nunca imaginé que tendría la audacia de lanzar un
ataque encubierto masivo contra nuestra propia democracia, en nuestras propias narices y que lo hiciera impunemente.

Desde la elección, hemos sabido mucho sobre el alcance y la sofisticación de la trama rusa, y cada día sale a la luz aún más información.

Pero, incluso durante la campaña, sabíamos lo suficiente para darnos cuenta de lo que estábamos enfrentando, en las palabras del senador Harry Reid, "una de las amenazas más graves a nuestra democracia desde la Guerra Fría". Y a partir de entonces ha ido empeorando. No voy a tratar de ofrecer un recuento definitivo de cada giro de esta saga —abundan otras fuentes para eso— pero trataré de compartir lo que he sabido por experiencia, cómo se sintió y lo que pienso que necesitamos hacer como nación para protegernos para el futuro.

## El incipiente romance fraterno

Fue extraño desde el principio. ¿Por qué seguía Donald Trump soplándole besos a Vladimir Putin? Dijo que le daría a Putin una A por liderazgo, y describió al presidente ruso como "altamente respetado dentro de su país y afuera". Trump se deleitó al saber que Putin lo había llamado "brillante", aunque la traducción más acertada era "de gran colorido". En un intercambio revelador en el programa *Morning Joe* de MSNBC, Trump defendió a Putin de las alegaciones de que asesina a periodistas. "Al menos es un líder, a diferencia de los que tenemos en este país", dijo Trump. Y como si fuera poco, añadió, "Pienso que nuestro país mata bastante también". Nunca antes un candidato presidencial americano habría soñado con injuriar a nuestro país de esa manera o sugerir una equivalencia entre la democracia americana y la autocracia rusa. Con razón Putin simpatiza con Trump.

¿Qué es lo que está pasando? Esto me dejó genuinamente perpleja. Esto iba más lejos de lo considerado normal en la política americana, especialmente para un republicano. ¿Cómo puede el partido de Reagan permitir que se convierta en el partido de Putin?

Pensé que había tres explicaciones plausibles para este incipiente "romance fraterno" entre Trump y Putin.

Primero, Trump tiene una rarísima fascinación con dictadores y hombres fuertes. Elogió a Kim Jong-un, el joven asesino que gobierna en Corea del Norte, por su habilidad de consolidar el poder y eliminar la disensión: "Hay que reconocerle ese mérito", dijo Trump. Habló también con admiración acerca de la masacre china de 189 estudiantes desarmados que protestaban en la plaza de Tiananmén; dijo que demostraba fuerza. Todo tiene que ver con la fuerza. Trump no piensa en términos de moralidad o derechos humanos; sólo piensa en términos de poder y dominio. El poder es la solución. Putin piensa del mismo modo, aunque mucho más estratégicamente. Y Trump parece haber sentido una fuerte atracción hacia el acto machista de Putin como "el autócrata de pecho descubierto". A él no solamente le gusta Putin, parece desear *ser* como Putin, un líder blanco autoritario que pudo silenciar a disidentes, reprimir a las minorías, eliminar el derecho al voto y amasar una fortuna de incontables miles de millones. Sueña con Moscú en el Potomac.

Segundo, y a pesar de su absoluta falta de interés en, o de conocimiento de la mayoría de los temas de política exterior, hace tiempo que Trump tiene una visión del mundo que se alinea bien con la agenda de Putin. Sospecha de los aliados de Estados Unidos, no piensa que los valores humanos tengan un lugar en la política exterior y parece no creer que Estados Unidos deba continuar llevando el manto del liderazgo global. Décadas antes, en 1987, Trump gastó cerca de $100.000 en anuncios de página completa en el *New York Times*, el *Washington Post* y el *Boston Globe*, criticando la política exterior de Ronald Reagan y urgiendo a nuestro país a dejar de defender aliados que deben valerse por sí solos. Trump dijo que el mundo se estaba aprovechando de Estados Unidos y riéndose de nosotros. Casi treinta años después, seguía diciendo las mismas cosas. Se refirió a las alianzas de Estados Unidos como si fueran chanchullos de protección, donde podíamos extorsionar a países más débiles a pagar tributos a cambio de seguridad. Amenazó con abandonar la OTAN y difamó a la Unión Europea.

Insultó a los líderes de países como Gran Bretaña y Alemania. ¡Tuvo hasta una pelea en Twitter con el papa Francisco! Dado todo esto, no sorprende que, una vez que llegó a la presidencia, Trump riñera con nuestros aliados y rehusara comprometerse al principio fundamental de defensa mutua en una cumbre de la OTAN. El prestigio perdido por Estados Unidos y su nuevo aislamiento se encarnaron en la triste imagen de otros líderes de democracias occidentales caminando juntos en una hermosa calle italiana mientras Trump los seguía en un carrito de golf completamente solo.

Todo esto era música para los oídos de Putin. La principal meta estratégica del Kremlin es debilitar la Alianza Atlántica y reducir la influencia americana en Europa, dejando al continente maduro para la dominación rusa. Putin no podría encontrar un mejor amigo que Donald Trump.

La tercera explicación es que Trump parece tener extensos lazos financieros con Rusia. En 2008, el hijo de Trump, Don Jr., dijo a inversionistas en Moscú, "Los rusos componen un segmento bastante desproporcionado de muchos de nuestros activos", y "vemos mucho dinero entrándonos de Rusia", según el periódico ruso *Kommersant*. En 2013, el propio Trump dijo en una entrevista con David Letterman que él hacía "muchos negocios con los rusos". Un respetado periodista de golf de nombre James Dodson reportó que el otro hijo de Trump, Eric, le dijo, "Nosotros no dependemos de bancos americanos" para financiar proyectos de golf, "tenemos todos los fondos que necesitamos de Rusia".

Sin ver las declaraciones de impuestos de Trump, es imposible determinar el alcance completo de esos lazos financieros. Basándonos en lo que ya se sabe, existe una buena razón para creer que, a pesar de repetidas bancarrotas y aunque la mayoría de los bancos americanos rehúsen prestarle dinero, Trump, sus compañías o asociados, según el periódico *USA Today*, "acudió a ricos rusos y a oligarcas de las antiguas repúblicas soviéticas, algunos presuntamente conectados con el crimen organizado". Esto estaba basado en una revisión de casos judiciales y otros documentos legales. Adicionalmente, en 2008, Trump hizo algo que llamó la atención, cuando le vendió una mansión en Palm Beach a un oligarca ruso a un precio inflado, $54 millones más que lo que él había pagado por ella sólo cuatro años antes. En 2013, su concurso de Miss Universo en Moscú fue financiado en parte por un multimillonario aliado de Putin. Para construir el hotel Trump SoHo de Nueva York, se asoció con una compañía llamada Grupo Bayrock y con un inmigrante ruso llamado Felix Sater, anteriormente vinculado a la mafia, quien había sido convicto de lavar dinero. (*USA Today* ha realizado grandes reportajes sobre todo esto, si quieren saber más).

Los asesores de Trump también tienen lazos financieros con Rusia. Paul Manafort, a quien Trump contrató en marzo de 2016 y promovió a jefe de su campaña dos meses más tarde, era un representante de *lobbies* republicano que había pasado años sirviendo a autócratas en el extranjero, más recientemente ganando millones trabajando para fuerzas pro-Putin en Ucrania. Y estaba también Michael Flynn, el ex jefe de la Agencia de Inteligencia de Defensa, a quien el presidente Obama despidió por buenas causas en 2014. Entonces Flynn aceptó dinero de la red televisiva de propaganda de Putin orientada hacia occidente, Russia Today (RT), y en diciembre de 2015 asistió a la gala para celebrar el décimo aniversario de RT en Moscú, donde se sentó a la mesa de Putin (junto a la candidata presidencial del Partido Verde, Jill Stein). Otro más era Carter Page, ex asesor de la gigantesca firma rusa de gas Gazprom, quien viajaba a Moscú frecuentemente, incluyendo en julio de 2016, en medio de la campaña. Al parecer estaba leyendo los argumentos antiamericanos del Kremlin.

Enterarme de todo esto en el curso de 2015 y 2016 era surrealista. Parecía que estábamos pelando una cebolla, porque siempre había una nueva capa que pelar.

Si uno suma todos estos factores —el afecto de Trump hacia tiranos y la hostilidad hacia los aliados, su simpatía por los objetivos estratégicos de Rusia y los alegados lazos financieros con turbios actores rusos— su retórica pro-Putin comienza a tener sentido. Y esto estaba todo al descubierto y era bien conocido en toda la campaña. Llegó a su punto crítico en abril de 2016, cuando Trump hizo un llamado a mejorar las relaciones con Rusia en un importante discurso sobre política exterior en el Hotel Mayflower de Washington. El embajador ruso ante Estados Unidos, Sergey Kislyak, aplaudió desde la primera fila. (El embajador luego asistió a la Convención Nacional Republicana, pero evitó la nuestra).

Expertos en seguridad nacional republicanos quedaron anonadados por el abrazo de Trump con Putin. Igual me sentí yo. En cada oportunidad que tuve, advertí que permitir a Trump ser comandante en jefe sería profundamente peligroso y le hacía el juego directamente a Rusia. "Será como la Navidad en el Kremlin", predije.

## La brecha

Las cosas se enrarecieron aún más.

A fines de marzo de 2016, agentes del FBI se reunieron con el abogado de mi campaña, Marc Elias, y otros miembros de alto nivel de mi equipo en nuestras oficinas en Brooklyn para advertirnos que *hackers* en el extranjero podrían estar tratando de acceder ilegalmente a mi campaña con correos electrónicos que trataban de engañar a la gente para que cliqueara en enlaces o introdujera contraseñas que abrieran el acceso a nuestro sistema. Ya estábamos conscientes de la amenaza, porque habían estado llegando muchos, sino cientos, de estos correos fraudulentos. En su mayoría eran fáciles de detectar, y no teníamos razones en ese momento para creer que fueran a tener éxito.

Entonces, a principios de junio, Marc recibió un inquietante mensaje del Comité Nacional Demócrata (DNC, por sus siglas en inglés) de que su red de computadoras había sido penetrada por *hackers* que supuestamente trabajaban para el gobierno de Rusia. Según el *New York Times*, el FBI aparentemente había descubierto la violación hacía meses, en septiembre de 2015, y había informado a un contratista de apoyo técnico del DNC, pero nunca visitó la oficina o tomó acción alguna para darle seguimiento. Como le dijo el ex jefe de la División Cibernética del FBI al *Times* más tarde, esa había sido una desconcertante negligencia. "No estamos hablando de una oficina en el medio de un bosque de Montana", dijo. Las oficinas estaban a una milla y media de distancia. Después de la elección, el director del FBI Comey admitió, "Yo mismo podría haber ido allí a pie si hubiera sabido lo que sé ahora".

La información no llegó a los líderes del DNC hasta abril. Trajeron una respetada firma de seguridad cibernética llamada CrowdStrike para averiguar qué estaba pasando, eliminar a los *hackers* y proteger la red de penetraciones adicionales. Los expertos de CrowdStrike determinaron que los *hackers* probablemente procedían de Rusia y que habían logrado acceso a una gran cantidad de correos electrónicos y documentos. Todo esto se hizo público cuando el *Washington Post* dio la primicia el 14 de junio.

La noticia era inquietante pero no fue una sorpresa. El gobierno ruso había estado intentando hackear sensibles sistemas informáticos americanos durante años, al igual que otros países, como China, Irán y Corea del Norte. En 2014, los rusos habían violado el sistema no clasificado del Departamento de Estado y habían continuado hacia la Casa Blanca y el Pentágono. También hackearon centros de estudios, a periodistas y a políticos.

La visión general era que todos estos *hacks* e intentos de *hacks* eran simplemente acopios rutinarios de inteligencia, pero con técnicas del siglo veintiuno. Eso resultó ser una equivocación. Lo que estaba ocurriendo era mucho más insidioso. El 15 de junio, un día después de hacerse público el ataque al DNC, un *hacker* llamado Guccifer 2.0 —que se cree sería un frente de inteligencia rusa— se adjudicó el crédito por la brecha y publicó un conjunto de documentos robados. Añadió que le había dado miles más a WikiLeaks, la organización supuestamente dedicada a una transparencia radical. Julian Assange, el fundador de WikiLeaks, prometió revelar "correos electrónicos relacionados con Hillary Clinton", aunque no estaba claro lo que eso significaba.

La publicación de documentos robados del DNC constituyó un suceso dramático por varias razones. Empezando porque Rusia estaba interesada en más que acopiar inteligencia sobre la escena política americana: estaba activamente tratando de influenciar la elección. Tal como había hecho un año antes con la grabación de audio de Toria Nuland, Rusia estaba "armando" información robada. No se me ocurrió en ese momento que alguien asociado a Donald Trump pudiera estar coordinando con los rusos, pero era aparentemente probable que Putin estuviera tratando de ayudar a su candidato preferido. Después de todo, él no simpatizaba conmigo y me temía, mientras que en Trump tenía un aliado. Esto se enfatizó cuando la campaña de Trump removió el lenguaje de la plataforma del Partido Republicano que establecía que Estados Unidos le suministraría a Ucrania "armamentos defensivos letales", un regalo para Putin que muy bien habría podido envolver con una cinta y un lazo.

Un análisis minucioso de los documentos de Guccifer también revelaba una posibilidad alarmante: al menos uno de los expedientes al parecer podía venir de mi campaña, no del DNC. Una investigación adicional sugería que el expediente podía haber sido robado de la cuenta personal en Gmail de John Podesta, jefe de mi campaña. No podíamos estar seguros, pero temíamos que había más problemas en camino.

## Hablarle a la pared

El 22 de julio, WikiLeaks publicó unos veinte mil correos electrónicos robados del DNC. Destacó un puñado de mensajes que incluían comentarios ofensivos acerca de Bernie Sanders, lo cual, como era de esperar, desató una tormenta entre los seguidores de Bernie, muchos de los que todavía estaban molestos por haber perdido las primarias. Pero nada en los correos electrónicos robados confirmó ni remotamente la alegación de que había habido fraude en las primarias. Casi todos los mensajes ofensivos habían sido escritos en mayo, meses después de yo haber amasado una ventaja insuperable en la votación y en los delegados.

Más importante, sin embargo, era el hecho de que los rusos, o quienes los representaban, tenían la sofisticación de encontrar y explotar esos pocos y provocativos correos robados con el fin de meter una cuña entre los demócratas. Eso sugiere un profundo conocimiento de, y familiaridad con, nuestra escena política y sus protagonistas. Además, imaginen cuántas cosas inflamatorias y vergonzosas habrían encontrado si hubieran hackeado a los republicanos. (Lo hicieron, pero nunca publicaron nada).

El momento de las revelaciones de WikiLeaks fue terrible, y no parecía ser una casualidad. Yo había derrotado a Bernie y había asegurado la nominación a principios de junio, pero él no me respaldó hasta el 12 de julio, y ahora estábamos trabajando duro para unir al partido antes de que comenzara la Convención Nacional Demócrata el 25 de julio en Filadelfia. También, la noticia vio la luz el mismo día que yo estaba presentando a Tim Kaine como mi compañero de fórmula, convirtiendo en un circo lo que debió haber sido uno de los mejores días de nuestra campaña.

La revelación de los documentos pareció haber estado diseñada para causarnos un daño máximo en un momento crítico. Funcionó.

La presidente del DNC, Debbie Wasserman Schultz, renunció dos días más tarde, y la apertura de la convención se vio mancillada por abucheos a viva voz de los seguidores de Sanders. Estaba descompuesta con todo esto. Tras tantos largos y difíciles meses de campaña, yo quería que la convención fuera perfecta. Era mi mejor oportunidad hasta los debates de presentar mi visión para el país directamente a los votantes. Recordé el empujón que había recibido Bill en su convención en Madison Square Garden en 1992, y yo esperaba recibir un impulso similar. En lugar de ello, estábamos lidiando con un partido dividido y una prensa distraída. Los líderes demócratas, especialmente la congresista Marcia Fudge de Ohio, la reverenda Leah Daughtry y Donna Brazile, ayudaron a poner orden en el caos. Y el magistral, conmovedor discurso de Michelle Obama unió el salón y silenció a los disidentes. Entonces Bernie habló, me respaldó otra vez y ayudó a cementar la distensión.

El 27 de julio, el día antes de yo aceptar formalmente la nominación demócrata, Trump tuvo uno de sus locos monólogos en una conferencia de prensa. Dijo que como presidente podía aceptar la anexión rusa de Crimea, le quitó la culpa al Kremlin del *hack* del DNC y, sorprendentemente, urgió a los rusos a que trataran de hackear mi cuenta de correos electrónicos. "Rusia, si estás escuchando, espero que puedan encontrar los treinta mil correos que se han perdido", dijo, refiriéndose a los correos electrónicos personales, sin relación alguna con el trabajo, que fueron borrados de mi cuenta después de haber entregado todo lo demás al Departamento de Estado. "Creo que ustedes serán probablemente altamente premiados por nuestra prensa". Como lo describió el *New York Times,* Trump estaba "urgiendo a un poder frecuentemente hostil hacia Estados Unidos a que violara las leyes americanas irrumpiendo en una red privada de computadoras".

Katy Tur de NBC News hizo un seguimiento para ver si esto era una broma o si lo había dicho en serio. Preguntó si Trump tenía "algún reparo" en pedirle a un gobierno extranjero irrumpir ilegalmente en los correos electrónicos de los americanos. En vez de retractarse, redobló la apuesta. "Si Rusia o China o cualquier otro país tiene esos correos, pues para ser honesto con usted, me encantaría verlos", dijo. También rehusó decirle a Putin que no tratara de interferir con la elección. "No voy a decirle a Putin lo que debe hacer; ¿por qué debo decirle a Putin lo que debe hacer?". Esto no era broma.

A pesar de los intentos de Trump de proteger a Putin, expertos en seguridad cibernética y oficiales de inteligencia de Estados Unidos estaban seguros de que los rusos estaban detrás del *hack*. Todavía no había consenso de si su meta era socavar la confianza pública en las instituciones democráticas de Estados Unidos o si Putin estaba activamente tratando de descarrilar mi candidatura y ayudar a elegir a Trump. Pero yo no tenía la menor duda. Y el momento específico de la revelación pública, así como la naturaleza específica del material (¿entendía realmente la inteligencia rusa los detalles de la política del DNC y las decisiones de Debbie Wasserman Schultz?) acentuaban la sólida posibilidad de que los rusos hubieran recibido ayuda de alguien con experiencia en la política americana, lo cual presentaba un panorama verdaderamente alarmante.

Estábamos haciendo un millón de cosas a la vez esa semana. La convención consumió todo nuestro tiempo. De modo que era difícil detenernos para enfocarnos en lo que estaba ocurriendo. Pero me di cuenta de que habíamos cruzado una línea. Esto no era la brutal política de siempre. Esto era —no hay otra palabra para definirlo— una guerra. Le dije a mi equipo que creía que este era el momento de "romper el cristal". "Nos están atacando", dije. Era hora de tomar una postura mucho más agresiva. Robby Mook dio una serie de entrevistas en las que apuntó directamente hacia Rusia. Dijo que no solamente estaban tratando de crear caos, sino que estaban activamente tratando de ayudar a Trump. Esto no debió ser particularmente controversial,

pero a Robby lo trataron como a un loco. Jennifer Palmieri y Jake Sullivan organizaron una serie de sesiones informativas para las cadenas
de noticias, para explicar en mayor detalle. Después de la elección, Jennifer escribió una columna de opinión para el *Washington Post* titulada
"La campaña de Clinton los alertó sobre Rusia. Pero nadie nos prestó
atención". Recordó cómo los periodistas estaban generalmente más interesados en el contenido chismoso de los correos electrónicos robados
que en la posibilidad de que un poder extranjero estuviera tratando
de manipular nuestra elección. La prensa trató nuestras advertencias
sobre Rusia como si fueran una defensa que habíamos preparado para
crear una distracción de las embarazosas revelaciones —un punto de
vista activamente estimulado por la campaña de Trump—. Los medios
se acostumbraron a las teorías conspirativas de Trump —como la de
que el papá de Ted Cruz había ayudado a matar a John F. Kennedy—
y actuaron como si los *hacks* de Rusia fueran "nuestra" teoría conspirativa, una falsa equivalencia que permitió a reporteros y analistas dormir
bien por la noche. Como lo describió más tarde Matt Yglesias, del sitio
noticioso *Vox*, la mayoría de los periodistas pensaban que el argumento
de que Moscú estaba tratando de ayudar a Trump era "una exageración
bordeando en lo absurdo" y que nuestro intento de alertar a los demás
"era demasiado agresivo, autocomplaciente y un poco rebuscado".

Tal vez la prensa no nos prestara atención, pero pensé que escucha-
rían a oficiales de inteligencia. El 5 de agosto, Mike Morell, director
interino de la CIA, escribió una altamente inusual columna de opinión
en el *New York Times*. A pesar de ser estrictamente un profesional de
carrera no partidista, dijo que había decidido respaldarme a mí para
presidente debido a mi sólido récord en seguridad nacional, incluyendo
mi papel en hacer justicia con Osama bin Laden. En contraste, dijo que
Trump "no solamente no está calificado para el puesto, sino que podía
representar una amenaza para la seguridad nacional". Viniendo de un
ex espía de Estados Unidos, esa declaración era sorprendente. Pero esto

no era nada comparado con lo que Morell dijo después. Putin, apuntó, era un oficial de carrera en inteligencia "entrenado para identificar vulnerabilidades en un individuo y explotarlas". Y aquí va la parte más chocante: "En el campo de la inteligencia", dijo Morell, "diríamos que el señor Putin había reclutado al señor Trump como un agente involuntario de la Federación Rusa".

El argumento de Morell no era que Trump o su campaña estuvieran conspirando ilegalmente con los rusos para amañar la elección, aunque obviamente no lo descartó. Era que Putin estaba manipulando a Trump para que tomara posiciones sobre políticas que ayudaran a Rusia y le hicieran daño a Estados Unidos, incluyendo "respaldar el espionaje ruso contra Estados Unidos, apoyar la anexión rusa de Crimea y darle luz verde a una posible invasión rusa en los países bálticos". Ese es un punto importante que hay que tener en cuenta, porque a menudo se pierde dado el intenso enfoque en actos de potencial criminalidad. Aun sin una conspiración secreta, había una abundante y perturbadora conducta abiertamente pro-Putin.

La columna de opinión de Morell fue equivalente a halar una alarma de fuego en un edificio lleno de gente. Y, sin embargo, de algún modo la mayoría de los medios —y muchos votantes— continuaron ignorando el peligro que teníamos frente a nosotros.

## ¡Víboras!

No me alarmó ver la conexión entre WikiLeaks y los servicios de inteligencia rusos. Al menos ayudó a desacreditar más aún a su odioso líder, Julian Assange. En mi opinión, Assange es un hipócrita que merece que se lo responsabilice por sus acciones. Alega ser un defensor de la transparencia, pero durante muchos años ha sido útil a Putin, uno de los autócratas más represivos y menos transparentes del mundo. No es solamente que WikiLeaks evite publicar nada que a Putin no le guste y que en cambio sus objetivos sean los adversarios de Rusia. Assange presentó un programa de televisión en RT, la cadena de propaganda de Putin, y recibe cobertura con adoración allí. Y como si la hipocresía no fuera suficiente, Assange está acusado de violar a una mujer en Suecia. Para evitar tener que enfrentar esos cargos, se saltó la fianza y huyó hacia la embajada ecuatoriana en Londres. Tras años de espera, Suecia finalmente dijo que no continuaría tratando de extraditarlo, pero prometió que, si Assange regresaba al país, la investigación se reabriría.

Assange, como Putin, ha tenido un resentimiento hacia mí durante largo tiempo. La mala sangre data de 2010, cuando WikiLeaks publicó más de 250.000 cables robados del Departamento de Estado, incluyendo muchas observaciones sensibles de nuestros diplomáticos en el extranjero. Como secretaria de Estado, yo era responsable de la seguridad de nuestros oficiales en todo el mundo, y sabía que la publicación de esos informes confidenciales no solo los ponía a ellos en peligro sino también a sus contactos extranjeros, incluyendo a activistas de derechos humanos y disidentes que podían enfrentar represalias de sus propios gobiernos. Tuvimos que movernos rápidamente para mudar a personas vulnerables y, afortunadamente, no creemos que haya habido muertes o encarcelamientos en consecuencia. Creía que Assange era un hombre imprudente e insensato y lo dije públicamente.

El hecho de que estos dos adversarios de mi época de secretaria de Estado —Assange y Putin— trabajaran juntos, al parecer para dañar mi campaña, era exasperante. Era suficientemente problemático tener que enfrentarme a un opositor multimillonario y a todo el Partido Republicano; ahora tenía también que enfrentar estas nefarias fuerzas externas. La periodista Rebecca Traister señaló que existía "una inevitabilidad al estilo *Indiana Jones* con su frase 'tenían que ser serpientes'", en el hecho de tener que enfrentarme a Trump. "Claro que Hillary Clinton va a tener que postularse contra un hombre que parece encarnar y haber atraído el apoyo de todo lo que es masculino, blanco y furioso por el ascenso de mujeres y personas negras en Estados Unidos", escribió ella. Yo estaba lista para el desafío. Y podría añadir: Claro que tenía que enfrentarme no sólo a un misógino que atacaba a Estados Unidos sino a tres. Claro que tendría que sobreponerme también a Putin y a Assange.

Para mediados del verano de 2016, el mundo entero sabía que Trump y su equipo estaban vitoreando el ataque ruso contra nuestra democracia y haciendo todo lo posible por explotarlo. Trump nunca trató siquiera de ocultar el hecho de que su causa era común con la de Putin. Pero supongamos que estaban haciendo más que eso. Supongamos que estaban realmente conspirando con la inteligencia rusa y WikiLeaks. No había todavía evidencia de eso, pero las coincidencias se estaban acumulando.

Entonces, el 8 de agosto, el viejo *consigliere* de Trump, Roger Stone, que aprendió su estilo con los "sucios embaucadores" de Richard Nixon, alardeó ante un grupo de republicanos de Florida que estaba en comunicación con Assange y predijo que se avecinaba una "sorpresa de octubre". Esto fue un reconocimiento sorprendente, hecho en público, del asesor político que ha servido a Trump más tiempo que ningún otro. Stone hizo declaraciones semejantes el 12, 14, 15 y 18 de agosto. El 21 de agosto, tuiteó: "Créanme, pronto le llegará el turno a Podesta. #CrookedHillary". Esto fue particularmente notable porque, como mencioné antes, habíamos determinado que había una posibilidad de que los correos electrónicos de John hubieran sido hackeados, pero no estábamos seguros. Stone continuó esto durante las siguientes semanas, incluso llamando a Assange su "héroe".

No fui la única que se dio cuenta. A finales de agosto, Harry Reid, uno de la "banda de los ocho" del Congreso que recibía informes sobre asuntos de inteligencia de la mayor sensibilidad, le escribió una carta al director del FBI Comey citando los comentarios de Stone y pidiendo una investigación completa y profunda. "La evidencia de una conexión directa entre el gobierno ruso y la campaña presidencial de Donald Trump continúa aumentando", escribió Reid. También mencionó la posibilidad de que pudiera haber algún intento de falsificar los resultados oficiales de la elección. Esto era una referencia a los informes públicos de que *hackers* rusos habían penetrado las bases de datos de inscripción de votantes tanto en Arizona como en Illinois, motivando al FBI a alertar a los oficiales estatales de elecciones en todo el país a que mejoraran su seguridad. Igual que la columna de opinión de Morell, la carta de Reid fue un intento por sacudir al país de su complacencia y que la prensa, la administración y todos los americanos se concentraran en la urgente amenaza. No funcionó.

## Gota a gota

Al empezar el otoño, continuaron los desconcertantes informes y rumores. Paul Manafort renunció el 19 de agosto en medio de crecientes preguntas sobre sus lazos financieros con Rusia. El 5 de septiembre, el *Washington Post* reportó que las agencias americanas de inteligencia ahora creían que existía "una amplia operación rusa encubierta en Estados Unidos para sembrar la desconfianza pública en las elecciones que se acercaban y en las instituciones políticas de Estados Unidos". Eso significaba que era mucho más grande que el *hack* del DNC.

Oímos que había un grupo federal operativo interagencias hurgando en los lazos financieros del equipo de Trump, pero ningún reportero pudo confirmarlo oficialmente. Se decía también que el FBI estaba indagando sobre tráfico entre computadoras en la Torre Trump y un banco ruso. Los reporteros estaban detrás de eso también y Franklin Foer, de *Slate,* finalmente obtuvo la primicia de esa historia el 31 de octubre. Entonces nos llegaron susurros que corrían en todo Washington de que los rusos tenían información comprometedora sobre Trump, posiblemente un video lascivo en un hotel de Moscú. Pero nadie tenía ninguna prueba.

En mi primer debate con Trump el 26 de septiembre, lo ataqué fuertemente con el tema de Rusia, y continuó defendiendo a Putin y contradiciendo las conclusiones de nuestras agencias de inteligencia, que habían sido compartidas personalmente con él. "No creo que nadie sepa que fue Rusia la que penetró el sistema del DNC", insistía Trump. "Lo que digo es que podría ser Rusia, pero también podría ser China. Podrían ser un montón de otras personas. Podría ser también alguien que pesa cuatrocientas libras y está sentado en su cama, ¿cierto?". ¿De qué estaba hablando? ¿Un tipo de cuatrocientas libras en su sótano? ¿Estaba acaso pensando en un personaje de *Los hombres que no amaban a las mujeres*? Me pregunto quién le diría a Trump que dijera eso.

Mientras tanto, Roger Stone continuaba tuiteando alertas de que WikiLeaks estaba preparándose para lanzarnos otra bomba, una que destruyera mi campaña y me mandara a la cárcel. Era un personaje tan raro que era difícil saber cuánta seriedad había en cualquier cosa que decía. Pero dado lo que ya había pasado, quién sabía qué otra artimaña se avecinaba sobre nosotros.

Entonces llegó el 7 de octubre, uno de los días más significativos de toda mi campaña. Estaba en una sesión preparándome para el segundo debate, poniendo todo mi esfuerzo en mantenerme enfocada en la tarea que tenía entre manos.

Lo primero que pasó fue que Jim Clapper, director de Inteligencia Nacional, y Jeh Johnson, secretario de Seguridad Nacional, emitieron una breve declaración que por primera vez acusaba formalmente a "oficiales rusos de alto nivel" de ordenar el *hack* del DNC. Ya lo sabíamos, pero la declaración formal le daba el peso completo del gobierno de Estados Unidos. Asombrosamente, el FBI no se sumó a la declaración y supimos después que Comey había rehusado hacerlo alegando que era inapropiado tan cerca de la elección. (Hmm).

Luego, a las 4:00 p.m., el *Washington Post* publicó la primicia del video de Trump en *Access Hollywood*, en el que alardeaba sobre asaltos sexuales a mujeres. Fue una catástrofe para la campaña de Trump. Menos de una hora más tarde, WikiLeaks anunció que había obtenido cincuenta mil correos electrónicos de John Podesta y había publicado el primer lote de dos mil. Pareció un orquestado intento de cambiar el tema y distraer a los votantes, además de dar una razón más de que WikiLeaks y sus jefes rusos estaban muy sincronizados con la campaña de Trump.

Resultó ser que los *hackers* rusos habían obtenido acceso a la cuenta personal de correos electrónicos de John en marzo gracias a un exitoso fraude cibernético, o *phishing*. WikiLeaks continuó publicando los correos robados casi diariamente por el resto de la campaña. Durante un tiempo, parecía que la maniobra de WikiLeaks estaba fallando. La historia de *Access Hollywood* dominó los titulares, puso a Trump a la defensiva y llevó a que sus seguidores republicanos huyeran a esconderse. La prensa cubrió ávidamente cada correo electrónico robado que surgió —incluso reimprimió la receta favorita de *risotto* de John— pero ninguna de las historias monopolizó el ciclo noticioso como el video de Trump.

Me compadecí de John por la indignante invasión de su privacidad —era una de las pocas personas que sabía cómo se estaba sintiendo— pero lo tomó con calma. Se sintió mal acerca de algunos giros del lenguaje que usó. Se sintió aún peor por los amigos y colegas que le habían enviado mensajes privados y ahora tenían que ver sus propias frases impresas a la vista de todos. Y WikiLeaks ni se había tomado el trabajo de ocultar información personal, como números de teléfono y números de Seguro Social, lo cual había victimizado a buenas personas que merecían mejor suerte.

Al final, sin embargo, la mayoría de los correos electrónicos de John eran... aburridos. Revelaban los pormenores de una campaña en plena acción, con personas debatiendo políticas, editando discursos y chachareando sobre los altibajos del día acerca de la elección. De hecho, Tom Friedman del *New York Times* escribió una columna acerca de lo bien que la correspondencia entre bastidores hablaba sobre mí y mi equipo. "Cuando leo a WikiHillary, oigo una política inteligente, pragmática de centro-izquierda", escribió, "y estoy más convencido que nunca de que ella puede ser la presidente que Estados Unidos necesita hoy".

Lo que resultó más difícil ver en ese momento fue que la vertiente constante de historias garantizaba que "Clinton" y "correos electrónicos" permanecieron en los titulares hasta el día de la elección. Nada de esto tenía absolutamente nada que ver con mi uso de correos personales en el Departamento de Estado —absolutamente nada— pero para muchos votantes, todo se mezclaba. Y eso fue antes de que Jim Comey enviara su desacertada carta al Congreso, que lo empeoró todo. Consiguientemente, nos enfrentamos a una tormenta perfecta. Y Trump hizo su mayor esfuerzo por aumentar nuestros problemas, citando a WikiLeaks más de 160 veces en el último mes de la campaña. Apenas podía contener su entusiasmo cada vez que aparecía un lote de correos electrónicos robados.

La comparación de los efectos de WikiLeaks y *Access Hollywood* pueden probar el viejo cliché de Washington acerca de que un escándalo "gota a gota" puede ser más dañino a través del tiempo que una sola historia verdaderamente nociva. El video de Trump fue como una bomba que estallaba, y el daño inmediato fue severo. Pero no surgieron más videos, y la historia no tenía dónde continuar. Finalmente, la prensa y el público siguieron con sus vidas. Es increíble lo rápido que funciona el metabolismo de los medios en estos días. En cambio, las descargas de correos electrónicos de WikiLeaks siguieron llegando y llegando. Era como la tortura de agua china. Ningún día fue particularmente malo, pero todo se iba sumando y nunca pudimos superarlo. WikiLeaks aprovechó la fascinación de la gente con "correr la cortina". Lo que se diga a puertas cerradas automáticamente se considera más interesante, importante y honesto que lo que se dice en público. Es aun mejor si uno tiene que hacer un poco de trabajo preliminar y buscar la información en Google. A veces bromeábamos que, si queríamos que la prensa prestara atención a nuestros planes de trabajo, de los cuales hablé incesantemente en vano, debíamos filtrar un correo electrónico privado sobre ellos. Solo entonces sería una noticia digna de cobertura.

WikiLeaks también ayudó a acelerar el fenómeno que finalmente se dio en llamar noticias falsas. Comenzaron a aparecer en Facebook, Reddit, Breitbart, Drudge Report y otros sitios historias falsas que a menudo alegaban que se basaban en correos electrónicos robados. Por ejemplo, WikiLeaks tuiteó el 6 de noviembre que la Fundación Clinton había pagado por la boda de Chelsea, una acusación totalmente falsa, como lo verificó más tarde Glenn Kessler en su columna Fact Checker en el *Washington Post*. Kessler, quien nunca ha tenido timidez en criticarme, recibió comentarios de lectores que dijeron que esa mentira los había convencido de votar por Trump. Después de la elección, Kessler investigó y descubrió que era "una alegación sin ninguna evidencia", y urgió a lectores a "ser más cuidadosos consumidores de noticias". La ausencia de evidencia no evitó que el *New York Post* y Fox News repitieran la mentira y le dieran una circulación masiva. Eso me disgustó realmente. Bill y yo estamos orgullosos de haber pagado por la boda de Chelsea y Marc y atesoramos cada recuerdo. Las mentiras sobre mí o Bill son una cosa, pero no puedo soportar las mentiras acerca de Chelsea. Ella no se lo merece.

Las cadenas televisivas de propaganda de Rusia, RT y Sputnik, fueron ávidas distribuidoras de noticias falsas. Por ejemplo, las agencias de inteligencia luego señalaron un video de agosto de 2016 producido por RT titulado "Cómo 100% de las donaciones de caridad de los Clinton fueron... a ellos mismos". Otra mentira. Desde que Bill y yo durante décadas hemos dado acceso a nuestras declaraciones de impuestos, es de dominio público que desde 2001 hemos donado más de $23 millones a obras de caridad como la Fundación de SIDA Pediátrico Elizabeth

Glaser, instituciones educacionales, hospitales, iglesias, el Fondo para la Defensa de los Niños y la Fundación Clinton. Y ninguno de nosotros —ni Bill, ni Chelsea ni yo— hemos jamás tomado ningún dinero de la fundación.

Durante ese tiempo, yo apenas estaba al tanto de que tales calumnias rusas andaban circulando en las redes sociales americanas. Y, sin embargo, según una evaluación de la Inteligencia de Estados Unidos, solamente ese video de RT fue visto más de nueve millones de veces, mayormente en Facebook.

Aunque yo lo hubiera sabido, habría sido difícil de creer que tantos votantes lo hubieran tomado en serio. Aun así, reportes de BuzzFeed y otros descubrieron que el alcance de las noticias falsas en Facebook y otras fuentes fue mucho más amplio que lo que nadie habría esperado, y gran parte estaba siendo generado en países lejanos como Macedonia. Todo este asunto era rarísimo. Y Trump hizo todo lo que pudo para que las noticias falsas se propagaran y se arraigaran, repitiendo los titulares falsos de los medios de la propaganda rusa como Sputnik y sus aliados y retuiteando memes extremistas.

El día antes de la elección, el presidente Obama estaba haciendo campaña por mí en Michigan (¡sí, hicimos campaña en Michigan!) y expresó la frustración que todos sentíamos: "Siempre y cuando aparezca en Facebook y la gente pueda verlo, siempre y cuando esté en las redes sociales, la gente empieza a creerlo", dijo, "y se crea esta nube de tonterías". Eso es lo que son, tonterías.

El 30 de octubre, Harry Reid le escribió otra carta a Jim Comey, tratando por última vez de enfocar la atención de la nación hacia la intervención extranjera sin precedente en nuestra elección. El ex boxeador de Searchlight, Nevada, sabía que estábamos luchando por nuestras vidas, y no podía creer que nadie prestara atención. Oficiales de inteligencia le habían dado a Harry informes y él se sentía frustrado de que no estuvieran informando al pueblo americano sobre lo que realmente estaba ocurriendo. "Está claro que ustedes poseen información explosiva acerca de los estrechos lazos y la coordinación entre Donald Trump, sus principales asesores y el gobierno ruso," le escribió a Comey. "El público tiene derecho a conocer esta información". Y, sin embargo, Comey —ávido por hablar públicamente de la investigación de mis correos electrónicos— siguió negándose a decir una sola palabra acerca de Trump y Rusia.

Me preocupaba que fuéramos a ver aun más irregularidades el día de la elección. ¿Pero qué más podíamos hacer? Mi campaña y yo habíamos pasado meses hablándole a la pared. Lo único que quedaba era presentar nuestro caso lo más enfáticamente posible a los votantes y esperar lo mejor.

## Dragnet

Después de la elección, traté de desconectarme, evitar las noticias y no pensar demasiado sobre todo esto. Pero el universo no cooperó.

Tan solo cuatro días después de la elección, el viceministro de Relaciones Exteriores de Rusia alardeó en una entrevista que su gobierno tenía "contactos" con el "círculo inmediato" de Trump durante la campaña. Tanto el Kremlin como la gente de Trump trataron de dar marcha atrás a esta notable admisión, pero hay cosas que no se pueden cancelar retroactivamente, como el sonido de una campana. Pocos días más tarde, el presidente Obama ordenó a la Comunidad de Inteligencia —el conglomerado de las diecisiete agencias de inteligencia— a realizar una revisión completa de la interferencia rusa en la elección.

Luego, a principios de diciembre, un hombre de veintiocho años de Carolina del Norte condujo hacia Washington, D.C., con un fusil de asalto Colt AR-15, un revólver calibre .38 y un cuchillo. Había leído en internet que una popular pizzería de Washington operaba una red de abuso infantil que John Podesta y yo dirigíamos. Esta noticia falsa particularmente repugnante se inició con un inocuo correo electrónico que WikiLeaks hizo público acerca de John saliendo a comer pizza. Fue rápidamente retractado a través de los oscuros rincones de internet y emergió como una teoría conspirativa que hacía helar la sangre. Alex Jones, el presentador de un *show* en vivo de derecha a quien Trump ha elogiado efusivamente, y quien afirma que el 11 de septiembre fue una operación interna y que la masacre de niños en Sandy Hook es una mentira, grabó un video en YouTube acerca de "todos los niños que Hillary Clinton ha asesinado personalmente y despedazado y violado". No tardó ese joven de Carolina del Norte en meterse en su automóvil en dirección a Washington. Cuando llegó a la pizzería, buscó dondequiera a los niños que supuestamente estaban cautivos. No había ninguno. Lanzó un disparo antes de que la policía lo apresara y finalmente fuera condenado a cuatro años de prisión. Afortunadamente, nadie resultó herido. Yo estaba aterrada. Contacté inmediatamente a una amiga que tiene una tienda de libros en la misma cuadra. Ella me contó que locos obsesionados con las conspiraciones también habían acosado y amenazado a sus empleados.

A principios de enero, la Comunidad de Inteligencia informó al presidente Obama sobre los resultados de su investigación y publicó una versión no clasificada de sus conclusiones para el público. El titular decía que Putin personalmente había ordenado una operación encubierta con el objetivo de denigrarme y derrotarme, eligiendo a Trump y socavando la fe del pueblo americano en el proceso democrático. Esto no me sorprendió a mí ni a nadie que estuviera prestando atención, aunque era notable que ahora se había convertido en la visión oficial del gobierno de Estados Unidos. La verdadera noticia, sin embargo, era que la intervención rusa había ido mucho más allá de hackear cuentas de correos electrónicos y publicar documentos. Moscú había llevado a cabo una guerra de información sofisticada a escala masiva, manipulando las redes sociales e inundándolas de propaganda y noticias falsas.

Pronto pareció que cada día traía una nueva revelación acerca del alcance de la operación rusa, los contactos secretos con la campaña de

Trump y una activa investigación federal hurgando en todo. Comenzaron las audiencias del Congreso. El *New York Times* y el *Washington Post* competían por primicia tras primicia. Sé que yo le causo muchas inconveniencias a la prensa, especialmente al *Times*, pero este era realmente periodismo del más alto nivel.

Yo no era solo una ex candidata tratando de saber por qué perdió. Era también una ex secretaria de Estado preocupada por la seguridad nacional de nuestra nación. No podía resistir seguir bien de cerca cada detalle de la historia. Leía todo lo que estaba a mi alcance. Llamaba a amigos en Washington y Silicon Valley y consultaba a expertos en seguridad nacional y conocedores de Rusia. Aprendí más de lo que podía haber imaginado sobre algoritmos, "granjas de contenido" y optimización de búsquedas en internet. La voluminosa carpeta de recortes de medios de prensa sobre mi escritorio se hacía más y más gruesa. Para tenerlo todo claro, comencé a hacer listas de todo lo que sabíamos acerca del escándalo en cierne. A veces, me sentí como la agente de la CIA Carrie Mathison en la serie de televisión *Homeland*, tratando desesperadamente de desentrañar una siniestra conspiración y luciendo más que un poco frenética en el proceso.

Esa no es una buena imagen para nadie, mucho menos para una ex secretaria de Estado. Así que mejor permítanme canalizar un programa de televisión que yo miraba cuando era niña en Park Ridge: *Dragnet*. "Solamente los hechos, señora".

Hemos aprendido mucho acerca de lo que hicieron los rusos, lo que hizo Trump y cómo respondió el gobierno de Estados Unidos. Vayamos paso por paso.

## Lo que hicieron los agentes federales

Primero, nos hemos enterado de que la investigación federal comenzó mucho antes de lo que se sabía públicamente.

A fines de 2015, agencias de inteligencia europeas descubrieron que había habido contacto entre asociados de Trump y operativos de la inteligencia rusa. La inteligencia de Estados Unidos y la de aliados interceptaron comunicaciones y parece que continuaron haciéndolo todo el año 2016. Sabemos ahora que, para julio de 2016, la selecta División de Seguridad Nacional del FBI en Washington había empezado a investigar si la campaña de Trump y los rusos estaban coordinando para influenciar la elección. También han estado averiguando sobre los lazos financieros de Paul Manafort y los oligarcas pro-Putin.

En el verano de 2016, según el *Washington Post*, el FBI convenció a una Corte de Vigilancia de Inteligencia Extranjera especial de que existía causa probable para creer que el asesor de Trump, Carter Page, estaba actuando como un agente ruso, y recibió una orden judicial para observar sus comunicaciones. El FBI también comenzó a investigar un dosier preparado por un muy respetado ex espía británico que contenía alegaciones explosivas y lascivas sobre información comprometedora que los rusos tenían de Trump. La Comunidad de Inteligencia tomó suficientemente en serio el dosier e informó tanto al presidente Obama como al presidente electo Trump sobre su contenido antes de la inauguración. Para la primavera de 2017, un gran jurado federal estaba ya emitiendo citaciones oficiales a los socios comerciales de Michael Flynn, quien renunció como asesor de seguridad nacional de Trump después de mentir acerca de sus contactos rusos.

También hemos sabido mucho sobre cómo reaccionaron de manera diferente las varias partes del gobierno a la inteligencia que llegaba durante el transcurso de 2016 acerca de lazos entre la campaña de Trump y Rusia. La CIA parecía haber sido la más alarmada y convencida de que el objetivo ruso era ayudar a Trump y hacerme daño a mí. Ya en agosto de 2016, el director de la CIA, John Brennan llamó a su homólogo en Moscú y le advirtió que cesara de interferir en la elección. Brennan también informó individualmente a "la banda de los ocho" líderes del Congreso y compartió sus preocupaciones con ellos. Esto explica por qué Harry Reid procuró en su carta de agosto galvanizar atención pública hacia la amenaza.

Sabemos que el FBI adoptó una estrategia diferente. Lanzaron una investigación en julio de 2016, pero el director Comey no informó a los líderes del Congreso, se demoró más que Brennan en llegar a la conclusión de que el objetivo de Rusia era elegir a Trump y rehusó sumarse a otras agencias de inteligencia para emitir una declaración conjunta el 7 de octubre porque no quería hacerlo tan cerca de la elección, algo que ciertamente no le impidió proclamar noticias acerca de la investigación de mis correos electrónicos. Fuentes dentro del FBI también convencieron al *New York Times* de publicar una historia diciendo que no veían "un vínculo claro con Rusia", contradiciendo la primicia de Franklin Foer en *Slate* acerca del tráfico inusual entre computadoras de la Torre Trump y un banco ruso. Esa es una de las historias que la editora pública del *Times* después criticó.

No fue hasta después de la elección que el FBI por fin se sumó al resto de la Comunidad de Inteligencia haciendo pública la evaluación de enero de 2017 de que Rusia había, efectivamente, estado activamente ayudando a Trump. Y en marzo de 2017, Comey finalmente confirmó la existencia de una investigación general sobre la posible coordinación. Tyrone Gayle, uno de mis ex ayudantes de comunicación, resumió cómo se sintió la mayoría de nosotros al oír la noticia: "Ese ruido que ustedes acaban de oír fue el de cada uno de los ex miembros del equipo de Clinton dándole cabezazos a un muro desde California hasta D.C.". Parte de la frustración provenía de saber que el silencio del FBI ayudó a Putin a tener éxito y que una mayor exposición podría haberle dado al pueblo americano la información que necesitaba.

Mientras Brennan y Reid tenían los pelos de punta y Comey arrastraba los pies, el líder republicano del Senado Mitch McConnell jugaba activamente como defensor para Trump y los rusos. Ahora sabemos que aun después de haber sido informado por la CIA, McConnell rechazó la inteligencia y advirtió a la administración de Obama que si hacía un solo intento por informar al público, lo atacaría por hacer politiquería. No puedo pensar en un ejemplo más vergonzoso de un líder nacional de descaradamente anteponer su partidismo a la seguridad nacional. McConnell lo sabía bien, pero lo hizo de todas maneras.

Sé que algunos ex funcionarios de la administración de Obama han tenido remordimientos sobre la manera en que se desarrolló todo esto. El ex secretario de Seguridad Nacional dijo en junio de 2017 ante el Comité de Inteligencia de la Cámara que la administración no tomó una posición pública más agresiva porque le preocupaba darle más fuerza a la queja de Trump de que había "fraude" en la elección y que se creara "la percepción de que estábamos tomando partido en la elección". El ex subasesor de Seguridad Nacional Ben Rhodes, en quien yo había llegado a confiar y a valorar cuando trabajamos juntos en el primer mandato del presidente Obama, dijo al *Washington Post* que la administración de Obama estaba enfocada en una amenaza cibernética tradicional, mientras que "los rusos estaban envueltos en esta maniobra mucho mayor" de una multifacética guerra de información. "No pudimos juntar todas esas piezas en tiempo real", dijo Ben.

Mike McFaul, ex embajador de Obama a Rusia, lo resumió en un tuit conciso:

HECHO: Rusia violó nuestra soberanía en la elección de 2016.
HECHO: Obama expuso ese ataque.
OPINIÓN: Debimos habernos enfocado mejor en él.

Entiendo el dilema que enfrentaba la administración de Obama, con McConnell amenazándolos y todos asumiendo que yo iba a ganar a pesar de todo. Richard Clarke, el asesor de antiterrorismo de más alto nivel del presidente George W. Bush para el 11 de septiembre, ha escrito sobre lo difícil que puede ser escuchar advertencias acerca de amenazas que nunca se han visto antes, y ciertamente era difícil imaginar que los rusos se atreverían a llevar a cabo una operación encubierta tan masiva y sin precedente. Y el presidente Obama le advirtió directamente en privado a Putin que cesara esa actividad.

A veces me pregunto qué habría pasado si el presidente Obama se hubiera dirigido a la nación por televisión en el otoño de 2016 alertando que estaban atacando nuestra democracia. Tal vez más ciudadanos habrían reaccionado ante la amenaza a tiempo. Nunca lo sabremos. Pero lo que sí sabemos con certeza es que McConnell y otros líderes republicanos hicieron todo lo que pudieron para mantener al pueblo americano en la oscuridad y vulnerable a los ataques.

## Lo que hizo el equipo de Trump

Revisemos lo que hemos sabido desde la elección acerca de las acciones del equipo de Trump.

Ahora sabemos que hubo muchos contactos durante la campaña y la transición entre los asociados de Trump y los rusos, en persona, por teléfono y por mensajes de texto y correos electrónicos. Muchas de estas interacciones fueron con el embajador Kislyak, a quien se consideraba que ayudaba a supervisar las operaciones de inteligencia rusas en Estados Unidos, pero incluían a otros funcionarios y agentes también.

Por ejemplo, Roger Stone, el viejo asesor de Trump, que alegaba estar en contacto con Julian Assange, sugirió en agosto de 2016 que iba a salir a la luz una información sobre John Podesta. En octubre, Stone insinuó que Assange y WikiLeaks iban a revelar material que sería dañino para mi campaña, y luego admitió que también había intercambiado mensajes directos por Twitter con Guccifer 2.0, el frente de la inteligencia rusa, después de que algunos de esos mensajes se habían publicado por el sitio web The Smoking Gun.

También sabemos ahora que, en diciembre de 2016 el yerno de Trump, y uno de sus asesores principales, Jared Kushner, se reunió con Sergey Gorkov, jefe del banco controlado por el Kremlin que está bajo sanciones de Estados Unidos y estrechamente vinculado a la inteligencia rusa. El *Washington Post* causó sensación con su reporte de que funcionarios rusos estaban discutiendo una propuesta de Kushner de usar instalaciones diplomáticas rusas en Estados Unidos para comunicarse secretamente con Moscú.

El *New York Times* reportó que la inteligencia rusa intentó reclutar a Carter Page, el asesor de política exterior de Trump, como espía en 2013 (según el reporte, el FBI creía que Page no sabía que el hombre que lo había abordado era un espía). Y según Yahoo! News, oficiales de Estados Unidos recibieron reportes de inteligencia de que Carter Page se reunió con un ayudante de Putin de alto nivel envuelto en asuntos de inteligencia.

Algunos de los asesores de Trump no revelaron o simplemente mintieron acerca de sus contactos con los rusos, incluyendo en los formularios de autorización de seguridad, lo cual podría ser un delito federal. El fiscal general Jeff Sessions mintió ante el Congreso acerca de sus contactos y luego se recusó de la investigación. Michael Flynn mintió acerca de sus contactos con Kislyak y luego cambió su historia sobre si habían discutido eliminar las sanciones de Estados Unidos.

La cobertura periodística desde la elección ha dejado en claro que Trump y sus principales asesores tienen poco o ningún interés en conocer la operación encubierta rusa contra la democracia americana. El propio Trump ha dicho reiteradamente que todo el asunto es una mentira, y a la vez culpó a Obama por no haber hecho nada al respecto. En julio de 2017, Trump continuó denigrando a la Comunidad de Inteligencia y alegando que otros países, y no Rusia, podían ser responsables por el *hack* del DNC. La ex vicefiscal general Sally Yates respondió tuiteando que "el inexplicable rechazo de Trump por confirmar la interferencia rusa en la elección es un insulto a los profesionales de carrera de la inteligencia & daña nuestra capacidad de prevenir en el futuro".

Pero hay un área en que el equipo de Trump parece haber estado ávidamente interesado: revocar las sanciones de Estados Unidos contra Rusia. Eso era lo que Flynn estaba discutiendo con el embajador ruso. El servicio de noticias Reuters reportó que los investigadores del Senado querían saber si Kushner también había discutido esto en sus reuniones, incluyendo si los bancos rusos ofrecerían a cambio apoyo financiero a los socios y organizaciones de Trump. Y tan pronto como el equipo de Trump tomó control del Departamento de Estado, comenzó a trabajar en un plan para revocar las sanciones y devolver a Rusia dos complejos de edificios rusos en Maryland y Nueva York que la administración de Obama había confiscado por ser bases de espionaje. Diplomáticos de carrera en el Departamento de Estado estaban tan preocupados que alertaron al Congreso. Al momento de escribirse esto, la administración de Trump está explorando la devolución de los complejos sin ninguna condición previa. Todo esto es significativo porque facilita mucho más ver cómo podría haber funcionado un *quid pro quo* con Rusia.

Seguramente continuaremos recibiendo más información. Pero basados en lo que ya es del dominio público, sabemos que Trump y su equipo vitorearon públicamente la operación rusa y recibieron el máximo beneficio de ella. Al hacerlo, no solamente la estimularon, sino que realmente ayudaron a realizar ese ataque contra nuestra democracia por un poder extranjero hostil.

## Lo que hicieron los rusos

Eso nos trae a lo que hemos sabido desde la elección sobre lo que hicieron los rusos. Ya sabemos acerca del *hack* y la publicación vía

WikiLeaks de los mensajes robados, pero eso es solo una parte de un esfuerzo mucho más extenso. Resulta que hackearon también el Comité de Campaña Demócrata del Congreso y le enviaron información dañina a blogueros y reporteros en varios distritos congresales en todo el país, lo cual requirió sofisticación. Y ese es solo el comienzo.

El informe oficial de la Comunidad de Inteligencia explicó que la estrategia de propaganda rusa "mezcla operaciones encubiertas de inteligencia —tales como actividad cibernética— con esfuerzos públicos por agencias del gobierno ruso, medios financiados por el estado, intermediarios de terceras partes y usuarios pagados de las redes sociales, o 'troles'". Tratemos de analizar lo que esto significa.

La parte más simple es la de los medios tradicionales operados por el estado; en este caso, las cadenas de televisión rusas como RT y Sputnik. Utilizan su alcance global para impulsar los argumentos del Kremlin a través de las ondas de transmisión y las redes sociales, incluyendo titulares maliciosos como "Clinton e ISIS financiados por el mismo dinero". Sputnik frecuentemente usa la misma etiqueta que Trump: #CrookedHillary (#HillaryCorrupta). Es difícil saber exactamente cuán extenso es el alcance de RT. Un artículo del *Daily Beast* reportó alegaciones de que había exagerado sus estadísticas. Es probablemente más de lo que uno creería (quizá cientos de miles) pero no lo suficiente para tener un gran impacto en la elección por sí solo. Pero cuando la propaganda de RT aumentó y se repitió por medios americanos como Fox News, Breitbart e Infowars de Alex Jones, y se publicó en Facebook, su alcance se expandió drásticamente. Eso ocurrió con frecuencia durante la campaña. Trump y su equipo también ayudaron a amplificar las historias rusas, dándoles un megáfono aún mayor.

Los rusos también generaron propaganda en formas menos tradicionales, incluyendo miles de sitios de noticias falsas y "troles" individuales de internet que publicaron ataques en Facebook y Twitter. Como informó la Comunidad de Inteligencia, "Rusia utilizó troles al igual que RT como parte de sus esfuerzos de influencia para denigrar a la secretaria Clinton… algunas cuentas de redes sociales, que al parecer están vinculadas a los troles profesionales de Rusia —porque previamente estaban dedicadas a apoyar las acciones rusas en Ucrania— comenzaron a abogar en favor del presidente electo Trump en una fecha tan temprana como diciembre de 2015". Algunas de las historias creadas por los troles eran flagrantemente falsas, como una acerca del Papa respaldando a Trump, pero otras eran simplemente ataques engañosos contra mí o piezas suaves sobre Trump. Gran parte de ese contenido circulaba con el mismo proceso de amplificación, impulsado por RT y luego recogido por medios americanos como Fox.

Los rusos querían asegurarse de que votantes impresionables en estados indecisos vieran su propaganda. Por lo que se dispusieron a manipular internet.

Gran parte de lo que vemos en línea está gobernado por una serie de algoritmos que determinan el contenido que aparece en nuestros envíos a Facebook y Twitter, los resultados de búsquedas en Google, etc. Un factor en estos algoritmos es la popularidad. Si muchos usuarios comparten lo mismo o clican en el mismo enlace —y si "elementos influyentes" clave con grandes redes personales lo hacen también— entonces es más probable que aparezca en nuestra pantalla. A fin de manipular este proceso, los rusos "inundaron la zona" con una vasta cadena de cuentas falsas de Twitter y Facebook, algunas diseñadas cuidadosamente para aparecer como votantes americanos indecisos. Algunas de estas cuentas eran operadas por troles (verdaderas personas), y otras estaban automatizadas, pero el objetivo era el mismo: elevar artificialmente el volumen y la popularidad de la propaganda derechista rusa. Las cuentas automatizadas son llamadas "bots" (aféresis de robots). Los rusos no eran los únicos utilizándolos, pero ellos los llevaron a niveles insospechados. Investigadores de la Universidad del Sur de California han encontrado que cerca del 20% de todos los tuits políticos enviados entre el 16 de septiembre y el 21 de octubre de 2016, fueron generados por bots. Muchos de ellos eran probablemente rusos. Estas tácticas, según el senador Mark Warner, vicepresidente del Comité de Inteligencia del Senado, podrían "inundar" los buscadores electrónicos para que las noticias que les llegan a los votantes empiecen a mostrar titulares como "Hillary Clinton está enferma" o "Hillary Clinton está robando dinero del Departamento de Estado".

Según Facebook, otra táctica clave es la creación de grupos afines falsos o páginas comunitarias que podrían impulsar las conversaciones en línea y atraer usuarios involuntarios. Imaginen, por ejemplo, un grupo falso de Black Lives Matter creado para impulsar ataques maliciosos vinculando a demócratas al Ku Klux Klan y a la esclavitud, con el objetivo de reducir el número de votos afroamericanos. Los rusos hicieron cosas como esa. La similitud de sus ataques con memes orgánicos derechistas ayudó. Por ejemplo, un prominente seguidor de Trump y obispo evangélico, Aubrey Shines, produjo un video en línea atacándome porque los demócratas "le dieron a este país la esclavitud, el KKK y las leyes de Jim Crow". Esta acusación fue inmensamente amplificada por la compañía de medios conservadores Sinclair Broadcast Group, la cual la distribuyó a sus 173 estaciones de televisión locales en todo el país, junto con otras propagandas de derecha. Sinclair ahora está a punto de aumentar el número de sus estaciones a 223. Llegarían al 72% de los núcleos familiares americanos.

Cuando me enteré de la existencia de estos grupos falsos propagándose en todo Facebook y envenenando el diálogo político de nuestro país, no pude menos que pensar en los millones de mis seguidores que se sintieron tan acosados y hostilizados en internet que se aseguraron de que sus comunidades en línea, como Pantsuit Nation, fueran privadas. Merecían un mejor trato, y nuestro país también.

Unimos todo esto, y tenemos una guerra de información multifacética. El senador Mark Warner lo resumió muy bien: "Los rusos emplearon a miles de troles de internet pagados y redes de bots para emitir desinformación y noticias falsas en un alto volumen, enfocando este material hacia nuestras noticias en Twitter y Facebook e inundando nuestras redes sociales con información errónea", dijo. "Estas noticias falsas y desinformación fueron incrementadas por la caja de resonancia de los medios americanos y nuestras propias cadenas de redes sociales para alcanzar y potencialmente influenciar a millones de americanos".

Y se pone peor todavía. Según la revista *Time*, los rusos orientaron su propaganda hacia votantes indecisos y a seguidores "flojos" de Clinton que pudieran ser persuadidos de quedarse en casa o apoyar a un candidato de un tercer partido —incluyendo mediante la compra de publicidad en Facebook—. Es ilegal utilizar dinero extranjero para apoyar a un candidato, así como para campañas para coordinar con entidades extranjeras, por lo que un comisionado de la Comisión Federal de Elecciones ha ordenado una investigación profunda de esta acusación.

Sabemos que los votantes indecisos fueron inundados. Según el senador Warner, "Las mujeres y afroamericanos fueron objetivos de esta táctica en lugares como Wisconsin y Michigan". Un estudio reveló que solo en Michigan, cerca de la mitad de todas las noticias políticas en Twitter en los días finales antes de la elección eran falsas o propaganda engañosa. El senador Warner acertadamente ha preguntado: "¿Cómo supieron llegar a ese nivel de detalle en estas jurisdicciones?".

Es interesante ver que los rusos realizaron un esfuerzo particular en orientar su material hacia votantes que habían respaldado a Bernie Sanders en las primarias, incluyendo la siembra de noticias falsas en los tableros de mensajes pro-Sanders en línea y grupos de Facebook y amplificando los ataques por los llamados Bernie Bros. Los troles rusos publicaron historias diciendo que yo era una asesina, que lavaba dinero y que padecía secretamente del mal de Parkinson. No sé por qué alguien puede creer esas cosas, aunque las lea en Facebook —a pesar de que es difícil distinguir una noticia legítima de la que no lo es— pero quizá si alguien está lo suficientemente enojado, aceptará cualquier cosa que refuerce su punto de vista. Como explicó al Congreso el ex jefe de la Agencia de Seguridad Nacional, el general retirado Keith Alexander, el objetivo ruso era claro: "Lo que estaban tratando de hacer era meter una cuña dentro del Partido Demócrata entre el grupo de Clinton y el grupo de Sanders y luego dentro de nuestra nación entre republicanos y demócratas". Acaso sea esta una razón por la cual los candidatos de otros partidos recibieron más de cinco millones de votos más en 2016 que los que recibieron en 2012. Ese fue un objetivo tanto de los rusos como de los republicanos, y funcionó.

Según CNN, *Time* y la cadena McClatchy, el Departamento de Justicia y el Congreso están examinando si la operación de análisis de datos de la campaña de Trump —dirigida por Kushner— coordinó con los rusos para lograr todo esto. El congresista Adam Schiff, el demócrata de más rango en el Comité de Inteligencia de la Cámara, ha dicho que quiere saber si ellos "coordinaron de alguna forma en términos del objetivo o en términos del momento oportuno o en términos de cualquier otra medida". Si lo hicieron, eso también sería ilegal.

¿Piensan que esto es malo? Hay más todavía. Supimos durante la campaña que los *hackers* rusos habían penetrados los sistemas de elección en dos estados. Ahora sabemos que este esfuerzo fue mucho más extenso que lo que se había pensado antes. En junio de 2017, funcionarios del Departamento de Seguridad Nacional testificaron ante el Congreso que la penetración se había orientado hacia los sistemas electorales en veintiún estados. Bloomberg News reportó que el número podría ser tan alto como treinta y nueve. Según un informe filtrado de la Agencia de Seguridad Nacional, las cuentas de más de cien oficiales electorales locales en todo el país fueron también penetradas. Adicionalmente, los *hackers* lograron acceso al *software* utilizado por los trabajadores electorales el día de la elección. El objetivo de estas intrusiones parece haber sido acceder a la información de inscripción del votante. Los *hackers* intentaron borrar o alterar los récords de ciertos votantes. También pueden haber utilizado los datos para orientar mejor sus esfuerzos de propaganda. Según la revista *Time*, los investigadores quieren averiguar si la información robada de algún votante fue a dar a la campaña de Trump.

Sé que el lento desarrollo de estas noticias ha habituado a mucha gente a no percibir el choque que esto representa. Es un poco como la rana en la olla que no se da cuenta de que está hirviendo porque ocurre tan gradualmente. Pero demos un paso atrás y pensemos en esto: los rusos hackearon nuestros sistemas de elección. Entraron en ellos. Trataron de borrar o alterar información de votantes. Esto debería dar escalofríos a todos los americanos.

¿Y por qué detenerse aquí? Según el *Washington Post*, los rusos también usaron falsificaciones anticuadas para influenciar la elección. El *Post* dice que Moscú subrepticiamente hizo llegar un falso documento al FBI que describía una discusión inventada entre la presidente del Comité Nacional Demócrata y un ayudante del financiero y donante liberal George Soros sobre cómo la fiscal general Lynch había prometido no ser muy dura conmigo en la investigación de los correos electrónicos. Era una rara fantasía traída directamente de la imaginación de alguien. Jim Comey puede muy bien haber sabido que el documento era una falsificación, pero el *Post* dice que le preocupaba que, si se hacía público, igual causara una protesta. Su existencia, aunque fraudulenta, le daba una nueva justificación para ignorar el protocolo establecido y tener su infame conferencia de prensa de julio para denigrarme. No sé lo que había en la mente de Comey, pero la idea de que los rusos podían haberlo manipulado a dar un traspié tan dañino es alucinante.

Finalmente, para agregar un poco más de intriga y misterio a toda esta historia, muchos funcionarios rusos parecen haber tenido desafortunados accidentes desde la elección. El día mismo de la elección, un oficial del consulado de Nueva York fue hallado muerto. La primera explicación fue que se había caído de un techo. Luego los rusos dijeron que había sufrido un infarto. El 26 de diciembre, un ex agente de la KGB de quien se pensó que había ayudado a compilar el lascivo dosier sobre Trump, fue hallado muerto en su automóvil en Moscú. El 20 de febrero, el embajador ruso ante las Naciones Unidas murió súbitamente, también de un infarto. Autoridades rusas han arrestado también a un experto en seguridad cibernética y a dos oficiales de inteligencia que trabajaban en operaciones cibernéticas acusándolos de espiar para Estados Unidos. Lo único que puedo decir es que trabajar para Putin debe ser una tarea muy estresante.

Si todo esto suena increíble, sé cómo se sienten. Es algo parecido a una de las novelas de espionaje que mi esposo lee hasta altas horas de la noche. Aun sabiendo lo que los rusos hicieron en Ucrania, me asombraba que lanzaran una guerra encubierta en gran escala contra Estados Unidos. Pero la evidencia es abrumadora, y la evaluación de la Comunidad de Inteligencia es definitiva.

Es más, ahora sabemos que los rusos montaron una operación similar en otras democracias occidentales. Después de la elección en Estados Unidos, Facebook halló y removió decenas de miles de cuentas falsas en Francia y el Reino Unido. En Alemania han sido hackeados miembros del Parlamento. Dinamarca y Noruega dicen que los rusos penetraron ministerios clave. Los Países Bajos apagaron las computadoras para las elecciones y decidieron contar los votos manualmente. Y más notable, en Francia, la campaña de Emmanuel Macron recibió un masivo ataque cibernético justamente antes de la elección presidencial que inmediatamente provocó comparaciones con la operación contra mí. Pero debido a que los franceses habían visto lo que había pasado en Estados Unidos, estaban más preparados. El equipo de Macron respondió a los ataques rusos de fraudes electrónicos con contraseñas falsas, y plantaron documentos falsos en sus otras carpetas, todo en un intento de confundir y frenar a los *hackers*. Cuando una cantidad de correos electrónicos robados de Macron aparecieron en internet, los medios franceses rehusaron darle el tipo de cobertura sensacionalista que vimos aquí, en parte porque hay una ley en Francia que protege lo que ocurre cerca de una elección. Los votantes franceses también parecen haber aprendido de nuestros errores, y contundentemente rechazaron a Le Pen, la candidata derechista pro-Moscú. Me consuela saber que nuestro infortunio ayudó a proteger a Francia y otras democracias. Al menos, algo es algo.

## La guerra contra la verdad

Como señalé al principio de este capítulo, una razón por la que la campaña de desinformación rusa tuvo éxito fue que poderosos intereses habían desgastado las defensas naturales de nuestro país haciendo más difícil para los americanos distinguir entre la verdad y la mentira. Si ustedes sienten que se ha puesto más difícil distinguir entre voces marginales y periodistas creíbles, especialmente en línea, o notan que cada vez discuten más con otras personas sobre lo que deben ser hechos establecidos, no es que se estén volviendo locos. Ha habido un esfuerzo concertado para desacreditar fuentes de información establecidas, crear una caja de resonancia que amplifique las teorías conspiratorias extremas y socavar la comprensión que tienen los americanos de la verdad objetiva. El servicio de noticias McClatchy dice que investigadores federales están averiguando si hubo vínculos directos entre la guerra de propaganda rusa y organizaciones derechistas como Breitbart e InfoWars. Pero, aunque nunca se conozcan los lazos directos, necesitamos entender cómo la guerra de la derecha contra la verdad abrió la puerta al ataque ruso.

Después de la elección, Charlie Sykes, un ex presentador conservador de radio en Wisconsin, ofreció explicar cómo funcionó. Durante años, dijo, los medios y los políticos de derecha condicionaron a sus seguidores a desconfiar de todo lo que viniera de los medios tradicionales, mientras impulsaban teorías conspirativas paranoicas provenientes de gente como Alex Jones y el propio Trump, principal promotor de la mentira racista sobre el "nacimiento" de Obama. "El precio resultó ser mucho más alto de lo que yo había imaginado", dijo Sykes. "El efecto cumulativo de los ataques era deslegitimar" a los medios tradicionales y "esencialmente destruir gran parte de la inmunidad de la derecha a la información falsa". Esto le resultó útil a Trump cuando se convirtió en candidato, porque lo ayudó a evadir historias negativas de fuentes tradicionales y encontrar una audiencia receptiva a ataques falsos contra mí. Funcionó igual para los rusos. Y Trump ha continuado haciéndolo en la Casa Blanca. "Todas las administraciones mienten, pero lo que estamos viendo aquí es un ataque contra la credibilidad misma", dijo Sykes. Citó a Garry Kasparov, el gran maestro ruso de ajedrez y opositor de Putin que dijo: "El punto de la propaganda moderna no es solo desinformar o impulsar una agenda. Es agotar el pensamiento crítico de la gente, aniquilar la verdad".

Rupert Murdoch y el difunto Roger Ailes probablemente hicieron más que ninguna otra persona para hacer posible todo esto. Durante años, Fox News ha sido la plataforma más poderosa y prominente de la guerra de la derecha contra la verdad. Ailes, un ex asesor de Richard Nixon, creó Fox demonizando y deslegitimando los medios tradicionales que trataban de adherirse a los estándares de objetividad y exactitud. Fox le dio gigantescos megáfonos a voces que alegaban que el cambio climático era ciencia falsa, que la descendiente tasa de desempleo era una matemática falsa y que no se podía confiar en el certificado de nacimiento de Obama. Ailes y Fox tuvieron éxito en polarizar la audiencia a tal punto que para 2016 la mayoría de los liberales y conservadores recibían sus noticias de fuentes marcadamente diferentes y dejaron de compartir el suministro común de hechos.

Durante los años de Obama la cadena de noticias Breitbart, con el respaldo de Robert y Rebekah Mercer y dirigida por su asesor Steve Bannon, quien ahora es el más alto estratega de Trump, emergió para hacerle fuerte competencia a Fox. Según el Centro Sureño de Leyes de Pobreza (Southern Poverty Law Center), Breitbart recibe con brazos abiertos "ideas de un margen extremo de la derecha conservadora". Para darles una idea, aquí tienen unos cuantos titulares memorables:

LOS ANTICONCEPTIVOS HACEN QUE LAS MUJERES
LUZCAN FEAS Y SE VUELVAN LOCAS

NO HAY PREJUICIO CONTRA LAS MUJERES, ES QUE
SON MALÍSIMAS EN LAS ENTREVISTAS

LAS TEMPERATURAS GLOBALES DESCIENDEN EN PICADA.
SILENCIO HELADO DE LOS ALARMISTAS CLIMÁTICOS

LA NAACP SE UNE AL EJÉRCITO DE SOROS QUE PLANEA DISTURBIOS
EN DC, DESOBEDIENCIA CIVIL, ARRESTOS MASIVOS

ELÉVENLA BIEN ALTO CON ORGULLO: LA BANDERA
CONFEDERADA PROCLAMA UNA HERENCIA GLORIOSA

VERIFICACIÓN DE INFORMACIÓN: ¿FUERON OBAMA Y HILLARY
LOS FUNDADORES DE ISIS? POR SUPUESTO QUE SÍ

Esto sería cómico si no provocara tanto miedo. Este tipo de basura "condicionó" a los americanos, para citar la palabra que usó Charlie Sykes, a aceptar la propaganda rusa que inundó nuestro país en 2016.

Robert Mercer es una figura clave que hay que entender. Es un científico en computación que ganó miles de millones de dólares aplicando complejos algoritmos y análisis de datos a los mercados financieros. El fondo de inversión que ayuda a operar, Renaissance Technologies, es enormemente exitoso. Por donde se lo mire, Mercer es un derechista extremista antigobierno. Un perfil publicado por la revista *New Yorker* citó a un ex colega de Renaissance diciendo que a Mercer lo hace "feliz que la gente no confíe en el gobierno. ¿Y si el presidente es un idiota? No le importa. Él quiere que el gobierno se caiga". La revista *New Yorker* también reportó que otro ex empleado de alto nivel de Renaissance Technologies dijo que Mercer nos odia a Bill y a mí y una vez nos acusó de formar parte de un complot de tráfico de drogas secreto de la CIA y de asesinar a nuestros opositores. Si ustedes piensan que esas acusaciones son disparatadas, tienen razón. Y este hombre es ahora uno de las personas más poderosas de Estados Unidos.

Breitbart es sólo una de las organizaciones que Mercer y su familia controlan. Otra es Cambridge Analytica, que ha logrado notoriedad usando datos de Facebook para llegar a los votantes para clientes como Trump. Es difícil separar la realidad de la exageración cuando se trata del récord de Cambridge Analytica, pero al parecer sería un error subestimar a Mercer. Como lo expresó la revista *New Yorker*, "Después de revolucionar el uso de datos en Wall Street", él "estaba ávido de lograr la misma hazaña en la política". No hay nada inherentemente malo en usar macrodatos y microorientarlos. Todas las campañas lo han hecho, incluyendo la mía. El problema surgiría si los datos han sido obtenidos por medios impropios. Después de que se publicó información cuestionando si Cambridge Analytica había tenido un papel en Brexit, las autoridades británicas están ahora investigando el rol de la compañía con Leave.eu y si las técnicas de Cambridge violaron las leyes de privacidad británicas y europeas (lo cual Cambridge niega).

Mercer no está solo. Los hermanos Koch, que dirigen la segunda compañía privada más grande de Estados Unidos, con extensas propiedades de petróleo y gas, también han invertido grandes sumas de dinero, lo cual ha erosionado la comprensión del público sobre la realidad y ha avanzado su agenda ideológica. Por ejemplo, han gastado decenas de millones de dólares para proveer fondos a una cadena de centros de estudios, fundaciones y organizaciones de apoyo para promover ciencia falsa que niega el cambio climático, y su agenda. Podemos esperar más de eso ahora que los hermanos Koch se preparan para gastar lo que sea necesario para consolidar su control de gobiernos estatales y expandir su poder en Washington.

Y no nos olvidemos de Donald Trump. Les tomó un poco de tiempo a Mercer, los Koch y Fox News para darse cuenta de que Trump podía ayudar a llevar la guerra contra la verdad al próximo nivel, pero su apoyo final a su candidatura resultó invaluable. De muchas maneras, Trump encarna todo el trabajo que estas personas han realizado, y es el perfecto caballo de Troya de Putin. La periodista Masha Gessen, que cubre a Putin extensamente, ha observado: "No es solo que tanto Putin como Trump mienten, es que mienten de la misma manera y con el mismo propósito: flagrantemente, para reafirmar su poder sobre la verdad misma".

## ¿Y ahora qué?

En una audiencia del Senado en junio de 2017, el senador Angus King de Maine le preguntó a Comey, "¿La actividad rusa en la elección de 2016 era una proposición por una sola vez? ¿O es esto parte de una estrategia a largo plazo? ¿Van a volver?".

"Van a volver", respondió Comey enfáticamente. "No es algo republicano o demócrata. Es realmente algo americano".

Regresó a este punto pocos minutos más tarde. "Estamos hablando de un gobierno extranjero que, utilizando una intrusión técnica y muchos otros métodos, trató de darle forma a la manera en que pensamos, votamos, actuamos. Es algo grande. Y la gente necesita reconocerlo", dijo Comey. "No se trata de republicanos o demócratas. Ellos vienen por Estados Unidos".

Comey tiene toda la razón al respecto. El informe del Comité de Inteligencia de enero de 2017 describió la influencia rusa como la "nueva norma", y predijo que Moscú seguiría atacando a Estados Unidos y a nuestros aliados. Dado el éxito que Putin ha tenido, debemos esperar interferencia en elecciones futuras y aún más esfuerzos de propaganda y cibernética agresivos. Con toda seguridad, desde la elección hay nueva información de que Rusia ha lanzado ataques cibernéticos contra las fuerzas armadas de Estados Unidos, incluyendo las cuentas de redes sociales de miles de soldados americanos; que han penetrado compañías que operan plantas nucleares americanas; y que Rusia está expandiendo sus redes de espías en Estados Unidos.

Debemos también esperar que la guerra derechista contra la verdad continúe. Mientras Trump enfrente crecientes desafíos políticos y legales, sus aliados y él probablemente intensificarán sus esfuerzos por deslegitimar a la prensa tradicional, el sistema judicial y cualquier otra cosa que amenace su versión preferida de la realidad.

¿Hay algo que se pueda hacer para hacer frente a estas amenazas gemelas y proteger nuestra democracia? La respuesta es sí, si tomamos esto en serio. En 1940, una época de mucho más peligro para nuestro país, el escritor John Buchan escribió, "Hemos sido sacudidos de nuestra petulancia y advertidos de un gran peligro, y en esa advertencia está nuestra salvación. Los dictadores nos han hecho un maravilloso servicio al recordarnos los verdaderos valores de la vida". Los americanos necesitamos hoy estar igualmente alertas y resueltos.

He aquí cuatro pasos que ayudarían.

Primero, necesitamos llegar al fondo de lo que realmente ocurrió en 2016. Los investigadores y la prensa deben continuar excavando. Basados en cómo van las cosas, es posible que, como ocurre a menudo en los escándalos de Washington, el alegado encubrimiento sea el problema legal y político más serio que enfrente Trump. Pero no importa lo que ocurra, el pueblo americano todavía necesitará saber la verdad de lo que hicieron los rusos. Por tanto, creo que la investigación del investigador especial debe complementarse por una comisión independiente con poder de emitir citaciones judiciales, como la que investigó el 11 de septiembre. Debe proveer un recuento completo del ataque contra nuestro país y hacer recomendaciones para fortalecer la seguridad de aquí en adelante. Es difícil entender cómo los republicanos, tan ávidos que estuvieron para crear un comité especial para perseguirme por Benghazi, podrían bloquear este paso.

Segundo, necesitamos tomar la guerra cibernética con toda seriedad. El gobierno y el sector privado necesitan trabajar juntos más estrechamente para mejorar nuestras defensas. Harán falta inversiones significativas para proteger nuestras redes e infraestructura nacional, y las corporaciones necesitan ver esto como un imperativo urgente, porque el gobierno solo no puede lograrlo. Al mismo tiempo, nuestras fuerzas armadas y nuestras agencias de inteligencia deben acelerar el desarrollo de nuestras propias capacidades ofensivas en la guerra cibernética y de información, a fin de estar preparados para responder adecuadamente a cualquier agresión, si fuera necesario.

Ahora mismo no tenemos un elemento disuasivo efectivo para prevenir la guerra cibernética y de información como lo hacemos con conflictos convencionales y nucleares. Rusia, China y otros creen que pueden operar en una llamada zona gris entre la paz y la guerra, robando nuestros secretos, perturbando nuestras elecciones, manipulando nuestra política y acosando a nuestros ciudadanos y empresas sin enfrentar repercusiones serias. Para cambiar ese cálculo, creo que Estados Unidos debe declarar una nueva doctrina que establezca que

un ataque cibernético contra nuestra vital infraestructura nacional
será tratado como un acto de guerra y enfrentado con una respuesta
acorde.

Tercero, necesitamos ponernos duros con Putin. Él sólo responde a
la fuerza, por lo que eso es lo que debemos demostrar. Fue gratificante
ver a Emmanuel Macron, el nuevo presidente francés, condenar la interferencia y propaganda rusas de pie al lado de Putin en una conferencia de prensa en París. Si los franceses pueden hacerlo, ciertamente
nuestros propios líderes también pueden. El Congreso aprobó recientemente una legislación sobre las objeciones de Trump a incrementar
las sanciones contra Rusia, y la firmó renuentemente. Debemos seguir
haciendo todo lo posible para aislar a Putin. Como dijo la ex secretaria
de Estado Condoleezza Rice en mayo, "Estoy horrorizada por lo que
han hecho los rusos, y debemos encontrar definitivamente una manera
de castigarlo". La administración de Obama demostró mediante sanciones paralizadoras contra Irán que este tipo de presión puede obligar
a nuestros adversarios a cambiar su curso. Rusia es una nación más
grande y más poderosa, pero nosotros tenemos muchas herramientas a
nuestra disposición, y aun Putin es vulnerable ante la presión. Debemos
también fortalecer a la OTAN; ayudar a nuestros aliados a reducir su
dependencia de los suministros de energía rusos, una fuente clave de
palanca que tiene Putin; y armar al gobierno de Ucrania para que pueda
resistir la agresión de Moscú.

Cuarto, necesitamos derrotar el asalto contra la verdad y la razón
en nuestro país y restaurar la confianza en nuestras instituciones. Tim
Cook, CEO de Apple, ha hecho un llamado a una "campaña masiva"
contra las noticias falsas. "Todos nosotros en compañías de tecnología
necesitamos crear herramientas para disminuir el volumen de noticias
falsas", dijo.

Compañías como Facebook, Twitter y Google ya han comenzado a dar pasos —ajustando algoritmos, desactivando cadenas de

bots y vinculándose a verificadores de hechos— pero deben hacer más. Facebook es ahora la mayor plataforma del mundo. Ese impresionante poder trae consigo una gran responsabilidad, que debe aceptar.

Los medios tradicionales tienen también una responsabilidad de hacer más para desmentir las mentiras que infectan nuestra vida pública y demandar directamente que los mentirosos rindan cuentas. Los periodistas americanos que ávidamente y sin cuestionar o criticar repitieron cualquier cosa que WikiLeaks repartió durante la campaña pueden aprender algo de la manera en que la prensa francesa manejó el *hack* de Macron. Será también importante permanecer vigilantes contra la desinformación, como la falsa filtración que Rachel Maddow de MSNBC expuso en julio de 2017. "Una manera de dar una puñalada en el corazón al periodismo agresivo americano en ese tema es tender trampas a los periodistas americanos", advirtió ella. Y mientras que ha habido muchos reportajes magníficos sobre el escándalo ruso, necesitamos ver el mismo rigor en la tormenta de decepción proveniente de la administración y los republicanos del Congreso en todo, desde el presupuesto a la salud pública al cambio climático. (Me encanta cuando CNN hace verificaciones de hechos en tiempo real en sus leyendas en pantalla. Más de eso, por favor).

Hablando de los republicanos, recae sobre ellos la responsabilidad de cesar de facultar a Trump y seguir haciendo genuflexiones a multimillonarios como los Mercer y los Koch. Una agresiva reforma sobre financiamiento de campañas electorales y una revivificada Comisión Federal de Elecciones ayudaría muchísimo. Pero a menos que republicanos con principios den un paso al frente, nuestra democracia continuará pagando el precio.

Todos tenemos que poner de nuestra parte si queremos restaurar la confianza mutua y en nuestro gobierno. Como lo expresó Clint Watts, ex agente del FBI y miembro del Centro de la Seguridad Cibernética y Nacional de la Universidad George Washington, en su testimonio ante el Comité de Inteligencia del Senado: "Hasta que tengamos una base firme sobre lo que es hecho y ficción en nuestro propio país... vamos a tener un gran problema". Depende de nosotros mantenernos informados y tomar buenas decisiones con razonamientos rigurosos y verdadera deliberación. Esto es especialmente importante a la hora de votar. Escojan sabiamente y no se dejen embaucar. De igual manera que tienen cuidado sobre dónde depositan su dinero y qué automóvil compran, tengan cuidado y estén informados respecto a su voto. Y todos tenemos la habilidad de salirnos de nuestra caja de resonancia y entablar una conversación con personas que no están de acuerdo con nosotros políticamente. Podemos mantener una mente abierta y estar dispuestos a cambiar de opinión de vez en cuando. Aunque se nos rechace en nuestra intención de conectar, vale la pena tratar. Si todos vamos a compartir nuestro futuro americano juntos, es mejor hacerlo con corazones abiertos y manos extendidas que con mentes cerradas y puños apretados.

## Peor que Watergate

Según esta historia continúa desarrollándose, hay un momento de la campaña que yo sigo retransmitiendo en mi mente constantemente. Era mi tercer debate contra Trump. Él acababa de atacarme citando fuera de contexto una línea de un correo electrónico que los rusos robaron y publicaron por WikiLeaks. El moderador, Chris Wallace de Fox News, también estaba exagerando el tema. Pensé que el pueblo americano merecía saber lo que realmente estaba pasando.

"La pregunta más importante de esta noche, Chris, es ¿finalmente admitirá y condenará Donald Trump que los rusos están haciendo esto, y dejará bien claro que él no tendrá la ayuda de Putin en esta elección?" dije. Trump regresó a sus usuales argumentos pro-Putin "Él dijo cosas buenas de mí. Si nos llevamos bien, eso sería bueno". Entonces volviéndose hacia mí, añadió, "Putin, por todo lo que veo, no siente ningún respeto hacia esta persona".

"Bueno", respondí yo, "eso es porque él prefiere tener a un títere como presidente de Estados Unidos". Trump se tornó desconcertado. "Títere no. Títere no. Títere eres tú", balbuceó.

Pienso en esa línea cada vez que lo veo ahora en televisión. Cuando está bobeando con el ministro exterior ruso en la Oficina Oval y divulgando información clasificada. Cuando ignora a la canciller de Alemania, Angela Merkel, y a otros aliados europeos. Cuando está mintiendo flagrantemente acerca de Rusia o de cualquier otro tema. "Títere no. Títere no. Títere eres tú". Este hombre es presidente de Estados Unidos. Y nadie está más feliz que Vladimir Putin.

A mediados de julio de 2017, cuando estaba dándole los últimos toques a mi libro, Trump se reunió con Putin en Alemania. No solamente no lo desafió públicamente por interferir en nuestra elección, sino que sugirió la idea de crear una unidad conjunta de seguridad cibernética, un clásico ejemplo de pedirle al zorro que cuide el gallinero. Luego salió a la luz la noticia de que Donald Trump Jr., Paul Manafort y Jared Kushner se reunieron en junio de 2016 con una abogada rusa conectada con el Kremlin, quien les prometió que les darían información dañina sobre mí y querían discutir cómo suavizar las sanciones contra Rusia incluidas en la Ley Magnitsky. ¡Donald Trump Jr. admitió todo esto! Se sentía decepcionado de que el fango contra mí no se diera como él esperaba. Estas son cosas que no se pueden inventar. Estoy segura de que hay más por venir, así que sigan sintonizados.

Sé que algunas personas van a descartar todo este capítulo pensando que estoy tratando de situar la culpa por mi derrota en 2016. No es cierto. Esto es acerca del futuro. En el siglo diecinueve las naciones combatieron dos tipos de guerras: por tierra y por mar. En el siglo veinte, eso se expandió a los cielos. En el siglo veintiuno, las guerras se han combatido crecientemente en el ciberespacio. Sin embargo, nuestro presidente es demasiado orgulloso, demasiado débil o demasiado miope para encarar esta amenaza de frente. Ningún poder extranjero en la historia moderna nos ha atacado con tan pocas consecuencias, y eso nos pone a todos en riesgo.

No estoy diciendo esto como una demócrata ni como una ex candidata. Estoy diciendo esto como alguien que ama a su país y siempre estará agradecida de las bendiciones que Estados Unidos nos ha dado a mí y al mundo. Estoy preocupada. Estoy preocupada por nuestra democracia en nuestro país, con mentiras y corrupción que amenazan nuestros valores básicos, nuestras instituciones y el mandato de la ley. Y estoy preocupada por el futuro de la democracia en todo el mundo. Generaciones de líderes de gran visión a ambos lados del Atlántico se unieron para construir un nuevo orden liberal de las cenizas de la Segunda Guerra Mundial. Defendieron los derechos humanos universales, desafiaron al totalitarismo y lograron una paz sin precedentes, prosperidad y libertad. Como americanos, esta es nuestra herencia. Debemos sentirnos orgullosos de ella y debemos protegerla. Pero ahora, entre Trump y Putin, todo está en peligro.

En junio de 2017, a Jim Clapper le preguntaron cómo se comparaba el escándalo de Rusia con Watergate. "Yo viví lo de Watergate. Estaba en servicio activo en la Fuerza Aérea. Era entonces un oficial joven. Era una época que provocaba miedo", respondió. "Tengo que decir, sin embargo, que, si comparamos los dos, Watergate palidece, de veras, en mi opinión, comparado con lo que estamos confrontando ahora".

Yo también viví lo de Watergate. Era una joven abogada que trabajaba en la investigación del juicio político constitucional de Nixon en el Comité Judicial de la Cámara. Oí las grabaciones. Hurgué en toda la evidencia de los crímenes de Nixon. Y estoy de acuerdo con Jim Clapper. Lo que enfrentamos ahora —un ataque contra nuestra democracia por nuestro principal adversario extranjero, con la ayuda y complicidad potenciales del propio equipo del presidente— es mucho más serio.

*En tres palabras puedo resumir todo lo que he aprendido de la vida: la vida sigue.*

—Robert Frost

# La noche de la elección

La noche del 8 de noviembre de 2016, comenzó conmigo persiguiendo a mi nieta y fingiendo que casi la había atrapado. Charlotte chillaba de júbilo y gritaba, *"¡Otra vez!"* y yo lo hacía otra vez. Esto continuó por un rato. Casi bastaba para distraerme de la televisión.

Mi familia y los principales miembros de mi equipo estábamos reunidos en el Hotel Peninsula en Nueva York para ver los resultados. Siempre he odiado las noches de elecciones. Lo único que se puede hacer es esperar.

Unas horas antes, en la oscuridad antes del amanecer, pusimos fin al torbellino final de una campaña que me llevó de Pittsburgh a Grand Rapids, Michigan, a un mitin electoral en Filadelfia con los Obama y Bruce Springsteen; *luego* a otro mitin en Raleigh, Carolina del Norte, que culminó tarde con un estrepitoso dúo entre Jon Bon Jovi y Lady Gaga; y finalmente, de regreso a Westchester, donde una multitud de entusiastas seguidores nos recibió en la pista aérea a pesar de que eran cerca de las 4:00 a.m.

Estaba exhausta pero feliz y enormemente orgullosa de mi equipo. De pie con Bill, Chelsea, Barack y Michelle frente a decenas de miles de personas en el Independence Hall de Filadelfia fue uno de los momentos más especiales de toda la campaña. El presidente me dio un abrazo y me susurró en el oído, "Vas a lograrlo. Estoy muy orgulloso de ti".

Después de una breve escala en casa para ducharnos y cambiarnos, Bill y yo votamos en una escuela primaria en Chappaqua. La gente sacó sus teléfonos para enviar textos a sus amigos o para discretamente tomar fotos del momento en que yo estaba lista para votar. Caminé hacia la mesa atendida por diligentes voluntarios y firmé mi nombre en el libro de los votantes elegibles. Bromeamos si yo tenía manera de probar mi identidad y confirmar que yo era realmente yo. (No me hicieron mostrar una identificación con foto, pero muchos ciudadanos tendrían que hacerlo, y muchos serían rechazados ese día).

Las campañas están llenas de molestias menores y frustraciones mayores, pero al final del día, es algo inspirador observar a nuestra democracia en acción. Cuando todos los argumentos se hayan expresado y los mítines hayan terminado y los avisos de televisión se hayan trasmitido, lo que queda son personas comunes en una fila para expresar su preferencia. Siempre me ha gustado ese comentario de Winston Churchill sobre cómo la democracia es la peor forma de gobierno, excepto por todas las demás. Todavía creo en eso, aunque nuestro sistema se sienta como una locura total. (Colegios Electorales, ¡a ustedes les hablo!).

Es impresionante ver el nombre de una en la boleta. Después de veinte meses, doce debates y más discursos y reuniones comunitarias de los que puedo contar, todo se reduce a esto. En todo el país, 136 millones de personas iban a ver mi nombre y el de Donald Trump y a tomar una decisión que daría forma al futuro del país y del mundo.

Antes de que yo pudiera marcar mi boleta, una mujer se me acercó y me pidió tomar un selfi con ella. (En realidad no hay límite para la obsesión del selfi, ¡ni siquiera la santidad del acto de votar está fuera de límite!). Le dije que me encantaría, tan pronto terminara de votar. Llené mis círculos junto a mi nombre y los de los candidatos para otros cargos, llevé la boleta al escáner, la metí en la máquina y la vi desaparecer.

Sentí orgullo, humildad y nervios. Orgullo porque sabía que habíamos dado todo lo que teníamos. Humildad porque sabía que la campaña sería la parte fácil; gobernar en estos tiempos difíciles sería difícil. Y nervios porque las elecciones siempre son impredecibles. La mayoría de las encuestas y análisis lucía positiva. El día anterior, mi jefe de encuestas, Joel Benenson me envió un informe alentador. Decía que yo aventajaba a Trump por cinco puntos en un directo uno-contra-uno, y por cuatro puntos cuando se añadían los candidatos de otros partidos. "Vas a lograrlo", me dijo Joel. Así y todo, sabía que nuestra campaña había enfrentado vientos con fuerza de huracanes, gracias a Comey y a los rusos. Cualquier cosa era posible.

El acto de votar resultó ser lo mejor del día.

Cuando llegamos al Hotel Peninsula por la tarde, lo que se decía era, "Las cosas lucen bien". Las calles estaban repletas de policías y agentes del Servicio Secreto. Nuestro hotel estaba sólo a una cuadra de la Torre Trump. Los candidatos estarían a pasos el uno del otro cuando entraran los resultados.

Traté de mantener la mente clara. A diferencia de mi esposo, que devora cada encuesta de boca de urna y cualquier anécdota suelta los días de elecciones, yo no quería oír nada. No estoy convencida de que la información jadeante durante el día sea confiable. ¿Y por qué estresarme por algo de lo cual no tengo control? Dentro de pocas horas, todos sabríamos el desenlace.


Durante semanas, estuve cargando pesadas carpetas llenas de memorándums relacionados con la transición y las primeras decisiones que tendría que tomar como presidente electa. Había que seleccionar a los miembros del gabinete, al personal de la Casa Blanca y una agenda legislativa para comenzar a trabajar con el Congreso. Me encantaba zambullirme en los detalles de gobernar, pero en la recta final de la campaña, era difícil concentrarse en nada más allá del día de las elecciones. Tarde en la noche, reservaba tiempo antes de acostarme para leer un memo de transición o revisar unos cuantos currículums. A veces me quedaba dormida a la mitad de mi esfuerzo. Otras veces me entusiasmaba y llamaba a mi equipo con alguna idea o plan que quería que estuviese listo para comenzar el primer día.

El día de las elecciones, con la campaña prácticamente terminada, tuve la oportunidad de pensar en serio en el trabajo que se avecinaba. Era emocionante. Cientos de políticas detalladas que habíamos propuesto durante los últimos veinte meses no habían recibido la atención que merecían de la prensa, pero proveían una fundación sólida para abordar los problemas de la nación inmediatamente. Decidí que lo primero sería un ambicioso programa de infraestructura para crear empleos a la vez que mejorábamos nuestras carreteras, servicio ferroviario, aeropuertos, puertos, sistemas de transporte masivo y cadenas de banda ancha. Había una alta probabilidad de que los demócratas tomaran el Senado, pero yo esperaba enfrentarme a una mayoría hostil republicana en la Cámara. En teoría, la infraestructura debía tener apoyo bipartidista, pero habíamos aprendido que el bipartidismo era capaz de abrumarlo todo. Por lo que las primeras gestiones deberían comenzar inmediatamente.

El desafío iba más allá de lograr suficientes votos republicanos para aprobar un paquete de infraestructura. La elección había dividido más aún a nuestro país en formas preocupantes. La confianza en nuestro gobierno y en nuestros compatriotas marcaba una cifra históricamente baja. Estábamos gritándonos unos a otros a través de profundas líneas de clase, de raza, género, región y partido. Mi tarea sería tratar de ayudar a tender un puente entre estas divisiones para reunificar el país. Ningún presidente lo podía hacer solo, pero era importante establecer el tono acertado desde el principio. Y yo sabía que la prensa estaba lista para juzgar mi transición y mis primeros cien días sobre la base de lo bien que yo había logrado llegar hasta los desafectos votantes de Trump.

Mi primera prueba —y oportunidad— sería el discurso de la noche de elecciones, que sería visto por decenas de millones de americanos. Sería mi acto final como candidata y mi primero como presidente electa. El grupo de avance de mi equipo, encabezado por Greg Hale, había montado una escenografía increíble en el Centro Javits en Midtown Manhattan. Yo caminaría bajo un techo de cristal de verdad y estaría de pie en un escenario con la forma de Estados Unidos. El podio estaría exactamente sobre Texas. Cuando los votos se contaran, teníamos la esperanza de que el simbólico techo de cristal fuera hecho añicos para siempre. Yo había estado pensando varias semanas sobre lo que quería decir. Mis escritores de discursos Dan Schwerin y Megan Rooney habían estado trabajando con Jake Sullivan y Jennifer Palmieri en un borrador. Yo sabía que también tenían el borrador de un discurso aceptando la derrota, pero prefería no pensar mucho en eso.

Una vez que me acomodé en nuestra suite en el piso más alto del Peninsula, le pedí a Dan y a Megan que subieran. Bill y Jake se sumaron y nos sentamos en una pequeña oficina para revisar el último borrador. Uno de los problemas era cómo balancear la necesidad de llegar a los votantes de Trump y mantener un tono de reconciliación, mientras le dábamos a mis seguidores la celebración triunfante de victoria que merecían. También había que considerar el elemento histórico. Si todo marchaba como esperábamos, estaría pronunciando este discurso como la primera mujer elegida presidente. Teníamos que encontrar una manera de marcar la relevancia del momento sin dejar que se sobrepusiera a todo lo demás.

Más que nada, quería llevar tranquilidad a los americanos sobre la fuerza de nuestra democracia. La elección había puesto a prueba nuestra fe de muchas maneras. Trump había violado todas las reglas, incluyendo haber advertido que no aceptaría los resultados del voto si eran en su contra. Los rusos habían interferido. Y también lo había hecho el director del FBI, contrario a la política del Departamento de Justicia. Y los medios noticiosos habían convertido todo en un circo absurdo. Muchos americanos se preguntaban lo que significaba todo esto para nuestro futuro. Yo quería contestar esos temores con una victoria contundente, una transición tranquila y una presidencia efectiva que produjera verdaderos resultados. Ganar con una coalición amplia ayudaría a desmentir la idea de que el país estaba irremediablemente dividido. Yo argumentaría que, a pesar de nuestras divisiones, una sólida mayoría de americanos se había unido en defensa de nuestros valores básicos.

Trabajamos en una apertura en el discurso que trasmitiera esa confianza. La elección, decía yo, demostró que "no seremos definidos solo por nuestras diferencias. No seremos un país de 'nosotros contra ellos'. El sueño americano es lo suficientemente grande para todos". Yo prometería ser una presidente para *todos* los americanos, no solamente los que votaron por mí, y hablaría sobre lo mucho que había aprendido en el transcurso de la campaña escuchando a la gente compartir sus frustraciones. Sería sincera acerca de lo difícil que había sido responder a la ira que muchos sentían y lo doloroso que era ver a nuestro país tan dividido. Pero diría que el desenlace había demostrado que "si una excava lo suficientemente profundo, a través de todo el lodo de la política, finalmente se golpea algo duro y cierto: una fundación de valores fundamentales que nos unen como americanos".

Quería terminar el discurso con una nota personal. A lo largo de la campaña, la historia de mi madre había sido un punto de referencia emocional. Su perseverancia expresaba la perseverancia que el país necesitaba para superar su propia adversidad, así como la larga lucha de las mujeres por sus derechos y oportunidades. Con ayuda de la poeta Jorie Graham, habíamos escrito un final con una improvisación que me hacía llorar cada vez que la leía. Quiero compartirlo aquí porque, como ustedes saben, nunca tuve la oportunidad de decirlo aquella noche:

Este verano, una escritora, me preguntó: Si yo pudiera ir atrás en el tiempo y le contara este momento crucial a alguien histórico, ¿quién sería? Y la respuesta era fácil: mi madre Dorothy. Puede que me hayan oído hablar de su difícil niñez. Fue abandonada por sus padres cuando solo tenía ocho años. La montaron en un tren hacia California, donde fue maltratada por sus abuelos y terminó valiéndose por sí sola, trabajando de ama de llaves. Sin embargo, encontró una manera de ofrecerme el amor y el apoyo sin límites que ella nunca recibió…

Pienso en mi madre todos los días. A veces pienso en ella en el tren. Quisiera poder caminar por el pasillo y encontrar los asienticos de madera donde se sentaba, sosteniendo con fuerza a su hermana menor, solas, aterradas. En ese momento todavía no sabe cuánto va a sufrir. No sabe todavía que hallará la fuerza suficiente para escapar de ese sufrimiento, que todavía está a una larga distancia. El futuro entero es todavía desconocido mientras observa allí fuera el vasto país que pasa. Sueño que me acerco a ella, y me siento a su lado, tomándola en mis brazos, y diciendo, "Mírame. Escúchame. Vas a sobrevivir. Formarás una buena familia, y tendrás tres hijos. Y por difícil que parezca imaginarlo, tu hija va a crecer y va a ser presidente de Estados Unidos".

Estoy tan segura de esto como de cualquier cosa que yo haya sabido antes: Estados Unidos es el mejor país del mundo.

Y, a partir de esta noche, avanzando juntos haremos a Estados
Unidos aún mejor que lo que ha sido jamás para todos y cada
uno de nosotros.


Los escritores de discursos salieron a hacer sus revisiones finales, y yo
regresé a la espera. Los precintos estaban comenzando a cerrar en la
costa este, y los resultados empezaban a llegar.

La primera alarma fue Carolina del Norte. El presidente Obama
había ganado ese estado en 2008 pero lo había perdido en forma reñida en 2012. Habíamos hecho campaña agresivamente allí. Ahora las
cosas no se veían bien. Todavía era temprano, pero el número de votantes latinos y afroamericanos no era tan alto como habíamos esperado,
y los precintos de clase trabajadora blanca que probablemente fueran
por Trump parecían vigorizados. Lo mismo estaba ocurriendo en la
Florida, el estado indeciso que decidió la elección en 2000. Habíamos
estado esperanzados de que esta vez Florida fuera el estado que diera el
empujón final contra los republicanos y colocara nuestra meta de 270
votos electorales a nuestro alcance. Los cambios demográficos en el
estado, especialmente la creciente población puertorriqueña alrededor
de Orlando, así como las cifras de votos tempranos antes de la elección, parecían favorables a nosotros. Pero cuando el jefe de mi campaña,
Robby Mook, vino a la suite con los últimos números, pude notar que
estaba nervioso. Robby es la persona más positiva del mundo, por lo
que imaginé que la noticia debía ser desalentadora.

Pronto la misma historia se repetiría en otros estados clave. En
Ohio, el estado que decidió la elección de 2004, las cosas andaban muy
mal. Pero anticipamos que así ocurriría. Me acordé de que no teníamos
que ganar en todas partes. Solo teníamos que llegar a 270. Robby y
John Podesta nos mantuvieron al tanto a Bill y a mí, pero no había
mucho que decir. Lo único que podíamos hacer era observar y esperar.

Bill estaba lleno de una energía nerviosa, masticando un habano apagado, llamando a nuestro viejo amigo, el gobernador Terry McAuliffe en Virginia cada diez minutos y ávidamente devorando toda la información que Robby podía compartir. Chelsea y Marc eran una calmada presencia, pero ellos también estaban tensos. ¿Cómo no estarlo? La espera era insoportable. Decidí hacer lo menos probable del mundo y me fui a dormir una siesta. Con suerte, cuando me levantara, la situación habría mejorado. Estaba tan cansada que incluso con todo ese estrés, pude cerrar los ojos y quedarme dormida inmediatamente.

Cuando me levanté, el ambiente del hotel era considerablemente sombrío. Robby y John lucían sacudidos. Se habían reunido viejos amigos. Maggie Williams, Cheryl Mills y Capricia Marshall estaban allí. Mis hermanos y sus familias también estaban. Alguien mandó a traer whiskey. Alguien encontró helado de todos los sabores en la cocina del hotel.

Yo había ganado Virginia y Colorado, pero Florida, Carolina del Norte, Ohio y Iowa se habían perdido hacía rato. Ahora todos los ojos estaban en Michigan, Pensilvania y Wisconsin, estados con los que contábamos y que los demócratas habían ganado en todas las elecciones presidenciales desde 1992. Nos estaban matando en las áreas rurales de clase trabajadora blanca y las áreas más allá de los suburbios. Para compensar, teníamos que tener márgenes fuertes en las ciudades, especialmente en Filadelfia, Pittsburgh, Detroit y Milwaukee, y entonces todo se decidiría en los suburbios. En el transcurso de horas, los números empeoraron. Algunos de los precintos urbanos se demoraban en reportar, pero se estaba haciendo más y más difícil hallar la manera de encontrar suficientes votos.

¿Cómo había ocurrido esto? Ciertamente, habíamos enfrentado una avalancha de desafíos a lo largo de la campaña. La carta de Jim Comey once días antes nos había sacado el aire a todos. Sentimos que las cosas iban bien cuando estábamos en campaña. La energía y el entusiasmo habían sido eléctricos. Y todos nuestros modelos —así como todas las encuestas y predicciones públicas— nos daban una excelente perspectiva de victoria. Ahora se nos estaba escapando. Me sentí conmocionada. No me había preparado mentalmente para todo esto. No había habido escenarios fatales flotándome en la cabeza en los días finales, ni siquiera había imaginado lo que diría si perdía. Simplemente no pensé en eso. Pero ahora se presentaba en toda su realidad y yo luchaba por entender. Era como si hubieran aspirado el aire de la habitación y yo apenas podía respirar.

Poco después de la medianoche, la Prensa Asociada (AP, por sus siglas en inglés) reportó que yo había ganado Nevada, lo cual era un alivio, y tenía un buen chance de prevalecer en Nuevo Hampshire, pero no sería suficiente sin Michigan, Wisconsin y Pensilvania. Los expertos nos decían que podría ser tan reñido que necesitaríamos un recuento o al menos un día más para determinarlo todo. Después de la 1:00 a.m., le pedí a John Podesta que fuera al Centro Javits a pedirles a mis seguidores que se marcharan a sus casas y descansaran. Gane, pierda o empate, yo esperaré hasta el miércoles por la mañana para hablar.

Alrededor de la misma hora, John y yo recibimos mensajes de la Casa Blanca. Al presidente Obama le preocupaba que extender el proceso fuera malo para el país. Después de tanto alterarnos los nervios sobre Trump socavando nuestra democracia y prometiendo no aceptar los resultados, la presión de hacer las cosas bien quedaba en nosotros. Si yo iba a perder, el presidente quería que aceptara mi derrota rápido y con elegancia. Era difícil pensar con claridad, pero estuve de acuerdo con él. Sin duda eso era lo que yo habría querido si las cosas hubieran sido al revés.

A la 1:35 a.m., la AP reportó a Pensilvania a favor de Trump. Eso era bastante decisivo. Aunque Wisconsin y Michigan todavía estaban pendientes, se hacía cada vez más imposible ver un camino hacia la victoria.

Poco después se reportó que Trump se estaba preparando para asistir a su propia celebración de victoria en el cercano Hotel Hilton. Había llegado la hora. Decidí hacer la llamada.

"Donald, es Hillary". Fue sin duda uno de los momentos más extraños de mi vida. Felicité a Trump y le ofrecí hacer todo lo que podía para asegurar que la transición fuera tranquila. Dijo cosas amables acerca de mi familia y nuestra campaña. Puede que haya dicho algo sobre lo difícil que debe de haber sido hacer la llamada, pero todo es un borrón ahora, así que no sé con seguridad. Todo fue perfectamente amable y extrañamente normal, como llamar a un vecino para decirle que no podía asistir a su parrillada. Fue misericordiosamente breve.

Entonces llamé al presidente Obama. "Siento mucho haberte decepcionado", le dije. Se me apretó la garganta. El presidente dijo todas las cosas bien dichas. Me dijo que yo había tenido una sólida campaña, que había hecho mucho por nuestro país y que estaba orgulloso de mí. Me dijo que había vida después de una derrota y que Michelle y él me estarían apoyando. Colgué y me senté en silencio por unos momentos. Me sentía entumecida. Todo había sido un *shock*.

A las 2:29 a.m., la AP declaró a Wisconsin y la elección a favor de Trump. Poco después, él se presentó por televisión para declarar la victoria.

Me senté en el comedor de mi suite en el hotel, rodeada de personas que amaba y en las que confiaba. Todos sentían el mismo dolor y conmoción que yo sentía. Así de simple, todas las cosas por las que habíamos trabajado desaparecieron.

Tal parecía que yo iba a ganar el voto popular, tal vez por un margen significativo. Había cierto consuelo en ese hecho. Significaba que una mayoría de los americanos no había aceptado el "nosotros versus ellos" de Trump, y que, a pesar de todos nuestros problemas, más personas habían escogido nuestra plataforma y visión para el futuro. Yo había sido rechazada, pero a la vez reafirmada. Era algo surrealista.

Me culpé a mí misma. Mis peores temores acerca de mis limitaciones como candidata habían resultado ciertos. Había tratado de aprender las lecciones de 2008, y de muchas maneras conduje una campaña más inteligente esta vez. Pero no había logrado conectar con la ira profunda que tantos americanos sentían ni sacudir la percepción de que yo era la candidata del *statu quo*. Y miren lo que me habían lanzado. Yo no me postulaba solamente contra Donald Trump. Iba contra el aparato de inteligencia rusa, un equivocado director del FBI y ahora el maltrecho Colegio Electoral. Sí, conocíamos las reglas cuando entramos en esta lucha. Sabíamos cuáles estados teníamos que ganar. Sin embargo, era exasperante que, por segunda vez en cinco elecciones, un demócrata recibiera más votos pero se le arrebatara la victoria debido a esta arcaica chiripa de nuestro sistema constitucional. Había estado diciendo desde 2000 que el Colegio Electoral concedía un poder desproporcionado a estados menos poblados y era por tanto profundamente antidemocrático. Ha convertido en una burla el principio de "Una persona, un voto". En un giro cruel del destino, los fundadores lo habían también creado como un baluarte contra la interferencia extranjera en nuestra democracia —Alexander Hamilton citó la protección contra influencias extranjeras como justificación del Colegio Electoral en su Documento Federal No. 68— y ahora le entregaba una victoria al candidato preferido de Vladimir Putin.

En mi mente, oí los salvajes coros de "¡Enciérrenla!" que habían hecho eco en los mítines de Trump. En nuestro segundo debate, Trump dijo que si él ganaba, me enviaría a la cárcel. Ahora había ganado. Yo no tenía idea de qué esperar.

Los escritores de discursos se me acercaron cautelosamente con un borrador de un discurso aceptando la derrota. Honestamente me pregunté por qué alguien estaría interesado en oírme o saber de mí jamás.

El borrador era muy combativo. Iba dirigido a los temores de millones de americanos de un nuevo presidente que había hecho campaña basada en la intolerancia y el resentimiento. Les decía que no estaban solos, que yo seguiría luchando por ellos aún ahora que la elección había terminado. ¿Quería la gente acaso que yo luchara por ellos? ¿Tenía algún sentido presentar un argumento ahora? Tal vez yo debiera simplemente mostrar elegancia, aceptar mi derrota y alejarme.

Jake debatió mi punto de vista. Sí, dijo, hacerlo con clase es importante. Pero si creemos lo que hemos dicho durante los últimos seis meses sobre el peligro que presenta este tipo a nuestro país, entonces no puede uno actuar como que eso ya no es verdad. La gente tiene miedo y les preocupa lo que él les hará a sus familias. Quieren oírlo de sus propios labios.

Se produjo una animada discusión. Finalmente les pedí a los escritores que trataran una vez más de producir un borrador que fuera más corto y más elegante sin disimular la gran decepción.

Bill estaba viendo el discurso de Trump por televisión. No podía creerlo. Tampoco yo. Finalmente, todos se fueron y quedamos solo nosotros. Yo no había llorado todavía, ni estaba segura de que lo haría. Pero me sentí profunda y totalmente exhausta, como si no hubiera dormido en diez años. Nos tumbamos en la cama mirando al techo. Bill me tomó de la mano y simplemente nos quedamos así. Acostados.

Por la mañana, fue real. El 9 de noviembre amaneció crudo y lluvioso. Traté de tomar un poco de jugo de naranja, pero no tenía apetito. Tenía una tarea que hacer. Fue en eso que me enfoqué. A la luz del día, vi con mayor claridad lo que necesitaba decir.

Los escritores regresaron con un nuevo borrador, y les dije que yo quería hablar más sobre lo que significa ser una democracia. Sí, la transferencia pacífica del poder era una de nuestras más importantes tradiciones, y el hecho simple de mi concesión honraba eso. Pero también están el estado de derecho, la igualdad y la libertad.

Respetamos y atesoramos estas cosas también, y teníamos que defenderlas. "Donald Trump va a ser nuestro presidente", yo diría. "Le debemos una mente abierta y la oportunidad de gobernar". Pero también retaría a mis seguidores y a todos los americanos a que continuaran trabajando por nuestra visión de un Estados Unidos mejor y más fuerte. Yo estaba resuelta a que mi joven equipo y mis seguidores no se desalentaran. "Esta derrota duele", les diría. "Pero por favor, por favor nunca dejen de creer que vale la pena luchar por lo que es justo. Siempre vale la pena".

Finalmente, yo quería hablarles directamente a las mujeres y niñas que habían depositado su fe en mí y en mi campaña. Me dolía pensar cómo se debían de estar sintiendo. En vez de hacer historia eligiendo a la primera mujer presidente, ahora tenían que enfrentarse a un hiriente rechazo y aceptar el hecho de que el país acababa de elegir a alguien que cosificaba a las mujeres y alardeaba sobre sus ataques sexuales. Muchas mujeres —y hombres— estaban despertándose esa mañana preguntando si Estados Unidos era todavía el país que pensábamos que era. ¿Habría lugar para ellos en la América de Trump? ¿Se sentirían protegidos? ¿Serían valorados y respetados?

Yo no podía responder esas preguntas. Yo misma me las estaba haciendo. Pero podía usar este último momento en la escena nacional para decirles lo orgullosa que me sentía de haber sido quien abogó por ellos. Podía decir que aunque esta vez no habíamos roto el techo de cristal más alto, "alguien un día lo hará, acaso más pronto de lo que pensamos ahora mismo". Y yo podía decirles a las niñitas que me estuvieran escuchando, con cada onza de convicción que tengo en el cuerpo: "Nunca dudes de que eres valiosa y poderosa y que mereces todas las oportunidades del mundo".

Me vestí y reuní mis cosas. "Un día me vas a mostrar fotos de cómo lucía el escenario anoche", le dije a Huma.

"Lucía maravilloso", respondió ella, "Hecho para una presidente".

Era hora de marcharse. El país aguardaba y esto no iba a hacerse más fácil.

Pensé en mi madre. Una vez, cuando yo era una niña, un bravucón del barrio comenzó a empujarme de un lado a otro. Corrí hacia mi casa para esconderme, pero mi madre me esperó en la puerta. "En esta casa no aceptamos a cobardes", dijo. "Regresa allá". El camino de la puerta de mi casa de regreso a la calle fue el más largo de mi vida. Pero fui. Mamá tenía razón. Como siempre.

Reuní a mi familia, respiré profundo y salí de la suite.

*La victoria tiene cien padres, mas la derrota es huérfana.*

—John F. Kennedy

# Por qué

He pasado parte de cada día desde el 8 de noviembre de 2016, luchando con una única pregunta: ¿Por qué perdí? A veces es difícil concentrarse en nada más.

Miro atrás a mis propias limitaciones y a los errores que cometimos. Asumo la responsabilidad de todos ellos. Podemos culpar a los datos, culpar el mensaje, culpar lo que queramos, pero yo era la candidata. Era mi campaña. Eran mis decisiones.

También pienso en los fuertes vientos frontales que enfrentamos, incluyendo el surgimiento de la política tribal en Estados Unidos y en todo el globo, la inquietud del país en busca de un cambio, la exagerada cobertura de mis correos electrónicos, la tardía intervención sin precedente del director del FBI, la sofisticada campaña de desinformación dirigida por el Kremlin y la avalancha de noticias falsas. Estas no son excusas: son cosas que pasaron, gústenos o no.

Pienso en todo eso, y en nuestro profundamente dividido país y en nuestra habilidad de vivir, trabajar y razonar juntos.

Y todo eso antes de terminar mi café de la mañana. Luego empieza todo otra vez.

En la primavera de 2017, periodistas considerados como Nicholas Kristof, Christiane Amanpour, Rebecca Traister y Kara Swisher me pidieron que reflexionara sobre lo que pasó en 2016 y las lecciones que todos los americanos —y los demócratas en particular— pueden aprender de mi derrota.

Esta es una discusión importante. No es solo acerca del pasado, ni remotamente. Después de exitosamente interferir en una elección presidencial, Rusia seguramente tratará de hacerlo otra vez. Y los demócratas están enfrascados en un debate vital en este momento sobre el futuro del partido, el cual gira en gran parte alrededor de la pregunta de lo que salió mal en 2016 y cómo arreglarlo.

He aquí un ejemplo del tipo de preguntas que me hacían:

"¿Pudo la campaña haber sido mejor?", me preguntó Christiane Amanpour. "¿Dónde estaba su mensaje? ¿Asume usted alguna responsabilidad personal?".

"Asumo absolutamente la responsabilidad personal", respondí. "Yo era la candidata. Yo era la persona cuyo nombre estaba en la boleta". Entonces expliqué que, aunque nuestra campaña no fue perfecta, Nate Silver, el ampliamente respetado estadístico que predijo acertadamente el ganador en cuarenta y nueve estados en 2008 y en los cincuenta estados en 2012, ha dicho que estábamos camino de ganar hasta que la carta del 28 de octubre de Jim Comey nos descarriló. Pueden o no estar de acuerdo con ese análisis, pero es lo que indicaron los datos de Silver.

La reacción a mis entrevistas fue negativa, para expresarlo amablemente.

"Querida Hillary Clinton, por favor deje de hablar de 2016", escribió un columnista en *USA Today*. CNN, todavía estancada en su falsa equivalencia, declaró: "Clinton, Trump no pueden dejar de ventilar sus agravios de 2016". Y un columnista del *New York Daily News* decidió que la reacción apropiada era: "Oye, Hillary Clinton, ¡cállate ya! ¡Cierra esa boca de m—— y desaparece de una buena vez". En serio, así lo imprimieron en ese periódico.

Entiendo por qué algunas personas no quieren oír nada que suene remotamente como una "relitigación" de la elección. La gente está cansada. Algunos están traumatizados. Otros están enfocados en continuar la discusión sobre Rusia en el ámbito de seguridad nacional y lejos de la política. Entiendo todo eso. Pero es importante entender lo que realmente pasó. Porque es la única manera en que podemos evitar que ocurra otra vez.

También entiendo por qué existe una demanda insaciable en muchos sitios de que yo lleve toda la culpa por perder la elección sobre mis hombros y deje de hablar sobre Comey, los rusos, las noticias falsas, el sexismo o cualquier otra cosa. Muchos en los medios políticos no quieren oír hablar de cómo estas cosas alteraron la elección en los días finales. Ellos dicen que su problema es que yo no me hago responsable por mis errores. Pero sí lo he hecho, y lo hago otra vez en este libro. Su verdadero problema es que no pueden soportar ver su propio rol en ayudar a elegir a Trump, desde darle tiempo de transmisión gratis o dándole a mis correos electrónicos tres veces más cobertura que la de todos los temas que afectan la vida de la gente combinados.

A otros candidatos que han perdido la presidencia se les ha permitido —incluso alentado— a discutir lo que salió mal y por qué. Después de que John Kerry perdió la elección en 2004, con bastante razón dijo que la publicación de la cinta de Osama bin Laden un día antes de la elección tuvo un efecto significativo en el resultado de la contienda. La prensa estaba interesada en lo que él tenía que decir. En cambio, quieren que yo deje de hablar.

Si todo fue culpa mía, entonces la prensa no necesita realizar una reflexión sobre su papel en la elección. Los republicanos pueden decir que la interferencia de Putin no tuvo consecuencias. Los demócratas no necesitan cuestionar sus propias presunciones y prescripciones. Todos pueden seguir adelante con sus vidas.

Ojalá fuera tan fácil. Pero no lo es. De modo que voy a tratar de explicar cómo entiendo lo que pasó, tanto las inesperadas intervenciones que alteraron la elección al final como los desafíos estructurales que la convirtieron en una reñida contienda. Nadie tiene que estar de acuerdo con mi análisis. Pero refútenlo con evidencia, con verdaderos argumentos. Porque esto hay que hacerlo bien de una vez.

Aquí va.

## Críticas típicas

La elección se decidió por 77.744 votos de un total de 136 millones. Si solo 40.000 personas en Wisconsin, Michigan y Pensilvania hubieran cambiado de opinión, yo habría ganado. Con un margen como ese, cualquiera puede tener una teoría favorita de por qué perdí. No se puede descartar prácticamente nada. Pero cada teoría necesita probarse contra la evidencia de que yo venía ganando hasta el 28 de octubre, cuando Jim Comey inyectó de nuevo los correos electrónicos en la elección.

Por ejemplo, algunos críticos han dicho que todo se debió a que yo no hice suficiente campaña en el Medio Oeste. Y yo supongo que es posible que algunos viajes más a Saginaw o algunos avisos más trasmitidos en Waukesha pudieron haber significado un par de miles de votos aquí y allá.

Pero hagamos las correcciones pertinentes. Siempre supimos que el Medio Oeste industrial era crucial para nuestro éxito, tal como lo ha sido para demócratas durante décadas, y, contrario a las versiones populares, nosotros no ignoramos esos estados. En Pensilvania, donde las encuestas públicas y privadas mostraban una competencia similar a la de 2012, teníamos cerca de quinientas personas asignadas, ciento veinte más que las que desplegó la campaña de Obama cuatro años antes. Gastamos 211% más en avisos por televisión en el estado. Y yo tuve más de veinticinco eventos allí durante la elección general. También cubrimos a Pensilvania con sustitutos como el presidente Obama y el vicepresidente Biden. En Michigan, donde las encuestas nos tenían al frente, aunque no por el margen que queríamos, teníamos cerca de ciento cuarenta personas más asignadas que Obama en 2012, y gastamos 166% más en televisión. Hice siete visitas durante la elección general. Perdimos los dos estados, pero nadie puede decir que no estábamos haciendo todo lo posible por competir y ganar.

Si hay un sitio donde fuimos sorprendidos, fue en Wisconsin. Las encuestas indicaban que teníamos una cómoda ventaja hasta el final. También iba bien para el demócrata postulado para el Senado, Russ Feingold. Teníamos 133 personas asignadas allí y gastamos cerca de $3 millones en televisión, pero si nuestros datos (o los de cualquier otra persona) hubieran indicado que estábamos en peligro, por supuesto que habríamos invertido aún más. Yo habría desechado mi itinerario, que había sido diseñado en base a la mejor información que teníamos, y habría acampado allí. Así las cosas, aunque yo no visité Wisconsin en el otoño, Tim Kaine, Joe Biden, Bernie Sanders y otros reconocidos sustitutos sí lo hicieron. ¿Entonces qué fue lo que salió mal? Ya llegaremos a eso. Pero tengan en cuenta que Trump recibió aproximadamente el mismo número de votos en Wisconsin que Mitt Romney. No hubo un aumento de votantes republicanos. En cambio, suficientes votantes cambiaron su voto, se quedaron en casa o votaron por los candidatos de otros partidos en los días finales para yo perder el estado.

Y aquí está la conclusión de todo esto: hice campaña fuerte en toda Pensilvania, conté con una presencia agresiva y gran cantidad de publicidad, y aun así perdí por 44.000 votos, más que el margen en Wisconsin y Michigan combinados. De manera que no es creíble que la mejor explicación del resultado en esos estados —y por tanto de la elección— fuera dónde tuvimos más mítines electorales.

Otra explicación fácil que no resiste escrutinio es que perdí por no tener un mensaje económico. Joe Biden dijo que el Partido Demócrata en 2016 "no habló de las cosas que siempre lo caracterizaron, como era mantener una floreciente clase media". Dijo él, "Ustedes no oyeron ni una solitaria frase en la última campaña acerca del tipo que trabaja en una línea de ensamblaje con un salario de sesenta mil al año y una esposa que gana treinta y dos mil como recepcionista en un restaurante". Encuentro esto bastante increíble, considerando que Joe mismo hizo campaña por mí en todo el Medio Oeste y habló cantidad sobre la clase media.

Además, no es cierto. Ni siquiera se acerca a la realidad. *Vox* hizo un análisis de todos mis eventos de campaña y reveló que hablé de empleos, trabajadores y la economía más que de cualquier otro tema. Como dijo la revista *Atlantic* en una pieza titulada, "El peligroso mito de que Hillary Clinton ignoró a la clase media", mi candidatura "tenía la plataforma económica más ampliamente progresista de cualquier otro candidato presidencial en la historia" y hablé más acerca de empleos en mi discurso en mi convención que Trump en la suya, así como en nuestro primer debate, que fue visto por ochenta y cuatro millones de personas.

A lo largo de la campaña, siempre intentamos tener publicidad positiva en el aire, señalando las cosas que yo favorecía y hacia dónde teníamos que movernos económicamente. Hicimos eso incluso mientras destacábamos la ineptitud de Trump para el cargo. De hecho, filmamos un aviso afuera de las oficinas de una compañía llamada Johnson

# Frecuencia de palabras
# en los discursos de Clinton

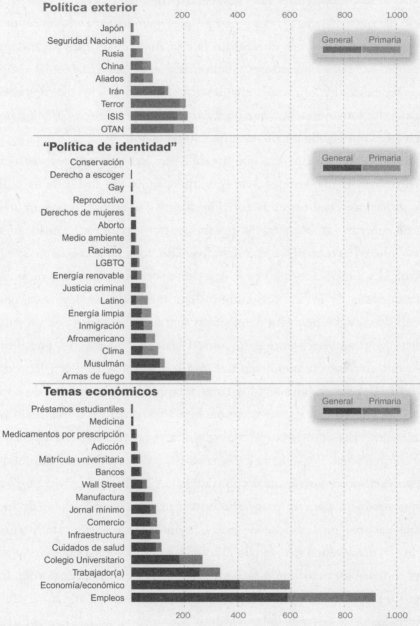

## Política exterior

|                      | 200 | 400 | 600 | 800 | 1.000 |
|----------------------|-----|-----|-----|-----|-------|

General   Primaria

Japón
Seguridad Nacional
Rusia
China
Aliados
Irán
Terror
ISIS
OTAN

## "Política de identidad"

General   Primaria

Conservación
Derecho a escoger
Gay
Reproductivo
Derechos de mujeres
Aborto
Medio ambiente
Racismo
LGBTQ
Energía renovable
Justicia criminal
Latino
Energía limpia
Inmigración
Afroamericano
Clima
Musulmán
Armas de fuego

## Temas económicos

General   Primaria

Préstamos estudiantiles
Medicina
Medicamentos por prescripción
Adicción
Matrícula universitaria
Bancos
Wall Street
Manufactura
Jornal mínimo
Comercio
Infraestructura
Cuidados de salud
Colegio Universitario
Trabajador(a)
Economía/económico
Empleos

|     | 200 | 400 | 600 | 800 | 1.000 |
|-----|-----|-----|-----|-----|-------|

*Vox*

Controls en Milwaukee, que estaba tratando de evadir impuestos en Estados Unidos mudando sus oficinas principales hacia el extranjero, lo que se conoce como una "reversión corporativa". Hacía tanto frío ese día que yo apenas podía sentir los pies, pero insistí en hacerlo porque estaba furiosa por el jueguito que la compañía estaba jugando a expensas de sus trabajadores y del pueblo americano. Hablé del ardid de impuestos de Johnson Controls virtualmente todos los días de campaña durante meses. Así que podemos debatir si mi mensaje fue o no efectivo, pero nadie puede decir que no tenía uno.

He aquí una historia que ayuda a explicar por qué esto es tan frustrante. El día después de aceptar mi nominación en Filadelfia, Bill y yo partimos por carretera con Tim Kaine y su esposa, Anne, en una excursión en autobús a través de áreas de fábricas en todo Pensilvania y Ohio. Me recordaba a nuestro divertido viaje en autobús en 1992 con Al y Tipper Gore. Esa fue una de mis semanas favoritas de toda la campaña de 1992. Nos reunimos con trabajadores, vimos paisajes bellísimos y dondequiera que íbamos sentíamos la energía de un país listo para cambiar. Veinticuatro años después, yo quería volver a sentir lo mismo. Nos montamos en nuestro gran autobús azul con letreros de "Más Fuertes Juntos" a los lados y emprendimos un viaje de 635 millas. En cada escala que hicimos, Tim y yo hablamos de planes para crear empleos, aumentar salarios y apoyar a las familias trabajadoras. En Johnstown, Pensilvania, en la zona rural del condado de Cambria, compartimos nuestras ideas con trabajadores del acero en una fábrica que producía alambre para la industria pesada. Después, uno de los trabajadores, un operador de grúas, le dijo a un reportero del periódico *Philadelphia Inquirer* que él usualmente no votaba en elecciones presidenciales pero que esta vez probablemente lo hiciera porque le gustó lo que había oído. "Me gustó la idea de tratar de lograr mejores jornales para los trabajadores", dijo. "Los necesitamos". Era música para mis oídos.

Pero probablemente nadie recuerda haber oído hablar de esta excursión en autobús. De hecho, puede que hayan oído decir que yo no
hice este tipo de campaña para nada; que ignoré el área conocida como
el Cinturón del Óxido, que no tenía un mensaje económico y que no
podía conectar con votantes de la clase trabajadora. ¿Por qué la des-
conexión? La misma semana que Tim y yo recorríamos Pensilvania y
Ohio, Donald Trump buscaba un pleito de alto perfil con los Khan, los
padres Estrella de Oro de un musulmán caído en combate, un héroe
de guerra americano. Eso le sacó todo el oxígeno a la prensa. Era un
desastre a corto plazo para Trump y sus números en las encuestas cayeron. Pero era también parte de un patrón que a largo plazo aseguraba
que mi mensaje económico no viera la luz pública y permitió a Trump
controlar el ritmo de la contienda.

## ¿Condenada desde el principio?

Algunos expertos han dicho también que mi campaña estaba conde-
nada desde el principio, fuera por mis debilidades como candidata o
porque Estados Unidos estaba envuelto en una ola histórica de populismo tribal cargado de ira que estaba recorriendo el mundo. Quizá.
Pero no olviden que yo gané el voto popular por cerca de tres millones,
aproximadamente el mismo margen con que George W. Bush derrotó
a John Kerry en 2004. Es difícil ver cómo eso puede ocurrir si yo estoy
irremediablemente fuera de sintonía con el pueblo americano.

Dicho esto, como he discutido a lo largo de este libro, pienso
que es justo decir que había una disparidad fundamental entre cómo
abordé la política y lo que gran parte del país quería oír en 2016. He
aprendido que hasta los mejores planes y propuestas pueden caer en
oídos sordos cuando la gente está desilusionada por un sistema político quebrado y disgustada con los políticos. Cuando la gente está
furiosa y buscando a alguien a quien culpar, no quiere oír un plan de

diez puntos para crear empleos y elevar los salarios. Quiere que uno esté furioso también.

Puede verse la misma dinámica en muchas relaciones personales. Tengo amigas que a menudo se sienten frustradas con sus esposos que, en lugar de escucharlas descargarse acerca de un problema o compadecerse, tratan directamente de resolverlo. Ese fue mi problema con muchos votantes: yo omitía descargarme y saltaba directamente a resolverlo.

Más aún, he aprendido a vivir con el hecho de que muchas personas —millones y millones de personas— decidieron que simplemente yo no les caía bien. Imaginen cómo eso se siente. Duele. Y es algo difícil de aceptar. Pero no hay nada que hacer.

Cada vez que realizo un trabajo, como el de senadora o secretaria de Estado, la gente me da una buena calificación. Pero cuando compito por un empleo —postulándome para un cargo— todo cambia. La gente recuerda años de ataques partidistas que me han dibujado como deshonesta y no confiable. Aun cuando estas alegaciones son desmentidas, esos ataques dejan un residuo. Siempre he tratado de bajar la cabeza y hacer un buen trabajo con la esperanza de que se me juzgue por los resultados. Eso usualmente ha funcionado, pero no esta vez.

Tal parece que muchos votantes de Trump estaban en realidad votando *contra* mí, más que votando *por* él (53% a 44%, en una encuesta del Centro de Investigaciones Pew en septiembre). En las encuestas de boca de urna, un número significativo de personas dijo que pensaba que Trump no estaba calificado o carecía del temperamento adecuado para ser presidente... pero votaron por él de todas formas. Del 61% de votantes que dijo que no estaba calificado, 17% votó por él. Del 63% que dijo que no tenía el temperamento adecuado para presidente, 19% votó por él. Las encuestas de boca de urna revelaron que el 18% nos veía a ambos, a mí y a Trump, de manera negativa, pero votaron a su favor 47% a 30%. La antipatía hacia mí debe de haber sido más fuerte que sus reservas sobre su calificación y temperamento.

No me sorprenden estos descubrimientos. Gallup compiló una nube de palabras describiendo todo lo que los americanos leyeron, vieron y oyeron acerca de mí durante varios meses de la campaña. Estaba dominada por una única frase gigantesca: *correos electrónicos*. En letras más pequeñas, pero también visibles aparecían las palabras *mentira* y *escándalo*. Curiosamente, en la nube de palabras de Trump, inmigración y México se destacaban mucho más que empleos o comercio. Más sobre esto luego.

No creo que todos los sentimientos negativos sobre mí fueran inevitables. Después de todo, yo tenía un alto nivel de aprobación cuando salí del Departamento de Estado. Esto fue el resultado de un implacable aluvión de ataques políticos y cobertura negativa. Pero también sé que era tarea mía tratar de abrirme paso a través de todo ese ruido y convencer al pueblo americano de que votara por mí. No pude lograrlo.

What Americans Have Heard or Read About Donald Trump

What specifically do you recall reading, hearing or seeing about Donald Trump in the last day or two?

GALLUP DAILY TRACKING
JULY 17-SEPT 18, 2016

What Americans Have Heard or Read About Hillary Clinton

What specifically do you recall reading, hearing or seeing about Hillary Clinton in the last day or two?

GALLUP DAILY TRACKING
JULY 17-SEPT 18, 2016

Pues sí, tuve mis limitaciones como candidata. Y sí, existía efectivamente una ola populista global y una tradición anti tercer término

Lo que pasó

en Estados Unidos. Pero —y esto es importante para determinar qué alteró el resultado de la elección— esos factores estructurales no surgieron como una gran sorpresa al final. Estuvieron en juego a lo largo de la campaña. Probablemente mantuvieron la contienda más reñida que lo que se podía justificar basada en nuestras contrastantes propuestas de políticas y conductas, mi récord en cargos públicos y los logros de la administración de Obama. Si estos factores fueran decisivos, sin embargo, yo debí haber estado perdiendo todo el tiempo. Y, sin embargo, a pesar de los consistentes vientos frontales, casi todas las encuestas públicas y privadas durante dos años me mostraban ganando, a veces por bastante margen.

En la recta final, después de dos convenciones y tres debates vistos por un número récord de americanos, yo había surgido con un impulso claro y una ventaja sólida. Ezra Klein de *Vox* lo describió como "la más efectiva serie de presentaciones en debate de la historia política moderna". Yo estaba en una posición más fuerte que en la que el presidente Obama había estado cuatro años antes. Por lo cual, o todas esas encuestas habían estado equivocadas todos esos meses, o algo cambió en los días finales de la contienda que movió a votantes a cambiar sus votos en estados clave para marcar la diferencia.

¿Estaban equivocadas todas las encuestas? Ahora sabemos que algunas encuestas no acertaron, especialmente en Wisconsin, especialmente al final. Es probable que algunos votantes de Trump rehusaran participar en encuestas y por ello faltaran sus reacciones, y que alguna gente no dijera la verdad sobre su preferencia. Pero en general, las encuestas nacionales de 2016 fueron ligeramente más acertadas que las de 2012. Ese año, el promedio final de encuestas disminuyó la victoria real del presidente Obama por 3,1 puntos. En 2016, según el sitio web RealClearPolitics, el promedio final se equivocó por solo 1,2 puntos. En una contienda tan reñida, eso es significativo. Pero no es un error masivo.

Entonces no, todas las encuestas no estaban equivocadas. Es posible que mi ventaja a lo largo de la contienda estuviera ligeramente inflada, pero no significativamente. Es razonable concluir, por tanto, que a último momento pasó algo importante y finalmente decisivo.

## La debacle

La evidencia confirma la idea de que hubo un cambio tardío de votos por mí a votos por Trump y candidatos de otros partidos. Mi candidatura tenía un fuerte apoyo en el voto temprano en todo el país, y el nivel de participación en el voto temprano resultó aproximadamente lo que nuestros modelos habían previsto. Pero las cosas sufrieron un colapso en los días finales y en el día de las elecciones.

En tiempo real, era difícil apreciar lo frágil que era nuestra posición. Como mencioné antes, las encuestas de Joel Benenson mostraban una ventaja sólida en la semana final. Nuestro equipo de análisis de datos también estaba encuestando a miles de personas cada noche. "Hemos visto que nuestros márgenes se achicaron en estados indecisos", reportó Elan Kriegel el 3 de noviembre. Pero, continuó diciendo, "nuestros niveles más altos han sido de +3 cada una de las cuatro noches". Estábamos arriba por el mismo margen de tres puntos en Michigan, Wisconsin y Pensilvania, dijo. Las campañas demócratas del Senado y los comités de partido estaban viendo números similares, y algunos eran incluso más optimistas.

Las encuestas de boca de urna revelarían más tarde que aquellos votantes que todavía estaban indecisos en esos días finales optaron fuertemente por Trump. En Pensilvania, un estado en el que no permitieron el voto temprano, el margen entre los que se decidieron tarde fue 54 a 37. En Wisconsin, donde el 72% de la gente votó el mismo día de la elección, fue 59 a 30. En Michigan, donde el 73% de la gente votó el día de la elección, fue 50 a 39. Y el patrón se extendió más allá del Medio Oeste. En Florida, los que decidieron tarde favorecieron a Trump 55 a 38. Esa ola tardía fue suficiente para situar todos esos estados en la columna de Trump.

Normalmente, las campañas tienen una idea razonable de cómo es probable que voten los votantes indecisos, basadas en su historia de votos anteriores y la demografía. Y la historia muestra que la mayoría de la gente que les dice a los encuestadores que están considerando a un candidato de un tercer partido, al final "regresa a casa". En los días finales de la campaña de 2016, los votantes que uno esperaba que regresaran al Partido Republicano lo hicieron. Pero eso no ocurrió en nuestro partido. Muchos votantes con tendencia a votar demócrata que coquetearon con los candidatos de terceros partidos terminaron realmente votando por ellos. Y algunos votantes indecisos que esperábamos que finalmente nos escogieran a nosotros fueron a Trump o se quedaron en la casa.

Eso incluyó a moderados suburbanos que podían haber votado por un republicano anteriormente pero que no les gustó Trump y andaban buscando una alternativa aceptable hasta el mismo día final. El día de la elección, muchos de ellos contuvieron la respiración y votaron por él de todos modos. Es revelador comparar los resultados de los suburbios de Denver y Las Vegas, donde una vasta mayoría votó temprano y me fue lo suficientemente bien para ganar tanto Colorado como Nevada, con los resultados en los suburbios de Filadelfia, donde casi todos votaron el día de la elección. La encuesta final de Franklin & Marshall en Pensilvania, basada en entrevistas casi todas sostenidas antes del 28 de octubre, reveló que yo tenía un margen de 36 puntos sobre Trump en los cuatro condados de los suburbios de Filadelfia, con una ventaja de 64% a 28%. Al llegar el día de elección, le gané a Trump allí sólo por alrededor de 13 puntos. Esa pérdida de apoyo en los suburbios en la semana final significó que no pude igualar la fuerza de Trump en áreas rurales y terminé perdiendo el estado por un estrecho margen.

Las mujeres blancas de la clase trabajadora también se movieron en masa en los días finales. Trump mantuvo una ventaja con este grupo durante casi toda la campaña, pero según la encuesta de NBC–*Wall Street Journal*, yo me había acercado a solo cuatro puntos durante los debates de octubre. Luego, en la semana final, el margen de Trump aumentó a 24 puntos.

## El factor Comey

¿Qué pasó en la recta final que movió a tantos votantes a alejarse de mí?

Primero, y lo más importante, hubo una intervención sin precedente del director del FBI Jim Comey.

Su carta del 28 de octubre acerca de la investigación de mis correos electrónicos condujo a una semana de cobertura negativa de punta a punta. Una mirada a cinco de los principales periódicos de la nación reveló que juntos publicaron cien artículos mencionando la controversia de los correos electrónicos en los días posteriores a la carta de Comey, casi la mitad de ellos en la primera plana. En seis de siete mañanas desde el 29 de octubre hasta el 4 de noviembre, fue la historia principal del ciclo noticioso del país. Trump entendió que el aparente imprimátur de Comey les daba nueva credibilidad a sus ataques de "Hillary Corrupta", y los republicanos desembolsaron al menos $17 millones en avisos relacionados con Comey en estados decisivos. Funcionó.

El 1 y 2 de noviembre, mi campaña condujo grupos de enfoque con votantes independientes e indecisos en Filadelfia y en Tampa, Florida. Los indecisos no estaban listos todavía para saltar al campo de Trump, pero en retrospectiva, las señales de alarma estaban parpadeando en rojo.

"Me preocupa todo este tema de Weiner. Lo encuentro inquietante. Yo me inclinaba por Hillary, pero ahora simplemente no sé", dijo una votante en Florida. "Nunca he sido simpatizante de ninguno de los dos, pero este tema de los correos electrónicos con Clinton me tiene preocupada desde hace unos días. ¿Van a elegirla y después destituirla? ¿Divulgó información secreta?" dijo otra.

Fuera de los grupos de sondeo se oían cosas similares. Los investigadores que se dedican a seguir lo que hablan los consumidores, esencialmente una especie de índice de comentarios boca a boca, encontró "un cambio súbito", con un bajón de 17 puntos en sentimientos netos hacia mí y un aumento de 11 puntos para Trump. Según Brad Fay de Engagement Labs, que aplica bien establecidas técnicas de investigación de consumidores para estudiar elecciones, "El cambio en favorabilidad métrica de boca a boca fue impresionante, y mucho mayor que las encuestas de opinión tradicionales que se han revelado".

Esas preocupaciones que oímos en los grupos de sondeo ayudan a explicar por qué la carta de Comey resultó tan devastadora. Desde el principio de la elección general, entendimos que la contienda se trataba de una disputa entre al temor de riesgo de los votantes y el deseo de cambio. Convencer a los americanos de que elegir a Trump era simplemente un riesgo demasiado grande constituía nuestra mejor opción para superar el deseo generalizado de cambio después de ocho años de control demócrata. En términos demográficos, nuestra estrategia dependía de compensar las esperadas debilidades con votantes blancos de la clase trabajadora (una tendencia que había estado empeorando para los demócratas durante mucho tiempo) con mejores resultados entre los moderados con educación universitaria de los suburbios, precisamente la gente con mayor probabilidad de preocuparse por los riesgos.

Antes del 28 de octubre, había razón para creer que esta estrategia funcionaría. Los votantes pensaban que Trump no estaba calificado para el cargo y que tenía un temperamento inadecuado. Les preocupaba que pudiera cometer un error que resultara en una guerra. Y pensaban que yo era estable, calificada y segura. La carta de Comey puso ese cuadro de cabeza. Ahora a los votantes les preocupaba que mi presidencia estuviera plagada de más investigaciones, incluyendo incluso una destitución. Era "inquietante", como había dicho la votante de Florida. Cuando ambos candidatos parecían riesgosos, entonces el deseo de cambio se afirmó y los indecisos saltaron hacia el campo de Trump o de otros partidos.

En la semana que siguió a la carta de Comey, Nate Silver reveló que mi ventaja en las encuestas nacionales había caído por alrededor de tres puntos, y mis posibilidades de ganar la elección se redujeron de 81% a 64%. En el estado indeciso promedio, mi ventaja había caído a tan solo 1,7 puntos, y el hecho de que había muy pocas o ninguna encuesta de campo tan tarde en lugares como Wisconsin significaba que el daño podía haber sido incluso peor.

Luego, el domingo por la tarde anterior a la elección, Comey envió otra carta explicando que, de hecho, no había nueva evidencia para cambiar su conclusión de julio. Para entonces, era demasiado tarde. En todo caso, esa segunda carta puede haber vigorizado a los seguidores de Trump aún más y afirmarlos en su inclinación a votar contra mí. También garantizaba que los votantes indecisos verían dos días más de titulares acerca de los correos electrónicos y de las investigaciones.

Horas después de que la segunda carta de Comey entrara en el ciclo de noticias, Trump azuzó la indignación en un mitin en Michigan: "Hillary Clinton es culpable. Ella lo sabe. El FBI lo sabe. La gente lo sabe", dijo. "Ahora depende del pueblo americano hacer justicia en la boleta el 8 de noviembre". La multitud respondió coreando a toda voz "¡Enciérrenla!"

Corey Lewandowski, el ex director de campaña de Trump, le dio crédito a la carta de Comey por revertir la suerte de su candidato. "Faltando once días en este ciclo electoral ocurrió algo increíble", dijo. En su nuevo libro *Devil's Bargain: Steve Bannon, Donald Trump, and the Storming of the Presidency (El trato del diablo: Steve Bannon, Donald Trump y el arrasamiento de la presidencia)*, el reportero de Bloomberg News, Joshua Green, revela que los científicos de datos de la campaña de Trump pensaban que el efecto de la carta de Comey había sido "crucial". En un memorándum interno escrito cinco días antes de la elección, reportaron que vieron "declinar el apoyo a Clinton, cambiando a favor del señor Trump" y predijeron, "Esto puede tener un impacto fundamental en los resultados". Tristemente, tenían razón.

Silver, cuyo modelo había sido más conservador que la mayoría de los otros a lo largo de la contienda, concluyó, "Clinton casi con toda seguridad sería la presidente electa si la elección se hubiera celebrado el 27 de octubre (el día antes de la carta de Comey)". El profesor Sam Wang, que dirige el Consorcio Electoral de Princeton, describió la carta de Comey como "un factor crítico en la recta final" y reveló un cambio de cuatro puntos.

He aquí una manera cruda de entender el impacto: aunque Comey causara que solo el 0,6% de los votantes cambiara sus votos el día de la elección, y aunque ese cambio sólo ocurriera en el Cinturón del Óxido, habría bastado para pasar el Colegio Electoral de mi campo al campo de Trump.

Es por eso que Paul Krugman, el economista ganador del Premio Nobel y columnista del *New York Times*, ha comenzado irónicamente a tuitear "Gracias, Comey", cada vez que ve alguna nueva causa de indignación en la Casa Blanca de Trump. Comey optó por vituperarme en público en julio y luego reabrir la investigación el 28 de octubre, todo a la vez que rehusaba decir una sola palabra acerca de Trump y Rusia. De no haber sido por esas decisiones suyas, todo sería diferente. Comey mismo dijo después que se sentía "ligeramente asqueado" por la idea de que él había influenciado el resultado de la elección. Me descompuso oír eso.

## De Rusia sin amor

El segundo gran factor que causó que se desplomara todo al final de la contienda fue el complot ruso de sabotear mi campaña y ayudar a elegir a Trump. Michael Morell, ex director interino de la CIA, lo describió como "el equivalente político del 11 de septiembre".

Los correos electrónicos que Rusia le robó a John Podesta y le entregó a WikiLeaks aseguraron que las palabras *Clinton* y *correos electrónicos* estuvieran en los titulares antes de la carta de Comey. El torrente subterráneo de noticias falsas se añadió al problema. Para los votantes, los artículos se mezclaron para crear una abrumadora niebla de escándalo y desconfianza. Aunque no hubiera fuego, había suficiente humo como para asfixiar mi campaña.

Debido a que no ha surgido evidencia alguna de manipulación directa de votos, algunos críticos insisten en que la interferencia rusa no tuvo impacto en el resultado. Esto es absurdo. La guerra de información del Kremlin equivalió aproximadamente a un hostil súper PAC desatando una enorme campaña publicitaria, sino peor. Por supuesto que tuvo un impacto. (Y para aquellos obsesionados con la manipulación directa y real, como seguimos descubriendo más sobre las intrusiones de Rusia en nuestros sistemas de elección, tal vez esto sea lo que la administración y los secretarios de Estado en todo el país deberían estar investigando y no una inexistente epidemia de votaciones fraudulentas).

El sitio web de Nate Silver, FiveThirtyEight.com, se asomó a las búsquedas de Google para medir hasta qué grado la historia de WikiLeaks había llegado a los votantes reales. Reveló que —excepto inmediatamente después de Comey enviar su carta el 28 de octubre— hubo más búsquedas sobre WikiLeaks que sobre el FBI durante las semanas finales de la contienda. Eso tenía algún sentido. Los medios tradicionales le dieron una amplia cobertura a Comey, por lo que no había necesidad de más búsquedas de información al respecto. Los artículos de WikiLeaks, sin embargo, podían enviar a los buscadores a sumergirse en los laberintos de internet.

Las búsquedas en Google sobre WikiLeaks eran relativamente

altas en áreas particularmente pobladas de grandes cantidades de votantes indecisos, como el condado de Cambria en Pensilvania y Appleton, Wisconsin. En otras palabras, muchas personas habían acudido a internet tratando de llegar al fondo de estas alegaciones locas y teorías conspirativas antes de votar. Muy a menudo, lo que encontraron fue más desinformación y propaganda dirigida por Rusia.

Juntos, los efectos de la carta de Comey y el ataque ruso formaron una combinación devastadora. Silver concluyó después de la elección que, de no haber sido por estos dos factores que surgieron tardíamente, yo probablemente habría ganado Florida, Michigan, Wisconsin y Pensilvania por alrededor de dos puntos. En cambio, perdí los cuatro estados por menos de un promedio de un punto, y Michigan por solo dos décimas de punto.

## La explicación del apoyo a Trump

Todo esto es deprimente, exasperante y definitivamente inaceptable. La interferencia externa puede ayudar a explicar por qué un número suficiente de votos cambió en los últimos días para entregarle el resultado del Colegio Electoral a Trump. Pero no explica por qué la elección estuvo tan reñida para empezar, lo suficientemente reñida para que un movimiento tardío en unos cuantos estados pudiera representar una diferencia. No explica realmente cómo sesenta y dos millones de personas —muchos de los cuales estaban de acuerdo en que Trump no estaba calificado para el cargo— pudieron votar por un hombre tan manifiestamente inepto para ser presidente. Esta puede ser la pregunta más importante para entender lo que está pasando en nuestro país en este momento.

Habría que empezar por los 13,3 millones de republicanos que votaron por Trump en las primarias. Puede decirse sin lugar a dudas que estos eran principalmente seguidores acérrimos, de los que Trump hablaba cuando decía, "Puedo pararme en medio de la Quinta Avenida y dispararle a alguien y no perdería votantes". Trece millones es una gran cantidad de personas apoyando sólidamente a alguien que los americanos consideran no estar calificado ni apto para el cargo, pero representan menos de la mitad de los votantes republicanos de las primarias y menos del 10% de todos los votantes en las elecciones generales. Es un error darles a esos votantes de base más peso político que el que merecen. Más interesante e importante es cómo Trump consolidó el apoyo de la fuente mayor de votantes más allá de su base.

Además de la antipatía hacia mí, probablemente el mayor factor que atrajo a escépticos de Trump hacia su campo fue puro partidismo. Hay un viejo axioma que dice que "los demócratas se enamoran, los republicanos se alinean". Eso se probó una vez más en 2016. Gané el 89% de los votantes demócratas. A pesar del ejemplo de unos pocos valientes "Nunca Trumpistas", Trump ganó el 90% de los votantes republicanos. Muchos de ellos prefirieron a un candidato diferente en las primarias. Muchos seguramente están disgustados por su indignante comportamiento, incluyendo el trato a las mujeres. Sin embargo, a la hora de la verdad, la *R* junto a su nombre fue más importante que todo lo demás. Tal vez esto tenga que ver con la Corte Suprema, o la presunción de que él terminará ratificando automáticamente toda la agenda republicana del Congreso, especialmente la reducción de impuestos para los ricos. Acaso refleje un elemento partidista más profundo en nuestra política.

De un modo u otro, es un contraste crudo con lo que pasó en la elección francesa en 2017, cuando tanto los conservadores como los socialistas cruzaron las líneas partidistas y marcharon entusiastas detrás del centrista Emmanuel Macron para frenar a la extremista Marine Le Pen. En Francia, el patriotismo superó al partidismo. Algunos analistas dicen que los votantes franceses observaron lo que pasó aquí y actuaron para evitarlo allá. También lo hicieron los holandeses en su elección, derrotando al nacionalista de derecha Geert Wilders. Por supuesto, ayuda cuando el candidato que recibe el mayor número de votos gana la elección. ¡Qué idea! Si nuestros votantes hubieran sabido más sobre lo que Putin estaba haciendo a favor de Trump, ¿habría sido todo diferente? Lo único que puedo decir es que yo creo que los americanos son tan patriotas como los franceses y los holandeses.

El partidismo es algo poderoso, pero estuvo lejos de ser el único factor que alimentó el apoyo de Trump. Como observé antes, fue también importante un deseo de cambio. Las encuestas de boca de urna indican que el 39% de los votantes dijo que la capacidad de producir cambio era la cualidad más importante en un candidato, y el 82% de ellos apoyó a Trump. En comparación, 22% de los votantes dijo que la "experiencia adecuada" era lo más importante, y votaron por mí 90 a 7. El 20% que dijo que el "buen juicio" era lo más importante me apoyó 65 a 25. Y el 15% que quería un candidato que "se interesara" por el votante fue por mí 57 a 34. En otras palabras, los votantes por el "cambio" representaron la mayor parte de los que apoyaron a Trump.

Cambio puede significar cosas diferentes para personas diferentes. Pero como he dicho, este era un desafío con el que luché desde el principio mismo. La historia señala cuán difícil es para un partido ocupar la Casa Blanca durante tres mandatos consecutivos, aun después de presidencias exitosas. Reprendí la obstrucción republicana en el Congreso y ofrecí muchas soluciones para hacer que la economía fuera más justa y la política más limpia, pero nunca logré escapar de que me encasillaran como la candidata de la continuidad en lugar de la del cambio. Ciertamente, si los votantes querían "sacudir las cosas" o "dejar que todo ardiera", era más probable que escogieran a Donald Trump por encima de mí. Ellos no estaban en el estado de ánimo requerido para recordar aquel gran viejo dicho tejano de Sam Rayburn, ex presidente de la Cámara: "Cualquier idiota puede tumbar un granero a patadas. Se requiere un buen carpintero para construirlo".

En encuestas a lo largo de la campaña, les preguntamos a los votantes si pensaban en el presidente Obama y si querían continuar en la misma dirección o ir en una dirección fundamentalmente diferente. Uno podría esperar que las respuestas estuvieran vinculadas. Sin embargo, aunque los votantes consistentemente elogiaron al presidente por sus logros —de hecho, la popularidad de Obama continuó elevándose a través de 2016, como lo hicieron también las predicciones económicas— ellos a la vez dijeron que estaban listos para una nueva dirección. Eso puede mostrar el poder del impulso hacia el cambio, pero también muestra lo complicado que es. Uno también podría preguntar: ¿Por qué la mayoría de los miembros del Congreso fue reelegida? Los que ya ocupan el cargo tienen ventaja y la manipulación de la circunscripción electoral les ha dado a ellos escaños seguros, pero si hubiera una ola de un llamado real "a deshacernos de los zánganos" en esta elección, lo habríamos visto en toda la boleta también.

Así que sí, el deseo de cambio fue un factor importante, pero para entender lo que esto significa hay que profundizar más.

## Ansiedad económica o intolerancia

La mayoría de los análisis *post mortem* sopesan dos teorías que compiten: fue la ansiedad económica o fue la intolerancia. Gran parte de los datos apuntan hacía la segunda, pero finalmente esa es una opción falsa que pasa por alto la complejidad de la situación.

Comencemos con esto: la idea de que la elección de 2016 fue puramente acerca de la ansiedad económica simplemente no está respaldada por la evidencia. Existe una percepción de que Trump era el tribuno de la clase trabajadora mientras yo era la candidata de las élites. Y es cierto que hubo una gran división en esta elección entre votantes que tenían un título universitario y los que no lo tenían. Pero esto no se alinea nítidamente con los niveles de ingreso. Hay mucha gente en la clase

464 Lo que pasó

media y alta que no tiene un título universitario. Como lo explicó el *Washington Post* en un artículo titulado, "Es hora de acabar con el mito: La mayoría de los votantes de Trump no son de la clase trabajadora", cerca del 60% de los seguidores de Trump que no tienen un título universitario estaban en la mitad superior de la distribución de ingresos. El ingreso promedio de un votante de Trump en las primarias era $72.000 lo cual es más alto que la mayoría de los americanos. Y en la elección general, los votantes con ingresos por debajo de $50.000 me preferían a mí por doce puntos.

Es sin dudas cierto que a muchos votantes de la clase trabajadora en las comunidades del Cinturón del Óxido les gustaba lo que Trump decía sobre la economía. Las encuestas de boca de urna revelaron que los votantes que pensaban que la economía nacional estaba en crisis apoyaban sólidamente a Trump. Pero esa no fue necesariamente su preocupación más imperiosa. Las mismas encuestas de boca de urna revelaron que los votantes que pensaban que la economía era el tema más importante en la elección (52% en todo el país) me prefirieron a mí por un margen de once puntos. Este fue también el caso en los estados indecisos. En Michigan, los votantes más interesados en la economía me eligieron a mí 51 a 43. En Wisconsin, fue 53 a 42. En Pensilvania, 50 a 46. Para ser justos, hay otras maneras de analizar los números. Muchos seguidores de Trump que les dijeron a los encuestadores que estaban más apasionadamente interesados en otros temas —especialmente el terrorismo y la inmigración— con casi total certeza prefirieron a Trump en la economía también. No obstante, la historia de la economía es mucho más matizada de lo que la narrativa posterior les haría creer.

Algunos seguidores de Bernie Sanders han argumentado que, si yo me hubiera inclinado un poco más hacia la izquierda y hubiera hecho una campaña más populista, habríamos logrado mejores resultados en el Cinturón del Óxido. No lo creo. Russ Feingold condujo una campaña apasionadamente populista para el Senado en Wisconsin y perdió por mucho más margen que yo, mientras que un defensor del comercio libre, el senador Rob Portman, superó a Trump en Ohio. Scott Walker, el gobernador derechista de Wisconsin, ha ganado elecciones allí destruyendo sindicatos laborales y complaciendo los resentimientos de votantes conservadores rurales, y no denunciando transacciones comerciales y corporaciones. Sanders mismo tuvo la oportunidad de poner a prueba su atracción durante las primarias, y terminó perdiendo contra mí por casi cuatro millones de votos, incluyendo a Ohio y a Pensilvania. Y eso fue sin haber sido bombardeado por la maquinaria de ataques republicana que lo habría hecho pedazos en una elección general.

Dicho esto, un número pequeño pero significativo de votantes de izquierda puede haber inclinado la elección a favor de Trump. Jill Stein, la candidata del Partido Verde, dijo de mí y de mis políticas que provocaban "mucho más miedo que Donald Trump" y elogió su posición pro-Rusia. Esto no sorprende a nadie, considerando que Stein se sentó con Putin y Michael Flynn en la infame cena en Moscú en 2015 para celebrar la cadena de televisión de propaganda del Kremlin, RT, y luego dijo que Putin y ella estaban de acuerdo "en muchos temas". Stein no valdría la pena mencionar, excepto por el hecho de que recibió treinta y un mil votos en Wisconsin, donde el margen de Trump fue inferior a veintitrés mil. En Michigan, ella recibió cincuenta y un mil votos, mientras el margen de Trump fue de poco más de diez mil. En Pensilvania, ella recibió casi cincuenta mil votos, y el margen de Trump fue de aproximadamente cuarenta y cuatro mil. Y así en cada estado, hubo más que suficientes votos de Stein para volcar el resultado, tal como lo hizo Ralph Nader en Florida y Nuevo Hampshire en 2000. Tal vez, como la actriz Susan Sarandon, Stein piensa que eligiendo a Trump se acelera "la revolución". ¿Quién sabe? En contraste, el ex gobernador de Massachusetts, Bill Weld, un republicano que se postuló para vicepresidente en la candidatura libertaria encabezada por Gary Johnson, les dijo a sus seguidores hacia el final que, si vivían en estados indecisos, debían votar por mí. Si más votantes de terceros partidos hubieran prestado atención a Bill Weld, Trump no sería presidente.

De manera que, si los argumentos sobre el poder de la atracción económica de Trump eran exagerados, ¿qué puede decirse de su explotación de la ansiedad racial y cultural?

Desde la elección, estudio tras estudio ha sugerido que estos factores son esenciales para entender lo que pasó en la elección.

En junio de 2017, el Grupo de Estudio de Votantes (Voter Study Group), un consorcio de investigadores académicos, publicó una importante nueva encuesta que siguió a los mismos ocho mil votantes de 2012 a 2016. "Lo que más se destaca", concluyó el profesor de la Universidad George Washington, John Sides, son las "actitudes sobre inmigración, sentimientos hacia personas negras y sentimientos hacia musulmanes". Los datos de los eminentes Estudios de Elecciones Nacionales Americanas también mostraron que el resentimiento hacia estos grupos era un mejor indicador del apoyo a Trump que las preocupaciones económicas. Y, como mencioné antes, las encuestas de boca de urna revelaron que la victoria de Trump dependió de votantes cuyas preocupaciones principales eran inmigración y terrorismo, a pesar de su falta de experiencia en seguridad nacional y de mi largo récord en esa área. Es una manera cortés de decir que muchos de esos votantes estaban preocupados por personas de color —especialmente negros, mexicanos y musulmanes— que amenazaran su manera de vivir. Creían que las élites políticas, económicas y culturales estaban más interesadas en estos "otros" que en ellos.

No estoy diciendo que todos los votantes de Trump sean racistas o xenófobos. Hay abundantes personas de gran corazón que no se sienten cómodas con lo que perciben como retórica antipolicía, inmigrantes indocumentados y cambios rápidos de normas sobre géneros y orientación sexual. Pero había que estar sordo para no oír el lenguaje codificado y el resentimiento racialmente cargado que le dio poder a la campaña de Trump.

Cuando dije, "Se puede poner la mitad de los seguidores de Trump en lo que yo llamo una canasta de deplorables", me estaba refiriendo a una realidad bien documentada. Por ejemplo, la Encuesta Social General realizada por la Universidad de Chicago reveló que, en 2016, 55% de los republicanos blancos creían que los negros eran generalmente más pobres que los blancos "porque la mayoría simplemente no tiene la motivación o fuerza de voluntad para salir de la pobreza". En la misma encuesta, el 42% de los republicanos blancos describió a los negros como más haraganes que los blancos y el 26% dijo que eran menos inteligentes. En todos los casos, el número de demócratas blancos que dijeron lo mismo fue mucho más bajo (aunque todavía demasiado alto).

La generalización sobre un amplio grupo de personas es casi siempre algo de muy poco juicio. Y lamento haberle entregado a Trump un regalo político con mi comentario sobre "deplorables". Sé que muchas personas bien intencionadas se sintieron insultadas por haber malinterpretado que estaba criticando a *todos* los votantes de Trump. Lo lamento mucho.

Pero demasiados seguidores fundamentalistas de Trump *tienen en efecto* opiniones que considero —no hay otra palabra— deplorables. Y aunque estoy segura de que muchos seguidores de Trump tenían razones justas y legítimas para su elección, es un hecho incómodo e inevitable que todos los que votaron por Donald Trump —los 62.984.825— tomaron la decisión de elegir a un hombre que alardeó de sus asaltos sexuales, atacó a un juez federal por ser mexicano e insultó a afligidos padres Estrella de Oro que eran musulmanes y que tiene una larga y bien documentada historia de discriminación racial en sus negocios. Eso no quiere decir que cada votante de Trump aprobara esas cosas, pero como mínimo las aceptaron y las ignoraron. Y lo hicieron sin demandar lo básico que los americanos solían esperar de todos los candidatos presidenciales, desde la publicación de declaraciones de impuestos a ofrecer propuestas sustantivas de políticas para mantener las normas comunes de la decencia.

"Un momento", dirán algunos críticos, "el presidente Obama ganó dos veces. ¿Cómo puede la raza ser un factor?".

Lo importante que hay que recordar es que las actitudes raciales no son estáticas ni existen en un vacío. Como lo explicó Christopher Parker, profesor de Ciencias Políticas de la Universidad de Washington, los años de Obama produjeron una reacción de rechazo entre votantes blancos: "Cada período de progreso racial en este país ha ido seguido de un período de atrincheramiento. Eso es lo que pasó en la elección de 2016". Es como la física: cada acción tiene una reacción igual que se le opone.

Cornell Belcher, un respetado demócrata, ha estudiado extensamente el cambio en actitudes raciales en Estados Unidos y documentado esta reacción negativa en su libro *A Black Man in the White House (Un hombre negro en la Casa Blanca)*. Describió la elección de Obama como un detonante de ansiedad acumulada con el tiempo entre muchos americanos blancos. "Después de una luna de miel significativamente breve en noviembre de 2008, la aversión racial entre republicanos ascendió precipitadamente", escribió Belcher, "y permaneció en ese nivel hasta octubre de 2014 cuando volvió a elevarse al nivel más alto que había alcanzado jamás. No es una sorpresa que esos aumentos ocurrieran alrededor de las dos elecciones de medio término, cuando los candidatos republicanos trabajaron el doble de tiempo para demonizar a Obama aunque él no estaba en la boleta ni enfrascado completamente en defenderse.

Otros investigadores académicos han estudiado un fenómeno que llaman "preparación racial". Sus hallazgos muestran que cuando votantes blancos son alentados a ver el mundo a través de un lente racial y a estar más conscientes de su propia identidad racial, actúan y votan de manera más conservadora. Eso es exactamente lo que pasó en 2016. John McCain y Mitt Romney tomaron decisiones movidas por principios de no hacer que sus campañas fueran sobre raza. McCain, en un momento famoso, rebatió a una de sus votantes en una reunión comunitaria en octubre de 2008 y aseguró a la multitud que los rumores de que Obama era extranjero eran falsos. En contraste, Donald Trump alcanzó prominencia difundiendo la mentira racista de que el presidente Obama no había nacido en Estados Unidos. Trump lanzó su campaña para presidente llamando a los inmigrantes mexicanos violadores y criminales. Y continuó haciendo ataques raciales hasta el mismo día de la elección. Todo esto pasó con tiroteos de la policía y protestas de Black Lives Matter como telón de fondo. Tiene sentido que para el día de la elección, más votantes blancos estuvieran pensando en cuestiones de raza e identidad que en 2012, cuando apenas se hablaba de esos temas en ninguno de los dos lados.

Para ser justos, yo probablemente también contribuí a una elevación de la conciencia racial. Denuncié la intolerancia de Trump y su atracción de los blancos supremacistas y los llamados Derecha Alternativa. En un discurso en Reno, Nevada, en agosto de 2016, presenté un caso detallado documentando la historia de discriminación racial de Trump en su carrera de negocios y cómo utilizó una campaña basada en prejuicios y paranoia para introducir a grupos de odio a la vertiente central del país y ayudar a radicales marginales a apoderarse del Partido Republicano. Denuncié su decisión de contratar a Stephen Bannon, jefe de Breitbart, como director de su campaña. También hablé positivamente a lo largo de toda la campaña sobre la justicia racial, la inmigración y los musulmanes.

Como resultado, algunos votantes blancos pueden haber decidido que yo no estaba de su lado. Por ejemplo, mi reunión con activistas de Black Lives Matter y mi apoyo a las Madres del Movimiento fue visto por algunos policías blancos como presunción de su culpa, a pesar de mi histórico apoyo a tener más policías en las calles, a la policía comunitaria y a los hombres y mujeres socorristas que acudieron a ayudar el 11 de septiembre. Siempre dije que necesitábamos reformar tanto la vigilancia como el apoyo a policías. No pareció importar. Pero este es uno de los temas sobre los que yo no tengo dudas. Ningún padre debe sentir miedo por la vida de un hijo desarmado que cumple con la ley cuando sale de la casa. Eso no es "política de identidad". Es simplemente justicia.

Pero, regresemos al tema en cuestión. Considero que los datos en todo este tema son convincentes. Sin embargo, creo que, al final el debate entre "ansiedad económica" y racismo o "ansiedad cultural" es una elección falsa. Si uno oye hablar a muchos votantes de Trump, uno comienza a ver que todos estos diferentes aspectos de ansiedad y resentimiento están relacionados: la disminución de empleos en manufactura en el Medio Oeste que habían permitido a hombres blancos sin un título universitario darles a sus familias un nivel de vida de clase media, el análisis del género de los roles tradicionales, la ira hacia inmigrantes y otras minorías por "adelantarse" en la fila y recibir más de lo que "les corresponde", el desasosiego por una cultura cosmopolita más diversa, las preocupaciones sobre musulmanes y terrorismo y un sensación general de que las cosas no andan de la manera que debieran y que la vida era mejor y más fácil para generaciones anteriores. En la vida y en las opiniones de la gente, las preocupaciones sobre la economía, la raza, el género, la clase y la cultura se mezclan.

Los académicos ven esto también. Según el director del Grupo de Estudio de Votantes, que siguió a miles de votantes desde 2012 a 2016, "Los votantes que tenían o les aumentó el estrés económico estaban más inclinados a ser más negativos acerca de la inmigración y el terrorismo, demostrando cómo las presiones económicas coinciden con las preocupaciones culturales".

Esto no es nuevo. En 1984, Ronald Reagan ganó de manera aplastante dando vuelta a trabajadores blancos que eran demócratas. La frase "Demócratas de Reagan" surgió de una serie de famosos grupos de sondeo realizados en el condado Macomb en Michigan por Stan

Greenberg, que luego se convirtió en el encuestador de Bill en 1992. Stan reveló que muchos votantes blancos de la clase trabajadora "interpretaron los llamados demócratas en favor de la justicia económica como una forma encubierta de decir que se transferirían pagos a los afroamericanos", y culparon a los negros "por casi todo lo que había salido mal en sus vidas". Después de la elección de 2016, Stan regresó al condado Macomb a hablar con los "Demócratas de Trump". Encontró más o menos todos los sentimientos que uno esperaría: frustración con las élites y un manipulado sistema político, así como un deseo de cambios fundamentales, pero también ira contra los inmigrantes que compiten con ellos por empleos y no hablan inglés, miedo a los musulmanes y resentimiento hacia las minorías que son vistas como que reciben más beneficios del gobierno de lo que se considera justo. Algunos de los comentarios sonaban como si se hubieran extraído directamente de los grupos de sondeo de 1984.

Stan culpa en gran parte al presidente Obama por alejar a votantes de la clase trabajadora del Partido Demócrata por apoyar el comercio libre y "proclamar progreso económico y el rescate financiero de élites irresponsables, mientras los ingresos de las personas comunes se desplomaban y continuaban teniendo que esforzarse financieramente". Ese es otro recordatorio de que, a pesar del trabajo heroico del presidente Obama de restaurar nuestra economía y colocarla en buen curso después de la crisis financiera, muchos americanos no sintieron la recuperación en sus propias vidas y no les dieron crédito a los demócratas. Stan también pensó que mi campaña estaba demasiado entusiasmada con la economía, era demasiado liberal con respecto a la inmigración y no hablaba lo suficiente acerca del comercio. Aun así, Stan señala que, al salir del tercer debate, yo estaba lista para desempeñarme exitosamente con mujeres blancas de la clase trabajadora en comparación con Obama en 2012 y tal vez lograr "cifras históricas", hasta que esas votantes se apartaron en la última semana y votaron por Trump.

Stan piensa que esto pasó porque hice "silencio sobre la economía y el cambio". Pero eso es una tontería. Regresé a ver lo que yo había dicho en mis mítines finales en los estados indecisos. El día antes de la elección, le dije a una multitud en Grand Rapids, Michigan, "Tenemos que lograr que la economía funcione para todos, no solo para los que están arriba. Si ustedes creen, como yo, que Estados Unidos progresa cuando la clase media progresa, entonces tienen que ir a votar mañana". Fui más allá y prometí "la mayor inversión en empleos bien pagados desde la Segunda Guerra Mundial" con énfasis en empleos de infraestructura que no puedan ser subcontratados, manufactura avanzada que pague jornales altos, sindicatos laborales más fuertes, un salario mínimo más alto y pago igual para las mujeres. También ataqué a Trump por comprar acero y aluminio barato de China para sus edificios y por querer reducirles los impuestos a millonarios, multimillonarios y corporaciones. Le hablé directamente a "la gente de nuestro país que se siente como si la hubieran noqueado y a nadie le importa". Dije, "Si me dan el honor de ser su presidente, voy a hacer todo lo que pueda para restaurar a este país y a todo su pueblo". Yo no consideraría que eso es hacer "silencio sobre la economía y el cambio".

Dicho esto, a veces me quedo despierta por la noche pensando cómo terminamos la campaña y si había algo que podíamos haber hecho de manera diferente que hubiera representado una diferencia. Es cierto que antes de la carta de Comey, yo había planeado cerrar con publicidad agresiva recordándoles a las familias trabajadoras mis planes para cambiar nuestro país y sus vidas para mejor. Pero después de que la carta de Comey provocó una caída en mis números, el consenso en mi equipo fue que nuestra mejor estrategia era golpear a Trump duro y recordarles a los votantes por qué él no era una opción aceptable. ¿Fue ese un error? Quizás. Pero estábamos compitiendo contra una cobertura negativa de punta a punta sobre correos electrónicos, además del fango de las noticias falsas.

Es fácil cuestionar. También es fácil oír los más horribles comentarios en los grupos de sondeo de Stan y simplemente enfurecerme. Pero trato de mantener mi empatía. Todavía creo en lo que dije inmediatamente después de mi aciago comentario sobre la "canasta de deplorables" aunque esta parte no recibió mucha atención: muchos seguidores "son personas que sienten que el gobierno las ha desilusionado, que la economía las ha desilusionado, que nadie se interesa por ellas, que nadie se preocupa por lo que les ocurre en sus vidas y sus futuros y que están desesperadas por que haya cambios... Esas son las personas que tenemos que entender y con las que tenemos que empatizar también". Esas eran las personas que yo tenía la intención de ayudar.

## Supresión de votantes

Todo esto ocurrió contra un trasfondo afectado por factores estructurales que no recibieron suficiente escrutinio durante la campaña. Lo más notable fue el impacto de la supresión de votantes a través de leyes restrictivas y esfuerzos por desalentar y debilitar la participación.

Un alto miembro de la campaña de Trump no identificado por nombre alardeó ante la prensa a fines de octubre de 2016 que "tenemos en funcionamiento tres importantes operaciones de supresión de votantes", orientadas hacia liberales blancos, mujeres jóvenes y afroamericanos. Vale la pena hacer una pausa por un momento y reflexionar sobre el hecho de que ni siquiera estaban tratando de ocultar que estaban suprimiendo el voto. La mayoría de las campañas trata de ganar atrayendo más apoyo. Trump activamente trató de desalentar a la gente de ir a votar. Utilizaron algunas de las mismas tácticas que los rusos, incluyendo el tráfico de noticias falsas y los ataques que pasaban inadvertidos en Facebook. Cosas abominables. Después de la elección, Trump les dio las gracias a los afroamericanos por no votar.

Pero fuera lo que fuera que Trump estaba haciendo, no era más que lo último en una estrategia republicana de larga data de desanimar y arrebatar el derecho al voto a personas que se inclinan hacia los demócratas.

La Corte Suprema, bajo su presidente John Roberts abrió las compuertas de par en par destripando la Ley de Derecho al Voto en 2013. Cuando yo estaba en el Senado, votamos 98–0 para reautorizar la ley y el presidente George W. Bush la firmó. Pero el magistrado Roberts esencialmente argumentó que el racismo era cosa del pasado, y por tanto el país ya no necesitaba las protecciones clave de la Ley de Derecho al Voto. Fue una de las peores decisiones que la corte haya hecho jamás. En 2016, catorce estados tenían nuevas restricciones para votar, incluyendo el oneroso requisito de mostrar una identificación, a fin de afectar a estudiantes, personas pobres, ancianos y personas de color. Los republicanos en muchos estados también limitaron el número de horas de los precintos, redujeron el voto temprano y la inscripción el mismo día, eliminaron textos en otros idiomas para ayudar a los que no hablan inglés y purgaron un gran número de votantes de los registros, a veces erróneamente. Ohio solamente, eliminó dos millones de votantes desde 2011. Gran parte de este esfuerzo nacional fue coordinado por el secretario de Estado de Kansas Kris Kobach, quien dirige una iniciativa de supresión llamada Programa de Verificación Interestatal de Inscripción de Votantes.

Kobach es el principal activista por la supresión de votantes del país y recientemente fue multado por desinformar a una corte federal. Es también el vicepresidente de la nueva comisión que Trump creó para lidiar con la epidemia fantasma de fraude electoral. Estudios han revelado que de más de mil millones de votos depositados en Estados Unidos entre 2000 y 2014, solo hubo treinta y un casos creíbles de suplantación de personalidad de votantes. Sin embargo, Trump ha alegado que millones de personas votaron ilegalmente en 2016. Una revisión del *Washington Post* sólo encontró cuatro instancias de fraude electoral de los 136 millones de votos depositados en 2016, incluyendo a una mujer de Iowa que votó dos veces por Trump. Como han afirmado los propios abogados de Trump en una corte de Michigan: "Toda la evidencia obtenida sugiere que la elección general de 2016 no fue contaminada por fraude o por error". No obstante, Kobach y algunos republicanos en todo el país continúan usando alegaciones falsas de fraude para justificar la eliminación del derecho al voto.

Desde la elección, estudios han documentado la magnitud del impacto que toda esta supresión tuvo en los resultados finales. Estados con rigurosas nuevas leyes, como Wisconsin, vieron su participación disminuir 1,7 puntos, comparada con un aumento de *1,3 puntos* en estados donde la ley no cambió. Y la disminución fue particularmente aguda entre los votantes negros. La participación en las urnas bajó cinco puntos en condados de estados fuertemente afroamericanos con estrictas nuevas leyes sobre identificación, pero bajó sólo 2,2 puntos en condados similares en estados sin las nuevas leyes.

En Wisconsin, donde perdí por un margen de solo 22.748 votos, un estudio de la organización Priorities USA estimó que la nueva ley sobre identificación del votante ayudó a reducir la participación en 200.000 votos, primariamente de áreas de bajos ingresos y de minorías. Sabemos con seguridad que la participación en la ciudad de Milwaukee bajó 13%. En contraste, en la vecina Minnesota, la cual tiene una demografía similar pero no impuso arduas nuevas restricciones para votar, la participación en condados mayormente afroamericanos disminuyó mucho menos y en general la participación no tuvo esencialmente mucho cambio. En Illinois, donde el estado estableció nuevas medidas para hacer que el acto de votar fuera más fácil, no más difícil, la participación subió más del 5% en total. Entre afroamericanos, la participación fue 14 puntos más alta en Illinois que en Wisconsin. La experiencia de vivir allí bajo un gobernador profundamente impopular y pro-Trump puede también haber motivado a la gente a acudir a las urnas y rechazar la aún peor versión nacional. En suma, las leyes electorales importan. Muchísimo. Antes de la elección, un representante estatal republicano en Wisconsin predijo que la nueva ley ayudaría a Trump a lograr un giro en el estado. Tenía toda la razón.

La AP hizo un perfil de algunos votantes de Wisconsin que fueron rechazados o sus votos no fueron contados porque no tenían la requerida identificación, incluyendo a un veterano de la Marina con una licencia de conducir de fuera del estado, un estudiante universitario recientemente graduado cuya identificación fue descalificada por no tener fecha de vencimiento y una mujer de sesenta y seis años con una enfermedad crónica en los pulmones que había perdido su licencia de conducir justamente antes de la elección. Ella mostró tarjetas del Seguro Social y Medicare y un pase de autobús con foto emitido por el gobierno, pero con todo eso, su voto no fue contado. La AP reportó que estos ciudadanos despojados de su derecho a votar "no eran difíciles de encontrar".

Leer estas historias le abren los ojos a uno y desatan furia. El derecho al voto es la fundación de nuestra sociedad libre, y proteger ese derecho es lo más importante que podemos hacer para fortalecer nuestra democracia. Sin embargo, en estado tras estado, los republicanos todavía siguen suprimiendo ese derecho. La obsesión del presidente Trump con remover un fraude electoral inexistente no es más que una manera de encubrir más supresión. Ya en 2017, más estados han impuesto nuevas restricciones para votar que en 2015 y 2016 combinados. Cerca de cien proyectos de ley han sido introducidos en treinta y un estados. Este es un problema que se hará aún más ubicuo y urgente en nuestras futuras elecciones.

## ¿Hacia dónde van los demócratas ahora?

Los republicanos tienen otra ventaja: una infraestructura política poderosa y permanente, especialmente en línea. Después de la derrota de Mitt Romney en 2012, y los amplios elogios a la tecnología de la campaña de Obama, los republicanos prometieron ponerse al día. Entre 2013 y 2016, el Comité Nacional Republicano invirtió más de $100 millones en operaciones de datos. Grupos externos como los Mercer y los hermanos Koch también gastaron mucho en esto.

En contraste, el Comité Nacional Demócrata fue terriblemente sobrepasado. Tom Perez, el nuevo presidente del DNC, ha dicho, "Tenemos que elevar nuestra tecnología". Tiene razón. Perez prometió "hacer un mejor trabajo de construir la plataforma de análisis de datos que nos permita no solo tener éxito en elecciones hoy sino también mantenernos al más alto nivel en las próximas décadas". Eso es crucial.

Si queremos ganar en el futuro, los demócratas necesitan ponerse al día y dar un gran salto adelante. Y esto no se refiere tan solo a los datos. Necesitamos una red de distribución de contenido que funcione ininterrumpidamente y que pueda compararse con la que la derecha ha construido. Eso significa una variedad de páginas de Facebook libremente conectadas, cuentas de Instagram, mensajes de Twitter, historias de Snapchat y comunidades de Reddit que publiquen memes, gráficas y videos. Una recolección de datos y análisis más sofisticados pueden apoyar y contribuir a esta red. No soy una experta en estas cosas, pero sé lo suficiente para entender que la mayoría de la gente recibe las noticias en pantallas, por lo que tenemos que estar en ellas las veinticuatro horas del día, los siete días de la semana.

Hay otras lecciones que espero que los demócratas aprendan de 2016. Desde la elección, el partido ha estado debatiendo cómo mejor prepararnos para ganar en el futuro, comenzando con las elecciones de medio término en 2018. Pienso que la mayor parte del drama que se percibe entre la gente de centro-izquierda y de izquierda-izquierda en este tema es exagerado. Estamos mucho más unidos entre nosotros de lo que cualquiera de nosotros podría estar con Trump y los republicanos, quienes solo continúan moviéndose más hacia un extremo. Bernie Sanders y yo escribimos la plataforma demócrata de 2016 juntos y él la considera la más progresista de la historia. Compartimos muchos de los mismos valores y la mayoría de nuestras diferencias sobre políticas es relativamente menor en comparación con la aguda división entre los dos partidos.

También estaríamos presionados a encontrar algún demócrata que no esté de acuerdo con que necesitamos seguir mejorando nuestra presentación económica y que deberíamos seguir esforzándonos sostenidamente para recuperar a los votantes que fueron de Obama a Trump. Tendremos que convencerlos de que los demócratas los respetan y tienen un plan para mejorarles la vida, no solo en las grandes ciudades sino también en los pueblos pequeños y en las áreas rurales. Eso podría resultar más fácil al ver los votantes que Trump no cumple sus promesas populistas y se suma a la agenda republicana del Congreso que inclina el terreno más hacia los más ricos y poderosos a expensas de las familias trabajadoras. ¡Hasta ahora, sus debates sobre el cuidado de salud son acerca de si se los van a quitar a veintidós millones de americanos para usar esos fondos para reducir los impuestos de los más pudientes!

De modo que sí, necesitamos competir en todas partes, y no podemos darnos el lujo de descartar a ningún votante o estado. Pero no todo es alegría en el Partido Demócrata. Estamos oyendo mucha retórica y análisis equivocados que pueden conducirnos en una dirección errónea.

Un argumento es si el hecho de impulsar la investigación sobre Rusia nos va a distraer de presentar bien a los votantes el caso sobre cuidados de salud y la economía. Esta es otra falsa opción. Tiene mucho sentido que los candidatos al Congreso se enfoquen en los temas que tengan que ver con el bolsillo de los votantes, y la desastrosa legislación republicana sobre cuidados de salud debe recibir el máximo énfasis. Pero ello no significa que los demócratas que ya están en el Congreso deban dejar de hacer su trabajo. Deben continuar supervisando rigurosamente y situar la responsabilidad en la administración de Trump. Tengo confianza en que los demócratas pueden caminar y masticar chicle al mismo tiempo. Además, el creciente escándalo ruso está demostrando a los americanos que Trump es un mentiroso, y eso nos va a ayudar a convencerlos de que también está mintiendo sobre cuidados de salud y empleos. Y no subestimen cómo, si bajamos la guardia, las operaciones encubiertas de Rusia pueden fácilmente volverse a utilizar en el futuro para derrotar a otros demócratas. Ese torrente de desinformación ayudó a ahogar mi mensaje y a robarme la voz. Le dio a Trump la manera de escapar de sus propios problemas. Todo esto puede volver a ocurrir si no lo detenemos. Ah, y para cualquier demócrata en el Congreso que sea aprensivo a meter mucha presión, pregúntense lo que harían los republicanos si la situación fuera al revés.

Y aquí va otro argumento equivocado. Algunas de las mismas personas que dicen que la razón por la que yo perdí fue porque no tenía un mensaje económico, ahora insisten en que lo único que los demócratas tienen que hacer para ganar en el futuro es hablar más de empleo y entonces —¡pum!— todos esos votantes de Trump regresarán corriendo a casa. Tanto la premisa como la conclusión son falsas. Sí, necesitamos hablar lo más que podamos acerca de crear más empleos, elevar el jornal mínimo y hacer que el cuidado de salud y los estudios universitarios sean menos costosos y más accesibles. Pero eso es exactamente lo que yo hice durante todo 2016. Así que no es una solución mágica y no puede ser de lo único que hablemos.

Los demócratas tenemos que continuar defendiendo los derechos civiles, los derechos humanos y otros temas que ahora forman parte de nuestra marcha hacia una unión más perfecta. No debemos sacrificar nuestros principios a fin de perseguir a votantes cuyo número está disminuyendo y que miran más al pasado que al futuro.

Mi derrota no cambió el hecho de que el futuro de los demócratas está vinculado al de Estados Unidos en un mundo que está cambiando rápidamente, y nuestra capacidad de progresar depende de un electorado joven, educado y crecientemente diverso. Aun cuando los titulares sean malos, hay razón para ser optimistas acerca de las tendencias.

Yo fui la primera demócrata desde FDR en ganar el condado Orange en California. Logré triunfos históricos en los suburbios de Atlanta, Houston, Dallas y Charlotte, así como en otras áreas tradicionalmente republicanas en todo el Cinturón del Sol. La participación hispana en las elecciones dio un salto de cerca del 5% en Florida y se elevó también en otras áreas de los cayos.

No fue suficiente esta vez, pero estas tendencias son la llave de nuestro futuro. Esa es la razón por la que los republicanos han trabajado tan duro para mantener a los jóvenes y a las personas de color lejos de los precintos para votar y manipular las circunscripciones para proteger a los que ya ocupan escaños en el Congreso. Los demócratas tendrán que trabajar aún más duro para luchar por el derecho al voto, por circunscripciones más justas y una participación alta de votantes no solo en elecciones presidenciales, sino también en elecciones de medio término locales, estatales y federales donde se seleccione la gente que va a formular las leyes y dibujar los distritos del Congreso.

Sé que podemos hacerlo. Hay suficientes escaños vulnerables ocupados por republicanos en el Congreso en distritos que yo gané para los demócratas para poder retomar la Cámara en 2018, muchos de ellos en los suburbios del Cinturón del Sol. Y si podemos igualmente cambiar algunos distritos de trabajadores del Medio Oeste que votaron por Trump pero están ahora desilusionados por sus decisiones en el cargo, tanto mejor. Necesitamos una estrategia que nos coloque en posición de atrapar cualquier ola que se forme, y competir y ganar en todo el país.

Creo firmemente que es posible apelar a todos los sitios de nuestra gran y diversa nación. Necesitamos mejorar la manera en que explicamos a todos los americanos por qué una sociedad más inclusive con un crecimiento ampliamente compartido será mejor y más próspera para todos. Los demócratas deben presentar el caso de que expandir la oportunidad económica y expandir los derechos y la dignidad de todos no deben ser excluyentes, sino ir de la mano. Traté de hacer esto en

2016. Es la razón del slogan "Más Fuertes Juntos". Y es la razón por la que hice énfasis en mi compromiso de ayudar a crear empleos en todos los códigos postales, en vecindarios desatendidos *y* en pueblos pequeños de la región de los Apalaches. Esa visión fue la que ganó el voto popular por casi tres millones (sí, voy a seguir mencionándolo). Desafortunadamente, el resentimiento de suma cero resultó más poderoso que la aspiración de suma positiva en los lugares que más importaba. Pero eso no quiere decir que nos rendimos. Lo que significa es que tenemos que seguir presentando el caso, respaldado por nuevas ideas de políticas agresivas y un renovado compromiso con nuestros valores fundamentales.

En cuanto a mí, estoy segura de que seguiré repitiendo en mi mente durante mucho tiempo lo que salió mal en esta elección. Como dije en mi discurso de concesión, va a ser doloroso durante algún tiempo. Ninguno de los factores discutidos aquí disminuye la responsabilidad que siento o la dolorosa sensación de que los decepcioné a todos. Pero no me voy a amargar ni a desaparecer. Voy a hacer todo lo que pueda por apoyar a candidatos demócratas fuertes dondequiera. Si están leyendo este libro, espero que hagan su parte también.

*Si nuestras expectativas —si nuestras oraciones y sueños más preciados no se hacen realidad— debemos entonces todos tener en cuenta que la más maravillosa gloria de vivir reside no en nunca caernos, sino en levantarnos cada vez que nos caemos.*

—Nelson Mandela

# Resiliencia

*Hay tres cosas importantes en la vida humana. La primera es ser bondadoso. La segunda es ser bondadoso. Y la tercera es ser bondadoso.*

—Henry James

# Amor y bondad

La política siempre ha sido un oficio brutal. Thomas Jefferson y John Adams se lanzaron insultos que harían sonrojar a los más repugnantes políticos de hoy. Son las reglas del juego: cada campaña busca establecer contrastes con sus adversarios y la prensa desea cubrir conflictos. Así que no debe sorprender que las dos palabras que no se oyen muy a menudo entre los golpes y los empujones de nuestras reyertas sean *amor* y *bondad*. Pero ustedes las oyeron en nuestra campaña.

Comenzó como algo que yo mencionaba ocasionalmente al final de discursos, cómo nuestro país necesitaba compasión y un espíritu de comunidad en un tiempo de división. Finalmente se convirtió en un grito de campaña: "¡El amor supera al odio!". Esto surgió en parte porque la competencia se tornó fea y cruel y queríamos un antídoto para todo eso. Pero en parte porque he estado pensando durante mucho tiempo que nuestro país necesita ser más bondadoso y todos necesitamos estar mejor conectados unos con otros. No se trata simplemente de un pensamiento dulce. Para mí es serio. Si yo hubiera ganado la elección, este habría sido un proyecto discreto pero importante de mi presidencia.


Pocas semanas después de la elección, obtuve una copia de un sermón titulado "Eres aceptado", por Paul Tillich, el teólogo cristiano de mediados del siglo veinte. Recuerdo estar sentada en el sótano de la iglesia en Park Ridge hace años cuando el ministro de los jóvenes, Don Jones, nos lo leyó. "La gracia nos impacta cuando estamos sumidos en gran dolor e inquietud… A veces en ese momento una ola de luz irrumpe en la oscuridad, y es como si una voz dijera: 'Eres aceptado'". Años más tarde, cuando mi matrimonio estaba en crisis, llamé a Don. Lee a Tillich, dijo. Lo hice. Y me ayudó.

Tillich dice acerca de la gracia: "Ocurre, o no ocurre. Y ciertamente no ocurre si tratamos de forzarla en nosotros". Esto es algo que siempre me quedó. "La gracia ocurre. La gracia ocurre". En otras palabras, sé paciente, sé fuerte, sigue andando y deja que la gracia venga cuando pueda.

Ahora tenía sesenta y nueve años y leía a Tillich otra vez. Allí había mucho más que lo que recordaba. Tillich dice que el pecado es separación y la gracia reconciliación: es "poder mirar francamente a los ojos de otra persona… entender las palabras que nos decimos… no meramente el significado literal de las palabras, pero también lo que está detrás de ellas, incluso cuando sean ásperas o coléricas". Después de una elección divisiva, esto tenía resonancia de alguna manera. Muchos americanos estaban distanciados unos de otros. La reconciliación parecía estar muy distante. El país entero estaba furioso. Antes de la elección, parecía que la mitad de la gente estaba furiosa y resentida, mientras la otra mitad estaba todavía fundamentalmente esperanzada. Ahora puede decirse que todos están enojados por algo.

Tillich publicó su sermón un año después de yo haber nacido. A veces la gente se refiere a los años de la postguerra como la época de oro en Estados Unidos. Pero incluso entonces, él tuvo una sensación de "falta de significado, vaciedad, duda y cinismo, todas expresiones de desesperanza, de nuestra separación de las raíces y el significado de nuestra vida". Eso puede también haber sido Estados Unidos en 2016. ¿Cuántos pueblos pequeños reduciéndose y ciudades envejeciendo en el Cinturón del Óxido visité yo durante los dos últimos años donde la gente se sentía abandonada, ofendida, invisible? ¿Cuántos hombres y mujeres jóvenes en vecindarios urbanos desatendidos me dijeron que se sentían como extraños en su propia tierra por el color de su piel? La alienación atravesaba raza, clase, geografía. En 1948, a Tillich le preocupaba que la tecnología hubiera removido "los muros de distancia, en tiempo y espacio", pero hubiera fortalecido "los muros de distanciamiento entre corazón y corazón". ¡Si hubiera visto internet!

¿Cómo vamos a amar a nuestro prójimo cuando nos sentimos así? ¿Cómo vamos a encontrar la gracia que Tillich dice que viene con la reconciliación y la aceptación? ¿Cómo podemos crear la confianza que sostiene a una democracia?

Debajo de estas preguntas hay otras con las que he estado luchando y sobre las que he estado escribiendo y hablando durante cuatro décadas.

Comenzó en la universidad. Igual que muchos otros jóvenes, me sentí ahogada por la conformidad conservadora y avariciosa de la época representada en la serie de televisión *Mad Men*. La escena en la película *El graduado* en que un hombre mayor hace un aparte con Dustin Hoffman y, con gran seriedad, comparte el secreto de la vida en una palabra —"Plástico"— nos disgustó a todos. No en balde tantos de nosotros andábamos buscando un significado y un propósito dondequiera que pudiéramos encontrarlos. Como dije en mi discurso de graduación en Wellesley, estábamos "buscando maneras de vivir más inmediatas, extáticas y penetrantes".

(Sí, estoy consciente de lo idealista que eso suena, ¡pero así hablábamos!). Yo no sabía cómo expresarlo exactamente en palabras, pero lo que muchas de nosotras queríamos era una vida integrada que mezclara y balanceara la familia, el trabajo, el servicio y la conexión espiritual todo junto. Queríamos sentirnos como parte de algo más grande que nosotros, definitivamente algo más grande que el "plástico".

Sorprendentemente, encontré parte de lo que estaba buscando no en un manifiesto de la Nueva Era, sino en un libro muy viejo.

En una de mis clases de Ciencias Políticas, leí *La democracia en América* por Alexis de Tocqueville. Él vino de Francia y viajó por todo Estados Unidos en la década de 1830 tratando de entender lo que nos hacía funcionar. Estaba asombrado de la igualdad social y económica y la movilidad que vio aquí, algo desconocido en la aristocrática Europa, y de lo que llamó nuestros "hábitos del corazón", los valores y costumbres cotidianos que colocaban a los americanos en una categoría aparte del resto del mundo. Describió una nación de voluntarios y personas que resolvían problemas, que creían que su propio interés progresaba cuando se ayudaban unos a otros. Como Benjamín Franklin, formaban departamentos de bomberos voluntarios, porque se daban cuenta de que si la casa de su vecino se incendiaba, eso era también problema suyo. Las mujeres de clase media —incluyendo a muchas metodistas— visitaban los más peligrosos barrios del siglo diecinueve para ayudar a niños pobres que no tenían quién los protegiera. Esos americanos de los primeros tiempos se unieron inspirados por la fe religiosa, la virtud cívica y la decencia común para darles una mano a los que necesitaban mejorar sus comunidades. Se reunieron en clubes y congregaciones, organizaciones cívicas y partidos políticos, todo tipo de grupos que los unieran en un país diverso. De Tocqueville creía que ese espíritu había hecho posible el gran experimento democrático de Estados Unidos.

Esos "hábitos del corazón" se sentían distantes de mí en los turbulentos años sesenta. En lugar de contribuir a construir un granero o coser una manta —o limpiar un parque o construir una escuela— los americanos parecían estar todo el tiempo a las greñas. Y una generalizada pérdida de confianza socavaba la democracia que De Tocqueville había celebrado 130 años antes. Leer sus observaciones me ayudó a darme cuenta de que mi generación no necesitaba reinventar totalmente a Estados Unidos para arreglar los problemas que veíamos y encontrar el significado que buscábamos, simplemente teníamos que reclamar la mejor parte de nuestro carácter nacional. Eso comenzaba, le dije a mis compañeras en mi discurso de graduación, con el "respeto mutuo entre la gente", otra frase burda pero con un buen mensaje.

Dando un salto adelante hacia principios de 1991, logré lo que siempre había soñado —una hermosa familia, una carrera gratificante y una vida de servicio a los demás— y mucho más de lo que jamás había imaginado. Fui la primera dama de Arkansas. Cada parte de esa afirmación habría sorprendido a la chica que yo era en la universidad. Ahora mi esposo estaba pensando en postularse a la presidencia de Estados Unidos. Yo no sabía si él podía ganar —la cifra de aprobación de George H. W. Bush sobrepasaba el 90% después de ganar la Guerra del Golfo— pero estaba segura de que el país necesitaba que él lo intentara. Los años de Reagan habían restaurado la confianza de Estados Unidos pero le habían debilitado el alma. La avaricia era buena. En vez de una nación definida por sus "hábitos del corazón", nos habíamos convertido en una tierra en la que había que "nadar o hundirse". Bush había dicho algunas cosas acertadas, apelando al país a ser "más bondadoso y más gentil" y celebrando la generosidad de nuestra sociedad civil como "mil puntos de luz". Pero los conservadores utilizaron eso como excusa para que el gobierno hiciera menos para ayudar a los menos afortunados. Es fácil olvidar cómo eran las cosas. Ahora que el Partido Republicano se ha desplazado hacia la extrema derecha en los años que han transcurrido desde entonces, los años ochenta han tomado un halo retrospectivo de moderación en comparación. Y es cierto que Reagan concedió amnistía a inmigrantes indocumentados, y Bush elevó los impuestos y firmó la Ley de Ciudadanos con Discapacidades. Pero sus políticas económicas por gotero hicieron estallar el déficit y les hicieron daño a familias trabajadoras. Mi opinión era que estaban equivocados en la mayoría de los temas, y todavía pienso así.

En aquellos días, yo todavía leía la revista *Life*, y en el número de febrero de 1991, noté algo que me tomó totalmente por sorpresa. Era un artículo de Lee Atwater, el autor intelectual republicano que había ayudado a elegir a Reagan y a Bush con campañas de rompe y rasga que apelaban a los peores impulsos y los miedos más feos de nuestro país. Atwater fue el hombre detrás del aviso infame sobre "Willie Horton" que usó el elemento racista como carnada, el hombre que creía en ganar a cualquier costo. También estaba mortalmente enfermo con cáncer de cerebro y aún no tenía cuarenta años de edad.

El artículo de Atwater en la revista *Life* leía como una conversión de lecho de enfermo. El buscapleitos político de puño limpio estaba sufriendo un ataque de conciencia. Y a pesar de venir de alguien con quien yo discrepaba virtualmente en todo, me pareció haber estado leyendo mi propia mente impresa en la revista. He aquí lo que escribió que me causó una gran impresión:

Mucho antes de haber contraído cáncer, sentí una cierta conmoción en la sociedad americana. Era la sensación entre la gente del país, tanto republicanos como demócratas, de que faltaba algo en sus vidas, algo crucial. Yo estaba tratando de posicionar al Partido Republicano para que se aprovechara de ello. Pero no estaba seguro de lo que era. Mi enfermedad me ayudó a ver que lo que estaba faltando en la sociedad era lo que me estaba faltando a mí. Un poco de corazón, una gran hermandad.

Los años ochenta se definieron por el verbo adquirir: adquirir riqueza, poder, prestigio. Lo sé. Adquirí más riquezas, poder y prestigio que la mayoría. Pero se puede adquirir todo lo que se desea y todavía sentirse vacío. ¿Qué poder no estaría yo dispuesto a cambiar por un poco más de tiempo con mi familia? ¿Qué precio no pagaría por una noche con amigos? Hizo falta una enfermedad mortal para colocarme cara a cara con esa verdad, una verdad que el país, enfrascado en sus ambiciones despiadadas y su decadencia moral, podría aprender a costa mía.

No sé quién nos dirigirá a través de los años noventa, pero deben hacerlo dirigirse a este vacío en el corazón de la sociedad americana, ese tumor en el alma.

¡Era así exactamente cómo yo me sentía! Atwater se refería a una cuestión que me había estado carcomiendo durante años. ¿Por qué, me preguntaba, en el país más rico y más poderoso de la tierra, con la democracia más vieja y exitosa, tantos americanos sentían que faltaba significado en sus vidas individuales y en nuestra vida colectiva nacional? Me parecía que lo que estaba faltando era un sentido de que nuestras vidas eran parte de un esfuerzo mayor, que estábamos todos conectados unos con otros y que cada uno tenía un lugar y un propósito.

Esta era parte de la razón por la que yo pensaba que Bill debía postularse para presidente. Llenar el "vacío espiritual" de Estados Unidos no era una tarea del gobierno, pero ayudaría contar con un liderazgo fuerte y compasivo. Bill comenzaba a pensar cómo enraizar una campaña en los valores de oportunidad, responsabilidad y comunidad. Finalmente él lo llamaría un "nuevo pacto", un concepto bíblico. Él confiaba en que apelaría a este sentimiento, tan bien articulado por Atwater, de que algo importante estaba faltando en el corazón de la vida americana.

Recorté el artículo de la revista *Life* y se lo mostré a Bill.

(Me pregunto lo que Lee Atwater diría sobre Donald Trump.

¿Admiraría el desparpajo de una campaña que dejó de usar eufemismos y lenguaje disimulado y expresaba su intolerancia en un inglés claro que todos oyeran? ¿O vería a Trump como la encarnación de todo lo que él odiaba de los ochenta: un gran tumor en el alma de Estados Unidos?).

Demos otro salto adelante, esta vez hacia abril de 1993. Mi padre de ochenta y dos años estaba en coma en el Hospital St. Vincent en Little Rock. Hacía dos semanas que había sufrido una apoplejía masiva. Lo único que yo quería era permanecer sentada junto a su cama, tomándolo de la mano, pasarle la mano por el pelo, y esperar y confiar que abriría los ojos o me apretaría los dedos. Pero nadie sabía cuánto iba a durar su coma y Chelsea tenía que regresar a la escuela en Washington. Por razones más allá de lo comprensible, yo también tenía un compromiso del que no podía salirme: un discurso para catorce mil personas en la Universidad de Texas en Austin.

Yo era, para expresarlo suavemente, un desastre. En el avión hacia Austin, hojeé el pequeño libro de citas que conservo, las escrituras y poemas, tratando de averiguar qué podía decir en el discurso. Entonces pasé la página y vi el recorte del artículo de Lee Atwater en *Life*. Algo que está faltando en nuestras vidas, un vacío espiritual, de eso iba a hablar. No iba a ser mi discurso más articulado y coherente, pero al menos saldría directamente de mi corazón herido. Comencé a delinear una nueva apelación a la "mutualidad del respeto" de la que yo había hablado en mi discurso de graduación en Wellesley, un regreso a los "hábitos del corazón" de De Tocqueville.

Cuando llegué a Texas, hablé acerca del aislamiento, la desesperanza y la desesperación que yo veía aparecer bajo la superficie de la vida americana. Cité a Atwater. Y a su pregunta —"¿Quién nos va a dirigir para salir de este vacío espiritual?"— respondí, "todos nosotros". Necesitábamos mejorar el gobierno y fortalecer las instituciones, y eso era lo que la nueva administración de Clinton estaba tratando de hacer, pero no sería suficiente. "Necesitamos una nueva política de significado", dije, "una nueva ética de responsabilidad individual y de compasión". Y eso requerirá que todos hagamos nuestra parte para construir "una sociedad que nos llene otra vez y que nos haga sentir que somos parte de algo mayor que nosotros". Cité a De Tocqueville y hablé de la importancia de las redes familiares, de amistad y comunidad que son el pegamento que nos mantiene unidos.

Había habido mucho cambio en nuestro país, gran parte positivo pero también una gran parte profundamente inquietante. La turbulencia social y cultural de los años sesenta y setenta, seguida de cambios económicos y tecnológicos de los ochenta y noventa, con el surgimiento de la automatización, la desigualdad salarial y la economía de información, todo parecía contribuir a un vaciamiento espiritual. "El cambio vendrá gústenos o no, y lo que tenemos que hacer es tratar de lograr que el cambio sea nuestro amigo y no nuestro enemigo", dije.

> Los cambios que contarán más son los millones y millones de cambios que tienen lugar al nivel individual según la gente rechaza el cinismo; está dispuesta a tomar riesgos para enfrentar desafíos que observa a su alrededor; comienza a tratar de ver a los demás como quiere ser vista y a tratarlos como desea que se la trate; supera los obstáculos que hemos erigido alrededor de nosotros que nos separan unos de otros, temerosos y con miedo, no dispuestos a construir los puentes necesarios; llena el vacío espiritual del que hablaba Lee Atwater.

En la política, la gente normalmente no habla así. Tampoco lo hacen las primeras damas. Y pronto descubrí por qué.

El día después de mi discurso, mi padre murió. Regresé a Washington para encontrar que muchos en la prensa habían odiado mi intento de hablar abiertamente sobre lo que yo pensaba que no estaba bien en este país. La revista dominical del *New York Times* me puso en la cubierta con un titular sarcástico "Santa Hillary". El escritor describió el discurso en Texas como "una predicación fácil, moralista, formulada dentro de envolturas diáfanas y efusivas del argot de la Nueva Era".

Aprendí mi lección. En los siguientes cuatro años, seguí pensando en una "nueva ética de responsabilidad individual y compasión", pero no hablé mucho de ella. Leí lo más que pude, incluyendo un nuevo artículo por el profesor de Harvard Bob Putnam, que luego se convirtió en un libro *best seller* titulado *Bowling Alone (Boleando solo)*. Putnam utilizó la declinación de la membresía en las ligas de bolos como ejemplo evocativo de la descomposición del capital social y la sociedad civil de Estados Unidos. Los mismos problemas que me habían estado preocupando.

Decidí escribir mi propio libro. Hablaría de estas preocupaciones de una manera menos "diáfana y efusiva" que en mi discurso de Texas y ofrecería una visión práctica y de mesa de cocina sobre lo que podíamos hacer al respecto. El enfoque sería la responsabilidad que todos teníamos de crear una comunidad saludable de contención y crianza para los niños. Lo titularía *It Takes a Village (Hace falta una aldea)* citando un proverbio africano que captó algo en lo que yo había creído durante mucho tiempo.

Escribí sobre lo frenética y fragmentada que se había vuelto la vida americana para mucha gente, especialmente para padres estresados. Las familias extendidas habían dejado de proveer el apoyo que solían representar. El crimen seguía siendo un gran problema para muchas comunidades, convirtiendo vecindarios en lugares peligrosos en lugar de sitios de contención y solidaridad. Estábamos pasando más tiempo en nuestros automóviles y viendo televisión y menos tiempo participando en asociaciones cívicas, casas de adoración religiosa, sindicatos, partidos políticos y, sí, ligas de bolos.

Creí que necesitábamos encontrar nuevas maneras de apoyarnos mutuamente. "Nuestro desafío es arribar a un consenso de valores y una visión común de lo que podemos hacer hoy, individual y colectivamente, para construir familias y comunidades fuertes", escribí. "Crear ese consenso en una democracia depende de considerar seriamente otros puntos de vista, resistir la tentación de la retórica extremista y balancear derechos y libertades individuales con la responsabilidad personal y las obligaciones mutuas".

Una vez más, la reacción de ciertos círculos fue brutal. Los republicanos caricaturizaron mi llamado a familias y comunidades más fuertes como más liberalismo de gobiernos grandes, incluso un "oculto totalitarismo" en palabras de una revista. "Se nos dice que se necesita una aldea, que es colectiva, y por ende un estado, para criar a un hijo", dijo Bob Dole, su voz destilando desdén en su discurso de aceptación de la nominación presidencial en la Convención Nacional Republicana de 1996. "Estoy aquí para decirles que no hace falta una aldea para criar a un hijo. Lo que se necesita para criar a un hijo es una familia". La multitud enloqueció.

Ustedes pensarían que es un poco raro para un candidato nominado por un partido político importante utilizar tiempo del discurso más importante de su campaña para atacar un libro infantil escrito por la Primera Dama. Y tendrían razón.

Se estaba haciendo dolorosamente claro que no había espacio en nuestra política para el tipo de discusión que yo quería tener. O acaso yo era la mensajera equivocada. De un modo u otro, esto no estaba funcionando.

Recibí audiencias más receptivas en el extranjero. En un discurso en el Foro Económico Mundial en Davos, Suiza, en 1998, traté de explicar cómo el concepto de mi "aldea" podía formar parte de una agenda global de reforma política y económica. Utilicé la metáfora de una banqueta de tres patas, la cual empleé muchas veces en los años que siguieron. Una economía abierta y próspera era una de las patas. Un gobierno democrático estable y receptivo era la segunda pata. Y la tercera, demasiado frecuentemente subestimada en discusiones serias sobre política exterior, era la sociedad civil. "Es la esencia de la vida", dije. "Es la familia, es la creencia religiosa y la espiritualidad que nos guía. Es la asociación voluntaria de la cual somos miembros. Son el arte y la cultura que nos elevan el espíritu".

Transcurrieron otros veinte años. Ahora estaba postulándome a la presidencia en tiempos de profunda división y una ira ardiente. En las noticias, hubo una aparentemente interminable serie de ataques terroristas y matanzas masivas. La policía continuaba matando jóvenes negros. Un candidato a la presidencia se refirió a los inmigrantes mexicanos como violadores y alentó la violencia en sus mítines electorales. En internet las mujeres eran acosadas con frecuencia y era imposible tener una conversación sobre política sin tener que soportar un aluvión de invectivas.

A finales de mayo de 2015, estaba haciendo campaña en Columbia, Carolina del Sur. Entre un evento y otro, intercalamos una escala rápida en el Main Street Bakery para yo poder comprar unas magdalenas y estrechar algunas manos. Sólo había un cliente en el sitio, un caballero mayor afroamericano sentado solo junto a una ventana enfrascado en la lectura de un libro. Estuve renuente a interrumpirlo, pero hicimos contacto visual. Caminé hacia él, lo saludé y le pregunté qué estaba leyendo.

El hombre levantó la cabeza y dijo, "Primera de Corintios 13".

Sonreí. "El amor es sufrido, es benigno", dije, "no tiene envidia, no es jactancioso, no se envanece".

Su nombre era Donnie Hunt, y era un pastor de la Primera Iglesia Bautista del Calvario, preparándose para el estudio bíblico de ese día. Me invitó a sentar.

Me dijo lo gratificante que le era leer una y otra vez estos versos tan familiares. "Uno siempre aprende algo", me dijo.

"Es que están vivos", le respondí. "Es la palabra viviente".

Permanecimos largo tiempo sentados y hablando, sobre libros, su iglesia, las escuelas locales, las tensiones raciales en la comunidad, su esperanza de poder un día visitar Tierra Santa. "Está en mi lista de cosas que hacer antes de morir".

Pocas semanas después, estaba de vuelta en Carolina del Sur. Esta vez era en Charleston. Visité un colegio universitario técnico y hablé con aprendices que tenían la esperanza de que su entrenamiento condujera a un buen trabajo y una vida feliz. Era un grupo diverso —negros, blancos, hispanos, asiáticos— todos jóvenes e increíblemente esperanzados. Escuché sus historias y percibí el orgullo contenido en sus voces.

Me monté en un avión hacia Nevada y no oí las noticias hasta que aterrizamos. Un joven blanco que intentaba empezar una guerra racial había masacrado a nueve feligreses en una reunión de estudios bíblicos nocturna en la Iglesia Madre Emanuel en Charleston. *Emanuel* significa "Dios con nosotros", pero la noticia hizo difícil sentirse de esa manera. Nueve fieles mujeres y hombres, con familias y amigos y tanto que contribuir todavía en sus vidas, eliminados mientras oraban. ¿Qué nos está pasando? Pensé. ¿Cómo hemos dejado que esto ocurra en nuestro país? ¿Cómo permitimos todavía que las armas de fuego caigan en manos de personas cuyos corazones están llenos de odio?

Dos días más tarde, la policía presentó al asesino en la corte. Uno por uno, padres y hermanos de luto estuvieron presentes de pie mirándole los ojos en blanco a este joven que les había quitado tanto, y le dijeron: "Te perdonamos". A su manera, esos actos de misericordia fueron más impresionantes que su acto de crueldad.

Un amigo me envió una nota. "Piensa en los corazones y valores de esos hombres y mujeres de Madre Emanuel", dijo.

"Una docena de personas reunidas para orar. Están en la más íntima de sus comunidades, y un extraño que no se parece a ellos ni viste como ellos se suma al grupo. Ellos no juzgan. No hacen preguntas. No rechazan. Simplemente le dan la bienvenida. Si él está ahí, es que necesita algo: oración, amor, comunidad, algo. En su última hora, nueve personas de fe dieron la bienvenida a un extraño en oración y hermandad".

Mi amigo dijo que le recordaba las palabras de Jesús en Mateo: "Tuve hambre, y me disteis de comer; tuve sed, y me disteis de beber; fui forastero, y me recogisteis".

En un discurso en San Francisco, leí la nota de mi amigo en voz alta. Luego levanté la vista, y dije lo que estaba sintiendo en ese momento: "Sé que no es usual para alguien que se postula a la presidencia decir que lo que más necesitamos en este país es amor y bondad. Pero eso es exactamente lo que necesitamos".


"Amor y bondad" se convirtió en una especie de mantra para mí durante la campaña. Nunca fue el mensaje principal del día, nunca un llamado a las armas de una "nueva política de significado", pero algo a lo que yo regresaba una y otra vez, y a lo que el público casi siempre reaccionaba, como si tuviera sed de ello. Con todas las noticias podridas en la televisión y toda la negatividad de la contienda, muchas personas querían recibir confirmación de la bondad básica de nuestro país y nuestra esperanza de un futuro mejor y más bondadoso. Cuando comenzamos a usar la frase "el amor supera al odio", nuestros seguidores lo captaron y se dispersó. Hubo momentos en que oía a grandes multitudes coreando esas palabras, y por un minuto me sentía elevada por la energía positiva y pensaba que acaso podía llevarnos a la meta final.

He pasado muchas horas desde la elección preguntándome si podía haber hecho más para presentar ese mensaje a un electorado furioso en una época de cinismo. Se ha dicho y escrito tanto acerca de la adversidad económica y la declinación de la expectativa de vida de los blancos de la clase trabajadora que apoyaron a Donald Trump. ¿Pero por qué deben ellos estar más furiosos y resentidos que los millones de negros y latinos que son más pobres, mueren más jóvenes y tienen que luchar cada día con una arraigada discriminación? ¿Por qué muchas personas que se sintieron fascinadas con Barack Obama en 2008 fueron tan cínicas en 2016 después de que él salvó la economía y extendió los cuidados de salud a millones que los necesitaban?

Regresé a De Tocqueville. Después de estudiar la Revolución

Francesa, escribió que las revueltas tendían a empezar no en lugares donde las condiciones son peores, sino en lugares donde las expectativas en su mayoría no son satisfechas. Así que, si a alguien lo han criado para creer que su vida se va a desarrollar de cierta manera —digamos, con un empleo de sindicato estable que no requiere un título universitario pero provee un ingreso de clase media, con tradicionales roles de género intactos y todos hablando inglés— y las cosas no funcionan de la manera esperada, es ahí donde uno se enfada. Tiene que ver con la pérdida. Tiene que ver con la sensación de que el futuro va a ser más difícil que el pasado. Fundamentalmente, creo que la desesperanza que vimos en tantos lugares de Estados Unidos en 2016 se originó en los mismos problemas que a Lee Atwater y a mí nos preocupaban hace alrededor de veinticinco años. Demasiadas personas se sienten alienadas unas de otras y de cualquier sensación de pertenecer o de tener un propósito superior. La ira y el resentimiento llenan ese vacío y pueden inundar todo lo demás: la tolerancia, las normas básicas de la decencia, los hechos y desde luego el tipo de soluciones prácticas que estuve ofreciendo durante toda la campaña.

¿Siento empatía por los votantes de Trump? Esa es una pregunta que me he hecho muchas veces. Es complicado. Es relativamente fácil empatizar con personas trabajadoras y bondadosas que decidieron que no podían en buena conciencia votar por mí después de leer esa carta de Jim Comey... o que no piensan que un partido debe controlar la Casa Blanca por más de ocho años consecutivos... o que tienen una creencia profunda en un gobierno limitado o una predominante objeción moral al aborto. También siento simpatía por las personas que creyeron en las promesas de Trump y que están ahora aterrados de que les quite sus cuidados de salud, en lugar de mejorárselos, y les reduzca los impuestos a los súper ricos en vez de invertir en la infraestructura. Lo entiendo. Pero no tengo tolerancia hacia la intolerancia. Ninguna. El abuso de los bravucones me disgusta. Veo a la gente en los mítines electorales de Trump, vitoreando sus diatribas llenas de odio, y me pregunto: ¿Dónde está *su* empatía y comprensión? ¿Por qué a *esas personas* les está dado cerrar sus corazones a un padre que es un próspero inmigrante y a la madre negra que guarda luto, o al adolescente gay a quien acosan en la escuela y piensa en el suicidio? ¿Por qué la prensa no escribe artículos que reflexionen sobre los votantes de Trump en un esfuerzo por entender por qué la mayoría de los ciudadanos votó contra *su* candidato? ¿Por qué la tarea de abrir nuestros corazones corresponde solo a la mitad del país?

Y sin embargo he llegado a creer que para mí personalmente y para nuestro país en general, no existe otra alternativa que intentarlo. En la primavera de 2017, el papa Francisco dio una charla TED (*TED Talk*). Sí, una charla TED. Fue increíble. Este es el mismo papa a quien Donald Trump atacó en Twitter durante la campaña. El pontífice hizo un llamado por una "revolución de ternura". ¡Qué frase! Dijo: "Todos nos necesitamos mutuamente, nadie es una isla, un autónomo e independiente 'yo' separado de otro, y podemos construir un futuro simplemente poniéndonos de pie juntos, todos incluidos". Dijo que la ternura "significa usar nuestros ojos para vernos mutuamente, nuestros oídos para oírnos, para escuchar a los niños, a los pobres y a aquellos que le tienen miedo al futuro".

En mis largas caminatas en el bosque y en mis días tranquilos en casa, cuando no estoy perdiendo la cabeza por algo que he leído en el periódico o en Twitter, esto es en lo que pienso. Estoy llegando a la idea de que lo que necesitamos más que nada en este momento en Estados Unidos es lo que puede llamarse "empatía radical".

Esto no se aleja mucho de la "mutualidad del respeto" que anhelé en Wellesley hace todos esos años. Tengo más años ahora. Sé cuán difícil es esto y cuán cruel puede ser el mundo. No tengo ninguna ilusión de que vayamos a empezar a estar de acuerdo en todo y dejemos de tener encarnizados debates acerca del futuro de nuestro país, ni debemos hacerlo. Pero si 2016 nos enseñó algo, debe ser que tenemos delante un urgente imperativo de recobrar un sentido de humanidad común.

Cada uno de nosotros debe tratar de ponerse en el lugar de otras personas que no ven el mundo como lo vemos nosotros. El presidente Obama lo expresó muy bien en su discurso de despedida. Dijo que los americanos blancos necesitan reconocer "que los efectos de la esclavitud y de Jim Crow no se esfumaron súbitamente en los años sesenta; que cuando los grupos de minorías expresan descontento no están incurriendo en un racismo invertido o practicando la corrección política; que cuando realizan una protesta pacífica, no están demandando tratamiento especial, sino el tratamiento de igualdad que los Fundadores prometieron". Y para las personas de color, significa entender la perspectiva del "hombre blanco de mediana edad que exteriormente puede parecer que disfruta de todas las ventajas, pero que ha visto su propio mundo puesto patas arriba por cambios económicos, culturales y tecnológicos".

Y, practicar la "empatía radical" significa más que tratar de cruzar las divisiones de raza, clase y política, y construir puentes *entre* comunidades. Tenemos que llenar los vacíos emocionales y espirituales que se han abierto *dentro* de las comunidades, dentro de las familias y dentro de nosotros como individuos. Eso puede ser todavía más difícil, pero es esencial. Hay gracia que encontrar en esas relaciones. Gracia y significado y ese sentido esquivo de que todos somos parte de algo mayor que nosotros.

Sé que este no es el lenguaje de la política, y algunos van a poner los ojos en blanco otra vez, como lo han hecho siempre. Pero creo con la fuerza de siempre que esto es lo que nuestro país necesita. Es lo que necesitamos como seres humanos tratando de avanzar en tiempos de cambio. Y es el único camino que veo para yo avanzar. Puedo llevar mi amargura conmigo eternamente, o puedo abrir el corazón una vez más para alojar amor y bondad. Ese es el camino que escojo.

*Interésate no en lo que intentaste hacer y no pudiste, sino en lo que todavía es posible hacer.*

—Papa Juan XXIII

# Adelante juntos

Un día pocos meses después de la elección, llamé a varios amigos y sugerí que hiciéramos una peregrinación hacia Hyde Park, Nueva York. Me sentía inquieta y necesitaba un impulso emocional. Pensé que ayudaría visitar Val-Kill, la cabaña de Eleanor Roosevelt, uno de mis sitios históricos favoritos. Es allí donde Eleanor iba cuando quería pensar, escribir, entretenerse y planear para el futuro. Tal vez me podía inspirar. Si no lograba nada más, sería bueno salir un día bonito con amigos.

Era un día de marzo frío pero despejado. La cabaña, simple y sin pretensiones, estaba tal como la recordaba: el rústico "porche para dormir" con la estrecha cama individual, algunos de los libros favoritos de Eleanor, su radio, el retrato de su esposo que mantenía sobre la repisa de la chimenea. Un historiador que nos acompañó en la excursión fue lo suficientemente amable de compartir algunas de las cartas de Eleanor. Leer la mezcla de cartas de seguidores que la adoraban y de mordaces y desagradables diatribas fue un recordatorio del latigazo de amor y odio que a menudo reciben las mujeres que desafían las expectativas de la sociedad y viven sus vidas en la esfera pública.

He estado pensando mucho en Eleanor últimamente. Soportó mucha vileza, y lo hizo con gracia y fortaleza. La gente le criticaba la voz y su apariencia, el dinero que ganó hablando en público y escribiendo y su defensa de los derechos de la mujer, los derechos civiles y los derechos humanos. Un entusiasta director del FBI armó una carpeta de tres mil páginas sobre ella. Un injurioso columnista nacional la llamó "insolente, presuntuosa y conspiratoria", y dijo que "su ausencia de la vida pública en este momento sería un buen servicio público". ¿Les suena?

Había numerosas personas que esperaban que yo también desapareciera. Pero aquí estoy. Como a Bill le gusta decir, en este momento de nuestras vidas, tenemos más ayeres que mañanas. No hay manera de que yo vaya a desperdiciar el tiempo que tengo. Sé que hay más bien por hacer, más personas a quienes ayudar y una cantidad enorme de asuntos sin terminar.

Solo puedo abrigar la esperanza de acercarme al ejemplo de Eleanor. Después de que su esposo murió y ella salió de la Casa Blanca en 1945, se volvió más desafiante. Se convirtió en una estadista en el escenario mundial, dirigiendo el movimiento global para escribir y adoptar la Declaración Universal de Derechos Humanos. Al mismo tiempo, era una participante activa en la política demócrata local y nacional, luchando por su partido y su país en una postguerra marcada por el miedo y la demagogia. Cuando murió en 1962, el obituario del *New York Times* describió cómo había sobrevivido al ridículo y al resentimiento amargo para pasar a ser "objeto de un respeto casi universal".

Sus amigos y seguidores clamaban que Eleanor se postulara para el Senado, para gobernadora e incluso la presidencia, pero ella decidió usar su energía para ayudar a elegir a otros. Su favorito era Adlai Stevenson, el gobernador de Illinois que se postuló a la presidencia sin éxito en 1952 y en 1956. Esas derrotas fueron dolorosas. "Aunque se pueda dudar de la sabiduría de la gente", escribió Eleanor en una columna para un periódico sobre su segunda derrota contra Dwight Eisenhower, "es siempre mejor confiar en que con el tiempo la sabiduría de la mayoría de la gente será mejor y más confiable y los que estén en la minoría deberán aceptar la derrota con gracia". Tenía razón, por supuesto. Pero me habría encantado oír su reacción si Adlai hubiera ganado el voto popular y perdido el voto del Colegio Electoral. Ella habría encontrado la manera precisa de captar lo absurdo de todo eso.

Cuando recorrimos la cabaña, traté de visualizar a Eleanor en su silla escribiendo, o sentada a la mesa rodeada de amigos y compañeros de lucha. Ella fue, hasta su muerte, auténticamente ella, a pesar de las demandas y las restricciones que el mundo le adjudicó, y fue fiel a sí misma y a sus valores. Eso es algo sorprendentemente raro y especial.

En 1946, cuando Eleanor planeaba su curso post-FDR, dijo algo con lo que puedo identificarme ahora más que nunca. "Durante una larga vida, siempre he hecho lo que, por una u otra razón, me tocaba hacer, sin consideración alguna de si era algo que yo quería o no hacer", escribió. "Eso ya no parece ser una necesidad, y en los años que me quedan, ¡espero ser libre!".

Ese es el futuro que yo deseo para mí también. Como lo demostró Eleanor, eso es algo que está ahora a mi alcance.


"¿Y ahora qué hacemos?". Esa era la pregunta que muchos demócratas me hacían en los primeros meses después de la victoria y la inauguración de Trump. Muchos miembros de mi equipo de campaña, donantes y voluntarios que estaban ávidos —incluso desesperados— por encontrar nuevas maneras de mantener la lucha por los valores progresistas que compartimos. La gente se me acercaba en restaurantes, aeropuertos y teatros, para pedirme orientación. Querían ayudar, pero no sabían cuál era la mejor manera de hacerlo. ¿Debían dar lo más que pudieran a la Unión Americana de Libertades Civiles (ACLU, por sus siglas en inglés) y a otros que están tratando de frenar a Trump en las cortes? ¿O lanzarse al puñado de elecciones especiales para llenar escaños vacantes en la Cámara en 2017? ¿Qué tal si nos sumergimos en nuevos esfuerzos por luchar contra la manipulación de conscripciones y la supresión de votantes? ¿Debían tal vez postularse ellos mismos para algún cargo? Hay tantas causas, grupos y candidatos buscando apoyo que era difícil saber por dónde empezar. Francamente, yo me estaba haciendo las mismas preguntas.

Al principio, había intentado permanecer relativamente callada. Los ex presidentes y ex nominados tratan de mantener una distancia respetable de las primeras filas de la política, al menos por un tiempo. Siempre admiré cómo tanto George H. W. Bush como George W. Bush evitaron criticar a Bill y a Barack, y cómo Bill trabajó con George H. W. en los esfuerzos por llevar ayuda y alivio a las áreas que sufrieron el tsunami en Asia y en la recuperación de Katrina en la Costa del Golfo. Y con George W. en Haití después del terremoto de 2011. Es así como debe funcionar. Pero estos no son tiempos normales, y Trump no es un presidente normal.

El escándalo de Rusia se volvía más alarmante cada día. Las encuestas mostraban que el respeto hacia Estados Unidos en todo el mundo estaba colapsando. La administración de Trump, con su falta de personal y su exagerada politización, se consume por crisis creadas por ellos mismos, pero me estremezco de pensar cómo van a manejar una emergencia de verdad, sea por un choque con Corea del Norte y sus armas nucleares, o un ataque terrorista, o un desastre natural como el huracán Katrina o un ataque cibernético en una planta nuclear. Aquí en casa, en lugar de invertir en infraestructura y empleos, la nueva administración se ocupaba de desmantelar protecciones de derechos civiles, derechos de trabajadores y aire y agua limpios. Observé con horror cómo el Congreso republicano actuó metódicamente para desmantelar a la ACA, lo cual privaría a decenas de millones de americanos de su plan de salud. Pronto resultó claro que su objetivo era mucho mayor que revocar Obamacare. Querían golpear duro a Medicaid también. Yo no tenía dudas de que Medicare y el Seguro Social pronto estarían igualmente en peligro de eliminación. Era un despiadado asalto ideológico contra el legado de la Gran Sociedad y el Nuevo Trato. Ellos no quieren borrar solamente a Barack Obama de los libros de historia, sino llevarse también a LBJ y a FDR. Las familias trabajadoras que conocí cuando recorría el país iban a pagar el precio. Necesitaban ayuda para avanzar, pero estaban recibiendo una puñalada por la espalda. Mirando cómo todo esto se desenvolvía en los primeros meses de la presidencia de Trump, supe que no había manera de que yo pudiera quedarme callada al margen del juego.

Poco después de mi visita a Val-Kill, estaba intentando decidir qué iba a decir en una conferencia de mujeres de negocios en California y se me ocurrió una frase que era un poco tonta, pero que encajaba bien: "Resistir, insistir, persistir e inscribir". Se convirtió en una especie de mantra en los meses siguientes.

Desde la Marcha de las Mujeres en enero, *resistir* se había convertido en lema para todo el que se oponía a Trump y para las protestas, grandes y pequeñas, que se diseminaban por todo el país. Mitch McConnell sin intención había también convertido la palabra "persistir" en una consigna cuando trató de justificar su indignante manera de tratar de callar a Elizabeth Warren en el Senado diciendo, "Se le advirtió. Se le dio una explicación. No obstante, persistió". Esa última palabra estaba ahora apareciendo en letreros, en camisetas y *hashtags*. Chelsea incluso decidió escribir un libro para niños sobre trece inspiradoras mujeres que han dado forma a la historia americana, titulado *Ella persistió*.

Mi nuevo mantra celebraba toda la energía y el activismo, pero yo creía que su palabra más importante era la última: *inscribir*. A menos que la gente permanezca involucrada y encuentre maneras de convertir las protestas en poder político, no vamos a detener la agenda de Trump o ganar futuras elecciones. Para hacerlo necesitamos invertir en infraestructura política: reconstruir el Partido Demócrata, entrenar nuevos candidatos y personal, mejorar nuestras operaciones de datos y redes sociales, rechazar los esfuerzos por suprimir el derecho al voto y más.

Sé que hay mucha gente —incluyendo a muchos demócratas— que no está muy deseosa de verme a mí dirigir ese esfuerzo. Se sienten quemados por mi derrota, cansados de defenderme contra los implacables ataques derechistas y están listos para que surjan nuevos líderes.

Parte de ese sentimiento es totalmente razonable. Yo también estoy hambrienta de nuevos líderes e ideas que vigoricen a nuestro partido. Pero si Al Gore, John Kerry, John McCain y Mitt Romney pueden encontrar maneras positivas de contribuir después de sus derrotas electorales, yo también puedo. Eso no quiere decir que voy a postularme para un cargo otra vez, aunque me causó gracia y me sorprendió la breve pero ferviente especulación de si me iba a postular para alcaldesa de Nueva York. Lo que quiere decir es que seguiré hablando en favor de las causas que me interesan, haré campaña por otros demócratas y haré todo lo que pueda para construir la infraestructura que necesitamos para tener éxito.

Mi manera de pensar sobre todo esto cristalizó en la primavera de 2017 durante una serie de conversaciones con Howard Dean, ex gobernador de Vermont. Como candidato presidencial en 2004, Howard fue pionero de muchas de las tácticas de organización en línea y de recaudación de fondos que luego ayudaron a elegir a Barack Obama. Como presidente del Comité Nacional Demócrata, dirigió una "estrategia de cincuenta estados" que extendió la organización del partido en estados rojos donde había sido desatendida durante mucho tiempo. Esa experiencia lo convirtió en la persona perfecta para hablar del trabajo que los demócratas necesitan hacer y cómo puedo ayudar.

Howard comparte mi entusiasmo por apoyar a la próxima generación de organizadores demócratas, y me habló del creciente número de grupos de base que están surgiendo después de la elección. Dejar crecer mil flores era fenomenal, me dijo, pero más importante aún sería ayudar a los grupos más prometedores a encontrar fondos y enfoque. Estuve de acuerdo y decidimos comenzar una nueva organización que identificaría y apoyaría a los grupos y líderes que fueran surgiendo que de otra forma no podrían obtener los recursos que merecen. Reclutamos a algunos colegas que piensan igual y empezamos a trabajar.

Investigamos mucho y nos reunimos con muchos líderes jóvenes, lo cual fue divertido y fascinante. Escuché sus presentaciones y les hice muchas preguntas: ¿Qué fue lo que te inspiró a comenzar esta organización? ¿Cuáles son tus imperativos estratégicos? ¿Qué es lo que desearías poder hacer con recursos adicionales? Dieron respuestas inteligentes, y bien pensadas. Salí de esas reuniones sintiéndome mucho más esperanzada y optimista que lo que había estado en mucho tiempo.

Después de algunas deliberaciones difíciles, seleccionamos cinco grupos iniciales para apoyarlos con recaudación de fondos y asesoría. Algunos estaban ya trabajando duro ayudando a canalizar un incremento de energía de base que se oponía al intento de Trump de revocar Obamacare, y brindando consejos prácticos para que la gente pudiera hacerse oír de manera más efectiva en el Capitolio. Otros estaban movilizando a voluntarios en distritos indecisos con el objetivo de retomar la Cámara en 2018 y reclutar y entrenar a diversas mujeres y jóvenes demócratas de talento para que se postulasen para ciertos cargos y ganasen.

El nombre de trabajo de nuestra nueva organización general era Nuestro Futuro Americano. Creamos un logo y un sitio web y nos preparamos para hacerlo público. Por suerte, un amigo mío señaló que las siglas (en inglés) de Nuestro Futuro Americano serían OAF (que en inglés quiere decir patán, bobo, torpe). Imaginé los titulares: "Hillary

Clinton sale del bosque: ahí viene el Bobo". ¡Necesitábamos un nuevo nombre! Después de una discusión breve, se nos ocurrió una opción mejor que combinaba el slogan de mi campaña, Más Fuertes Juntos con la palabra "¡Adelante!", la exhortación que yo había estado usando para terminar mis notas personales durante años. (¿Qué puedo decir? Soy una sentimental). El logo y el sitio web recibieron un rediseño instantáneo, y estábamos listos para lanzar Adelante Juntos (Onward Together).

Espero que se nos unan en este esfuerzo. Visiten el sitio Onward Together.org. Háganse miembros y ayúdennos a apoyar a estos fantásticos grupos y al futuro de las organizaciones de base demócratas.

Hay muchas otras maneras de resistir, insistir, persistir e inscribir. Inscríbanse para votar. Ayuden a amigos y familiares a inscribirse también. Tienen que votar en cada elección, no solamente en los años presidenciales. Es importante. Para empezar, el derecho al voto está protegido (o socavado) por funcionarios locales y estatales que supervisan y organizan las elecciones. Traigan al mayor número de personas que puedan a votar con ustedes.

Participen en una causa que tenga importancia para ustedes. Escojan una, empiecen en algún lugar. Los derechos de la mujer, los derechos de LGBT, los derechos de los trabajadores, el medio ambiente, el cuidado de la salud, la reforma del financiamiento de campañas políticas, la educación pública. Todas estas causas merecen atención. No se limiten a pensar o hablar de estas causas: apoyen una causa con su dinero, su tiempo y sus talentos. Busquen una organización que esté trabajando en temas que ustedes apoyen. Puede ser una organización de años, ya establecida, o una más nueva o más pequeña. Si no existe, créenla.

Los temas locales son tan importantes como los nacionales y globales. Si ven un problema en su comunidad que necesita resolverse, o una injusticia que se deba corregir, y piensan, "Alguien debería hacer algo al respecto", ese alguien puede fácilmente ser ustedes. Aparézcanse en una reunión de la junta municipal o de la junta escolar y propongan una solución. Si hay un problema que está afectándoles la vida, probablemente está afectando a alguien más, y esa persona puede estar dispuesta a sumarse.

Traten de saber quiénes son sus líderes electos en todos los niveles y conozcan sus posiciones en cuanto a los temas. Si están en desacuerdo con ellos, desafíenlos. Sepan cuándo van a tener su próximo mitin comunitario y acudan. No olviden apoyar a los candidatos que van a luchar por sus valores e intereses. Mejor aún, postúlense para algún cargo.

Si están reservándose sus opiniones, traten de expresarlas, sea en redes sociales, en una carta al director de un periódico o en conversaciones con amigos, familiares y vecinos. Sus puntos de vista son tan valiosos como los de los demás. Se sorprenderían de lo grato que puede resultar expresar sus opiniones. Y lo más probable es que, una vez que expresen sus puntos de vista, se den cuenta de que no van a estar solos mucho tiempo. Si todo lo demás falla, hagan un letrero y participen en una protesta.

Una de mis seguidoras, Katy, de Bellevue, Washington, me envió su plan de cinco pasos, el cual considero un magnífico mapa para cualquiera que quiera marcar una diferencia:

1) He programado una contribución mensual a la ACLU y voy a estar lista para entrar en acción cuando me necesiten.

2) Estoy haciendo planes para 2018. Sé que los demócratas tienen un arduo camino por delante, con muchos escaños que defender, pero estoy lista para empezar ahora. Seré más activa en mi Partido Demócrata local.

3) Voy a hacerme miembro de una iglesia o una sinagoga (me crie bajo la Iglesia Metodista y mi esposo es judío) para involucrarme en el servicio público y enseñarles a mis hijos un gran sentido de comunidad.

4) Soy maestra de Historia en una escuela secundaria, pero debido a que mi hijo mayor padece de autismo y requiere mucha

terapia, estoy de licencia este año. Mientras esté de licencia, voy a hacer trabajo voluntario algunas horas a la semana en una escuela local para continuar educando a la próxima generación.

5) Seré más proactiva enseñando a mis hijos a querer a TODAS las personas. Tendremos conversaciones sobre racismo y misoginia. Los ayudaré a entender su privilegio y entender que ese privilegio los hace responsables de los demás.

Hay un proverbio africano que siempre me ha gustado: Si deseas ir rápido, ve solo. Si deseas ir lejos, ve con alguien". Si alguna vez hubo un momento apropiado para canalizar ese espíritu, es ahora. Tenemos un camino largo por delante, y solo vamos a llegar si vamos juntos.

En la primavera de 2017, recibí una carta de un grupo llamado Mujeres de Wellesley por Hillary. Miles de las actuales y ex estudiantes de mi *alma mater* habían trabajado duro durante mi campaña. Se sintieron destrozadas por el resultado, pero el grupo ha permanecido unido, apoyándose y alentándose mutuamente. Ahora me pidieron que las aconsejara sobre lo próximo que debían hacer.

Alrededor del mismo tiempo, recibí una invitación de la nueva presidente de Wellesley, la Dra. Paula A. Johnson, para hablar en la graduación de la universidad a fines de mayo. Este sería el tercer momento crucial en mi vida en que hablaría en una graduación de Wellesley. Había transcurrido medio siglo desde la primera vez —en mi propia graduación en 1969— y hacerlo otra vez en 2017, en medio de este largo y extraño año de lamentación y resistencia, me pareció adecuado. Podía tratar de responder la pregunta planteada por las Mujeres de Wellesley por Hillary —¿Qué hacemos ahora?— para la clase de 2017, para nuestro país y para mí misma.

Me encanta regresar al campus. Está más edificado que antes pero conserva su belleza y está lleno de recuerdos: nadando en el lago Waban… discutiendo hasta altas horas de la noche sobre la guerra y los derechos civiles… oyendo a nuestra maestra de francés decirme "*Mademoiselle*, sus talentos están en otra parte"… haciendo aterrada una llamada revertida a Park Ridge porque no pensaba que era lo suficientemente inteligente o sofisticada para tener éxito en Wellesley y oyendo a mi padre decirme, "Muy bien, regresa a casa", sólo para que mi madre insistiera, "En nuestra familia nadie se da por vencido".

A través de los años, he tenido la oportunidad de pasar algún tiempo con algunas generaciones de estudiantes de Wellesley, y es siempre un bálsamo. Son tan inteligentes, tan comprometidas y ávidas de dejar su huella en el mundo. Me energizan, y me hacen recordar el fuego y la ambición que yo sentí todos esos años atrás.

En los días desconcertados y deprimidos después de mi derrota, eso era lo que yo necesitaba. Necesitaba recordar quién era, de dónde venía, cuáles eran mis creencias y por qué luché tan duro y tanto tiempo. Wellesley me ayudó a encontrarme a mí misma cuando era joven. Tal vez podía ayudarme otra vez ahora a trazar mi propio camino adelante.

La segunda vez que hablé en una graduación de Wellesley fue en 1992, durante el fragor de la primera campaña de Bill como candidato a la presidencia. Estaba tratando de adaptarme al brillante resplandor del foco de atención (aunque en realidad se sentía más como una antorcha de fuego) —y todavía recuperándome de la lección del fiasco de "galleticas y té"— pero sintiéndome a la vez entusiasmada por la pasión y el optimismo de nuestra campaña. Fue uno de los años más notables de mi vida, y quería compartir lo que había aprendido y cómo me sentía con mis compañeras graduadas de Wellesley. En mi discurso, urgí a la clase del '92 a desafiar las barreras y expectativas que todavía enfrentaban como mujeres fuertes e independientes, y se enfocaran más bien en encontrar la realización de su propio y único balance entre familia, trabajo y servicio. Les recordé la consigna en latín de Wellesley, *Non Ministrari sed Ministrare*, que significa "No ser ministradas, sino ministrar". Ese sentimiento siempre apeló a mis sensibilidades metodistas, y resonaba mucho más en un año en que Bill y yo recorrimos el país hablando de un nuevo nacimiento de responsabilidad, oportunidad y comunidad.

Como estaba hablando en un evento académico, recurrí a una noble fuente de sabiduría para darle brío a mi consejo de servir a los demás: Václav Havel, el disidente dramaturgo checo y activista que recientemente se había convertido en el primer presidente elegido libremente en su país. Más tarde, como primera dama, conocería a Havel, quien me llevó en una fascinante caminata a la luz de la luna por toda la ciudad de Praga. Pero en 1992 sólo lo conocía por sus escritos, que eran elocuentes y convincentes. Sólo "lanzándote una y otra vez en el tumulto del mundo, con la intención de hacer que tu voz cuente, sólo así te convertirás realmente en una persona", escribió. Eso era lo que yo quería que las graduadas de Wellesley entendieran e hicieran. Era un tiempo de esperanza y cambio, y ellas pertenecían a la vanguardia de la generación que se gestaba.

Ay, qué distinto se sintió en 2017. La esperanza que todos habíamos sentido en 1992 había desaparecido, y en su lugar quedaba un insidioso temor del futuro. Cada día, la nueva administración de Trump deshonraba nuestro país, socavaba la ley y decía mentiras con total descaro y ni un ápice de vergüenza. (Según el *New York Times*, Trump mintió y ocultó cosas al menos una vez al día durante los primeros cuarenta días de su presidencia. El *Washington Post* contó 623 declaraciones falsas y engañosas que hizo durante los primeros 137 días).

En 1969, a mis compañeras de estudios y a mí nos preocupaba la pérdida de confianza en nuestros líderes e instituciones. Esos temores habían regresado con todas sus fuerzas, amplificados para la era de internet, cuando es tan fácil vivir en burbujas o cajas de resonancia que silencian voces contrarias y verdades inconvenientes. Nuestros líderes ahora tienen herramientas a su disposición para explotar el miedo, el cinismo y el resentimiento que eran inimaginables en 1969.

En cuanto a mí, me había lanzado "en el tumulto del mundo", pero me había dejado llena de magulladuras y falta de aire. ¿Qué podía yo decirle a la clase de Wellesley de 2017 en un momento como este?

Pensé en Havel. Él había perseverado en situaciones mucho peores. Él y toda la Europa Oriental dominada por los soviéticos habían vivido durante décadas bajo lo que Havel llamó "una gruesa costra de mentiras". Él y otros disidentes se las habían arreglado para penetrar esas mentiras y finalmente derrumbar los regímenes autoritarios que las propagaban. Regresé a su libro y volví a leer uno de sus ensayos, "El poder de los sin poder", que explica cómo los individuos pueden blandir la verdad como un arma, aunque carezcan de toda influencia política. Havel entendía que los autoritarios que dependían de mentiras para controlar a sus pueblos no eran fundamentalmente muy diferentes de los bravucones del barrio. Son más frágiles de lo que parecen. Escribió, "El momento en que alguien irrumpe en un lugar, cuando una persona grita, '¡El emperador está desnudo!' —cuando una sola persona viola las reglas del juego, revelando así que el asunto no es más que un juego— de repente todo aparece bajo otra luz".

Este era el mensaje adecuado para 2017. Podía alertar a las graduadas de Wellesley que se estaban convirtiendo en adultas en medio de un asalto brutal contra la verdad y la razón, especialmente proveniente de una Casa Blanca que se especializaba en "hechos alternativos". Podía explicarles cómo los intentos de la administración de distorsionar la realidad eran una afrenta a los valores de la Ilustración en que se fundó nuestro país, incluyendo la creencia de que una ciudadanía informada y un debate libre y abierto son los fundamentos de una democracia saludable. Pero las palabras de Havel nos daban una razón para la esperanza. Cada uno de nosotros tiene un papel que jugar en la defensa de nuestra democracia y en rebelarse en favor del pensamiento racional. Podía recordarles a las graduadas lo que había dicho en mi discurso de concesión: que ellas son valiosas y poderosas, y que la destreza y los valores que habían adquirido en Wellesley les habían dado todo lo que necesitarían para contraatacar.

Me enloquecía el hecho de que, desde la elección, los analistas políticos veneraran a los seguidores de Trump a tal punto que descartaban a cualquiera que viviera en las costas y tuviera una educación universitaria como irrelevantes y desconectados de la realidad. Yo quería asegurarles a las graduadas de Wellesley que eso era una tontería. Su capacidad de pensar críticamente, su compromiso con la inclusión y el pluralismo, su ética de servir a los demás, eso era precisamente lo que necesitábamos en Estados Unidos en 2017. Mi consejo sería sencillo: No dejen que estos desalmados las desanimen. Manténganse fieles a ustedes mismas y a sus valores. Más que todo, sigan adelante.


Desperté temprano el 26 de mayo. Había pasado la noche anterior con Bill y algunos ex ayudantes de mi campaña, comiendo comida Thai, tomando vino blanco y trabajando en mi discurso. Quería que este fuera bueno. Sería mi primer discurso desde mi concesión, y sabía que muchos de mis seguidores en todo el país estaban ávidos de saber de mí. Muchos tenían miedo, estaban furiosos y hambrientos de inspiración. Más que nada, las graduadas merecían una graduación memorable.

Llovía en Chappaqua, y el informe del tiempo decía que estaba lloviznando en Boston también. Me dio pena con todas las familias en Wellesley que seguramente habían tenido la esperanza de un día perfecto. Yo me había graduado bajo un brillante y despejado cielo de Nueva Inglaterra. Y bueno; hay gente que cree que la lluvia durante una boda trae buena suerte. Quizá pase lo mismo con las graduaciones.

Me vestí de azul-Wellesley, me tomé una taza de café y encontré una dulce nota de Bill. Se había quedado despierto hasta tarde leyendo el último borrador del discurso y había garabateado en el margen superior de la página, "H, me gusta este discurso. Espero que estas sugerencias ayuden a mejorarlo. Despiértame y lo revisamos juntos. Te quiero". Pensé por la millonésima vez lo contenta que estaba de haberme casado con mi mejor amigo y mi mayor admirador. Y, sí, como siempre, sus sugerencias mejoraron mi discurso.

Haraganeando, sintonicé las noticias y rápidamente me arrepentí de haberlo hecho. De la noche a la mañana, un republicano de Montana candidato al Congreso que había golpeado y derribado a un reportero por hacerle preguntas difíciles acerca de los cuidados de salud, había ganado una elección especial. En la cumbre de la OTAN al otro lado del Atlántico, Donald Trump había apartado de un empujón al primer ministro de Montenegro para colocarse en un mejor sitio para una foto grupal. Vi el video varias veces, como quien trata de estirar el cuello para poder ver un accidente automovilístico. Era difícil no relacionar las dos historias, ambas símbolos de nuestra degradación en la vida nacional en la época de Trump. Suspiré, apagué el televisor, reuní mis cosas, me dirigí al aeropuerto y me monté en un avión hacia Massachusetts.

A pesar de la lluvia, ver los viejos edificios de ladrillo rojo de Wellesley me hizo sentir mejor. El campus universitario bullía con el ritual familiar de una graduación. Padres y abuelos se mostraban orgullosos de sus apenadas hijas y nietas. Hermanas menores lo absorbían todo, imaginando cuando les tocara el turno a ellas. Algunas de las graduandas habían decorado sus birretes con coronas de flores y banderas de arco iris. Otras llevaban pegatinas de "Estoy con ella" y broches de "El amor supera al odio" lo cual me hizo sonreír. Por tradición, a cada promoción de Wellesley se le asigna un color. Resultó que ambas clases, la de 1969 y la de 2017, eran verdes. Por ello, parecía un poco como si se estuviera celebrando el Día de San Patricio en todo el campus.

La presidente Johnson, a quien conocía y admiraba por su trabajo en medicina y en temas de salud pública, me recibió y me llevó al acertadamente llamado Salón Verde, un hermoso antiguo edificio gótico. Allí encontré mis togas académicas y mi birrete con borla. Por regla general, nunca me pongo gorras tontas en público, pero esto era una excepción. Resolví considerarlo algo alegre.

Para mi satisfacción, antes de que comenzara la ceremonia, pude robarme unos minutos para saludar a un viejo amigo. Cuando yo era estudiante en Wellesley, el reverendo Paul Santmire era el capellán de la universidad y fue un mentor importante para mí. En mi discurso de graduación de 1969, lo cité como un modelo de integridad en un momento en que no confiábamos en figuras de autoridad y en casi nadie que tuviera más de treinta años. Ahora, ya octogenario, Paul era tan ingenioso y humano como siempre. Nos abrazamos y me dijo que había ido en su automóvil a Nuevo Hampshire en el otoño a hacer campaña por mí puerta por puerta. Rememoramos los viejos tiempos cuando yo era una estudiante activista de ojos muy abiertos, y mencionó mi línea favorita de Juan Wesley, el llamado a "Hacer todo el bien que puedas". Le aseguré que esa cita estaba más cerca de mi corazón que nunca y que mi fe había sido una roca en este período cuando todo estaba patas arriba.

También tuve la oportunidad de visitar brevemente a una mujer joven llamada Lauren, que era la presidente del club de republicanas de Wellesley, una posición que yo había ocupado cuando era estudiante antes de darme cuenta de que la evolución de mis ideas y valores me estaban llevando en una dirección diferente. Lauren parecía estar pasando por una búsqueda similar de sí misma. Wellesley era un lugar solitario para ser una conservadora, pero ella me dijo que sus compañeras de clase habían estado ávidas de debatir sus diferencias de manera abierta y alentadora. Lauren no era una seguidora de Trump y estuvo indecisa sobre lo que debía hacer después de que él ganó la nominación republicana. Las republicanas de Wellesley se abstuvieron de respaldar su candidatura. Pero como la mayoría de las personas, Lauren asumió que Trump perdería y las cosas regresarían a la normalidad. Ahora estaba luchando con el significado de todo el desenlace. Bienvenida al club, pensé. (¡O renuncia! Seriamente, si alguien está pensando en renunciar al Partido Republicano, este sería un buen momento para hacerlo).

Había alguien más a quien ver. Tala Nashawati fue escogida por sus compañeras para ser la estudiante que hablara en la graduación, como había sido yo en 1969. La hija americana de inmigrantes sirios que viven en Ohio era elegante y serena y tenía una cálida sonrisa. Como tantas otras estudiantes de Wellesley, Tala tenía grandes logros y estaba muy bien formada: se especializaba en estudios del Medio Oriente, era una favorita instructora de *kickboxing* y pronto sería estudiante de Medicina. La noche antes de mi discurso de graduación en 1969, había estado despierta toda la noche escribiendo, analizando y pensando, y por la mañana seguía dominada por un pánico que apenas podía controlar. Pero Tala parecía calmada. Se había acostado tarde dando los últimos toques a su discurso, pero sabía desde hacía mucho tiempo lo que quería decir. Y ahora estaba lista.

Tala había traído una foto que quería que yo firmara. Era de 1969. Ahí estaba yo de pie en el podio, inclinándome muy ligeramente hacia el micrófono, con el pelo peinado hacia atrás con un moño que recuerdo pensaba que me hacía muy adulta, con grandes anteojos posados en la nariz. Tan joven. Detrás de mí, una fila de canosos miembros del cuerpo docente y fideicomisarios con expresiones muy serias. Algunos de ellos probablemente se preguntaban por qué la presidente Ruth Adams había permitido a una estudiante hablar en la graduación, algo que no había ocurrido antes. O estaban luchando por seguir mis apasionadas pero de cierta manera incoherentes palabras. En la parte inferior de la foto había una cita impresa de mi discurso: "El desafío ahora es practicar la política como el arte de hacer que lo que parece imposible, sea posible".

Había tomado prestada esa línea de un poema escrito por un amigo. Captaba el idealismo que tantas de nosotras sentíamos, a pesar de la guerra y los asesinatos y la inquietud que nos rodeaba. Realmente creíamos que podíamos cambiar el mundo. Cuarenta y siete años más tarde, había planeado usar la línea otra vez en mi discurso de victoria que había esperado pronunciar la noche de la elección. "Tengo más años ahora. Soy madre y abuela", habría dicho. "Pero todavía creo de todo corazón que podemos hacer posible lo imposible. Miren lo que estamos celebrando esta noche".

Pero al final, no hubo nada que celebrar. El techo de cristal permanecía intacto. Lo imposible seguía siéndolo. Miré a Tala. Nunca nos habíamos visto antes de este momento, pero de muchas maneras, me sentí como si hubiera estado luchando por ella y millones como ella toda mi carrera. Y que los había decepcionado.

Sin embargo, aquí estaba ella, con sus ojos brillantes y llena de su ánimo, pidiéndome que le firmara esta foto en blanco y negro. Significaba algo para ella. Al igual que esas palabras. A pesar de mi derrota, ella todavía creía en hacer posible lo imposible.

Era hora de irnos. Había que caminar por los largos pasillos que serpenteaban a través del viejo edificio académico para salir a la carpa donde tendría lugar la ceremonia de graduación. La presidente Johnson y yo nos alineamos detrás de los fideicomisarios de la universidad, y la procesión comenzó.

Doblamos una esquina y vimos a las jóvenes mujeres en togas negras alineándose a ambos lados del salón. Comenzaron a aplaudir y a vitorear incontrolablemente. En otra esquina había más estudiantes. Seguían y seguían, cientos de ellas, toda la promoción de último año, alineada como una guardia de honor. Sus gritos eran ensordecedores. Era como si estuvieran expresando sentimientos reprimidos durante meses, toda la esperanza y el dolor sentido desde noviembre o acaso desde antes. Me sentí querida y elevada, llevada en el aire en una ola de emoción.

Finalmente, salimos al aire neblinoso, con padres esperando y cámaras de televisión y toda la pompa y circunstancia de una graduación universitaria. Sentada en el escenario, traté de componerme, pero el corazón todavía me latía a toda velocidad. Pronto Tala estaba de pie en el podio, como yo en la foto. Lucía fenomenal, y su discurso fue elegante y sentido de corazón.

Señalando que verde era el color de 2017, comparó a sus compañeras con esmeraldas. "Como nosotras, las esmeraldas son valiosas, raras y bastante duraderas", dijo. "Pero hay algo más que identifica a las esmeraldas: sus defectos. Sé que es difícil de admitir, especialmente como estudiantes de Wellesley, pero todas tenemos muchos defectos. Estamos incompletas, con rasgones en algunos lugares, serradas en los bordes".

Me incliné, curiosa. Esto no era lo que esperaba oír.

"Las esmeraldas con defectos a veces son mejores que las que no tienen defectos" prosiguió Tala, "porque los defectos muestran autenticidad y carácter".

Ahí estaba esa palabra otra vez, *autenticidad*. Pero ella la estaba usando como un bálsamo y no como un arma. *Defectuosa*. Cuántas veces oí esa palabra en los últimos dos años. La "Defectuosa Hillary". Pero aquí estaba Tala reclamando desafiantemente la palabra, insistiendo en la belleza y la fortaleza de la imperfección.

Ahora sus compañeras de clase se inclinaban hacia delante también. Chasqueaban sus dedos en vez de aplaudir, mientras Tala sonreía y se aproximaba a su final.

"En las palabras de la secretaria Clinton, nunca duden de que son valiosas y poderosas y merecedoras de cada oportunidad del mundo para perseguir sus sueños", le dijo Tala a la promoción de 2017. "Ustedes son excepcionales y únicas. No importa que sean defectuosas.

Caminen orgullosas y confiadas hacia el mundo con sus deslumbrantes colores y muéstrenles a todos quién manda y rompan cada techo de cristal que todavía quede".

Ahora los chasquidos se convirtieron en vítores. Yo estaba entre las que más gritaban. Me puse de pie y aplaudí y sentí que la esperanza y el orgullo aumentaban en mi corazón. Si este era el futuro, entonces todo había valido la pena.

Las cosas van a ser difíciles por mucho tiempo. Pero vamos a estar bien. Todos.

Estaba escampando. Me llegaba el turno de habar.

"¿Y ahora qué hacemos? ", dije. Había una sola y única respuesta: "Seguir andando".

# *Epílogo*

Cuando terminé de revisar la página final de este manuscrito una cálida tarde a mediados del verano de 2017, coloqué mi pluma en la mesa, caminé directamente a la puerta y salí a nuestro traspatio bajo un hermoso día soleado. De pie con la vista hacia el cielo, dije unas palabras de oración. Nada elaborado, solo un ruego enviado al universo. Oré que todos los peligros que meticulosamente había detallado en el libro —los ataques de un poder extranjero contra nuestra democracia, la vertiente de noticias falsas en nuestras pantallas, la abrumadora corrupción de la administración de Trump— menguaran. Tal vez mis temores por nuestro futuro hayan sido exagerados. Tal vez Estados Unidos encontraría el camino de regreso a un equilibro estable.

Casi un año después, eso no ha pasado. Ni remotamente. Así que he tomado la pluma otra vez para tratar de captar algo de lo que ha pasado desde que este libro se publicó y ofrecer mis ideas sobre lo que necesitamos hacer ahora.

Una de las cosas que pasan cuando se pierde la presidencia es que la gente comparte muchas ideas de lo próximo que una debe hacer. He oído que debo dedicarme a enseñar. Debo viajar. Debo regresar a mis raíces y enfocarme en la pobreza infantil o la educación en la temprana niñez o los cuidados de salud. Debo mirar al extranjero y trabajar más por los derechos de las mujeres a nivel global. Debo dedicarme a los asuntos locales e involucrarme más aquí en Nueva York. Debo hablar más, debo callarme la boca, debo desaparecer, debo dedicarme a tejer.

Pero yo no tejo. Y en un momento en que hay tanto en juego, no quiero escoger una sola preocupación y sumergirme en ella excluyendo todo lo demás. Quiero luchar por todo lo que me interesa: una economía que funcione para todos, un sistema universal y asequible de cuidados de salud, soluciones a la crisis de opioides, un sistema fiscal que realmente ayude a las familias pobres y de clase media, respeto a los derechos de las mujeres y los niños, que termine la violencia de armas de fuego, acciones serias sobre el cambio climático y un sistema de justicia criminal que no victimice a las personas de color. Ahora no soy más que una ciudadana privada. No puedo luchar por estas causas como senadora o candidata, como antes. Pero tengo una voz, opiniones basadas en hechos, años de experiencia y una gran cantidad de tiempo. Tengo planeado poner todo eso a buen uso.

Para citar un ejemplo, hace pocas semanas, me pasé un largo y maravilloso día en Manhattan con un grupo de organizadores políticos y activistas jóvenes. Era la primera reunión de todos los grupos que reciben apoyo de Adelante Juntos, la organización que Howard Dean y yo fundamos el año pasado, y resultó ser uno de los mejores días que he tenido en siglos. Había once grupos presentes, con misiones que iban desde entrenar a mujeres demócratas para postularse a algún cargo, hasta alentar a más estados a aceptar inscripciones automáticas de votantes o promover votar por candidatos demócratas en distritos indecisos para poder lograr la mayoría en la Cámara de Representantes en las elecciones del otoño. Fue emocionante estar en medio de toda esa energía y concentración.

Una de las primeras cosas que hice fue preguntarle a cada uno cómo se sentía ese día. Estas son las palabras que utilizaron: Inspirado. Fortalecido. Entusiasmado. Intensa. Agradecida. Motivada. Feliz. Ni una sola persona dijo las palabras desmoralizado o triste, cansado o aturdido, descorazonado o irritado. Y en todo el día, ni una persona dijo: "¿Cuál es el sentido de todo esto? Nuestra política está destrozada. Hay tanta fealdad y odio en el ambiente. No sé para qué estamos siquiera intentando". Todos estaban listos para trabajar. Todos creían que el trabajo valía la pena. Estaban demasiado dedicados para renunciar a la lucha.

Así me siento yo también. Estoy más esperanzada ahora que un año atrás. Y estoy incluso más resuelta a impedir que esta administración le haga daño a nuestro país. Muchas de las luchas individuales que a mí me interesan están contenidas en una batalla general y dominante: preservar, proteger y defender nuestra democracia para todo el pueblo. Eso es lo que los oficiales electos prometen en el juramento al cargo que habrán de ocupar. Aunque yo no ocupo ningún cargo, siento intensamente esa misma responsabilidad. La corrupción de la administración de Trump es repugnante. Nuestras instituciones democráticas están bajo amenaza todos los días. Puede que no haya tanques en la calle y que la malignidad de la administración pueda ser frenada —por ahora— por su ineptitud, pero, que nadie se equivoque: nuestra democracia está en crisis.

En eso es en lo que tenemos que concentrarnos ahora a pesar de nuestras distracciones diarias. Lo que está en juego no puede ser más importante.

Estos temas son tan fundamentales para nuestra unidad nacional y nuestra identidad que ningún americano puede darse el lujo de mantenerse pasivo o silente. Así que voy a seguir alzando mi voz, aun a riesgo de que me llamen una "mala perdedora" o me acusen de estar relitigando una elección perdida. Escribo este epílogo no como una demócrata que perdió una elección, sino como una demócrata que tiene miedo de perder un país. Escribo también como republicana (ciudadana de una república): valoro nuestra república y quiero que sea fuerte. Abrigo la esperanza de que esto se lea bajo el mismo espíritu. Si alguna vez hubo una época en que el patriotismo debe prevalecer sobre el partidismo, es ahora.

Desde que este libro se publicó, mis temores de lo que significaría para nuestro país una presidencia de Trump han sido superados reiteradamente por la realidad.

Nunca olvidaré ver a supremacistas blancos recorriendo las calles de Charlottesville, Virginia, con antorchas en las manos coreando "¡Los judíos no nos van a reemplazar!". Uno gritó, "Dylann Roof fue un héroe", el racista que masacró a nueve feligreses negros en una iglesia de Charleston, en Carolina del Sur. Una joven llamada Heather Heyer, que estaba allí para protestar contra los supremacistas blancos, murió cuando un hombre condujo su automóvil contra una multitud. Trump dijo que había "muy buenas personas en ambos lados". A pesar de yo haber advertido durante la campaña que crecería la derecha alternativa y que Trump tenía lazos con los blancos nacionalistas, ver esto me conmovió.

Existe también la política horriblemente cruel que la administración impuso hacia familias indocumentadas que llegaban a la frontera, incluyendo a los que huían de la violencia y buscaban asilo legalmente: separaban a los niños, algunos de apenas ocho meses de edad, de sus padres. Metían a niños en jaulas, arrebatando a lactantes de sus madres y mintiendo todo el tiempo. Cualquier persona, independientemente de sus creencias, debe sentirse asqueada ante la idea de que Estados

Unidos de América trate a los niños de esa manera. Es inconcebible. Si alguien alguna vez pide una prueba de que las elecciones tienen consecuencias, esta debe ser la prueba A.

Y está también el hecho de que los republicanos le concedieron a los multimillonarios y a corporaciones una reducción de impuestos masiva que no necesitaban mientras 1,5 millón de puertorriqueños —ciudadanos americanos— languidecían sin electricidad tres meses después del huracán María. Cuando uno representa a la ciudad Nueva York, como lo hice yo durante ocho años de senadora, uno comienza a pensar en Puerto Rico como el sexto distrito de la ciudad, y yo quería ayudar. Mi esposo viajó a Puerto Rico a distribuir suministros de alivio y la Fundación Clinton hizo un magnífico trabajo movilizando apoyo para la isla, pero yo me quedé en casa preocupada de que, si iba, el viaje se convertiría en un circo. Lo que hice fue llamar a Carmen Yulín Cruz, la alcaldesa de San Juan, una mujer acogedora que no anda con rodeos, que trabajaba las veinticuatro horas del día para resolver los problemas de su ciudad. Escucharla hablar de las dificultades de Puerto Rico para levantarse sin un apoyo adecuado de la administración de Trump fue exasperante. Ahora es que nos estamos enterando de que la magnitud de la tragedia fue mucho mayor que lo que habíamos pensado anteriormente. Un estimado de un estudio de Harvard reveló que el número de americanos muertos por el huracán alcanzó la cifra de 4.600. Eso es más que los que murieron el 11 de septiembre, en el huracán Katrina o en cualquier otro desastre natural reciente en Estados Unidos.

La reducción de impuestos fue un ejemplo más de Trump mostrando su naturaleza verdadera. Puede que él haya hecho campaña como un populista, pero ha gobernado como un plutócrata a quien no le importa un bledo la clase media ni las familias trabajadoras. Ochenta y tres por ciento de las ganancias de la reducción de impuestos lo recibirá el uno por ciento de los americanos que más tienen —incluyendo concesiones especiales a los ricos urbanistas de bienes raíces, ¡imagínense!— dejándole poco a la clase media. Más de la mitad de las familias en Estados Unidos terminarán pagando más impuestos. Hay que realmente hacer un gran esfuerzo para que una reducción de impuestos salga mal, pero Trump y los republicanos del Congreso se las arreglaron para que así fuera. Como era de esperar, las grandes corporaciones han utilizado esas ganancias caídas del cielo para hacerles grandes cheques a sus accionistas —un récord de $178 mil millones en el primer trimestre de 2018— pero no han invertido mucho en aumentar realmente el jornal de los trabajadores. Las compañías farmacéuticas están recibiendo miles de millones de dólares de beneficio y todavía siguen aumentando el precio de las medicinas a los consumidores. Las compañías petroleras también. Mientras tanto, los republicanos inmediatamente comenzaron a hablar de recortar los fondos de Seguro Social y Medicare para compensar el hueco masivo que acaban de abrir en el déficit. Trump incumplió su promesa de lanzar un gran plan de infraestructura que crearía nuevos buenos empleos y lo que ha hecho es eliminar regulaciones a los bancos para hacerles más fácil estafar a estudiantes en colegios universitarios que operan a base de lucro. Nada de esto es sorprendente, pero no deja de ser profundamente triste.

La obsesión de Trump de deshacer todos los logros del presidente Obama ha sido visible desde el principio, pero acaso el ejemplo más peligroso fue su decisión de abandonar el acuerdo nuclear con Irán, abriendo la puerta a un mayor caos en la crisis del Medio Oriente. Como secretaria de Estado tuve que ejercer mucha presión alrededor del mundo para reforzar sanciones y obligar a Irán a negociar sobre su programa nuclear. Envié a uno de mis asistentes de mayor confianza a comenzar las conversaciones secretas que conducirían finalmente al acuerdo. El plan final no era perfecto —los planes perfectos no existen, especialmente en el arte de gobernar— pero condujo a Estados Unidos y el resto del mundo a una mayor seguridad. Tirar todo eso por la borda y faltar a la palabra y credibilidad de Estados Unidos fue un error enorme. También resulta irónico ver a Trump proclamar vacíos clichés sobre la desnuclearización de Corea del Norte que son más débiles y menos específicos que las promesas vacías hechas por Pyongyang durante años. Espero que la diplomacia continúe, aunque en el momento en que escribo esto, Trump está más lejos que nunca de lograr nada de Corea del Norte que se aproxime siquiera a las concesiones de gran envergadura y estricta verificación que el presidente Obama logró en el acuerdo con Irán.

Durante este último año también hemos conocido más detalles sobre la interferencia de Rusia en nuestra elección —las nuevas revelaciones nos hieren profundamente, una tras otra— y hemos observado a Trump descartarlo todo como una mentira. En su conmovedor libro, *The Restless Wave (La ola inquieta)*, mi amigo, ex colega y compañero de viajes John McCain describió lo alarmado que estaba sobre las acciones de Rusia. "Cualquier americano leal debe estarlo", dijo. Exactamente. John recordó haber estado preocupado de que Trump no haría pagar a Vladimir Putin el "alto precio" que merece. Lamentablemente, eso es exactamente lo que ha pasado. Me quedé boquiabierta cuando vi al Almirante Michael Rogers, entonces director de la Agencia de Seguridad Nacional (NSA, por sus siglas en inglés) y jefe del Comando Cibernético de Estados Unidos, declarar ante el Congreso que Trump nunca le pidió que impidiera futuros ataques cibernéticos rusos. Imagínense si, después de Pearl Harbor, Franklin Roosevelt hubiera dicho a sus generales simplemente que "dejaran eso tranquilo", o que, después del 11 de septiembre, George W. Bush hubiera esperado un año para tener su primera reunión sobre terrorismo con su Agencia de Seguridad Nacional a nivel de gabinete. No hubo americanos muertos en el ataque de Rusia contra nuestra democracia, pero *fue* un ataque. Sin embargo, la administración ha sido extremadamente lenta en implementar las sanciones que el Congreso promulgó para castigar a Putin. Y no es la administración solamente: ocho republicanos miembros del Congreso optaron por pasar el 4 de julio divirtiéndose nada menos que en Moscú y regresaron con el mensaje de que la preocupación acerca de la interferencia de Rusia en nuestras elecciones ha sido exagerada "completamente fuera de proporción" y que las sanciones deben reconsiderarse. Y Trump decepcionó a nuestros aliados al hacer un llamado para invitar a Rusia a que regrese al Grupo G7 de las principales economías industrializadas. En fin, Trump ha faltado a su deber como comandante en jefe de defender a Estados Unidos contra este adversario.

No voy a seguir martillando todos los detalles de la saga de Rusia porque, cuando lleguen a leer esto, sabremos mucho más. Baste decir que, hasta julio de 2018, el investigador especial Robert Mueller ha estado trabajando en este caso durante catorce meses y ha producido más de cien instancias criminales contra veinte individuos y tres compañías, así como cinco declaraciones de culpabilidad. No puedo resistir la necesidad de dejar constancia de que, en comparación, la investigación de la respuesta de la administración de Obama al ataque de Benghazi duró cuatro años y no condujo a un solo encausamiento.

Mientras el presidente denigraba las conclusiones de sus agencias de inteligencia, el Comité de Inteligencia bipartidista del Senado una vez más confirmó que el objetivo de Putin era elegir a Trump y derrotarme. Un día lluvioso de febrero, Mueller encausó a trece rusos y tres compañías rusas por llevar a cabo una guerra masiva de desinformación contra Estados Unidos. Nuevos detalles ayudaron a llenar las brechas de información en la historia que ya conocíamos, como la manera en que los troles rusos robaron identidades y fingieron ser americanos y cómo le echaron leña al fuego incitando a ambos lados sobre temas candentes, como inmigración y justicia racial. Fue alucinante ver las instrucciones que los jefes de espías rusos le dieron a sus troles; estaban detalladamente escritas en blanco y negro en un encausamiento criminal: "Usen toda oportunidad para criticar a Hillary y al resto (excepto a Sanders y a Trump, a los que apoyamos)". Sí, eso era lo que decía.

También supimos más cosas por Facebook, que finalmente admitió haber encontrado unos 200.000 comentarios y otro tipo de contenido que los troles rusos habían creado y que 146 millones de personas habían visto en Facebook o Instagram. Esa cifra ni siquiera incluye miles de avisos pagados que millones más vieron. Como dijo Tristan Harris, ex ejecutivo de Google que se ha convertido en una voz importante en los desafíos que enfrentan los medios sociales: "Facebook es una escena de crimen en vivo y aún respira lo que pasó en la elección de 2016". Twitter también notificó a 1,4 millones de usuarios en Estados Unidos que habían seguido, retuiteado o les había gustado el contenido de por lo menos una de miles de cuentas vinculadas a Rusia durante la elección.

Todo esto estuvo acompañado de revelaciones explosivas acerca de Cambridge Analytica, la firma de datos políticos que Robert Mercer y Steve Bannon respaldaron mientras trabajaban para Trump durante la campaña. La firma obtuvo los datos personales de 87 millones de usuarios de Facebook mediante falsa información que utilizaron como armas en representación de la campaña de Trump. Facebook sabía desde 2015 lo que la firma de Mercer estaba haciendo, pero no alertó a sus usuarios ni tomó acción alguna para asegurar los datos o borrarlos. De hecho, los vastos archivos de datos personales de Facebook han estado más expuestos a manipulación y abuso por parte de una sarta de protagonistas que lo que la gente imaginó.

Poco después de la elección, el CEO de Facebook Mark Zuckerberg descartó como una "idea bastante loca" la noción de que noticias falsas o propaganda rusa pudo haber influenciado el resultado. En 2018, ya estaba disculpándose. "No nos concentramos lo suficiente en impedir el abuso", dijo ante el Congreso. "Me refiero a noticias falsas, interferencia extranjera en la elección, discursos de odio, además de programadores y datos privados. No vimos con amplitud suficiente lo que era nuestra responsabilidad, lo cual fue un error enorme".

Como observó el ex director de la CIA John Brennan, es "inverosímil que las acciones de Rusia no influyeron las opiniones y votos de al menos algunos americanos". No había necesidad de muchos para alterar el resultado: alrededor de cuarenta mil personas a lo largo de tres estados tenían que cambiar de parecer. Esa es la razón por la que el ex director nacional de Inteligencia James Clapper concluyó: "Por supuesto que el esfuerzo ruso afectó el resultado". En su nuevo libro *Facts and Fears: Hard Truths from a Life in Intelligence (Hechos y temores: Verdades difíciles de una vida en inteligencia)* él explica que, "concluir lo contrario distorsionaría al máximo la lógica, el sentido común y la credulidad". Es más, un nuevo estudio del Buró Nacional de Investigación Económica reveló que ese tipo de bots de tuits automáticos que los rusos usaron probablemente influyó a suficientes americanos para representar más de tres puntos de porcentaje de votos para Trump, lo cual fue más que suficiente para alterar todos los estados decisivos.

Una última cosa: el Comité Judicial del Senado reportó que "había obtenido una cantidad de documentos que sugerían que el Kremlin utilizó a la NRA como un medio para acceder y ayudar al señor Trump y a su campaña", y que "el Kremlin puede también haber utilizado a la NRA para suministrar secretamente fondos a la campaña de Trump". Simplemente voy a dejarlo ahí.

Este verano también supimos más acerca de la investigación de Jim Comey y el FBI sobre los correos electrónicos cuando el inspector general del Departamento de Justicia publicó su largamente esperado informe.

El inspector general definitivamente reafirmó que no había caso legal contra mí o contra cualquier otra persona en el Departamento de Estado. El informe confirmó que: "los correos electrónicos carecían de las marcas correspondientes a documentos clasificados, que quienes los enviaron a menudo se abstuvieron de usar datos o términos clasificados y fueron cuidadosos en el uso de palabras en un esfuerzo por evitar información clasificada, que los correos electrónicos fueron enviados a otros funcionarios del gobierno en relación con sus tareas oficiales, y que la ex secretaria Clinton confió en el buen juicio de los empleados del Departamento de Estado para manejar apropiadamente información clasificada, entre otros hechos". Todo esto contribuye a la clara conclusión de que, pese a todos los coros de "¡Enciérrenla!" y las millones de pulgadas de periódicos empleadas en esta elección, no hubo crimen alguno que encausar. Comey se mantuvo firme en esta conclusión también en su libro y en la subsiguiente gira de presentaciones.

Comey también dijo que había sido un error haber utilizado la frase "extremadamente descuidada" en su conferencia de prensa de julio de 2016 acerca de mis correos electrónicos. "Una persona razonable", admitió, habría decidido no hablar públicamente acerca del caso. El inspector general describió las opciones de Comey en la investigación de los correos electrónicos más severamente: se desvió "de manera clara y drástica" de las "normas, políticas y expectativas" establecidas durante largo tiempo por el Departamento de Justicia y el FBI y "lo que hizo, en cambio, fue empeñarse en su propia subjetiva manera de tomar decisiones *ad hoc*". Fue "insubordinado" y "cometió un grave error de juicio".

En este informe, el inspector general obvió la importante pero no explicada pregunta sobre si la oficina del FBI en Nueva York le estaba dando información sobre la investigación de los correos a Rudy Giuliani y a otras personas. Pero el testimonio de la ex fiscal general Loretta Lynch reveló que Comey dijo que estaba claro que había un "cuadro" de agentes del FBI en Nueva York que sentían "un odio profundo y visceral hacia la secretaria Clinton". Encuentro esto desconcertante. Como senadora de Nueva York después del 11 de septiembre, fui una defensora de los miembros de las agencias encargadas de implementar la ley y mantenernos seguros. Una cosa es tener desacuerdos políticos pero ¿odio visceral? Tal vez podamos conocer más acerca de lo que realmente hay detrás de la investigación de las filtraciones de información por la oficina del FBI en Nueva York.

También han surgido dos revelaciones realmente más explosivas que hasta ahora. Primero, el propio Comey utilizaba una cuenta personal de correos electrónicos en sus funciones oficiales del FBI. (Y no olviden que muchos empleados de la Casa Blanca de Trump también lo hacen, mientras Trump utiliza un artefacto personal carente de seguridad para llamar a líderes extranjeros). Y segundo, Comey admitió que la decisión de anunciar la reapertura de la investigación de correos electrónicos pocos días antes de la elección podría haber sido influenciada por encuestas que me daban a mí como ganadora. Sugirió que habría considerado las cosas de manera diferente si la contienda hubiera aparecido más reñida. A él no le correspondía tomar esa decisión. No debió corresponderle a nadie. Él antepuso su propio juicio "político" a normas de equidad bien establecidas. Sus acciones cambiaron el resultado, y el curso de la historia. Como reafirmó este verano el principal estadístico Nate Silver, "es extremadamente probable que la carta de Comey y la subsiguiente cobertura de prensa que provocó le haya costado la elección a Clinton".

Aun así, me dolió mucho ver a Trump tergiversar el informe del inspector general para intentar justificar retroactivamente su decisión de despedir a Comey y desacreditar falsamente la investigación sobre Rusia, pero de todos modos es importante tener estas conclusiones bajo la luz pública e incluidas en los registros históricos. Como he dicho antes, necesitamos ser capaces de mantener dos ideas en la mente al mismo tiempo. Comey cometió un error en la manera en que manejó la investigación de los correos electrónicos y Trump cometió un error al despedirlo por el asunto de Rusia. Ambas declaraciones son ciertas.

Agradezco que Comey ahora está hablando contra Trump por su desprecio por la ley y sus intentos de politizar el Departamento de Justicia. Eso es importante. Pero fue el propio Comey quien inició ese camino con sus "graves errores de juicio" y por permitir que las consideraciones políticas influyeran en una de las decisiones de mayor consecuencia en la implementación de la ley que se recuerden.

Finalmente, hemos recibido más información sobre un tópico que tuvo un lugar preponderante en 2016: cómo el sexismo afecta las elecciones. Por razones obvias, esta contienda suministró material nuevo para que los eruditos hurguen —no solo era la primera vez que una mujer encabezó la boleta de un partido importante, sino que también me enfrenté a un misógino impenitente que se valió mayormente de insultos y ataques sexistas—. Y el misógino ganó. ¿Y qué más sabemos ahora del impacto del sexismo en nuestra política? He estado manteniendo una carpeta. Aquí comparto algunos datos salientes.

Ahora sabemos de manera más concluyente que el sexismo es un factor que motiva a muchos votantes. Un estudio de 2017 realizado por científicos políticos de la Universidad de Massachusetts reveló que, contrario a la narrativa popular, cuando se trataba de apoyar a Trump, las creencias sexistas y racistas de los votantes tuvieron más importancia que la insatisfacción económica. De hecho, estos investigadores concluyeron que el sexismo y el racismo explican la mayor parte del apoyo a Trump entre americanos blancos sin educación superior, el grupo que hizo mucho para que la elección lo favoreciera. "En tanto la insatisfacción económica fue parte de la historia, el racismo y el sexismo fueron mucho más importantes", escribieron los investigadores.

También sabemos que las mujeres que votaron por Trump mostraron mucha más parcialidad por su género que otros grupos de votantes. Investigaciones anteriores habían ya indicado algo que podría parecer contradictorio a primera vista: que la parcialidad de género es realmente más fuerte en las mujeres que en los hombres. Un estudio publicado por el sitio FiveThirtyEight de Nate Silver que fue realizado poco antes de la elección contenía eso. Los investigadores preguntaron a los votantes una serie de preguntas para probar la parcialidad común de género, incluyendo la noción de que los hombres deben tener carreras y las mujeres deben cuidar de la familia. Encontraron que más del 80% de las mujeres que planeaban votar por Trump vinculaban más rápidamente a los hombres, no a las mujeres, con carreras profesionales. El porcentaje fue mayor que en cualquier otro grupo de votantes, mayor que el de los hombres que planeaban votar por Trump y mayor que ambos, mujeres y hombres, que planeaban votar por mí.

También hemos sabido más acerca de las nociones de que las mujeres son débiles afectó cómo me veían los votantes. La campaña de Trump usó esos estereotipos para tomar ventaja: ya fuera Trump burlándose de mi falta de energía, Rudy Giuliani en Fox News urgiendo a los votantes a que hicieran una búsqueda en internet de "la enfermedad de Hillary Cinton" o un portavoz de la campaña de Trump diciendo en MSNBC que yo padezco de daño cerebral. Una científica política en la Universidad Estatal de California de San Bernardino hizo un análisis de las insinuaciones de Trump sobre mi salud, vigor y falta de "apariencia presidencial". Su conclusión fue: "Para muchos este tipo de observación estimula las consideraciones de las cualidades de un candidato y alteran los criterios evaluativos hacia una categoría en que las mujeres están en desventaja". Esto tiene implicaciones para futuras contiendas también. "Mientras la presidencia y el liderazgo presidencial estén asociados con la masculinidad", escribió ella, "estos tipos de tácticas serán efectivos".

Estoy segura de que seguiremos enterándonos de más cosas sobre todo este tema. El impacto completo del sexismo y la misoginia en nuestra política seguirá revelándose. La investigación de Mueller sobre Rusia continuará. Los reporteros seguirán hurgando. La Casa Blanca seguirá filtrando información. Y cada vez que surja otra primicia, un coro fiable aparecerá diciendo: "Eso no importa. Esa elección ya pasó. ¿Por qué seguimos hablando de esto? Hay que seguir andando". Pero

eso dejaría a las elecciones futuras vulnerables a interferencia y manipulación. Que nadie se equivoque: estas son amenazas continuas.

El propio director de inteligencia nacional, Dan Coats, le dijo al
Congreso en febrero que "no debe haber dudas de que Rusia percibe
que sus esfuerzos anteriores tuvieron éxito y ve las elecciones de medio
término en 2018 como un objetivo potencial". En junio, Robert Mueller confirmó en documentos presentados en una corte judicial que las
operaciones de inteligencia rusa continúan. Y están recibiendo bastante
ayuda de los aliados de derecha en Estados Unidos. Como ha observado Clint Watts, ex agente del FBI y principal profesor asociado del
Centro de Cibernética y Seguridad Nacional de la Universidad George
Washington, estamos ahora viendo un número creciente de protagonistas políticos americanos adoptando las técnicas rusas de desinformación para sus propios propósitos. Desde la Casa Blanca hasta la caja
de resonancia de los medios derechistas a las fiebres de pantano del
internet, los americanos están haciendo el trabajo sucio de Putin.

Todo esto importa. No se trata solamente de lo que pasó. Es lo que
está pasando ahora y lo que pasará en el futuro. Tenemos que entender
el 2016 porque nos toca a nosotros asegurarnos de que 2018 y 2020
representen la voluntad del pueblo americano, no la de los multimillonarios de Estados Unidos ni los jefes de espías del Kremlin. Así que no,
no es hora de "seguir andando". Todo lo que se hizo la última vez puede
fácilmente repetirse.

De todas las amenazas que enfrentamos, la que me roba el sueño por
la noche más que ninguna otra en este momento es la crisis constitucional que se está desarrollando en nuestra democracia. Un creciente
número de científicos e historiadores políticos que estudian el surgimiento de autoritarios y la caída de las democracias está sonando su
alarma. Mi amiga Madeleine Albright, que de niña huyó de los nazis

y los comunistas y trabajó para expandir la democracia como secretaria de Estado, recientemente publicó un nuevo libro brillante titulado *Fascism: A Warning. (Fascismo: una advertencia)*. La advertencia va dirigida a nosotros: El autoritarismo está cobrando fuerzas en todo el mundo y aquí en nuestro país. Comparto el sentido de urgencia y alarma.

No uso la palabra *crisis* a la ligera. Es cierto que este país ha sobrevivido turbulencias mucho mayores y peores polarizaciones políticas, la más notable, una guerra civil sangrienta. Durante la mayor parte de nuestra historia, nuestro gobierno mantuvo varias formas de *apartheid*. También hemos tenido nuestra cuota de funcionarios públicos corruptos y no fiables. Cuando era una joven abogada, serví en el Comité Judicial de la Cámara investigando a Richard Nixon. Oí las grabaciones. Es fácil olvidar lo malo que fue.

Es también cierto que, hasta ahora, importantes instituciones democráticas se han torcido, pero no se han quebrado. Muchas cortes federales, a pesar de estar llenándose de designados de Trump que a menudo no están calificados, se ven eclipsadas por una Corte Suprema cada vez más hostil y continúan siendo un bastión que detiene o hace más lentas muchas de las acciones más peligrosas de la administración. Los investigadores del Departamento de Justicia y el FBI han resistido intimidaciones indignantes en su tarea de buscar la verdad acerca de la interferencia rusa en la elección y la posible colusión y obstrucción de justicia. La prensa política falló de mala manera durante la campaña de 2016, pero organizaciones noticiosas como el *New York Times*, el *Washington Post*, CNN y MSNBC han trabajado duro en estos tiempos de oscuridad, exponiendo muchas de las mentiras y abusos de la administración. Funcionarios civiles de carrera en el gobierno, acusados de ser el "estado profundo", han resistido presiones inapropiadas y continuado haciendo sus trabajos con integridad. Mientras los republicanos del Congreso han actuado en su mayoría como propiciadores del presidente, abandonando su función de vigilantes y toda ética profesional para defender alegremente lo indefendible, el Comité de Inteligencia del Senado ha mantenido su investigación bipartidista sobre Rusia en la dirección correcta, a pesar de que los republicanos de la Cámara han torpedeado la suya. Más importante aún, los propios americanos no se han dejado amedrentar. Desde CEOs hasta estudiantes de secundaria, han dado un paso al frente y luchado por nuestra democracia en un millón de maneras diferentes.

Todo esto es estimulante. Pero no significa que no tenemos que preocuparnos por el daño que Trump está haciendo. Debemos preocuparnos, definitivamente.

En este libro comparé nuestro cuerpo político a un cuerpo humano, con nuestro mecanismo constitucional de equilibrio de poderes, normas e instituciones democráticas y una ciudadanía bien informada que actúan como un sistema de inmunidad que nos protege de la enfermedad del autoritarismo. Argumenté que nuestras defensas habían estado desgastadas por los años de asaltos bien financiados de la derecha contra las instituciones que en generaciones anteriores dependían de información objetiva, incluyendo el gobierno, la academia y la prensa. Estos ataques se han ampliado por las tecnologías de información, incluyendo los algoritmos parcializados a favor de un contenido provocador y extremista que da forma a lo que la gente lee y llega a creer. Este proceso ha socavado el marco fáctico común que permite a un pueblo libre deliberar unido y tomar decisiones importantes de autogobierno. También han pavimentado el camino para que la infección de la propaganda rusa y de las mentiras *trumpistas* se profundicen y hagan metástasis. Siguiendo esta metáfora, resulta cada vez más claro que estamos frente a una infección multifacética que amenaza nuestros órganos vitales y que los factores que socavan nuestro sistema de inmunidad son más complejos y de mayor alcance de lo que creíamos antes.

Trump y sus compinches hacen tantas cosas despreciables que es difícil llevar la cuenta. Cada día trae una nueva indignación. Las discusiones sobre la amenaza que él representa hacia nuestra democracia con frecuencia se vuelven demasiado amplias y abarcadoras para ser factibles, o demasiado estrechas y tecnocráticas. Así que voy a dejar a un lado la mayoría de sus políticas malignas y desacertadas y sus vergonzosos tuits para concentrarme en lo que considero el ataque más profundo: los agudos riesgos que sus acciones representan para nuestras instituciones, normas y valores democráticos. Estas son cosas con las que los americanos de izquierda, derecha y centro deben ser capaces de estar de acuerdo. En esta lista incluiría: la guerra contra el estado de derecho, deslegitimar elecciones, atacar la verdad y la razón, perpetrar una corrupción vergonzosa y rechazar la idea de que nuestros líderes deben servir al público. Todo lo cual menoscaba nuestra unidad nacional y amenaza nuestra democracia. Temo que todas estas amenazas se harán más peligrosas tras el retiro del magistrado Anthony Kennedy y el giro hacia la derecha de la Corte Suprema. Permítanme tomar cada amenaza una a una y explicar por qué creo que juntas representan una grave crisis.

## Degradar el estado de derecho

John Adams escribió que la definición de una república es "un gobierno de leyes y no de hombres". Eso significa que nadie, ni siquiera el líder más poderoso, está por encima de la ley, y todos los ciudadanos deben tener igual protección bajo la ley. Es una gran idea, fue radical cuando Estados Unidos se formó y hoy día sigue siendo crucial. Nuestros fundadores sabían que un líder que rehusara estar bajo la ley o que politizara u obstruyera su implementación, es un tirano, claro y simple.

En contraste, Trump actúa como si creyera, como lo expresó Nixon, que "si un presidente lo hace, significa que no es ilegal". Trump le dijo al *New York Times* que tiene "un derecho absoluto de hacer lo que yo quiera con el Departamento de Justicia". El periódico reportó que, en enero, los abogados de Trump le enviaron una carta a Robert Mueller presentando ese mismo argumento: que si Trump interfiere con una investigación, no es obstrucción de justicia porque él es el presidente. Incluso sugirieron que él podía perdonarse a sí mismo si decidiera hacerlo, una idea tan loca que hasta Giuliani admitió que sería "impensable". Cuando Rudy dijo eso, Trump mismo tuiteó que él tenía "un absoluto derecho" de perdonarse a sí mismo. Me preocupa que esto sea un avance de lo que vendrá después.

El *New York Times* también reportó que Trump dijo a funcionarios de la Casa Blanca que él había esperado que el fiscal general Jeff Sessions lo protegiera, independientemente de la ley, una opinión torcida de la implementación de la ley. El fiscal general y otros funcionarios de Justicia son oficiales públicos que hacen un juramento de proteger la Constitución y las leyes de Estados Unidos, no a un amo político. Cuando dejamos de insistir que la justicia se aplica a todos, incluido el más poderoso, traicionamos un ideal democrático fundamental. Nos acercamos más al autoritarismo.

Recuerden que, según Jim Comey y sus memos contemporáneos, el presidente también ha demandado que el director del FBI le prometa lealtad, no a la Constitución, sino a Trump, una jugada salida directamente del manual del autócrata. Presionó a Comey para que abandonara la investigación de su asesor de Seguridad Nacional Michael Flynn. Luego despidió a Comey por "esta cosa de Rusia", como el propio Trump confirmó en la televisión nacional y que ahora niega. Desde que este libro se publicó por primera vez, el *Times* ha reportado también que Trump trató de despedir a Robert Mueller en junio de 2017 y otra vez en diciembre de 2017. En una de estas ocasiones, se reportó que Trump había desistido cuando el abogado de la Casa Blanca Don McGahn amenazó con renunciar. Esto evocó recuerdos de la Masacre de la Noche del Sábado en 1973, cuando Nixon ordenó despedir al investigador especial de Watergate y el fiscal general y el vicefiscal general renunciaron en protesta.

Trump también ha urgido al Departamento de Justicia a perseguir a sus opositores políticos. Los republicanos del Congreso se sumaron a la acción también y pidieron repetidamente que se nombrara un nuevo investigador especial para investigarme a mí, a la Fundación Clinton, al FBI y básicamente a cualquiera que se les ocurriera. Ha sido algo surrealista oír al presidente de Estados Unidos todavía dirigir coros de "enciérrenla" en sus mítines políticos, como si la campaña nunca hubiera terminado. Sus aliados y él continúan diciendo mentiras que fueron meticulosamente desacreditadas por verificadores de hechos durante la elección, como la historia falaz de Uranio Uno, en la que me acusan a mí de haber entregado a Rusia una quinta parte de las reservas de uranio de Estados Unidos a cambio de donaciones a la Fundación Clinton. La teoría conspirativa —iniciada por un provocador de Breitbart, naturalmente— gira en torno a que yo controlo secretamente tanto la Comisión de Regulación Nuclear como una junta de gobierno presidida por el secretario del Tesoro a cargo de supervisar las inversiones en Estados Unidos. Eso es obviamente absurdo, pero no deja de resultarme horrible que la Fundación Clinton, que salva y cambia vidas en todo el mundo, sea denostada por desvergonzados políticos que miserablemente tratan de anotarse puntos.

Como las demandas de lealtad personal, este es el tipo de cosas que vemos en dictadores y tiranos en todo el mundo. También viola una tradición americana que data de la época de Thomas Jefferson. Después de la amargamente contenciosa elección de 1800, Jefferson pudo haber despotricado contra el "Torcido John Adams" y haber tratado de encarcelar a sus seguidores. Lo que hizo fue usar su discurso inaugural para declarar: "Todos somos republicanos, todos somos federalistas".

## Deslegitimar elecciones

Ustedes pueden recordar el momento en el tercer debate en 2016 cuando Trump rehusó prometer que aceptaría el resultado de la votación. En ese momento de la campaña yo pensaba que lo había oído todo, pero eso me dejó con la boca abierta. Hasta el moderador de Fox News no podía creerlo. Se podía casi sentir el temblor de las fundaciones de nuestra democracia. Imaginen si Trump hace lo mismo en 2020, excepto que esta vez no sería un fracasado hombre de negocios rehusando aceptar la derrota. Sería el comandante en jefe, con un enorme poder a su disposición. ¿Qué pasa entonces? Aquí les presento un pavoroso avance: En una encuesta de 2017 por los académicos de la Universidad Yeshiva y la Universidad de Pensilvania, más de la mitad de los republicanos respondieron que apoyarían posponer la próxima elección presidencial si Trump lo proponía para ocuparse de sus propias alegaciones de fraude electoral a gran escala.

La legitimidad de las elecciones —y a su vez, todo nuestro sistema de gobierno— depende de la fe pública. Urgentemente necesitamos elevar nuestra confianza mediante pasos que aseguren que nuestras elecciones sean libres, justas y transparentes. Lamentablemente, está ocurriendo lo contrario. Para empezar, está la interferencia de Rusia en nuestras elecciones, y Trump completamente renuente a detenerla o protegernos. Un informe bipartidista del Comité de Inteligencia del Senado confirmó que los *hackers* rusos apuntaban a los sistemas electorales de por lo menos dieciocho estados en 2016 y probablemente veintiuno, si no más. En algunos estados, los rusos "penetraron exitosamente una base de datos de inscripciones de votantes" y "estaban en posición de, como mínimo, alterar o borrar datos de inscripción de votantes". Y en junio, el zar de seguridad cibernética del presidente Obama, Michael Daniel, testificó ante el Congreso que es "altamente probable" que los *hackers* rusos hayan al menos escaneado los sistemas electorales de los cincuenta estados por las vulnerabilidades en 2016.

Está también la continua crisis de supresión de votantes, en la que los republicanos establecen requisitos onerosos —y creo que ilegales— para evitar que la gente vote. La Corte Suprema empeoró esto con su decisión 5–4 en junio de permitir a Ohio eliminar votantes de sus listas si han dejado de votar en algunas elecciones y no responden a una postal oficial por correos. Ohio ya purgó más de 2 millones de votantes inscritos entre 2011 y 2016, más que cualquier otro estado. No es una sorpresa que los votantes negros de los condados más grandes eran dos veces más probables de ser afectados que los votantes blancos. En su disensión, la magistrada Sonia Sotomayor dijo que el dictamen "mantiene un programa que al parecer aumenta la privación del voto de minorías y votantes de bajo ingreso que el Congreso había determinado erradicar". Ahora hay una luz verde para hacer más daño.

Está el mito de fraude electoral generalizado, que Trump ha proclamado de manera reiterada y falsa que es una crisis nacional. (Recuerden que, según un estudio publicado por el *Washington Post*, de más de mil millones de votos depositados en Estados Unidos entre 2000 y 2014, solamente hubo treinta y un casos creíbles de suplantación de identidad.) Ese es el problema perpetuo de la manipulación de conscripciones electorales, por la cual personas partidistas —seamos honestos, en estos tiempos son principalmente republicanos— trazan las líneas que separan los distritos electorales para asegurar que su partido casi siempre gane. Y está el intento de politizar el Censo de 2020, que determinará las adjudicaciones de la Cámara de Representantes y el Colegio Electoral durante la siguiente década.

Cada uno de estos fenómenos constituye una fuerza con la que hay que lidiar. Todos juntos, tienen un efecto venenoso en nuestras elecciones. Nos alejan cada vez más del principio de "una persona, un voto" que ha sido el eje de nuestra democracia desde el principio. ¿Cómo podemos estar seguros de que el voto de cada uno cuenta igual cuando otros países penetran nuestros sistemas de votación? ¿Cómo sentirnos bien acerca de elecciones libres y justas cuando tantos de nuestros conciudadanos se presentan a votar y son rechazados por razones insustanciales que no pasarían escrutinio, y cuando al fin logran protestar es demasiado tarde? Se acercan las elecciones de medio término y una elección presidencial dos años después. Necesitamos urgentemente restaurar la responsabilidad de rendir cuentas y la equidad en el sistema. Y es absolutamente imposible contar con este presidente para hacer que eso suceda.

## Atacar la verdad y la razón

Escribí en el último capítulo de este libro acerca del peligro de las mentiras en una democracia, y de cómo los autoritarios dependen de las mentiras para controlar al pueblo y lo perdidos que estamos cuando ni siquiera podemos estar de acuerdo acerca de un grupo de hechos. Las "noticias falsas" y los "hechos alternativos" no son simplemente frases usadas en exceso. Cuando no podemos confiar en lo que nos dicen nuestros líderes, expertos y fuentes noticiosas, perdemos la capacidad de pedirles cuentas a las personas, resolver problemas, comprender amenazas, juzgar el progreso y comunicarnos con efectividad unos con otros, todo lo cual es crítico para el funcionamiento de una democracia. En medio de la niebla de la falsedad, la verdad tiende a salir perdiendo. Mentirosos sin principios consiguen manipular más la verdad a la vez que se hacen más poderosos.

Esto fue lo que pasó en la elección de 2016. Un nuevo estudio de la Universidad Estatal de Ohio reveló que "es muy probable que las noticias falsas hayan tenido un impacto sustancial en las decisiones de los votantes", incluso en aquellos votantes de quienes mucho se ha hablado que cambiaron su apoyo a Obama en 2012 a Trump en 2016.

Los investigadores examinaron tres mentiras que circularon ampliamente en los medios sociales: que como secretaria de Estado yo había
aprobado la venta de armas a grupos yihadistas, incluyendo a ISIS;
que yo estaba gravemente enferma y que el papa Francisco había respaldado oficialmente a Trump en la contienda. Aquí están los hechos:
Como secretaria de Estado trabajé duro para detener la extensión de
los grupos terroristas islámicos. Estoy saludable. Y durante la campaña,
el Papa condenó las posiciones de Trump como no cristianas, y Trump
lo atacó personalmente por ello. Aun así, resulta que al menos 20% de
las personas que apoyaron a Obama en 2012 creyó por lo menos una
de estas mentiras en 2016. No fue una sorpresa que tenían cuatro veces
más probabilidad de cambiar sus votos a Trump.

Desde que este libro fue a imprenta, el problema de las mentiras de Trump no ha hecho más que empeorar. Hasta el 1 de junio
de 2018 ha hecho 3.251 declaraciones falsas o erróneas, según la columna de verificadores de hechos en el *Washington Post*. Eso es un
promedio de 6,5 declaraciones falsas por día, un aumento comparado
con sus primeros cien días, cuando promedió 4,9 falsedades al día.
Está mintiendo más a menudo, y puede argumentarse que de manera
más indignante. Un día de junio, según MSNBC, el presidente mintió
diecinueve veces en una sola conferencia de prensa. Esto es agotador,
pero es realmente importante. Cuando no podemos estar de acuerdo
sobre lo que es verdad, las mentiras pueden superar a los hechos reales
y pueden formularse políticas basadas en falsedades y miedos, no en la
verdad y la razón.

Trump ahora también está persiguiendo a los periodistas con
mayor fervor e intención que antes. Siempre le ha encantado agitar a
sus multitudes contra los reporteros. Por lo menos una periodista que
cubría su campaña ha tenido que ser protegida por el Servicio Secreto
después de que Trump la señaló por abuso y la multitud se viró contra
ella. Pero ahora está aumentando más aún su hostilidad.

El *Washington Post* es un ejemplo. El dueño del periódico es Jeff Bezos, el fundador de Amazon. Trump ha acusado falsamente al periódico de ser el "*lobby* principal" de Amazon y un refugio fiscal de Bezos. Pero nadie duda de que su verdadera queja es contra la cobertura del *Post* de su administración. Ahora sabemos —por los reportajes del propio *Post*— que Trump personalmente presionó al jefe general de Correos a que le duplicara a Amazon lo que tiene que pagar para enviar sus paquetes, a un costo de miles de millones de dólares. Hasta ahora ha rehusado hacerlo, pero por lo menos uno de los muchos tuits atacando a Amazon causó que las acciones de la compañía sufrieran un bajón.

A nadie le gusta que lo hagan pedazos en la prensa. A mí de veras no me gusta. Pero es parte del trabajo de un funcionario público. Se lo critica mucho, pero uno aprende a aceptarlo. Reacciona y argumenta su caso, pero no castiga al dueño del periódico. Uno no lo contraataca abusando su poder. Esa es una línea que nunca se cruza en un país que venera la Primera Enmienda. Pero ese es, en pocas palabras, el problema: Estados Unidos valora la Primera Enmienda, pero nuestro presidente no, igual que tampoco le gustan muchas de las cosas que hacen que Estados Unidos sea fenomenal.

Él tampoco esconde sus intenciones ni un ápice. Lesley Stahl, la reportera de *60 minutos* de CBS, le preguntó a Trump durante su campaña por qué siempre atacaba a la prensa. Y él respondió: "Lo hago para desacreditar y degradarlos a todos ustedes, de manera que cuando escriban historias negativas sobre mí, nadie se las crea".

## Corrupción intimidante

¿Dónde empezar con esta? Para una administración que prometió que iba a "drenar el pantano", es increíble la cínica indiferencia con la que ha acumulado conflictos de intereses, abusos de poder y violaciones flagrantes de las reglas de ética.

El secretario de Servicios de Salud Tom Price renunció después de que lo sorprendieron estafando a los contribuyentes usando aviones privados costosísimos, incluyendo $25.000 por un vuelo de 135 millas desde Washington a Filadelfia. El secretario de Viviendas y Desarrollo Urbano Ben Carson fue duramente criticado por gastar $31.000 del tesoro público en muebles para un juego de comedor nuevo. Eso no fue nada comparado con los casi $139.000 que el secretario del Interior Ryan Zinke gastó en nuevas puertas para su oficina. Incluso algunos republicanos miembros del Congreso pensaron que el ex administrador de EPA Scott Pruitt había ido demasiado lejos cuando se supo que había recibido un trato preferencial en el alquiler de un condominio de un *lobby* de energía y gastó además millones de dólares en un vasto grupo de protección personal, aviones privados, hoteles costosísimos y más de $43.000 en una cabina telefónica para su oficina. A menos que él sea Clark Kent, nadie necesita una cabina de teléfono tan insistentemente.

Es difícil culpar al gabinete de Trump cuando ellos están simplemente siguiendo los pasos de su jefe. Trump es el primer presidente en cuarenta años en rehusar publicar sus declaraciones de impuestos. En las palabras evocativas de un editorial del *New York Times*, él pasó su carrera en compañía de "estafadores, timadores, garroteros, bandidos y criminales. Hace trampas, miente, engaña, alardea de sus infidelidades, y en la mayoría de los casos, se ha salido con la suya, protegido por amenazas de litigios, pagos para silenciar a personas y su propia bravuconería".

Esto se demostró una vez más en junio cuando el fiscal general estatal de Nueva York presentó una demanda judicial contra la Fundación Trump y su junta de directores —incluyendo a Donald Trump y sus hijos, Donald Jr., Ivanka y Eric— alegando "un patrón persistente de conducta ilegal durante más de una década que incluye una extensa coordinación política fuera de la ley con la campaña presidencial de Trump, repetidas y obstinadas transacciones de autocontratación para beneficiar los intereses personales y de negocios del Sr. Trump, y violaciones de las obligaciones legales básicas de fundaciones sin fines de lucro". Esencialmente, Trump y su familia están acusados de usar la fundación como una fuente de fondos ilícitos para gastos personales y políticos. El fiscal general también se refirió a posibles crímenes federales relacionados con la Fundación Trump, con el Servicio de Impuestos Internos (IRS, por sus siglas en inglés) y con la Comisión Electoral Federal. El equipo de Trump ni siquiera fue sutil con esto. La evidencia muestra que el jefe de la campaña de Trump Corey Lewandowski especificó cómo la Fundación Trump debía distribuir dinero en Iowa antes de los mítines de votación. Trump personalmente aprobó el uso de fondos caritativos para saldar las disputas legales de sus negocios con fines de lucro. Y donó $25.000 a una organización política que apoyaba a la fiscal general de Florida, quien daba la casualidad que estaba considerando sumarse a otros estados en la demanda judicial contra la fraudulenta universidad de Trump. Después de la donación, ella decidió no participar en el caso, el cual Trump finalmente saldó por $25 millones. Encima de todo eso, la Fundación Trump no tenía empleados y la demanda del fiscal general la describe como "poco más que un cascarón vacío". Pero claro, fue la Fundación Clinton, con un récord estelar y altos grados otorgados por los grupos de vigilancia ciudadana de filantropía, que los medios escogieron como una piñata política en 2016. Imagino que eso es lo que se considera "justo y balanceado".

Trump no ha cambiado su estilo después de convertirse en presidente. Ha rehusado situar sus activos en un fideicomiso ciego o vender sus propiedades y negocios, como lo hicieron sus predecesores. Esto ha creado unos conflictos de intereses sin precedentes, con *lobbies* de industrias, gobiernos extranjeros y organizaciones republicanas que hacen negocios con compañías de Trump o celebran eventos lucrativos en sus hoteles, terrenos de golf y otras propiedades, de hecho, llevando dinero directamente a sus bolsillos. Trump estimula esto promoviendo públicamente sus negocios privados, lo cual ha hecho ya docenas de veces en su primer año en el cargo.

Las posibilidades peligrosas resultaron destacadas esta primavera cuando se reportó ampliamente que el gobierno chino está concediendo préstamos por $500 millones para costear un proyecto de construcción en Indonesia que incluye hoteles con el nombre de Trump, condominios y terrenos de golf. Apenas setenta y dos horas más tarde, al parecer de manera inesperada, Trump decidió aliviarle las penalidades a ZTE, una de las mayores compañías de telecomunicaciones de China, por violar repetidamente las sanciones de Estados Unidos contra Irán y Corea del Norte. El FBI ha advertido que los productos de ZTE pueden permitirle a China espiar a los consumidores americanos y el Pentágono ha dicho que "pueden presentar un riesgo inaceptable al personal del departamento, su información y su misión". Arriesgando nuestro seguridad nacional, Trump vino al rescate de la compañía. El presidente de "América Primero" declaró que de repente se sintió preocupado por salvar los empleos chinos, a pesar de que ello significaba poner en riesgo la seguridad nacional.

Todo esto nos dice algo importante sobre la visión de Trump acerca del poder y la presidencia. Ni siquiera simula estar dándole prioridad al bienestar público por encima de sus propios intereses personales o políticos. No parece entender que la tarea de los funcionarios públicos es, por definición, servir al público y no al revés. Se supone que deben amar a su país más que a sí mismos.

Los Fundadores entendieron esto. Para citar otra vez a John Adams, ellos eliminaron la monarquía para establecer un gobierno para "el bien común", no "con el fin de lucro, honor o interés privado de hombre alguno". Creían que para que una república tuviera éxito, tanto los líderes como los ciudadanos tendrían que acoger esta ética. No bastarían por sí mismas las leyes sabias, las instituciones robustas y una constitución brillante. La virtud cívica, la virtud *republicana*, era la salsa secreta que haría funcionar todo el sistema.

Nadie ha encarnado esta virtud mejor que nuestro primer presidente. Uno de los momentos más cruciales en el nacimiento de nuestra nueva nación fue cuando George Washington renunció a su liderazgo en el ejército y rehusó una oferta de convertirse en rey. El mismo espíritu lo condujo a dejar la presidencia después de dos términos, estableciendo uno de los precedentes más importantes de nuestra historia. Washington fue aclamado como un Cincinnatus americano, una comparación con el héroe de guerra romano que insistió en regresar a su finca en lugar de ejercer el poder. Cuando yo era senadora, siempre consideré como algo significativo una pintura gigantesca de Washington renunciando a su comisión en el ejército que está colgada en la rotunda del Capitolio mejor que una escena más triunfal como su inauguración. Nadie nunca ha confundido a Donald Trump con el hombre modesto, escrupulosamente honesto, movido a servir que era Washington. Más bien pudiera ser el menos republicano (de república) de los presidentes republicanos que hemos tenido jamás.

## Socavar la unidad nacional

Las democracias son tumultuosas por naturaleza. Debatimos libremente y discrepamos a la fuerza. Es parte de lo que nos distingue de las sociedades autoritarias donde se prohíbe la disensión. Pero estamos juntos por profundos "lazos de afecto", como dijo Lincoln, y por la creencia compartida de que de nuestro díscolo crisol nos ha de llegar una entidad completa más fuerte que la suma de nuestras partes. *E pluribus unum.*

Al menos así es que debe funcionar. Las cosas se han sentido bastante divididas en Estados Unidos por bastante tiempo. Algunos de ustedes pueden reírse de la idea de que incluso nos quede una unidad nacional para socavar. Pero Trump está haciendo que las cosas sean mucho peores y los efectos van a reverberar durante mucho tiempo después de que se vaya.

En el pasado, nuestros presidentes usualmente trataban de unirnos. Sí, eran partidistas. No, no eran perfectos en ningún sentido. Pero generalmente tomaban en serio la idea de que eran presidentes de todos los americanos, no solamente de los que votaron por ellos. Tomaban en serio la idea de que parte de su trabajo era ser una voz de tolerancia y civilidad. Algunos de nuestros presidentes han sido más dedicados a estos ideales que otros, pero en la era moderna, generalmente lo han expresado por lo menos de los labios para fuera, y eso cuenta para algo. No le echaron explícitamente leñas al fuego al odio racial o religioso. Lo que hicieron fue denunciar el odio y urgirnos a que tratemos a las personas con decencia, cualquiera que sea su raza o religión. No alentaron a los votantes contra inmigrantes. Reconocieron la inmigración como la fundación de nuestra historia. Y afirmaron los principios de derechos civiles, que todos tenemos un estatus igual ante nuestra historia, que todos merecemos una voz y un voto.

Trump, en cambio, ni siquiera finge ser un presidente para todos los americanos. Está listo para defender o elogiar a aquellos que son *su gente*. Pero cuando un hombre negro llamado James Shaw Jr. heroicamente detiene a mano limpia a un hombre matando a gente con un arma de fuego en un restaurante de Waffle House, Trump guarda silencio durante días. ¿Acaso es porque las muertes en el Waffle House desafían su visión global en favor de las armas de fuego? ¿O acaso es por el color de la piel de James Shaw? En contraste, ha hecho malabares para defender a esas "magníficas personas" entre los blancos nacionalistas en Charlottesville. Es difícil ignorar el mensaje racial entre líneas de casi todo lo que Trump dice. A menudo, ni siquiera está entre líneas. Cuando dice que los inmigrantes haitianos y africanos son de "países de m—rda", es imposible que pueda ser malinterpretado. Lo mismo cuando dice que los inmigrantes mexicanos son violadores y asesinos, o llama a los inmigrantes "animales". Igual cuando dice que no se puede confiar en un juez americano por su herencia mexicana. Se puede llenar un libro entero con ejemplos como estos.

Nada de esto es una marca de autenticidad o una refrescante tregua de la corrección política. El discurso de odio no tiene nada que ver con "llamar las cosas por su nombre". Es simplemente discurso de odio.

No sé si Trump ignora el sufrimiento de Puerto Rico porque no sabe que son ciudadanos americanos, o porque asume que la gente de piel castaña y nombres latinos probablemente no son seguidores de Trump, o porque simplemente carece de la capacidad de ejercer la empatía. Y no sé si él hace un juicio similar cuando arremete contra los jugadores de la NFL (*National Football League*) que protestan contra el racismo sistémico o cuando no condena los crímenes de odio contra musulmanes. Pero el mensaje que envía por su indiferencia y falta de respeto hacia algunos americanos sobre otros es inequívoco. Está diciendo que algunos de nosotros no pertenecemos, que no todas las personas han sido creadas iguales y que algunos no han sido dotados por su Creador con los mismos derechos inalienables que otros.

Y no es solamente lo que dice. Desde el primer día, su administración ha menoscabado los derechos civiles que generaciones anteriores lucharon por lograr y defender. Ha habido edictos de gran visibilidad, como la prohibición de recibir inmigrantes musulmanes y negar el ingreso de americanos transexuales a servir en las fuerzas armadas. Otras acciones han sido más sutiles pero iguales de insidiosas. El Departamento de Justicia mayormente ha abandonado la supervisión de departamentos de policía que tienen historia de abuso de derechos civiles y se ha pasado al lado contrario en casos de derecho al voto. Casi todas las agencias federales han disminuido la implementación de las protecciones de los derechos civiles. La secretaria de Educación, Betsy DeVos, ha descartado ella sola cientos de quejas sobre derechos civiles y ha rescindido las guías a los colegios universitarios e universidades diseñadas para proteger a víctimas de ataques sexuales en el campus. Mientras tanto, el Servicio de Inmigración y Control de Aduanas (ICE, por sus siglas en inglés) anda corriendo como loco en todo el país. Los agentes federales están confrontando a ciudadanos solo por oírlos hablar en español, separando a rastras a los padres de los hijos.

Hubo un escalofriante artículo en el *New York Times* recientemente con el aumento de estudios sobre intolerancia social y lo que ello significa para nuestra democracia. Los científicos políticos en la Universidad de Texas A&M y la Universidad de Clemson han encontrado que la hostilidad hacia los inmigrantes, hacia los que hablan un idioma distinto y hacia los que son de distinta raza han revelado que este tipo de actitud estimula a las personas a estar abiertas a la idea de ser gobernadas por un hombre fuerte como alternativa a la democracia. Trump llegó a la escena precisamente cuando la intolerancia entre algunos americanos blancos estaba aumentando y ha hecho su contribución y más para acelerar ese incremento en la intolerancia.

Otros académicos también han estudiado los efectos de Trump en las normas sociales. Un equipo de personas en el departamento de Psicología en la Universidad de Kansas reveló que la elección de 2016 dio entrada a un clima que, en sus palabras, "favoreció la expresión de varios prejuicios". La elección dio "voz y licencia a expresar lo que antes permanecía reprimido". Trump le está dando permiso a la gente a decir lo que antes habría sido socialmente inaceptable, acerca de las mujeres, de minorías raciales y religiosas y de inmigrantes. Eso no es refrescante. No es liberador. Es horrible y es peligroso.

Demos un paso atrás un minuto y preguntémonos: ¿Cómo llegamos a este punto? ¿Empezaron con Trump las ilegalidades y las mentiras, o es acaso un problema de más tiempo? Si regresamos a la metáfora del cuerpo político y una infección que ataca a nuestra democracia, ¿debemos pensar en él como una causa o un síntoma? ¿Es él singularmente hostil al estado de derecho, a la ética en el servicio público, a una prensa libre y a otros valores democráticos fundamentales en un modo que resulta único? ¿O sus tendencias autoritarias reflejan vertientes más amplias en nuestra cultura, en el Partido Republicano y en otras democracias occidentales?

Creo que ambas cosas son ciertas. En todas las maneras en que he descrito, los instintos y acciones de Trump se oponen a las atesoradas tradiciones democráticas de Estados Unidos. Si Wisconsin, Michigan y Pensilvania hubieran tenido una inclinación diferente, probablemente no estaríamos teniendo esta conversación. Pero habría sido una oportunidad perdida, porque si Trump hubiera perdido por un estrecho margen, las tendencias subyacentes que hicieron posible su ascenso estarían todavía presentes. Tal como debemos ver a Trump claramente por lo que es y el peligro que representa para nuestro país, también debemos entender esta visión más amplia.

Debemos abrir los ojos a la creciente concentración de poder económico en las manos de una pequeña élite —familias como los Koch y los Mercer— y cómo han utilizado su dinero e influencia para apoderarse de nuestro sistema político, imponerle una agenda derechista y arrebatarles los derechos a millones de americanos. No estoy de acuerdo con los críticos que dicen que el capitalismo es fundamentalmente incompatible con la democracia. Pero el capitalismo predatorio no regulado sí lo es. La masiva desigualdad económica y el poder del monopolio corporativo son antidemocráticos y corroen el modo de vida americano. Las fundaciones de nuestro sistema se están pudriendo y necesitamos cambios grandes para salvarlo. Los poderosos intereses que están embolsillándose las ganancias lucharán por mantener su influencia, lo cual es la razón por la que los Koch, los Mercer y otros ya han gastado tanto para purgar los listados de votantes, hacer propaganda y costear a candidatos reaccionarios y organizaciones como Cambridge Analytica. Ellos seguirán haciéndolo hasta que una abrumadora mayoría popular se alce y rehúse continuar siendo marginada.

La terrible decisión de la Corte Suprema *Citizens United* que le abrió las compuertas al dinero secreto en nuestra política les vino de perilla y contribuyó a hacer posible la debacle de 2016. Pero incluso antes del aumento de los Súper PACs, la venalidad cotidiana de nuestro sistema de financiamiento de campañas había amargado a muchos americanos respecto a la política. Veían a políticos usando un creciente porcentaje de su tiempo recaudando dinero en vez de estar legislando o escuchando a sus votantes. Veían a ricos contribuyentes y corporaciones contribuyendo millones para proveer fondos a organizaciones políticas. Como ocurre a menudo, el verdadero escándalo no era que eso era ilegal, sino que en su mayor parte era absolutamente legal.

Me pasé años navegando este sistema podrido. Estaba resuelta a resolverlo y voté a favor de reformas, pero también jugué dentro de las reglas que había, como lo hizo el presidente Obama y muchos otros que querían cambios. Así y todo era fácil ver por qué tantas personas concluyeron que todo el sistema estaba irremediablemente amañado. Lamentablemente, cuando Trump llegó acompañado de su flagrante corrupción, muchos se encogieron de hombros y dijeron, "¿Qué tú esperas? La política es la política".

También tenemos que entender la hiperpolarización que ahora se extiende más allá de la política hacia cerca de cada parte de nuestra cultura. Un estudio encontró que en 1960, solo 5% de republicanos y 4% de demócratas dijeron que les disgustaría si un hijo o una hija se casaba con un miembro del otro partido político. Para 2010, el 49% de republicanos y 33% de demócratas se sentían de esa manera. La fuerza de la identidad partidista —y la animosidad partidista— ayudan a explicar por qué tantos republicanos continúan respaldando a un presidente tan manifiestamente inepto para ocupar el cargo y antitético hacia muchos de los valores y las políticas que otrora atesoraban profundamente. Científicos políticos e historiadores dicen que las democracias dependen de tolerancia mutua y autocontrol en el ejercicio del poder. Todos los partidos tienen que estar de acuerdo y respetar las reglas y no tratar de destruirse mutuamente. Hay que reconocer el derecho del contrario a existir, estar en desacuerdo y ganar cuando reciban los votos. Pero cuando se comienza a considerar la política como un juego de suma-cero y ver al otro partido como traidores, criminales o de otra manera ilegítimo —por ejemplo, insistir equivocadamente durante años que nuestro anterior presidente realmente no nació en Estados Unidos o si en todos sus mítines políticos se alienta al público a corear "enciérrenla"— entonces estos bloques básicos de construcción de la democracia se desploman. La política deja de ser una lucha justa para convertirse en un deporte sangriento.

Cuando hablamos de polarización y de la descomposición de las normas de la democracia tenemos la tendencia de igualar las partes y hacer referencia a "ambos lados", pero la verdad es que este no es un problema simétrico. Debemos estar claros en esto: el aumento del radicalismo y la irresponsabilidad del Partido Republicano, incluyendo décadas de denigrar al gobierno, demonizar a los demócratas y vituperar las normas, es lo que nos trajo a Donald Trump. Sea mediante el abuso del recurso obstruccionista conocido como *filibuster*, el robo de un escaño en la Corte Suprema, la manipulación de las conscripciones electorales para privar del derecho al voto a afroamericanos o amordazar a los científicos del gobierno especializados en el clima, los republicanos han estado socavando la democracia americana mucho antes de que Trump llegara a la Oficina Oval.

Hay fuerzas más profundas funcionado en este mismo sentido. Escribí antes sobre la virtud cívica, de la que Trump carece totalmente. ¿Y el resto de nosotros? James Madison, el principal autor de la Constitución, dijo que la mejor defensa contra líderes ineptos —en realidad la *única* defensa en un final— sería la virtud de la inteligencia del pueblo. Los Fundadores contaban con nosotros para conservar el espíritu cívico que hizo la democracia posible, esos "hábitos del corazón" que el escritor francés Alexis de Tocqueville consideró tan únicos en el carácter americano. Si han leído este libro, especialmente el capítulo de "Amor y bondad", ya saben que he estado preocupada durante muchos años de que hemos perdido parte de ese espíritu.

Tal vez no ha sido una coincidencia que las encuestas muestran que el apego de los americanos a la democracia ha disminuido en décadas recientes. En 1995, uno de cada dieciséis americanos estaba abierto a la idea de un gobierno militar en nuestro país, lo cual considero una cifra asombrosamente alta. En 2014, uno de cada seis americanos tenía esa opinión. Aún más difícil de creer, las cifras son peores entre los jóvenes. Según Yascha Mounk, un profesor de Gobierno de la Universidad de Harvard, casi una cuarta parte de la generación del milenio piensa que la democracia es una manera "mala" o "muy mala" de gobernar un país. En 2011, casi la mitad dijo que pensaba que un sistema político con un líder fuerte que no tuviera que lidiar con el Congreso o elecciones era una idea "bastante buena" o "muy buena". Abrigo la esperanza de que vivir bajo la presidencia de Trump haya abierto muchos ojos y cambiado muchas mentes, pero estos números no dejan de aterrorizar.

¿Y ahora qué? ¿Cómo salvamos nuestra democracia y curamos nuestro cuerpo político? Ante todo, tenemos que movilizar una participación masiva en las elecciones de medio término de 2018. Hay fantásticos candidatos demócratas aspirando a cargos en todo el país, presentando sus casos todos los días sobre cómo van a aumentar los jornales, reducir los costos de salud y luchar por la justicia social. Pero el resultado está lejos de asegurado y hay tanto en juego: toda la Cámara de Representantes, una tercera parte del Senado y treinta y seis cargos de gobernador, y muchos escaños en legislaturas estatales. Las consecuencias serán enormes. Si a los demócratas les va bien, podremos frenar la agenda republicana, con su enfoque obsesivo en quitarles las opciones de cuidados de salud a las mujeres, recortar programas que ayudan a trabajadores pobres y de clase media, aterrorizar a los inmigrantes y permitirle a Trump hacer lo que le dé la gana con toda impunidad. Podríamos finalmente lograr algún tipo de vigilancia por parte del Congreso sobre la Casa Blanca. Si alguna vez te has preguntado, "¿por qué nadie puede frenar a Trump?" cuando hace otro trato con un gobierno extranjero para beneficiar sus propios intereses, esta es tu oportunidad. Podríamos finalmente bloquear la confirmación de los nominados no calificados de Trump: no más teóricos de conspiraciones nombrados jueces federales de por vida. Podríamos lograr cargos que ayudaran a asegurarnos de que la delineación de distritos que el Congreso haga en 2021 sea justa. Y, encima de todo eso, podríamos finalmente trabajar para aprobar leyes que realmente controlaren los abusos corporativos, prevengan la continuada concentración de riquezas y poder, avancen hacia un sistema universal de cuidados de salud, reformen nuestros sistemas de inmigración y de justicia criminal, protejan los derechos de los trabajadores, reduzcan la violencia por armas de fuego y aborden la crisis urgente del cambio climático. Si les importan estos temas, tienen que votar y conseguir que otras personas voten.

Si a los demócratas no les va bien en el otoño, las consecuencias serán enormes en la dirección opuesta. En lugar de enviar el mensaje de que los últimos dos años han sido desastrosos, estaremos diciendo, "Podemos aceptar esta manera de funcionar". Los republicanos se sentirán envalentonados a aprobar más leyes extremistas. Seguirán confirmando a los nominados de Trump, sin importar cuán poco calificados sean o cuán peligrosos. Continuarán alineándose detrás del presidente, ignorando sus mentiras, riéndose incómodamente de su racismo y sexismo casual, actuando como si todo estuviera normal y fenomenal. Y —esto es importante— si los republicanos controlan la próxima circunscripción electoral, tendrán el control de la Cámara hasta por lo menos el año 2030. Ellos se asegurarán de eso. Si alguien cree que la manipulación de las circunscripciones electorales es una desgracia y que debemos estar delineando los distritos de manera sensata y justa, hay que salir a votar y convencer a otras personas de que también lo hagan.

Pero, aunque voten, por importante que sea, no puede ser el final de la historia. Cuando se asiente el polvo, vamos a tener que hacer una buena limpieza. No una limpieza que deje polvo debajo del sofá. Estoy hablando de Hércules limpiando los establos áugeos.

Después de Watergate, hubo un montón de reformas para responder a los abusos de poder de Nixon, incluyendo nuevas reglas para financiar campañas electorales, ética de gobierno, acción militar, operaciones encubiertas y más. Después de Trump, vamos a necesitar un proceso similar. Una importante precaución: si reformas bien intencionadas tienen consecuencias accidentales y corrigen en exceso algún problema pasado, pueden surgir nuevos riesgos. En los años noventa, yo viví el fracaso del estatuto del Investigador Independiente, otra corrección posterior a Watergate. He estado en ambos lados del *filibuster*. Conozco lo complicado que esto puede ser. Decidir reformas efectivas requerirá un proceso transparente y bien pensado con participación de académicos, activistas y el público. El objetivo debe ser identificar normas democráticas y tradiciones que durante mucho tiempo hemos dado por sentadas y que ahora nos damos cuenta de que deben ser codificadas como leyes, así como debilidades en nuestras instituciones que pueden ser fortalecidas y fallas en nuestro sistema que debieron haber sido corregidas hace años.

Por ejemplo, la corrupción de Trump debe enseñarnos que a todos los futuros candidatos a presidente y a los presidentes debe exigírseles, por ley, que publiquen sus declaraciones de impuestos y coloquen sus activos en un fideicomiso ciego. No deben estar exentos de requisitos éticos y de reglas sobre conflictos de intereses. Las reglas del nepotismo deben aplicarse al personal de la Casa Blanca, como se hace con las agencias de la rama ejecutiva.

Observar el intento de la administración de Trump de silenciar a los científicos del gobierno debe conducir a nuevas protecciones de la divulgación y disponibilidad de los datos del gobierno para hacer más difícil manipular estadísticas vitales o suprimir investigaciones políticamente inconvenientes. El Congreso debe también considerar añadir más cualificaciones a cargos importantes de la rama ejecutiva a fin de eliminar improvisados partidistas, como ocurrió con FEMA después del huracán Katrina.

Un área principal en la que hay que concentrarse es mejorar y proteger nuestras elecciones. El Comité de Inteligencia del Senado ha esbozado una serie de recomendaciones bipartidistas sobre cómo proteger mejor los sistemas de votación de Estados Unidos, incluyendo requerir que se actualicen los programas de computadoras, la boleta de papel en caso de verificación, auditorías de votaciones y una mejor coordinación entre autoridades federales, estatales y locales en seguridad cibernética. La bipartidista Alianza para Asegurar la Democracia ha hecho también propuestas inteligentes para hacer frente a la interferencia autoritaria en ambos lados del Atlántico, con recomendaciones a gobiernos, compañías tecnológicas, periodistas y los propios votantes. A fin de combatir la propaganda y manipulación que vimos en las redes sociales en 2016, el Congreso debe pasar la Ley de Publicidad Honesta que requiera que los avisos políticos en internet cumplan con las mismas normas de transparencia que la publicidad por televisión. Ese es solo el comienzo.

El Congreso debe reparar el daño que la Corte Suprema le hizo a la Ley de Derecho al Voto y restaurar las protecciones plenas que los votantes necesitan y merecen, así como el derecho al voto de americanos que han cumplido sus sentencias en prisión y pagado sus deudas con la sociedad. Necesitamos votación temprana y votación por correo en todos los estados e inscripción automática, universal de votantes de manera que todo ciudadano que sea elegible para votar pueda hacerlo.

Como escribí antes, necesitamos abolir esa otra terrible decisión de la Corte Suprema, *Citizens United*, y erradicar el dinero secreto de nuestra política. Y no les sorprenderá saber que creo apasionadamente que es hora de abolir el Colegio Electoral. En las últimas cinco elecciones presidenciales, la persona que ganó el voto popular perdió las elecciones en dos ocasiones. Eso es rotundamente antidemocrático. Como he dicho, el Colegio Electoral concede un poder desproporcionado a los estados menos poblados y constituye una burla al principio de "una persona, un voto".

Reunido todo esto, el resultado es que necesitamos proteger la verdad, la justicia y la vida americana. Porque sin protecciones para la verdad y la justicia, la manera americana se convertirá en un estilo autoritario que será irreconocible para los partidarios de la democracia.

Esta lista no está de modo alguno completa. Necesitaremos una conversación nacional seria y sostenida sobre cómo arreglar lo que Trump ha roto y protegernos contra futuras amenazas. Esto tiene que ir más allá de reformas específicas. Ni las mejores reglas y regulaciones nos protegerán si nosotros como pueblo no podemos encontrar una manera de coser las puntadas de nuestra deshilachada tela y reanimar nuestro espíritu cívico otra vez.

Hay pasos concretos que ayudarían, como ampliar de manera efectiva programas nacionales de servicio, como lo propuse durante la campaña, y restaurar la educación cívica en nuestras escuelas. También necesitamos sistémicas reformas económicas que reduzcan la desigualdad y el poder desenfrenado de las corporaciones, además de dar una fuerte voz a las familias trabajadoras. Y curar a nuestro país va a necesitar el tipo de "empatía radical" a la que me referí antes en este libro. Todos nosotros tenemos que tratar de cruzar las divisiones de raza, clase y política y ver las cosas a través de los ojos de gente muy diferente de nosotros. Cuando pensamos en la política y juzgamos a nuestros líderes, no podemos simplemente preguntar: "¿Estoy yo mejor que hace cuatro años atrás?". Tenemos que preguntar: "¿*Nosotros* estamos mejor? Como país, ¿*nosotros* estamos mejor, somos más fuertes, más justos?".

La democracia solo funciona cuando aceptamos que todos estamos en esto juntos.

En 1787, después de la Convención Constitucional en Filadelfia, una mujer en la calle fuera del Salón de la Independencia le preguntó a Benjamín Franklin: "Bien, doctor, ¿qué es lo que tenemos, una república o una monarquía?". Franklin respondió: "Una república, si son capaces de mantenerla". Últimamente he estado dándole muchas vueltas a esta respuesta. La contingencia implícita. Lo frágil que es nuestro experimento de autogobierno. Y, visto contra el transcurso de la historia humana, qué efímero. La democracia puede ser nuestro derecho de nacimiento como americanos, pero no es algo que podemos dar por sentado. Cada generación tiene que luchar por ese derecho, acercarnos más a una unión más perfecta. Ahora nos toca a nosotros.

Recientemente revisé esas famosas líneas de la obra *Historia de dos ciudades*, de Charles Dickens:

> Era el mejor de los tiempos, era el peor de los tiempos, la edad de la sabiduría, y también de la locura; la época de las creencias y de la incredulidad; la era de la Luz y de las Tinieblas; la primavera de la esperanza y el invierno de la desesperación.

Podría decirse que la vida durante la administración de Trump es caótica, exasperante, deprimente y aterradora, y sería cierto. Pero parte de lo que está pasando en Estados Unidos hoy es también inspirador. Trump está sacando a la luz lo peor en muchas personas, pero para otros, también está sacando lo mejor: su convicción moral, su compromiso cívico y un sentido de devoción hacia nuestra democracia y nuestro país. Esto es importante tenerlo en cuenta, porque de lo contrario corremos el riesgo de ser engullidos por la ira o la apatía, precisamente en el momento en que necesitamos más energía y optimismo.

Todos los días despierto con esperanza en el corazón por la manera en la que la gente en todo el país está a la altura de las circunstancias. Gente que nunca ha participado en política está marchando, inscribiendo a votantes y metida en los temas como nunca antes. También veo —y espero que ustedes también lo vean— cuántos americanos están rechazando la odiosa retórica de Trump y de los que lo rodean. Están diciendo: "Somos un país decente con un gran corazón y una mente abierta a la justicia. Somos mejores que Trump".

A veces vuelvo atrás a la noche en que Barack Obama fue elegido presidente. Tantos de nosotros nos sentíamos alborozados. Hasta yo, que una vez tuve la esperanza de derrotarlo, me sentía extática. Fue un momento tan lleno de esperanzas y, de alguna manera, el momento en que estamos ahora se siente con más esperanzas porque es una esperanza endurecida por la lucha, templada por la pérdida y llena de claridad por lo que está en juego. Estamos de pie frente a la corrupción y el desprecio hacia nuestras leyes. Estamos de pie por el ideal de que todos deben ser tratados con dignidad. Estamos haciendo el trabajo. Y el hecho de que algunos días es verdaderamente difícil seguir, solo lo hace tanto más extraordinario que muchos de nosotros estamos, de hecho, siguiendo adelante. No es fácil regresar a la lucha todos los días, pero lo estamos haciendo. Es por eso que me siento tan optimista, por lo increíblemente fuertes que estamos demostrando que somos.

Dicho esto, algunos días son más difíciles que otros. Y en esos días, pienso en algunas de las personas y los momentos este año que me han hecho sonreír, o erguirme más o sacudir la cabeza llena de asombro.

Pienso en los adolescentes de Parkland, Florida, y su extraordinario activismo, lleno de corazón y humor y humanidad. No muestran señales de abandonar la lucha. Nunca dejan de aprender: en este momento saben más acerca de las leyes sobre armas de fuego y las reformas propuestas que muchos senadores. Yo pondría a cualquiera de ellos en un debate sobre armas de fuego —o sobre cualquier otro tema— contra Trump cualquier día. Barrerían el piso con él. Y estoy bastante segura de que van a ser una fuerza para bien en política durante todas sus vidas. Qué don tan extraordinario para nuestro país.

Pienso en las elecciones locales y estatales de 2017, en las que los demócratas lograron victorias estado por estado, ¡incluyendo en Alabama! Tras el dolor de la noche de elección de 2016, fuimos curados —al menos un poco— por esas contiendas. Nos dieron una serie de "primeras veces": primera vez que una mujer negra es elegida alcaldesa de Charlotte, primera vez que mujeres asiático-americanas son elegidas a la Cámara de Delegados de Virginia, primera vez que una persona sij es elegida para una alcaldía en el estado de Nueva Jersey. Conocí a una nueva legisladora, Danica Roem, detrás del escenario en un evento en Washington en abril de 2018. Me dijo que estaba abordando su campaña enfocándose en los problemas de los votantes, explicándoles exactamente cómo los resolvería. Su pasión es una inspiración y se convirtió en la primera legisladora estatal abiertamente transexual elegida en Estados Unidos. Cada vez que tenemos una elección por "primera vez" el corazón se me eleva un poco, porque es una señal inequívoca de la salud de nuestra democracia cuando personas de todas las raíces y antecedentes en la vida reciben una oportunidad de representar a sus compatriotas americanos. Todo eso, y frenamos a Roy Moore en su intento de sumarse al Senado de Estados Unidos.

Pienso en el reciente referéndum en Irlanda, por el cual una de las leyes más estrictas contra el aborto fue derogada mediante una victoria aplastante. Como Irlanda no tiene boletas ausentes, irlandeses de todo el mundo viajaron a su país para votar. Los aeropuertos se convirtieron en minimítines políticos, mucha gente coreando con pancartas llenas de color recibiendo a los viajeros que llegaban de sitios tan lejanos como Japón, Australia y, desde luego, Estados Unidos. Fue una poderosa lección en el éxito de las campañas comunitarias. Si Irlanda puede movilizarse para apoyar la salud y libertad de las mujeres, nosotros también podemos.

Pienso en las pequeñas pero vitales victorias, como la decisión unánime del FEC de permitir a candidatos usar fondos de campaña para pagar por cuidados infantiles, un cambio innovador para que las madres (y los padres) consideren postularse para un cargo. A veces el progreso asume formas modestas, pero no por ello es menos significativo.

Pienso en la ola de mujeres que están postulándose para cargos públicos… y ganando. En Georgia, Stacey Abrams se convirtió en la primera mujer negra en Estados Unidos nominada para gobernadora por un partido importante. Más de dos terceras partes de las candidatas femeninas para la Cámara de Representantes ganaron sus primarias en Ohio, Indiana, Carolina del Norte y Virginia Occidental. Qué poderosa respuesta a un presidente que cree que las mujeres son decorativas y descartables. Todavía tenemos un largo camino que recorrer. He escrito sobre el cuerpo significativo de investigaciones acerca de los obstáculos que enfrentan las mujeres candidatas para triunfar, desde la parcialidad implícita entre muchos votantes hasta menos apoyo de la élite de los partidos, a las propias mujeres subestimando sus oportunidades de ganar, y debemos comprometernos a trabajar con dedicación para deshacer o combatir todos esos obstáculos. Pero es emocionante ver el surgimiento de tantos líderes futuros. Están postulándose por todos nosotros.

Pienso en el movimiento que lucha por tener éxito en todas partes —el centro de trabajo, cada hogar, cada lugar público— con seguridad para las mujeres y todos los demás. La idea de que las mujeres y niñas tienen que soportar acoso y violencia como parte de sus vidas es tan antiguo como el tiempo, y el hecho de que esa noción está derrumbándose ante nuestros ojos es absolutamente fenomenal.

Pienso en el activismo silente de las personas en todo Estados Unidos, muchas de las cuales no han sido activistas antes pero que están resueltas a impulsar cambios positivos de cualquier manera que puedan. Los maestros están luchando por alumnos que son inmigrantes y refugiados. Abogados luchan contra la prohibición de viajar y presentan demandas judiciales en favor de los derechos de los votantes. Sacerdotes y pastores, rabinos e imanes, les recuerdan a sus congregaciones nuestro deber de ayudar a los pobres y darle la bienvenida al extraño. La gente está llenando sobres, tocando a las puertas, inscribiendo votantes, recaudando dinero para candidatos locales. Es como un vasto campo de semillas que florecerán y crecerán durante años venideros.

Pienso en los que protestan en ciudad tras ciudad en la Marcha de Nuestras Vidas… la Marcha por la Ciencia… las marchas por Mantener a las Familias Unidas… la Marcha de las Mujeres en 2017 y 2018… millones marchando con pancartas, coreando consignas y llenando las calles en una gigantesca réplica al cinismo y el desengaño que tiempos como estos tienden a crear. Y pienso en los maestros de Virginia Occidental, Oklahoma, Arizona, Kentucky, y otros sitios, en manifestaciones en capitolios estatales y marchando en una huelga por aumentos en el presupuesto de educación que han estado faltando durante mucho tiempo. Este es el período de la energía más fuerte en activismo político que he visto, ¡y yo viví los años sesenta! Es una visión digna de contemplarse.

¿Estaría todo esto ocurriendo si yo hubiera sido elegida presidente? ¿Estarían las mujeres y los jóvenes postulándose en cifras récord? ¿Estaría la gente llenando las calles demandando acción por el tiroteo en Parkland? ¿Estarían las organizaciones #MeToo y Time's Up inundando las industrias? Quizás. Pero en general, no lo creo. No es todo acerca de Trump, ni remotamente. Pero su elección fue un llamado para que mucha gente despertara. Y ahora estamos despiertos, trabajando duro, cambiando nuestro país y nuestra sociedad para mejor.

Tenemos un largo camino por delante. Hay muchas batallas que librar, y surgen más cada día. Hará falta trabajar para mantener la presión, mantenernos vigilantes de nuevos horrores, no cerrar los ojos o dejar que nuestros corazones se entumezcan o que alcemos las manos para decir, "Que alguien venga y me reemplace". Necesitamos lograr un paso adecuado, apoyarnos los unos en los otros y siempre para el bien. Necesitamos celebrar a nuestros héroes, estimular a los niños, encontrar maneras de discrepar respetuosamente cada vez que podamos. Necesitamos estar listos para perder algunas luchas, porque es la realidad. Lo que importa es que sigamos adelante. No importa lo que pase, seguir andando.

Si hacemos esto, habrá muchos días buenos en el camino. Habrá días en que personas honorables de todas las procedencias levantarán sus manos para jurar un cargo, y luego se pondrán a trabajar como alcaldes, senadores, gobernadores, presidentes. Habrá días en que se apruebe la legislación que ayude a familias, que rectifique lo que está mal y que salve vidas. Habrá días en que se logren avances diplomáticos y el mundo estará más a salvo… cuando las leyes se cumplan y si no que se demanden responsabilidades… cuando las barreras injustas se derrumben para siempre y se haga historia.

En esos días, si hacen lo que ahora están llamados a hacer, sentirán que tal vez habrán ayudado a lograrlo. Y tendrán razón. Así que, ¡a trabajar!

Ustedes pueden lograrlo. *Nosotros* podemos lograrlo. Creo en nuestro país y creo en ustedes.

# Agradecimientos

Dediqué este libro al equipo que trabajó conmigo en 2016.

Siempre les estaré agradecida a Barack y Michelle Obama y sus empleados por su apoyo antes, durante y después de la campaña; Tim Kaine, Anne Holton y su familia; todo el que pasó días y noches interminables trabajando en nuestras oficinas en Brooklyn; los directores y empleados estatales, los equipos de campo y de avanzada, el personal de coordinación de campaña, voluntarios, pasantes y colegas en los cincuenta estados; nuestros asesores, contratistas y proveedores; el equipo del DNC; nuestros abogados de Perkins Coie; demócratas de la Cámara y el Senado, gobernadores, alcaldes y su personal; y todos los amigos y sustitutos que lo dieron todo en nuestra campaña. Quisiera poder darles las gracias a cada uno de ustedes. Es más, le pregunté a la casa editorial si podíamos imprimir todos sus nombres aquí —más de 6.500— pero dijeron que haría este libro el doble de largo. Sepan, por favor, que están escritos en mi corazón, ahora y siempre.

*Lo que pasó* no habría pasado sin la ayuda y el apoyo de otro gran equipo. Este proceso ha sido intensamente personal, pero no hay manera de que yo pudiera haberlo hecho sola. Estoy agradecida a todo el que dio una mano, grande o pequeña. Demostraron una vez más que realmente somos más fuertes juntos.

Esto comienza con Dan Schwerin, Megan Rooney y Tony Carrk, que pasaron muchas horas conmigo alrededor de la mesa de la cocina en Chappaqua, reviviendo recuerdos y ayudándome a descubrir lo que sería este libro.

Dan entró en mi oficina del Senado hace una docena de años como un empleado joven y ha estado conmigo desde entonces. Me ayudó con mi libro anterior, *Decisiones difíciles*, dirigió el grupo de mis escritores de discursos en 2016 y se sumó de nuevo para este libro. Yo no habría podido hacer esto y muchas otras cosas más sin él. Su agudo intelecto y sus superiores dotes de organización son incomparables. Dominó resmas de datos y argumentos que me ayudaron a presentar mi caso. Y es una presencia calmada y estable en medio de crisis, y buena compañía el resto del tiempo.

Megan Rooney fue parte de mi equipo del Departamento de Estado y regresó como escritora de discursos para la campaña. Se zambulló en los rigores de este libro con una inteligencia razonada, humor y una afilada habilidad para contar historias, todo lo cual lo hace mejor de lo que yo podía haber hecho sola. Fue mi compañera mezclando mentes feministas y trajo consigo su buen humor, su traviesa sonrisa y sus centelleantes ojos muchas noches cuando todos necesitábamos un empujón.

Ella y Dan continuaron su larga colaboración de escritores y me encantaba verlos sentados juntos en mi sofá, sus computadoras en sus regazos, trabajando en una pieza, sin hablar, pero entendiéndose y comprendiendo perfectamente la tarea.

Tony Carrk me acompañó en mi campaña de 2008 como investigador, y en 2016 se hizo cargo de ese equipo crítico. A través de una intensa presión y días llenos de estrés, era la persona a la que pedirle cualquier cosa que necesitábamos. Su dedicación y su decencia son evidentes para todos. Y él lo hizo mientras se convertía en el padre de una niñita, Celia, durante la campaña y un niñito, Diego, durante este libro.

Huma Abedin, Nick Merrill, Cheryl Mills, Philippe Reines, Heather Samuelson y Jake Sullivan han estado a mi lado durante años, en triunfos y en angustias. Como lo han hecho tantas veces antes, apoyaron este proyecto y a mí con perspectivas y consejos sabios.

Me siento endeudada a todos los que compartieron recuerdos y perspicacia, ofrecieron consejos, ayudaron a revisar páginas y hechos, y me apoyaron a mí y mi trabajo a lo largo de este proceso, incluyendo a Emily Aden, John Anzalone, Charlier Baker, Kris Balderston, De'Ara Balenger, Shannon Beckham, Daniel Benaim, Joel Benenson, Jonathan Berkon, David Binder, Allida Black, Sid Blumenthal, Susie Buell, Glen Caplin, Dennis Cheng, Corey Ciorciari, Brian Cookstra, Brynne Craig, Jon Davidson, Howard Dean, Karen Dunn, Marc Elias, YJ Fischer, Oren Fliegelman, Oscar Flores, Tina Flournoy, Danielle Friedman, Ethan Gelber, Teddy Goff, Jorie Graham, Shane Hable, Tyler Hagenbuch, Maya Harris, Trevor Houser, Jill Iscol, Jay Jacobs, Beth Jones, Elizabeth Kanick, Grady Keefe, Ron Klain, Jen Klein, Harold Koh, Elan Kriegel, Amy Kuhn, David Levine, Jenna Lowenstein, Bari Lurie, Moj Mahdara, Jim Margolis, Capricia Marshall, Marlon Marshall, Garry Mauro, Michael McFaul, Judith McHale, Kelly Mehlenbacher, Craig Minassian, Robby Mook, Minyon Moore, Lissa Muscatine, Navin Nayak, Kevin O'Keefe, Ann O'Leary, Jennifer Palmieri, Maura Pally, Adam Parkhomenko, Matt Paul, Lauren Peterson, John Podesta, Jacob Priley, Amy Rao, Ed Rendell, Mary Kate Rooney, Emmy Ruiz, Rob Russo, Sheryl Sandberg, Marina Santos, Kristina Schake, Oren Schur, Ella Serrano, Meredith Shepherd, Bill Shillady, David Shimer, Anne-Marie Slaughter, Craig Smith, Helen Stickler, Burns Strider, Donna Tartt, Mario Testino, Opal Vadhan, Lona Valmoro, Jon Vein,

Melanne Verveer, Mike Vlacich, Rachel Vogelstein, Diane von Furstenberg, Don Walker y la Agencia Harry Walker, Maggie Williams, Graham Wilson, Theresa Vargas Wyatt y Julie Zuckerbrod.

Gracias también a todos los expertos y académicos que me ayudaron a desarrollar las políticas mencionadas en este libro y muchas más que componen la plataforma demócrata más progresista de la historia. Esas políticas continúan brindando un calendario de trabajo para construir un futuro mejor. Pueden leer más sobre ellas en www.hillaryclinton.com/issues.

No hubiera podido superar las elecciones y su repercusión sin mis amigos. Me mantuvieron cuerda, me llevaron al teatro, me visitaron, me acompañaron en caminatas, me hicieron reír, sostuvieron mi espíritu y soportaron alguna sesión ocasional de desahogo. Espero pronto poder pasar más tiempo con todos ustedes.

Me siento endeudada con Simon & Schuster, especialmente su CEO Carolyn Reidy, y mis editores Jonathan Karp y Priscilla Painton, quienes pasaron muchas horas asesorándome y revisando borradores. Gracias a su equipo: Tamara Arellano, Phil Bashe, Eloy Bleifuss, Alice Dalrymple, Amar Deol, Lisa Erwin, Jonathan Evans, Tiffany Frarey, Megan Gerrity, Cary Goldstein, Megan Hogan, John Paul Jones, Ruth Lee-Mui, Kristen Lemire, Dominick Montalto, Laura Ogar, Anne Tate Pearce, Emily Remes, Richard Rhorer, Jackie Seow, Elisa Shokoff, Laura Tatham y Dana Trocker.

Gracias a mis abogados: Bob Barnett, compañero de preparación de debates y sabio en publicación editorial; David Kendall, que vivió a través de la locura de los correos electrónicos conmigo; y a su equipo en Williams y Connolly: Tanya Abrams, Tom Hentoff, Deneen Howell, Michael O'Connor, Adam Perlman, Ana Reyes, Amy Saharia, Katherine Turner y Steve Wohlgemuth.

A los hombres y mujeres del Servicio Secreto de Estados Unidos, gracias por protegerme siempre. Su profesionalismo y valor son una inspiración.

Y a los 65.844.610 americanos que votaron por mí, gracias por tener fe y confianza en mí. No lo logramos esta vez, pero abrigo la esperanza de que nunca pierdan la fe en la visión que compartimos para una América mejor.

El poeta Max Ehrmann dice, "Independientemente de sus labores y aspiraciones, en la ruidosa confusión de la vida, tengan paz con su alma". Mi paz es solo posible por el amor y apoyo de Bill, Chelsea, Marc, Charlotte, Aidan y toda nuestra familia. Gracias por ser los mejores editores, cajas de resonancia, bálsamos de estrés y proveedores de alegría del mundo. Y gracias por estar felices de que estoy mucho más con ustedes estos días.

# Índice

# *Permisos*

PÁGINAS 40 Y 60
Extractos tomados de "East Coker", *Four Quartets* por T. S. Eliot © Set Copyrights Limitado y reimpreso con permiso de Faber & Faber.

PÁGINA 144
Fragmento de "The Room Where It Happens" de *Hamilton* por Lin-Manuel Miranda. Usado con permiso del autor.

PÁGINA 178
Fragmento de *The Guernsey Literary and Potato Peel Pie Society: A Novel* por Mary Ann Shaffer y Annie Barrows, copyright © 2008 por The Trust Estate of Mary Ann Shaffer & Annie Barrows. Usado con permiso de The Dial Press, un sello editorial de Random House, una división de Penguin Random House LLC. Todos los derechos reservados.

PÁGINA 192
"Giving and Receiving Consolation" de *Bread For The Journey: A Daybook of Wisdom and Faith* por Henri J. M. Nouwen. Copyright © 1997 por Henri J. M. Nouwen. Reimpreso con permiso de HarperCollins Publishers.

PÁGINA 216
Fragmento de "To be of use" de *Circles on the Water* por Marge Piercy, copyright © 1982 por Middlemarsh, Inc. Usado con permiso de Alfred A. Knopf, un sello editorial de Knopf Doubleday Publishing Group, una división de Penguin Random House LLC. Todos los derechos reservados.

PÁGINA 447
Copyright Vox Media, creado por Javier Zarracina para *The most common words in Hillary Clinton's speeches, in one chart* por David Roberts, publicado el 16 de diciembre de 2016; https://www.vox.com/policy-and-politics/2016/12/16/13972394/most-common -wordshillary-clinton-speech.

PÁGINA 451
Gallup, basado en investigaciones hechas en colaboración con la Universidad de Georgetown y la Universidad de Michigan.